Quyu Jiaokeyan Guanli

区域教科研管理

李显明 ◎ 编著

中山大学出版社
·广州·

版权所有　翻印必究

图书在版编目（CIP）数据

区域教科研管理/李显明编著. —广州：中山大学出版社，2023.4
ISBN 978 - 7 - 306 - 07712 - 7

Ⅰ.①区… Ⅱ.①李… Ⅲ.①地方教育—教育管理—科研管理—研究—深圳　Ⅳ.①G527.653

中国国家版本馆 CIP 数据核字（2023）第 023168 号

出 版 人：	王天琪
策划编辑：	李　文
责任编辑：	李　文
封面设计：	林绵华
责任校对：	周昌华
责任技编：	靳晓虹
出版发行：	中山大学出版社
电　　话：	编辑部 020 - 84110776，84113349，84111997，84110779，84110283
	发行部 020 - 84111998，84111981，84111160
地　　址：	广州市新港西路 135 号
邮　　编：	510275　　传　真：020 - 84036565
网　　址：	http：//www.zsup.com.cn　E-mail：zdcbs@mail.sysu.edu.cn
印 刷 者：	广州市友盛彩印有限公司
规　　格：	787mm×1092mm　1/16　23 印张　450 千字
版次印次：	2023 年 4 月第 1 版　2023 年 5 月第 2 次印刷
定　　价：	80.00 元

如发现本书因印装质量影响阅读，请与出版社发行部联系调换

作者简介

　　李显明，深圳市坪山区教育科学研究院院长。湖南师范大学地理系本科、西南师范大学自然地理专业硕士、福建师范大学资源与环境专业就读博士。长期从事基础教育教学研究与实践，主持完成2项省教育科学规划课题、3项市教育科学研究课题，获广东省基础教育教学成果一等奖、广东省中小学教育创新成果二等奖、中山市教育科研成果一等奖、南山区教育改革创新成果一等奖。在《基础教育课程》《未来教育家》《中学地理教学参考》等期刊发表论文20多篇，获广东省地理教学现场优质课大赛一等奖，并获省、市教学技能、论文、案例等评比一等奖13项；主笔各类政策文件、改革方案、专题报告、综合报道50多篇；主编《中学综合实践活动学习》《高中地理新教材教学辅导》等地方教材、教辅、读物9册；指导学生获广东省青少年科技创新大赛一等奖3项，二、三等奖23项。获全国青少年发明创造与科学探究优秀指导教师、中国地理学会优秀教师、南粤优秀教师。

　　任广东省教育科学规划项目评审委员会成员、广东省基础教育课程改革学科教学指导委员会成员、广东省普通高中教学水平暨国家级示范性高中评估专家、广东省中青年教育工作者委员会常务理事、广东省教育国际化专业委员会副理事长、深圳市兼职督学、深圳市教育学会常务理事、深圳市德育教育专业委员会副理事长、深圳市陶行知研究会常务理事。

内 容 提 要

　　本书以深圳市坪山区为样本，探索通过强化教育科研管理，促进经济社会后发区域基础教育内涵快速发展的有效路径。全书包括区域教科研机构建设、课程建设、教学管理、教研管理、科研管理、教师专业发展管理六大领域，每一领域独立成章，彼此之间互相关联，构成整体。每章为三节：第一节是相关领域的文献检索与理论梳理，第二节是区域在相关领域的实践探索，第三节是作者对本领域的理性思考。其中，第二节是本书的主干，此节以"正文＋案例＋点评"为基本结构，展示了坪山区教科院在区域教科研各领域的制度设计、机制建设、项目主题、方法策略、措施手段、经验成果等，论述系统完整，案例来源广泛，点评精辟到位。

　　对于区域教科研管理，笔者的基本观点是：区域教科研机构建设，要注重整体性，彰显引领性，坚守持续性，强化基础性，突出实践性，凸显创新性，关注发展性；区域课程建设，要落实立德树人根本任务，面向未来人才培养要求，指向学生核心素养，呼应区域发展定位，顺应时代发展趋势；区域教学管理，要遵循教学管理的基本规律，务实制定教学管理策略，明确教学管理基本规范和总体要求，用机制落实教学管理主张，鼓励区域指导下的学校教学管理创新；区域教研管理，要有科学的指导思想、合理的组织结构，统筹兼顾、突出重点，重过程、贵落实，通过有效评价改进教研管理；区域科研管理，要加强制度管理、分类管理、过程管理、人本管理；区域教师专业发展管理，要突破"八重困境"，关注"八个方向"。

序

　　眼前是李显明先生《区域教科研管理》的书稿，我认真地从头学习到尾。随着书中章节的变化，坪山区教育发展艰辛而富有成效的路程历历在目。我曾经为坪山教育服务过，对坪山有一种特殊的感情。2009年6月，坪山新区成立，时任坪山新区党工委书记杨绪松同志聘请张彦玲、黄孔辰、张波和我担任教育顾问，并为坪山新区制定"十二五"教育发展规划。在谈宜福局长的具体安排下，我们走遍了坪山所有的学校，开展调查研究，访谈各方面人士，最后完成了"坪山新区'十二五'教育事业发展规划"，这是坪山历史上第一个教育发展规划。记得汇报时，杨绪松书记带领党工委班子成员非常认真地听取了我们的建议，很多问题当场就拍板解决。其办好教育的决心、解决问题的高效，令人难忘。十多年过去了，坪山新区由功能区成了行政区，城区建设焕然一新，经济快速发展，随着粤港澳大湾区建设、深圳"东进战略"推进，坪山区正朝着"现代化国际化创新型深圳东部城区""面向国际面向未来的一流科创城区"和"率先实现社会主义现代化的标杆城区"的目标前进。在区委区政府领导下，坪山教育也实现了跨越式发展：学位供给充足，校园建设美好，教育教学质量提升，教师队伍建设上了新台阶。

　　坪山教育的发展渗透着坪山区教育科学研究院全体教研员的汗水与心血，他们为坪山教育的发展做出了自己应有的贡献。《区域教科研管理》一书真实地记录了坪山教育科研人的探索与成就。本书既是作者对区域教科研工作的研究与实践，又是坪山教育发展的历史记录。

　　通读书稿，可以看出坪山区教科院的领导在引领坪山教育向前发展的几个特点：

　　（1）重视顶层设计。作者作为区域教科研部门的领导人，首先要思考如何发展的问题。也就是说，要做好"区域教科研发展形象设计"，对区域的教科研发展要有正确的定位，制定符合区域社会经济和教育发展的蓝图，做出正确的导向，采取有效的措施。坪山区教科院的领导十分明白"凡事预则立，不预则废"的道理，从成立的那天开始就抓住了这一点，对于教科研的整体发展和重大项目的实施，他们首先是做好顶层设计，从而保证了坪山的教科研目标明确，一环紧扣一环，稳步推进。

　　（2）抓住重大项目。坪山区教科院的领导明白"伤其十指不如断其一指"的道理，不被烦琐的日常事务所纠缠，抓住每个阶段教育发展的重大问题，以项目方式推进。例如，他们抓学校的发展规划，组织全区学校规划制定、宣讲与推进工作，借此推动学校的自主发展；又如，他们抓课程建设，指导学校制定课程规划，增强学校的课程意识，切实提升教育教学质量；他们还采取重大课题招标，让学校自主认领重大课题，通过专家评审后立项。坪山区教科院不仅管立项，更关注过程指导。通过重大教科研项目的推行，全区教育进入良性有序发展的快车道。

（3）院校协同作战。作为全区教科研指挥中心，坪山区教科院的人手有限，但他们坚持走群众路线，充分发挥学校的优势，这样就壮大了教科研队伍，密切了区教科研机构和学校的关系，形成了全区的合力。作者本人经常带领教研员深入学校，与学校共商教育发展中的问题，寻找解决与推进的方式，得到了学校的大力支持和高度认可。他们与学校的良好合作互动关系，保证了区域教科研工作的顺利开展。

以上是我感受最深的三点，或许读者读完本书后会有更多的感悟。

坪山教育的起步非常艰难，这是我亲身经历过的感受。今天的人们看到的是不断繁荣的新坪山，恐怕很难想象当年坪山落后的面貌。正因为如此，我们既要为今天坪山教育的辉煌击节叫好，更不要忘记坪山教育艰难起步时期奋斗者们的汗水与付出。教育总是一代一代人奋斗出来的，我对坪山教育的未来充满期待。

这是我的一点读后感，不敢为序。

禹 明

2022 年 10 月

禹明：特级教师，政府特殊津贴专家，深圳市督学工作室主持人，深圳市教育学会学术委员会副主任，深圳大学师范学院兼职教授，教育硕士导师，深圳大学外语学院客座教授。曾担任坪山新区教育顾问。教育部中小学教师国家级培训计划（简称"国培计划"）首批培训专家，教育部教师教育课程资源专家委员会（第二届）委员，教育部义务教育课程标准审议专家。深圳市南山区教科院原院长。

目 录

第一章 教科研机构建设：中国特色与区域实践 …………… (1)
第一节 区域教科研机构建设概述 ………………………… (1)
一、区域教科研机构的含义 ……………………………… (1)
二、区域教科研机构的功能 ……………………………… (2)
三、区域教科研机构的发展 ……………………………… (6)
第二节 区域教科研机构建设实践 ………………………… (8)
一、区域教科研工作起点 ………………………………… (8)
二、区域教科研工作理念 ………………………………… (9)
三、区域教科研工作推进 ………………………………… (10)
四、区域教育治理改革探索 ……………………………… (34)
第三节 区域教科研机构建设再思考 ……………………… (45)
一、注重整体性——谋全局胜于谋一隅 ……………… (45)
二、彰显引领性——方向与努力都重要 ……………… (45)
三、坚守持续性——一张蓝图画到底 ………………… (46)
四、强化基础性——积跬步以至千里 ………………… (46)
五、突出实践性——幸福是干出来的 ………………… (47)
六、凸显创新性——墨守成规没有出路 ……………… (47)
七、关注发展性——教育的意义是为了创造意义 …… (48)

第二章 课程建设：观念变革与实践创新 ………………… (49)
第一节 课程建设概述 ………………………………………… (49)
一、课程概念 …………………………………………… (49)
二、课程分类 …………………………………………… (51)
三、课程编排 …………………………………………… (56)
四、课程建设意义 ……………………………………… (57)
第二节 区域课程建设实践 ………………………………… (58)
一、区域课程建设整体设计 …………………………… (58)
二、区域"好课程"建设 ……………………………… (78)

　　　　三、学校课程整体规划 ………………………………………… (84)
　　　　四、区域课堂教学改革 ………………………………………… (109)
　　第三节　区域课程建设再思考 …………………………………… (118)
　　　　一、全面落实立德树人根本任务 ……………………………… (118)
　　　　二、面向未来人才培养新要求 ………………………………… (118)
　　　　三、课程实施指向核心素养 …………………………………… (119)
　　　　四、课程建设呼应区域发展新定位 …………………………… (119)
　　　　五、课程改革顺应社会发展新趋势 …………………………… (120)

第三章　教学管理：理论、实践与成效 …………………………… (121)
　　第一节　教学管理概述 …………………………………………… (121)
　　　　一、教学管理的概念 …………………………………………… (121)
　　　　二、教学管理的理论 …………………………………………… (121)
　　　　三、教学管理的特点 …………………………………………… (124)
　　第二节　区域教学管理实践 ……………………………………… (125)
　　　　一、教学管理理念 ……………………………………………… (125)
　　　　二、教学管理原则 ……………………………………………… (135)
　　　　三、教学常规管理 ……………………………………………… (141)
　　　　四、德育常规管理 ……………………………………………… (162)
　　　　五、教学评价管理 ……………………………………………… (163)
　　第三节　区域教学管理再思考 …………………………………… (189)
　　　　一、遵循教学管理的基本规律 ………………………………… (189)
　　　　二、结合区域实际制定教学管理策略 ………………………… (189)
　　　　三、明确区域教学管理基本规范和总体要求 ………………… (190)
　　　　四、用机制落实区域教学管理主张 …………………………… (190)
　　　　五、鼓励区域指导下的学校教学管理创新 …………………… (191)

第四章　教研管理：基本认识与实践形态 ………………………… (192)
　　第一节　教研管理概述 …………………………………………… (192)
　　　　一、教研管理的内涵 …………………………………………… (192)
　　　　二、教研管理的特点 …………………………………………… (194)
　　　　三、教研管理的意义 …………………………………………… (195)
　　　　四、教研管理的影响因素 ……………………………………… (197)

第二节　区域教研管理实践 (198)
一、教研管理的基本原则 (198)
二、教研管理的基本策略 (199)
三、教研管理的基本流程 (204)
四、教研员及其管理 (206)
五、主题教研 (215)
六、学科建设 (219)

第三节　区域教研管理再思考 (227)
一、科学的指导思想 (227)
二、合理的组织结构 (227)
三、重过程，贵落实 (228)
四、统筹兼顾，突出重点 (228)
五、通过有效评价改进区域教研管理 (229)

第五章　科研管理：原理、行动与成果 (230)
第一节　科研管理概述 (230)
一、科研管理的含义 (230)
二、科研管理的特点 (232)
三、科研管理的范围 (234)
四、科研管理的方法 (235)

第二节　区域科研管理实践 (237)
一、区域科研管理机制 (237)
二、区域科研管理行动 (247)
三、学校科研管理行动 (252)

第三节　区域科研管理再思考 (261)
一、制度管理，优化区域科研机制 (261)
二、分类管理，提升区域科研品质 (262)
三、过程管理，增强区域科研实效 (262)
四、人本管理，科研促进师生发展 (263)

第六章　教师专业发展管理：标准、体系与策略 (265)
第一节　教师专业发展概述 (265)
一、教师专业发展的理解 (266)

二、教师专业发展的意义 …………………………………… (267)
　　三、教师专业发展的管理 …………………………………… (269)
第二节　区域教师专业发展管理实践 ………………………………… (273)
　　一、区域教师专业发展管理体系建设 ……………………… (273)
　　二、区域教师专业发展管理基本策略 ……………………… (290)
　　三、区域教师专业发展管理重点项目 ……………………… (324)
第三节　区域教师专业发展管理再思考 ……………………………… (334)
　　一、区域教师专业发展管理"八重困境" ………………… (334)
　　二、区域教师专业发展管理"八个方向" ………………… (337)

参考文献 ……………………………………………………………… (340)
附录 …………………………………………………………………… (345)
李显明：一位不忘初心孜孜不倦的教育追梦人 ………… 曾海伟 (345)
走出舒适区 …………………………………………………… 李显明 (355)
后记 …………………………………………………………………… (357)

第一章
教科研机构建设：中国特色与区域实践

区域教科研机构，是最具中国特色的基础教育研究、管理、指导、服务的实践应用型研究部门，它对推动中国基础教育的发展与改革有独特而不可或缺的作用。

第一节 区域教科研机构建设概述

一、区域教科研机构的含义

（一）教科研

教科研是教育科学研究或教育科研的简称。有学者从研究对象的角度界定教育科研，如认为教育科研是以教育科学理论为武器，以教育领域发生的现象为对象，以探索教育规律为目的的创造性认识活动。[①] 也有学者从研究性质和方法角度下定义，如认为教育科学研究主要指向研究性质的科学性，也涉及研究方法的科学性。研究的科学性包括研究态度的科学性（实事求是）、研究内容的科学性（反映客观真理）、研究形式的科学性（运用专业术语）。教育科学研究属于社会研究，兼具科学性与人文性。[②]

（二）科研机构

科研机构指从事科研工作的组织，如大学、科学院、企业内的科技研究所等。从形式与结构来看，一般包含人力（科研人员、团队）和经费等资源的投入、研究成果的产出、组织机构运行及伦理文化氛围四种要素。[③]

科研机构是从事科学研究活动的各种集合的总称。科研机构是科研活动的直接组织者和实施场所，其任务是制订科研计划，将科研计划落实并获得科研成果。根据科研的任务，可分为基础研究、应用研究、发展研究等机构；根据机构的目的和建制，可分为国家科研机构、高校科研机构、地方科研机构、企

[①] 柳斌总，柳斌，周宏：《学校教育科研全书》，九洲图书出版社1998年版。
[②] 张学军：《地方教育科研导论》，教育科学出版社2008年版。
[③] 朱贻庭：《应用伦理学辞典》，上海辞书出版社2013年版。

业科研机构、民办科研机构等。在同一研究机构里，既存在按学科、专业建立起来的组织，也存在按任务、项目建立起来的组织，它们可以是常设的研究室、研究所，也可以是有一定期限临时设置的课题组。①

(三) 区域教科研机构

《现代汉语词典》中，"区域"被定义为：界域性和范围，或指按一定原则划分的空间范围，如省、市、县（区）等。区域教科研机构指局部地区形成的关于教育或有关教育的科学研究机构或共同体。区域教科研机构具有小实体、多功能、大服务的特点，是区域教育改革与发展的参谋部，是学校开展校本管理和校本教研的指导部。区域教育科研机构反映区域教育科研的探索性和建设性，带有区域特色，突出研训的实践性、指导的针对性、服务的实用性。② 区域教科研机构作为多实体的共同体，以教育理论研究、教育实践改革和教育创新为己任，具有整合区域优势资源、协调行政的政策支持、引领科研的方向与支撑教研的职能。

二、区域教科研机构的功能

对于区域教育改革与发展，教科研工作具有先导性和战略性地位。教科研机构是为区域教育改革与发展提供咨询建议的思想库和智囊团，承担着为党委、政府教育决策提供专业咨询与建议、引导舆论、服务社会等重要职能。③区域教科研机构是在同级教育行政部门领导下组织教育科学研究的职能部门，承担着协调管理区域教育科研、从事教育科学研究的职能。区级教育科研机构的定位是：管理、协调、研究。④

(一) 区域教科研机构的管理功能

管理是人类基本的社会活动之一，它渗透到社会各系统中，教育系统也不例外，管理是区域教科研机构的基础功能。管理功能是区域教科研机构履行决策、计划、组织、控制等基本职能，在科学的科研管理思想和理念指导下，制定和建立一系列的科研管理制度、科研队伍建设机制、科研评价机制，以实现

---

① 李忠尚：《软科学大辞典》，辽宁人民出版社1989年版。
② 周培植：《区域教科研体制改革的思考与实践》，载《人民教育》2008年第18期，第45–47页。
③ 巫道祥，潘盛明，刘旭相：《教科研机构助力区域教育整体改革的策略》，载《教育科学论坛》2016年第16期，第12–14页。
④ 朱新苏：《充分发挥区级教育科研机构的功能》，载《上海教育科研》2005年第8期，第44–45页。

对教育科研的科学、有效管理。① 区域教科研管理的主要对象是辖区中小学及幼儿园的教师所从事的教育教学科研工作；管理的主要方式及范畴有教育督导、教育科研、教师培训、学科教研、质量监控、名师管理、德体卫艺、学前教育、职业教育、特殊教育、家庭教育、信息化运用等；管理的主要内容包括区域教科研工作规划、教科研制度建设、教科研队伍建设、教科研组织管理等。

1. 区域教育科研的机构与队伍管理

振兴区域教育科学研究事业，区域科研机构是载体，科研队伍是关键。区域教科研管理机制的形成，须有稳定的组织机构。县（区）教科研管理一般实行"两级管理"模式：一是县（区）级管理，由县（区）教科研机构承担区域中小幼教育科研管理工作；二是校级管理，由学校科研室（教研室）承担学校的教科研管理工作。在科研机构的设置上，各省、市、县（区）级教育行政部门及中小学的下设机构（部门）一般都设置有教育科研机构（部门）。②

在区域教科研队伍建设上，一方面需要规范用人机制，实施目标管理，按需设岗，严格考核；另一方面要加强教科研人员的培养，壮大教科研专业力量。

2. 区域教育科研的规划与制度管理

地区性的教育科研管理应面向基层学校和一线教师，应有一个全面管理和分类管理的有序、有效的工作模型③。为此，区域教育科研需要建立相应的规划与管理制度。教育科研规划是在同级教育行政部门制定的教育事业发展规划指导下，对区域教育科研的工作目标、总体布局、组织措施的谋划，它直接影响一个时期区域教育科研的发展程度和预期成果。④ 此项工作一般由区域教科研机构承担。

为有效推动区域教科研发展，发挥好区域教科研机构的管理职能，须建立健全教科研管理制度，如建立区域课程、教学、教研、科研、德育、信息化、教师发展、评价、学生培养等综合管理制度，以及课题、培训、质量监控、成果奖励等专项制度。

3. 区域教育科研的课题管理

课题管理是教育科研管理者为确保完成课题的预期研究任务而展开的一系

---

①② 董屹敏：《区域中小学教育科研管理研究——以上海市闵行区为例》（硕士学位论文），上海师范大学，2010年。

③ 刘永和：《实现区域教育科研管理的有效突破》，载《人民教育》2007年第18期，第46-49页。

④ 朱新苏：《充分发挥区级教育科研机构的功能》，载《上海教育科研》2005年第8期，第44-45页。

列组织协调活动。① 区域教育科研机构的课题管理功能主要体现在四个方面：一是课题指导功能，即指导和帮助学校（教师）选题、设计研究方案、指导实施研究等；二是优秀课题推荐功能，即向各级主管部门择优推荐课题；三是课题实施与检查功能，即对课题全过程进行指导、督促与管理；四是成果推广功能，即对有价值的研究成果，通过各种形式向区域内外推广、转化与应用。

（二）区域教科研机构的协调功能

区域教科研机构的协调功能，即积极发挥桥梁和纽带的作用，了解和执行上级教科研部门的政策，争取各级教科研机构和相关部门的支持；动员、指导区域内学校、教师开展教科研工作，推动教育教学改革。《教育部关于加强和改进新时代基础教育教研工作的意见》要求："进一步完善国家、省、市、县、校五级教研工作体系。""教研机构要加强与中小学校、高等学校、科研院所、教师培训、考试评价、电化教育、教育装备等单位的协作，形成以教育行政部门为主导、教研机构为主体、中小学校为基地、相关单位通力协作的教研工作新格局。"

1. 协调教育科研机构，寻求指导

区域教科研机构的沟通功能，首先体现为沟通上级教育科研机构系统。一是帮助自身与区域内的学校积极争取上级教科研机构的支持，二是完成上级教科研机构交给的任务。

2. 协调教育行政部门，寻求支持

教育行政部门是开展教育科研的支撑，教科研工作需要教育行政部门提供保障。区域教科研机构应发挥沟通功能，主动争取教育行政部门的支持，还要为教育行政部门提供决策参考；大力总结、宣传、推广区域教育改革与发展的经验、成果；做好协调和服务工作，推动区域学术活动、教学改革、教师培训、课题研究等相关工作。

3. 协调学校，联动发展

区域教科研机构是基层学校教科研工作的管理者与组织者，也是最切实际的指导者和实践者，起着承上启下的作用。② 区域教科研机构在为学校提供必要支持的同时，也要发挥校际沟通与协调的功能，以教研活动、业务竞赛、名师工程、课题研究、教师培训等形式，打破学校间的隔阂，促进校际联动，推动区域教育科研，提高区域教育质量。

---

① 胡江涛，胡忠于，尹黎力：《区县级中小学教育科研管理与指导机制的构建与实践》，载《基础教育参考》2020年第8期，第16-19页。

② 董屹敏：《区域中小学教育科研管理研究——以上海市闵行区为例》（硕士学位论文），上海师范大学，2010年。

(三) 区域教科研机构的研究功能

区域教科研机构在引领、指导、管理区域教科研工作的基础上，要发挥好自身的研究作用。区教研部门处于高校、科研院所、上级教科研部门和学校之间的中间环节，主要研究任务是：在一定的教育理论指导下，借鉴成功的实践经验，带领一线教师开展行动研究，总结实践经验，丰富实践智慧，着力实践改进。确定区域教科研工作的具体项目，需要"五个基于"：基于对象、基于现场、基于问题、基于行动、基于改进。因此，区域教科研机构人员需掌握一定的理论知识，拥有丰富的实践经验，深入基层一线，引领教师进入研究"轨道"。

1. 开展为区域教育决策服务的研究

区域教育发展战略是对于区域教育发展长期性、全局性、根本性问题的谋划，它是区域教育面对未来的各种挑战而制订出的回应式的行动方案，区域教育发展战略必须科学、合理、可行。要使区域教育发展战略可行，就必须进行多学科、综合性研究，要充分考虑影响教育发展的各种因素并估计这些因素可能发生的变化，尽可能提出多种方案以供选择，同时要将区域教育发展战略的实施作为一个动态过程，不断对教育发展战略进行必要的纠正与补充。[①] 因此，区域教科研机构须定期开展调研，把握区域发展阶段、发展水平，为区域教育决策提供依据，为区域教育长远发展奠定基础。

2. 开展为学校教育改革服务的研究

区域教科研工作的主要领域在基础教育，基础教育一要为提高国民素质打好基础，二要为每个人的终身发展打好基础，三要为整个国民教育体系打好基础。国家要发展，民族要复兴，科技是关键，劳动者素质是保障，教育是基础，而基础教育是基础中的基础。区域教科研工作的出发点和归宿都是为了促进发展：学生发展、教师发展、学校发展和区域教育发展。区域科研人员应深入一线，充分利用自身的专业特长，把先进理念、思想方法渗透到具体的课题研究和改革项目中，引导和带动教师开展行动研究，通过理论、经验对实践的指导，通过理论、经验与实践的对话，通过理论、经验与实践关系的重建，帮助教师掌握科学研究方法，为学校优化教育教学改革服务。

3. 开展区域教科研机构工作创新的研究

基层教科研工作具有很强的基础性和实践性，实现教育理论重大突破和教育改革重大创新的可能性相对较小，但这并不意味着基层教科研工作不用创新，反而需要更多的实践智慧。教科研工作有一定的规律性，也有许多经验可循，但不假思索的盲目照搬没有出路。教研员在深入学习理论、广泛汲取经验的基

---

① 刘惠林：《中国的发展与教育》，黑龙江人民出版社2000年版。

础上,要和教师们一道,针对问题、针对困惑、针对需要、针对发展,在教科研工作的目标、内容、项目、形式、方法、手段等方面,不断改革,持续创新。

三、区域教科研机构的发展

新中国成立至今,我国教科研机构的发展大致分为四个阶段:第一阶段(1949—1956年),不单独设立教研机构,教研工作由教育行政部门来承担;第二阶段(1957—1966年),教研机构从教育行政机构中独立出来,一些省、市的教研机构与教师培训机构合并成立教师进修学校,教研职能明显扩大,主要开展教材教法研究、学校教学指导、学科教研活动、教师培训等工作;第三阶段(1967—1977年),是教研机构被解散又相继恢复重建的时期;第四阶段(1978年以后),各省、市相继恢复或成立教研室,后来出现教研、培训两种职能并存的教育学院(或成人专科学校),县(区)恢复教师进修学校或教研室,承担教育教学上的拨乱反正,恢复教学秩序,统一教学内容、进度、考试等,兼顾教学研究和教师培训。[①] 改革开放以来,教科研机构的发展经历了翻天覆地的变化,为深化课程改革、提升教师素养、提高教学质量做出了重要贡献。

教科研机构虽是中国特色的教育教学研究组织,在过去的60多年里为中国教育做出了不可磨灭的贡献[②],但随着新时代社会发展与教育改革的深入,学校综合实力提升,校本教研日趋成熟,集团化办学、帮扶"结对子"及市场化、网络化教师研修等多形式教研不断产生,传统的县(区)教科研机构面临着严峻的危机。[③] 为此,区域教科研机构需要进一步健全组织机构、更新服务理念、完善制度机制、丰富职能功能、持续改革创新。

(一) 组织结构扩大,教研员素质提升

数据表明,我国教科研机构的组织结构持续扩大,教研员数量不断增多。各级教研室共有教研员十多万人,教研员主要从经验丰富的教师和教育专业硕士、博士生中挑选。[④] 以泸州市为例,近年来,泸州市教科所倾力打造创新型、学习型、研究型、服务型"四型"团队;发挥组织的力量,规范履职、创新履职,助推转型升级,围绕服务、变革两大主题,利用考核、评价的杠杆

---

① 秦国龙:《教研论》,辽宁大学出版社2005年版。
② 赵小雅:《教研制度:理直气壮的中国特色》,载《中国教育报》2014年第3期,第5页。
③ 刘大春,张航,叶剑,等:《机制创新推动区(县)教科研机构转型的实践探索》,载《中小学教师培训》2018年第4期,第30-34页。
④ 陈桂生:《"教研员专业"辨析》,载《课程教材教法》2021年第1期,第35-36页。

作用，围绕地区教育发展大局，针对地区教育发展重难点任务、教育决策咨询过程管理、教育成果发布与推广等方面展开工作。①

随着时代发展，面对课程改革的实际，教研员的角色要作以下调整：由课程和课程标准的诠释者成为课程和教学理论的研究者；由共性化课程的规范者成为个性化课程的催生者；由教师教学水平的鉴定者成为教师专业发展的促进者。② 教研方式不断革新，如主题研究、项目研究、网上教研等，教研员走向优质化，服务意识、服务能力、研究能力需不断提高。

（二）机制体制创新，教研能力增强

区域教科研机构的转型依赖于其机制创新，包括价值引领、内部治理、工作运行等方面。重视机构的价值引领，要求教研员要有服务意识、奉献精神，有研究意识、求真精神；不断优化内在结构与人员管理；形成"调研—研修—监测—反馈"工作运行机制。区域教科研机构职能从单一弱化走向多元强劲，结构从分类僵化走向融合灵动，方式从零散低效走向系统高效。郝时明认为，加强机制建设，需合理设置机构岗位；完善机制、科学管理；转变思想观念，增强责任心，提高综合能力和服务水平。③ 刘大春等以成都市青羊区教育科学研究院为例，认为该研究院在转型过程中，以"价值引领机制，推动职能转型；内部治理机制，推动结构转型；工作运行机制，推动方式转型"为主要路径，引领区域教科研机构的转型发展。④

（三）职能功能增多，研、管、培、评一体化

关于区域教科研机构的职能，秦国龙认为，各级教研机构要充分发挥教学研究、指导和服务的职能。研究是先导，是指导和服务的前提和基础，把研究贯穿于教研机构全部工作的始终，才能有效进行指导和服务；指导是中项，研究的结果经指导方可转化为学校教师的行为，经指导方可促进解决实际教学问题，促进学生、教师、学校发展；服务是终极，是研究和指导的导向，那就是始终要把握住为学生、教师、学校发展服务的方向。⑤ 周文群认为，传统的教研、科研、师培三大职能调整为教研、科研、师培、教育决策咨询、质量监测

---

① 巫道祥，潘盛明，刘旭相：《教科研机构助力区域教育整体改革的策略》，载《教育科学论坛》2016 年第 16 期，第 12 – 14 页。

② 秦国龙：《教研论》，辽宁大学出版社 2005 年版。

③ 郝时明：《基层教科研机构服务教学的实践与探索》，载《中小学教材教学》2015 年第 3 期，第 75 – 78 页。

④ 刘大春，张航，叶剑，等：《机制创新推动区（县）教科研机构转型的实践探索》，载《中小学教师培训》2018 年第 4 期，第 30 – 34 页。

⑤ 秦国龙：《教研论》，辽宁大学出版社 2005 年版。

评估五大职能,增加了包括区域教育发展规划、政策研究、教育国际化、区域教育质量监测等多项职能,以全面服务于区域教育发展与改革的需求。教科院的工作思路是,以教育科研为先导,以教师培训为重心,以监测评估为手段,全面提升智库水平和工作针对性,为教育综合改革服务。① 基层教科研机构的主要职能是研究、指导、管理、服务学校教育教学工作,总结推广教育教学改革的经验和成果。② 因此,未来的区域教科研机构不再只是局限于研究、指导和服务职能,而将持续走向研究、指导、管理、培训、评价、服务等一体化发展。

（四）专业服务强化,服务水平提高

服务是教科研机构的重要职能之一,教科研机构需要为区域教育决策服务、为基层服务、为师生服务,其服务意识、服务能力对整个区域的教育发展至关重要。增强服务职能主要包括两方面:一是需要增强服务意识,如宁波市象山区教科研中心提出"召之即来,来即能战"的承诺,认为学校的"召唤"必须回应,提倡增强服务意识。③ 二是提高服务质量,如通过搭建平台、与高校及学术机构合作、与教育精英对话等促进学术交流,以课题研究、专题教研、教师培训等形式促进教师专业发展,通过建立项目共同体、研究共同体等,促进合作研究,提高教科研服务水平。

（五）教研面向未来,科技融合创新

区域性教科研机构需面向未来,紧跟时代。随着人工智能、大数据、互联网等新科技的发展,第四次科技革命的扩展,区域教科研机构在教研组织、教研内容、教研手段、教研方式等方面,呈现出面对未来、求变创新的趋势。

第二节 区域教科研机构建设实践

一、区域教科研工作起点

深圳市坪山新区成立于 2009 年 6 月,面积 168km^2,常住人口约 30 万,2017 年 1 月设立行政区。坪山区是典型的教育后发地区,教育基础薄弱,公、民办教育严重失衡,教育管理和教育科研管理力量不足,教师队伍整体偏弱,

---

① 周文群:《区域教科研机构的定位与职能》,载《教育科学论坛》2017 年第 35 期,第 6-8 页。

② 郝时明:《基层教科研机构服务教学的实践与探索》,载《中小学教材教学》2015 年第 3 期,第 75-78 页。

③ 宋厘国:《县级教科研机构提升服务能力的新探索》,载《上海教育科研》2007 年第 7 期,第 56-57 页。

教育科研实力低下，教育质量整体靠后。以中小学教育为例，新区成立时，共有中小学24所，在校生约2.8万；户籍学生仅占15.4%，非户籍学生高达84.6%；学生父亲高中以下学历占67%，母亲初中以下学历占68.2%；教师1502人，无特级教师，高级教师仅占5.2%；区域优秀教师、管理干部和优质生源流失严重；区域整体教学质量处于龙岗区靠后位置。高等教育、特殊教育、社区教育、终身教育等几乎空白，学前教育、职业教育、家庭教育等底子薄弱。

新区成立前，共有公办中小学11所，民办中小学13所（均属于满足外来工子弟基本就读条件的普通民办学校）。公办学校中，"等级学校"（省、市、区级）占100%，其中市一级以上学校占50%；民办学校中，"等级学校"占25%，其中市一级学校仅占7.7%。公办学生占48.8%，民办学生高达51.2%，超过一半。公办教师占全体教师的58.2%，其中本科以上学历占71%；民办教师占全体教师的41.8%，其中本科以上学历仅占19%。公办教师中级以上职称占45.5%，民办教师中级以上职称仅占8.6%。公办学校管理干部平均每校12.3人，民办学校管理干部平均每校4.2人。民办教师平均月收入约1500元，不及公办学校教师月平均收入的1/4。民办教师年平均流动率超过40%。

新区成立前，教育由隶属龙岗区的两个街道（坪山、坑梓）的教育办公室主管，各有不到10人的教育管理团队。基层教育办公室人少事多，专职教研员比例极低，小学阶段主要学科未配齐教研员，中学阶段无教研员，教科研管理主要局限于基本的质量监控和力所能及的教学指导，区域教科研的组织架构、管理制度、运行机制等相对粗放。区域教师继续教育管理系统薄弱，教师参与培训的机会很少。教育科研未成气候，市级立项课题仅有2项，70%以上的学校课题数为0。教师知识结构欠缺，专业能力不足，教师认为自身最缺乏的知识结构是学科前沿（占调查总人数的48.8%）、教育科研（占48.4%）、才艺类专业技能（占45.6%）、名师案例（占45.5%）等。校际之间教学质量差距大，小学阶段主要学科期末质量检测平均分校际之间的差距最高达50分（满分100分）。素质教育未得到有效落实，全区校本课程仅6项，参与社团的学生比例不到15%，有33%的学校学生社团为0，有42%的学校校本课程为0。

二、区域教科研工作理念

（一）基本理念

（1）学生发展目标：中国根脉、国际视野、现代素养、未来能力。
（2）课程理念：育人为本、能力为重、全面发展、个性呵护。

(3) 教学理念：学为根本、教为支持、学教融合、教学相长。
(4) 评价理念：全面评价、多元评价、过程评价、发展评价。
(5) 教育质量观：全面质量、全员质量、全程质量、绿色质量。

（二）工作战略

1. 工作指引

党的教育方针，习近平新时代中国特色社会主义思想及系列讲话，党的十八大、十九大会议精神，《中共中央国务院关于深化教育改革全面推进素质教育的决定》《中国教育现代化2035》《教育部关于加强和改进新时代基础教育教研工作的意见》等国家政策精神；粤港澳大湾区、中国特色社会主义先行示范区、教育部教育综合改革试验区"三区"深圳建设使命；"创新坪山、东部高地、品质教育"的坪山教育愿景。

2. 两个定位

(1) 区域教育定位：优师、优生、优校、优制（简称"四优教育"）。
(2) 区域教科研工作定位：研究、指导、管理、服务。

3. 三个阶段

规范均衡阶段、内涵品质阶段、品牌特色阶段。

4. 四条路径

(1) 团队建设路径：数量充足、结构合理、教学好手、教研行家。
(2) 体制优化路径：管理科学、机制顺畅、运行高效、执行有力。
(3) 内涵发展路径：品质管理、品质教研、品质课程、品质课堂、品质评价。
(4) 文化培育路径：专业、协作、进取、奉献、品质。

5. 五个重点

课程建设、课堂改革、评价改良、教师发展、质量提升。

6. 六大行动

规范均衡行动、质量提升行动、教育科研行动、教师发展行动、学生素养行动、智慧教育行动。

三、区域教科研工作推进

（一）建立机构，完善区域教科研的组织保障

坪山新区按大部制运作，区域教育管理由公共事业局负责。公共事业局包括教育、卫生、文化、体育、计划生育五大部门，下设教育科，负责区域教育日常行政管理。新区党工委、管委会高度重视教育科研，新区一成立，主要领导就根据专家组的建议，决定设立坪山新区教育科学研究管理中心（以下简

称"教科研中心")。2010年1月,新区编制委员会办公室发文成立教科研中心,设8个事业编制,主要职能是:负责全区的教育科研、教师培训、学科教研、质量监控、名师管理、德体卫艺、学前教育、职业教育、特殊教育、家庭教育、教育信息化、教育督导(2013年区教育督导室成立后,此项职能转督导室)等工作。自此,新区教科研管理工作走上正轨。同年10月,教科研中心编制迅速增加到20个事业编、2个雇员编;2014年3月,教科研中心行政管理级别由管理七级升格为管理六级。

2010年9月,教科研中心制定了《坪山新区教育科学研究管理中心章程》(以下简称《章程》),对机构设置、组织结构、职能职责、管理制度、运行机制、工作重点、工作策略、工作保障等进行全面的规定。其中,关于各内设机构的职责如下。[①]

(1) 综合研究室。负责教科研中心日常事务管理与协调;负责人事、财务、固定资产、计生、工会及其他后勤管理;负责来文分办、督办、审定和印发文件、通知,文件档案管理,会务工作;负责对外联络、宣传报道、综合性活动组织;负责综合材料的组织和协调,专题材料的撰写、整理;承担中心安排的其他工作。

(2) 教学研究室。负责全区各学科、各学段(含学前)的教学业务管理、教学研究与指导、课程开发与实施;负责各学段教学质量的监控;协助课题开发与研究和成果总结与推广;负责各学段的业务竞赛和其他学术活动;统筹、管理与指导全区的校本教研开展和校本课程开发;承担中心安排的其他工作。

(3) 德体卫艺室。负责全区中小学的德育常规管理、班主任团队建设;指导与管理中小学德体卫艺的教学业务与研究、课程开发与实施、课题研究和成果总结与推广;组织实施学科竞赛和学术交流活动;指导学生心理健康教育、学生常见病防治和学校卫生防疫工作;组织指导德体卫艺特色教育的建设;承担中心安排的其他工作。

(4) 教育科学研究所。负责全区课题规划、开发、立项与管理;组织科研成果的总结、评审与推广;普及教育科研知识,组织教育科研学术活动,推动群众性教育科研;承担重大课题的开发、研究与总结;开展重大项目的调研,为教育决策提供参谋与服务;指导教育特色项目建设及总结推广;编纂教育学术刊物,收集、整理、发布教育科研信息;统筹、管理与组织教师继续教育、学历提升、岗位培训工作;负责"名师"队伍的管理;承担中心安排的其他工作。

---

① 深圳市坪山新区教育科学研究管理中心:《坪山新区教育科学研究管理中心章程》第5、6条 [2010 - 10 - 08]。

(5) 教育信息中心。统筹全区教育信息化工作的规划、建设与管理；指导学校教育技术装备、实验仪器装备、图书馆的配备、运行与优化；负责本中心信息技术设备的配备、使用与维护；负责区域教研网络资源的开发、管理与优化；指导教育信息化运用课题研究、项目推进、成果总结推广；负责中小学信息技术教学的研究、指导与管理；组织信息技术业务竞赛和其他学术活动；承担中心安排的其他工作。

《章程》规定，教科研中心实行主任（书记）负责制：主任（书记）对中心工作全面负责；副主任对主任负责，分管各内设机构的工作；部门主任负责各内设机构的日常工作。

教科研中心主任的职责：全面贯彻党和国家的教育方针，践行科学发展观，实施素质教育，提高现代教育教学及科研水平，为坪山教育"四优"工程作贡献；组织制定区教科研中心的发展规划；建立健全本单位教职工岗位责任制，做好教职工职称评聘、岗位聘任、考核、奖励、晋升工作，依照《中华人民共和国劳动合同法》保障教职员工的合法权益；加强教研员的专业引领，优化教职工健康的心智模式，打造一支能吃苦、愿奉献、素质高、业务精的教科研工作队伍；培养单位基层、中层管理干部的思想力、执行力、创新力，降低行政管理成本，提高管理效益；做好单位年度经费预算，管好、用好经费，提高教科研投资效益；抓好后勤工作，管好国有资产，提高国有资产利用率；完成各级布置的其他任务。作为支部书记还要履行党建和廉政建设的领导责任和主体责任。

《章程》还分别对中心副主任、内设机构负责人、教研员、工作人员等所有岗位的职责与权利做出了明确规定。①

为优化教科研中心的运作、整合区域教科研资源、促进区域教科研科学发展，编制了《坪山新区教科研中心制度汇编》。

2017年1月，坪山新区正式升格为行政区。2018年，教科研中心改名为"坪山区教育科学研究院"。

(二) 深入调研，为区域教育决策提供科学依据

教科研中心成立后，优先做的最重要的工作是组织专家做调研和编制规划。由张彦玲（深圳市教育科学研究所原所长）、黄孔辰（福田区教育局原副局长）、禹明（南山区教科研中心原主任）、张波（深圳市教育科学规划办原主任）等教育专家领衔，历经近半年时间，完成对全新区基础教育领域的深度调研，撰写了《深圳市坪山新区中小学教育发展现状调研报告》《就教育改

---

① 深圳市坪山新区教育科学研究管理中心：《坪山新区教育科学研究管理中心章程》第8－10条［2010－10－08］。

革与发展问题给坪山新区的政策建议》《坪山新区推进中小学教育均衡优质发展行动纲领》等报告，为新区教育决策提供了科学依据。此外在调研成果基础上，编制完成《坪山新区"十二五"教育事业发展规划》，为区域教育长远发展奠定了基础。

（三）谋篇布局，明确区域教科研的发展战略

1. 区域教科研发展的战略定位——"新坪山，新教育"

基于坪山新区教育处于"由郊区教育走向城区教育的过程中"这一历史阶段性定位，我们提出了"新坪山，新教育"的教育主张。这一判断和主张是坪山教育快速发展的重要前提。

2. 区域教科研发展的战略目标——"四优标准"

"四优"即优校、优师、优生、优制。通过若干年的努力，实现坪山新区学校优质、教师优异、学生优秀、制度优良，努力让每一所学校都精彩，让每一位教师都成功，让每一个学生都幸福，让每一项制度都闪光（图1.1）。其中的"优制"，不同于一般认识上的"优质"，是确保区域教育优质的"上位概念"——制度，具有一定的前瞻性和战略性。

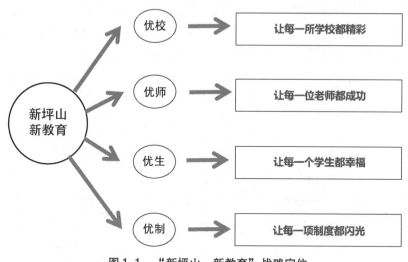

图1.1　"新坪山，新教育"战略定位

3. 区域教科研发展的战略步骤——"三步走"

从2010年起，通过8～10年的努力，计划用三个阶段，采取"三步走"战略，基本实现现代化、城市型、开放性的区域品质教育：第一步是促进规范与均衡，第二步是提升内涵与品质，第三步是打造特色与品牌（图1.2）。

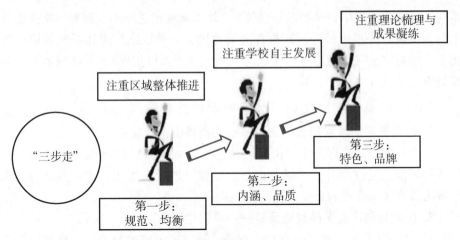

图1.2 坪山教科研发展"三步走"路径

4. 区域教科研发展的战略重点——"六大行动"

根据以上战略定位、战略目标、战略步骤，考虑区域教育发展的主导因素和关键环节，顺应国内外教育发展大势，结合新区教育实际，选择六大领域作为坪山教育科研的阶段性战略重点，又称"六大行动"计划：均衡发展行动、质量提升行动、教师发展行动、学生素养行动、教育科研行动、智慧教育行动。围绕"六大行动"，确定每一学年区域教科研工作的目标任务、主题内容、具体要求、行动措施、责任部门、考评办法等（图1.3）。

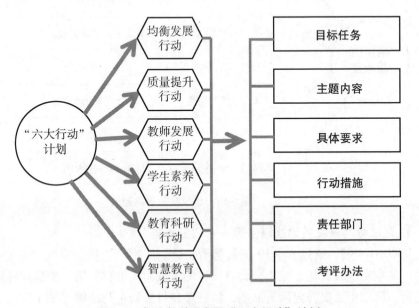

图1.3 坪山教科研发展"六大行动"计划

（四）阶梯式推进，促进区域教科研快速发展

瞄准"四优"目标，围绕"六大行动"，按照"三步走"节奏，从组织建设、制度建设、机制建设、重点项目等方面确定每一阶段、每一年度的重点工作。教科研中心与学校共同努力，每年抓住若干重点，攻克一批难关，实现区域教科研扎实又快速的推进（表1.1）。

表1.1 坪山新区教科研发展三阶段脉络

阶段	第一阶段 （2010—2013年）	第二阶段 （2014—2016年）	第三阶段 （2017年至今）
关键词	规范、均衡	内涵、品质	特色、品牌
指导思想	以规划促发展，以检查促规范，以结对促均衡，以监控促质量，以评估促进步，以总结促提升，以展示促交流	以"四优工程"为目标，以教师队伍建设为关键，以课程建设为重点，以课堂改革为核心，以素质教育特色项目为增长点，以学校规划为自主发展动力	以区、校重大改革项目为引领，促进区域教科研"四个转型"：由主要关注学业素养向全面关注综合素养的育人模式转型；由区域整体推动向学校自主发展的教科研管理方式转型；由外力推动为主向内外力联动的教师专业成长动力机制转型；由技术辅助教学向技术融入教学的教育手段转型
组织建设	成立新区教科研中心、学校教科室等组织；建立兼职教研员、学科中心教研组等队伍	成立新区教研协作体、民办教育协会、学前教育协会、教师成长共同体、教育科研学术委员会等组织；建立继续教育专干、教研通讯员、兼职编辑、"三线名师"等队伍	成立学校特色发展联盟、区域课程建设协作体、片区教研协作体等组织；建立课程改革指导委员会、教师专业发展指导委员会、重大教学改革项目指导委员会等专家团队

（续表1.1）

阶段	第一阶段 （2010—2013年）	第二阶段 （2014—2016年）	第三阶段 （2017年至今）
制度建设	制定《基础教育奖教奖学制度》《中小学教学工作常规》《中小学德育工作常规》《幼儿教育一日常规》《中小学教学质量监控制度》《中小学教学质量年报制度》《区内公民办中小学结对互助制度》《区一级学校评估办法》《区一级幼儿园评估办法》等制度	制定《"三线名师"管理办法》《教育科研课题管理办法》《继续教育管理办法》《学校课程建设指导意见》《校本培训管理办法》《体育教育三年行动计划》《艺术教育三年行动计划》《幼儿园教学工作规范》等制度	制定《学校发展规划实施指导意见》《区域特色项目管理办法》《重大教学改革项目管理办法》《教育科研基地学校管理办法》《教师发展专业学校建设指引》《继续教育精品课程建设指引》《校本课程管理办法》《中小学德育示范学校实施指引》《〈3-6岁儿童发展指南〉实施指导意见》《规范优质幼儿园建设指引》等制度
机制建设	建立中小学教学常规检查、中小学德育常规检查、幼儿园一日常规检查、中小学教学视导诊断、中小学质量动态监控、校园"四节"（科技、艺术、体育、文学）、公民办结对互助、学科教研活动日、教师业务比赛、区一级学校（幼儿园）评估、区规范化学校（幼儿园）评估等机制或平台	建立基础教育课题立项、学校特色项目立项、名师评审培养与评价、德育示范学校评比、"幸福班级"建设、班主任能力大赛、优秀教研组评比、"新教育杯"教学业务大赛、《坪山教育新视野》《坪山教研动态》《坪山教研网》刊物、"未来教育家"成长基地、"未来教育家"论坛、学校发展规划评审、课程改革现场会、素质教育成果展演进社区等机制或平台	建立学校特色项目验收、教育科研成果评审与推广、"新锐杯"教学业务系列大赛、学校课程建设方案评审、课堂教学改革成果展示、重大教学改革项目、学科建设项目工作坊、学术成果培育、区域学术开放、区素质教育系列展演、坪山教育论坛、专题学术研讨会、坪山教科研微信公众号等机制或平台

（续表 1.1）

阶段	第一阶段 （2010—2013 年）	第二阶段 （2014—2016 年）	第三阶段 （2017 年至今）
重点项目	组织教学常规检查 3 轮、德育常规检查 3 轮、幼儿园一日常规检查 2 轮；组织教学专项视导 160 多次；组织中小学质量检测 6 轮、学科专项素质抽测 3 轮；组织优质课评比、优秀教学案例评比等业务竞赛 50 多项；举办校园"四节"（科技、艺术、体育、文学）3 届、公民办结对互助年度考核 3 轮；开展学科特色教研活动 300 多场；完成区一级学校（园）评估、区规范化学校（园）评估 20 多项；举办全区大型学术研讨会 8 场；组织校长及教研员暑期高端培训 3 期；组织新教师全员培训 3 场；评选新区首批名师 64 名	除高质量完成上一阶段的常规项目外，还完成：组织课题申报与立项 2 轮、素质教育特色项目评审 1 届、名师评审 1 届、德育示范学校评比 3 轮、"幸福班级"建设 3 轮、班主任能力大赛 3 届、课程改革优秀教研组评比 2 批、"新教育杯"教学系列大赛 3 届；编辑《坪山教育新视野》16 期、《坪山教研动态》60 多期；举办"未来教育家"论坛 8 场；遴选学科"优课"200 多节；引进外教 8 名；引进台湾"Teamodle"智慧课堂，并在全区 8 所学校试点；组织学校发展规划宣讲 1 次；完成学校重大教学改革项目评审；召开区课程改革现场会 3 场；召开德育、体育、艺术工作研讨会 6 场次；组织区素质教育系列展演 16 场；组织国家级学术研讨会 1 场，市、区学术交流 31 场；组织校长及教研员暑期高端培训 3 期；组织新教师全员培训 3 期；评选新区第二批名师 100 名	除高质量完成以前两个阶段的常规项目外，还完成：组织学校特色项目验收 2 轮；组织区教育科研成果评审；举办"新锐杯"年轻教师业务竞赛 2 届；引进外教 24 名；设立"STEAM"课程实验学校 4 所；完成全区学校课程建设方案评审；召开 3 次课堂教学改革成果展示会；开展学校重大教学改革项目专家诊断 12 场；完成学校重大教学改革项目验收；举办区学术开放 7 场；承办市教育科研成果大型推广活动 1 场；组织区级以上大型学术研讨会 6 场；组织校长及教研员暑期高端培训 1 期；组织新教师全员培训 1 期（注：未包括 2017 年后的部分数据）

【案例1.1】

一名基层教研员的年度工作流水账（2016年）

坪山区教育科学研究院　李显明

1月12日，教科研中心牵头召开全区教育工作务虚会，新区分管教育副主任雷卫华、公共事业局局长谈宜福、副局长李莹等领导出席。教育系统各部门、各校（园）长围绕"十二五"教育工作回顾、"十三五"教育工作设想等交流思想，分享智慧。会上，还举行了省市名校长、名师的颁证仪式，目前我区有广东省、深圳市级各类名师共36名。雷卫华副主任高度肯定了"十二五"期间新区教育取得的跨越式发展，提出了办"创新性、城市型、现代化"坪山教育的新目标。会上，各校校长就"十二五"规划的执行情况作了"盘点"：如坪山高级中学廖翠华的"教师是学校发展的第一生产力"、坪山中学林俊红的"教育入心，灼灼其华"、坪山实验学校王君健的"天性教育与生命课堂"、光祖中学温安武的"迷恋师生的成长"、同心外国语学校钟焕斌的"从爱出发，与爱同行"、中山中学梅越平的"琢玉教育"、坪山中心小学黎金涛的"生命教育，数字学习，发现课程"、坑梓中心小学叶新强的"培育学生综合素养的探索"、坪山二小江可佳的"'四园'建设探索"、六联小学李修楚的"实践—反思型教师专业发展"、汤坑小学汤庆东的"幸福教育"、碧岭小学何莹娟的"生动教育"、金田学校谢少龙的"精致教育"、龙田学校黄德深的"全纳教育"、中山小学曾宇宁的"习性教育"、龙山学校方佑禧的"本真教育"、龙翔学校唐静的"一校两部学校管理模式"、东门小学杨慧钰的"阳光教育"、兴华小学张春华的"民办学校的人本管理"等，全面展示了"十二五"坪山教育改革的成果。谈宜福局长的讲话充分肯定了"十二五"坪山教育的成绩，并提出了"十三五"的努力方向，要求坪山教育管理者进一步更新观念，开拓进取，理清思路，明确目标，确定方向，做好规划。他提出五点具体要求：一是坚持德育为首，促进学生健康和谐发展；二是尊重教育规律，丰富教育内涵；三是继续深入推进"四优"工程；四是以人为本，依靠教师团队力量，用好校内外资源；五是尊重教育的阶段性，近、中、长期举措相结合，持续推动区域教育发展。

1月29日，教科研中心召开每学期一次的学术年会，李莹副局长和部分校长代表出席。教研员们围绕学科建设、课程改革、队伍培养进行了深度交流。李显明主任指出，根据坪山教科研"三阶段"发展路径设计，坪山教科研正处于"内涵·品质"的攻坚阶段，"特色·品牌"的奠基阶段，需要进行"结构转型"和"动力升级"。他提出"十三五"区域教科研的"四个转型"：

一是以学生全面发展为价值取向，促进育人模式由主要关注学业素养向更加关注综合素养方向转型；二是以教育科学发展为价值取向，促进区域教科研运行机制由主要依靠自上而下推动向更加注重上下联动、学校自主发展方向转型；三是以培养群体性反思型教育专业实践者为价值取向，促进区域教师成长由主要依靠外力驱动向更加依靠内外合力联动方向转型；四是以构建现代化、开放性、城市型区域教育为价值取向，促进教育手段主要由技术辅助教育教学向更加注重技术与教育教学深度融合方向转型。

2月22日，新区党工委刘胜副书记、管委会雷卫华副主任主持"坪山新区青少年科技教育中心"设计方案论证会，初步确定了项目设计和建设方案。此项目是经教科研中心多次呼吁，区、局领导高度重视，各部门联动而促成的，该项目的建设将给新区青少年科技科普教育提供全新平台。

2月23日，教科研中心组织每月一次的集体业务学习。分管中小学教学的赵大运、王旭信副主任组织大家集体学习了"义务教育课程和教学改革方向"；物理、化学、生物、科学、图书、信息技术等相关教研员介绍了"教学专项检查"情况，就各校教育教学设施设备、资源保障等提出了建议。

3月2日，教科研中心组织"优化办学水平评估，完善督学履职"专题研讨会，新区的市、区督学和责任督学参会。会上，李显明主任强调聚焦三个问题：一是如何提高办学水平评估的科学性，建议注重导向性，体现过程性，关注发展性，考虑个体性；二是如何关注教育重难热点问题，建议完善督学功能，加大督政力度，提高建设标准，关注学生综合素养，重视民办学校发展；三是如何增强督学履职功能，建议强学习提素养，依法依规专业履职，批判性与建设性并重。

3月3～10日，教科研中心组织校长和管理干部能力提升专题研修。校长、教研员、管理干部共60多人赴南京、杭州等教育发达地区，围绕"适应深化课程改革的教师研修模式""教育信息技术与教学融合"两大主题，采用现场观摩、专题研讨、项目式学习等方式，提升区域管理和业务骨干的学术素养和专业能力。教科研中心还通过组织在线学习、主题教研、跟岗研修、实地考查、现场研学、集中培训、"成长平台"、"名师工作室"、技能竞赛等多样化研训方式，持续提升全区干部、教师的专业实践力。

3月11日，教科研中心与"中科深圳先进技术研究院"商谈合作事宜。双方拟循序渐进地开展项目式合作，如科普教育、教师培训、课程研发、建设少年科技创新院、合作办学等等，提升区域科技和创新教育水平。双方同意本学期起将在中山中学等6所学校开设科技与创新教育课程。

3月14日，由教科研中心组织的新区名师工程专题研讨会在碧岭小学召开,市教育局师资处王水发处长出席。会上举行了何莹娟等"广东省教师工作室"挂牌仪式,教科研中心李显明作《坪山新区名师工程回顾与展望》专题报告。名师代表发言的题目分别为:廖翠华(广东省校长工作室主持人)的《见证教师发展的动力》、何莹娟(广东省教师工作室主持人)的《做教育的追梦人》、王君健(广东省骨干校长培养对象)的《引领教师发展,铸就实验品牌》、叶新强(深圳市十佳校长)的《潜心教育,静待花开》、庄泳成(广东省骨干教师培养对象、区学科带头人)的《讲台、平台、舞台》、张珂(广东省骨干教师培养对象、区学科带头人)的《教育幸福感教师价值之实现》、李静(区骨干教师)的《人、仁、韧——我的成长之路》。王水发处长评价:坪山新区狠抓名师培养,建立了一套科学高效的管理机制,名师成长迅速,辐射引领强劲。短短几年,培养了省、市名师36名、区级名师100名,真了不起!对于新区名师培养提出了"十二个一"的后续发展建议。

3月18日,深圳市教育信息中心杨焕亮主任带队到新区调研教育信息化。李显明汇报了坪山新区"智慧教育项目"建设和区域教育信息化工作,调研组还深入坪山中学等4所省、市现代教育试点校和智慧教育实验校现场考查。杨主任高度肯定新区"应用导向,问题导向,发展导向"的区域教育信息化建设思路。

3月21日,新区学前教育教学工作会议在坪山中心幼儿园召开。会上,教科研中心对全区学前教科研工作进行了回顾,对中心教研组、片区教研、"1+4"帮扶共同体、《3—6岁儿童发展指南》解读与实践、"一日活动"、幼儿园课程设计、科学保育等主题经验进行了总结与分享。李显明主任对进一步提升幼儿教育队伍素质、幼儿园办学水平等提出了指导意见。市教科院幼教教研员刘华老师作了专业点评与指导。

3月28日,教科研中心集体学习,主题为"如何持续提升区域教科研内涵品质"。李显明提出,"内涵品质"要有抓手,需要系统思考、顶层设计、战略定位、整体推进。应从功能定位、目标确定、组织结构、体制机制、文化建设等方面综合考虑,在做好常规的基础上,以项目为载体,区校协同,学段协同,联合攻关,培育品牌。学校层面,通过实施"重大教学改革项目",力争实现"一校一拳头项目,一校一品牌成果";教师层面,以"名师+骨干+学员""课题+项目+专题""培训+研修+反思""理论+技术+实践"等模式,建立各类教师专业成长共同体,整体提升区域教师专业素养。

4月17日,坪山新区首批"重大教学改革项目"集体开题,新区分管教育的雷卫华副主任和公共事业局全体领导出席,26名校(园)长登台宣讲,来自市内外的7名专家参与论证、点评。新区政府资助专项经费542万元,由校长挂帅,聚焦阶段性重大课题,集中优势资源解决重大问题。与会领导和专家给予了高度评价，相信大手笔的改革项目会使坪山教育涌现更多的优质学校、优秀教师、优异成果。

4月，教科研中心教科所所长、中学生物教研员张海银被评为广东省特级教师，这是教科研中心产生的首位特级教师，也是坪山新区本土培养的首批特级教师之一（另一位是坪山中学林俊红校长）。

4月20日，教科研中心组织的"学校学术开放"系列活动之汤坑小学专场。专场主题为"'友善用脑'生需快乐课堂"，来自北京、云南等区内外300多名教育专家及同行参加。"学校学术开放"是为配合"重大教学改革项目"而设计的区域教育科研高端学术交流平台，一场场"开放"活动，展示了繁花似锦的坪山教育改革成果。

4月起，坪山新区"学校素质教育成果进社区"系列展演在各校陆续展开，每校一个专场。以学校课程改革和素质教育项目为主要内容，以文学艺术创作、科技文化展示、家校社区互动、专家评审点评为主要形式，全面展示了区域推进素质教育的成果。活动持续近8个月，在社会各界引起了强烈的反响。

5月23日，教科研中心组织新区第8期"未来教育家成长研究论坛"。来自浙江省教科院的张丰研究员围绕"校本研修与教师专业成长"话题，结合浙江省教育改革的经验，全面阐述了课程改革背景下区域教科研制度转型、以校为本的教师研修制度建设等问题，与坪山校长、教师进行深度对话。"未来教育家成长研究论坛"开展以来，先后邀请中国教育学会副会长、《未来教育家》总编刘堂江，北京十一学校校长李希贵，全国名班主任、名校长李镇西，上海市教育科学研究院研究员杨四耕，北师大教育管理学院教授安文铸，深圳市教育科学研究院院长、研究员叶文梓等著名专家来坪山开坛论道教育，共谋坪山未来。

6月27日，第5届坪山新区教育科学研究成果奖完成评审，共评出一、二、三等奖18项。此次成果突出了三大方面的主题，一是课程开发与建设，二是课堂教与学方式的变革，三是学生综合素养的培养。新区教育科研成果的含金量逐年提高。

6月，由教科研中心牵头组织专家编制的《坪山新区教育事业发展"十三五"规划》定稿，送交上级审定批复。

7月8日，教育部民族司司长带队来坪山检查新疆班教育教学及管理工作。坪山高中汇报了"七情、六育、八同、四美"的新疆班教育管理模式，区教科研中心介绍了新疆班教学管理与教学质量情况。

7月12~13日，第三届"中国未来教育家成长论坛暨全国未来教育家成长联盟"第二次会议在北京召开。坪山新区教科研中心在会上作了"用课程引领区域教育变革"的专题报告。

7月13～19日,教科研中心组织教研员和学校业务干部华中师范大学专题研修班,80多人参加学习。

7月,教科研中心教研室主任、特级教师袁虹参加在德国举行的"国际数学大会",并在大会上作《中学数学微课程开发与运用》专题发言和专业展示。

8月,教科研中心修订《坪山新区教研员工作规范》,进一步规范和引导教科研工作。

8月25～28日,教科研中心组织每年一轮的学科教师全员培训,培训全面、系统、专业,覆盖全区所有教师。

8月30日,新区公共事业局召开新学期开学工作会议。李显明代表教科研中心作《新形势下的区域教科研工作转型》发言。江国初局长在讲话中提出了六点要求:一是认清坪山教育发展的新形势、新任务;二是加强常规管理,不断改革创新;三是引进优质教育资源,持续提升教育质量;四是加快学校建设,加大学位供给;五是发挥校长主导作用,办好每一所学校;六是优化教育管理,全面提升区域教育治理能力。

9月14日,市人民政府教育督导室开展对坪山区实施《深圳市体育、美育三年行动计划》专项督导。李显明代表公共事业局作了《体育为根,艺术为魂,培养全面发展的一代新人》的主题汇报,就全区体育和艺术学科建设、教师培养、教学改革、课程开发、团队建设、体艺活动、特色项目、体艺成果、学生发展等方面的思路和做法作了详细介绍,并展示了大量案例和数据。督导组还实地考查了坪山外国语学校、龙山学校等公办、民办学校,并召开座谈会等。贾笑纯组长高度肯定坪山的体艺教育工作,归纳了5个亮点,提出3条建议。

9月16～18日,每年一度的新区新教师全员培训在盐田区进行。区教科研中心针对新教师的特点和新区实际,从教学、班主任、心智模式、行为方式等方面设计了新教师入门课程。李显明主任对新教师提出了"三个三"的要求:把握好教师成长的三阶段,即适应期、成长期、成熟期;新教师"三要";新教师"三忌"。

9月18日,教科研中心召开每学期一次的教学工作会议。按惯例,为更好地促进校际交流,区教学工作会议在各校轮流召开,本次会议首次在民办学校龙翔学校召开。会议议题有:区教科研工作总结与计划、中小学教学质量分析、区中小学生综合素养发展分析、首届素质教育系列展演总结等。

9月19日,新区公共事业局召开教育工作务虚会。教科研中心从"强研究,明方向,建机制,搭平台,促交流,优服务"等方面介绍了主要工作,并从"坪山教育新平台，深圳教育新方向，国家教育新形势，立德树人新要求"等方面谈了后续工作思路。新区分管教育的副主任林良沛提出了三点要求：一是心静如水，宁静致远；二是坚毅如铁，攻坚克难；三是定力如山，使命必达。

9月23～30日，教科研中心组织坪山新区首届"创新创客活动周"。活动内容有院士报告、科技教育成果展、创客作品路演、"三小"（小发明、小制作、小论文）作品评比、学校经验介绍等，全面展示了坪山新区中小学科技教育、创新创客教育的成绩和成果。

10月13日，坪山新区公共事业局分解为文体教育局和卫生计生局，文体教育局局长由江国初担任。教科研中心隶属文体教育局，其单位建制和管理模式不变。

10月13～28日，"深圳市创新创客教育活动周（即"双创周"）"在全市全面展开。坪山新区在活动中表现良好，坪山高中等2所学校获得"深圳市创客教育示范校"，坪山高中"无炭小车"等多项创客项目荣获市一、二等奖。

10月14日，教科研中心召开"坪山新区教科研工作回顾与展望"专题研讨会。华南师范大学钱扬义教授、中山大学葛洪教授、深圳大学李臣之教授、深圳市教科院潘希武博士、黄积才主任、黎克林博士及区内外教育专家同行50多人出席。李显明作《坪山新区教科研工作回顾与展望》报告，重点介绍了以"城市化进程中中小学教学管理的科学性研究"课题优化区域教研管理体制、以项目分类推进为路径的区域科研管理机制、以"未来教育家"成长研究项目促进区域教师专业发展机制、以"学校重大改革项目"促进学校自主发展和品牌建设机制、以"学校课程规划与实施"为重点的区域课程建设策略、以"学为根本，教为支持，学教融合，教学相长"为区域课堂教学改革导向等区域教科研整体推进策略。部分学校代表发言，如坪山高中的"让教育科研成为学校发展的核心动力"、坪山中学的"扎实管理，理性改革"、实验学校的"九年一贯制学校的一体化管理"、中山小学的"习性教育"等。与会专家高度评价坪山新区教科研中心的精心设计、科学管理、务实工作、卓越效果，并提出了发展性建议。

10月24日，韶关市教育局组织80多名校长来教科研中心考查交流，并在坪山中学等4所学校（园）进行了现场观摩和座谈。几年来，教科研中心先后接待来自新疆、广西以及广州、清远、惠州、汕尾、韶关等地的教育同行30多次考查交流，并组织名师、骨干教师赴省内外走课送教累计50多次。

10月27日，由坪山新区教育顾问、广东省特级教师、深圳市政府津贴专家、深圳市教科院顾问禹明带领的8名特级教师走进坪山实验学校，深入学科、教师、课堂，为学校教学把脉问诊，为青年教师成长指点迷津，为学校发展出谋献策。本项活动由教科研中心组织，禹明老师带领深圳市著名特级教师团队先后在坪山中学、光祖中学、坪山实验学校等校开展"特级教师进课堂"系列活动，对更新教育观念、开阔教师视野、提升教学能力、促进科研引领等方面起了强大的推动作用。新区成立以来，教科研中心每年组织8—10期"特级教师、名师进课堂"活动。

10月29日，在深圳市教科院组织的"好课程"评选活动中，我区"习性课程""科技教育课程""家国之光课程""校园足球""跳绳""书法""集邮""三模"等多项校本课程获得深圳市"好课程"奖励。

10月27～28日，坪山新区"重大学术开放活动"暨坪山高级中学"办学十周年学术研讨会"在坪山高中举行。主要内容有：办学十年成果展、学校重大教学改革项目阶段性总结、"生本学堂"课堂开放、"阳光学子"论坛、综合艺术展演、校史馆启用等。坪山新区"重大学术开放活动"每学期举办5～6场，由各校轮流开放展示。

11月2日，教科研中心与教育科、教育督导室联合组织新区民办教育考查活动，来自全区民办中小学、幼儿园的董事长、法人、部分校（园）长参加。先后与佛山市禅城区教育局、佛山市实验学校教育集团、佛山市冠华学校开展交流。考查期间，组织了"新区民办教育专题研讨会"，与会人员积极为坪山民办教育建言献策，李显明、杨满良、张雪强等新区教育行政、业务部门负责人就民办教育分类管理、民办教育优师奖励、民办学校优质特色发展等提出了方向性意见。

11月5日，教科研中心组织全区校长和教科研骨干参加"中国·大梅沙创新论坛"系列论坛之"教育论坛"，坪山新区代表和与会专家就"全球视野下的创新教育""中国教育供给侧改革""新高考与教育创新""创新教育的深圳探索"等话题展开对话。

11月9日，教科研中心组织以"坚持以学生为本，提高学生的学习素养"为主题的课堂教学改革专题研讨会。来自南山区教研室的郑明江副主任以"自主学习，生本课堂""课堂主人，学习主体"等南山优秀教师课堂改革案例，结合自己的研究，给坪山区课堂改革提出了"一个核心，两个充分；以学为主，学导结合"的"六学课堂"建议，与坪山教科研中心倡导的"学为根本，教为支持，学教融合，教学相长"的课堂改革理念不谋而合。会上，碧岭小学何莹娟校长介绍了"生动课堂"改革的设计与进展。

11月25日，教科研中心组织新区"学校学术开放"系列活动之"坪山实验学校专场"，主题是"核心素养与课程建设"，来自全国各地200多名专家和同行参加。会上，坪山实验学校发布了《九年一贯制学校"生命·

智慧"课程体系建设》，同步展示"'生命·智慧'研究课"14节。"学校学术开放"是区教科研中心为促进学校自主发展，展示重大教学改革成果，提升区域教育品质，与"学校重大教学改革项目"相配套的一个制度设计。几年来，全区共举办20多场"学术开放"活动，如坪山高中的"'1+1+3+N'教师专业发展模式"、坪山中学的"'四三'智慧课堂""和谐德育"、光祖中学的"'自主互助'课堂"、坪山中心小学的"数字化学习"、坑梓中心小学的"百花园课程建设"、汤坑小学的"友善用脑"等，可谓百舸争流、百花齐放。

11~12月，教科研中心组织市内外权威专家进行坪山新区第一届名师终期考核。考核分两个环节，实行综合评价制：一是专家组深入名师所在单位听取单位领导及名师个人汇报、现场听课或观摩教科研活动、查阅资料、问卷调查、师生访谈等，掌握一线真实情况；二是分层、分类、分批对廖翠华等12名名校长、名师工作室主持人，钱冰山等18名学科带头人，刘志强等19名骨干教师，柏庆昆等21名教坛新秀进行集中展示和现场答辩。参与多轮评审的深圳市教科院原副院长陆飞、南山区教科研中心原主任禹明、罗湖区教科研中心原教研员王见、深圳小学原特级教师石景章等知名专家的评价是："师德师风好，专业素养精，业务水平高，创新成果多，辐射引领强"。首届新区"三线四级名师"是从全区教育系统经严格评审选出来的。三年来，教科研中心坚持"评、用、养、培、管"结合，充分发挥名师的辐射引领作用，同时促进名师自身的快速成长。每年都进行严谨的过程性考评和年终考评，三年的考评综合评价出履职期间总成绩，确定优秀、良好、合格、不合格等级。截至2016年底，坪山新区拥有省、市、区各级各类名师164名。

12月8日，坪山新区"重大学术开放暨光祖中学110周年校庆"在光祖中学进行，主要内容有校史回顾、光祖新风、自主互助课堂、校友师德报告等学术活动。

12月9日，教科研中心组织学校学术开放系列活动之坪山中学专场，主题为"四三智慧课堂的探索"，江国初局长、宋承昊教授等领导、专家出席。

12月14日，深圳市教育局召开2016年高中教育工作会议，坪山高中再获"深圳市高考超越奖"。坪山高中高考上线人数从2009届的重点本科3人（占0.48%）、普通本科29人（占4.67%）、大专201人（占32.37%），到2016届的重点本科324人（占34.5%）、普通本科596人（占63.54%）、大专926人（占98.72%），进步幅度在全市领跑。

12月14日，坪山新区"四优工程"专项评估反馈会在六联小学举行。"四优工程"是《坪山新区教育事业发展"十二五"规划》提出的战略目标，几年来，在新区党工委、管委会和公共事业局、文体教育局的领导下，教科研中心和全区教育工作者共同努力，扎实推动"六大行动"计划，"新坪山新教育"取得显著成绩，"四优工程"硕果累累。由新区教育督导室牵头、教科研中心配合设计的"四优工程"专项评估属于全市首创的专项评估项目，设置优校、优师、优生、优制、优誉五大指标体系，3年多来，12所公办学校完成了专项评估。

12月22日，由深圳市教育局德体艺卫处组织的"深圳市中小学优秀特色班会课"系列展示活动在坪山区举行，坪山高中的特色班会"木棉与雪莲友谊长"得到了与会区内外专家同仁的良好评价。几年来，教科研中心以"幸福德育"为主题，建设"幸福班级"，通过研究、实践、总结，各校德育工作的科学性、针对性、实效性、创新性大大增强。此次展示会是坪山新区德育科研系列探索的一个缩影。

12月25日，由基础教育科和教科研中心联合举行的"坪山新区优师论坛"在坪山高中学术报告厅举行。来自各民办学校的校长、教师代表闪亮登台，充分展示了优秀民办教育工作者的教育思考、人生境界和卓越成就。

12月27日，教科研中心在中山中学组织"未来教育家成长研究论坛"之"未来教育与未来学校"专题学术报告会，中国教育科学院王素研究员对未来教育作了全景式、前瞻性的报告。

12月30日，"坪山新区学校素质教育系列展演"民办教育专场在龙山学校举行，全面展示了新区民办学校素质教育成果。这是新区学校素质教育16场系列展演的收官之作，所有公民办学校都面向社区及全体家长，展示了一场场生动的学校素质教育成果，得到家长和社会各界的广泛赞誉。

12月，经过一个多学期的调研、总结、整理，教科研中心集体完成《坪山新区基础教育学科建设报告》。该报告共20余万字，结构完整，内容丰富，数据翔实，论证充分，全面总结了坪山新区教科研中心成立以来，在教科研中心的组织、引领和全体校长、教师的共同努力下，新区基础教育在学科教学、教学质量、教育科研、教育信息化、德育、体育、艺术、心理、卫生教育、教师培训、名师建设、学前教育等方面的主要思路、策略、措施与效果，为未来区域教科研工作的持续发展奠定了基础、提供了范式。

12月31日，是2016年日历的最后一页。随着坪山新区升格为行政区，坪山教育将进入新的历史阶段。

注：上述"流水账"，是笔者作为一名基层教科研机构负责人兼地理教研员，据不完整的个人工作笔记原始记录粗略整理而成。仅摘录2016年本人亲自组织或参加的非地理学科部分活动项目，还有更多的区、校重大活动因个人未能参加或记载而无法呈现。特此说明。

【案例点评】"教研员工作流水账"看起来很烦琐，但反映了作者作为一名基层教科研机构负责人在区域教科研管理工作过程中所思、所行、所感，也从侧面折射出区域教科研工作的生动历程。这既说明区域教科研"三个阶段""六大行动"等顶层设计落实到了每一个部门、每一名教研员、每一项工作领域中，又反映了其作为教研员对教研工作的敬畏与追求，还折射出基层教科研机构工作繁杂、资源不足、人力捉襟见肘等困境。可以说，为持续提升区域教育品质，坪山教科研中心的同人们一直在负重前行。

（五）收获耕耘，实现区域教科研的阶段性目标（表1.2）

表1.2 坪山新区教科研部分阶段性目标

领域	代表性成果
高考中考	坪山高中连续6年获"深圳市普通高考超越奖"。培养清华大学、北京大学、中国美术学院、中央美术学院以及全球100强世界名校大学生30多名；重点本科人数由2009届的3人增加到2016届的324人；普通本科人数由2009届的29人增加到2016届的596人。中考文化课成绩由低于深圳市平均分20多分，到超过市平均分18分；中考体育成绩连续多年名列全市前茅
学校发展	国家级：国家级示范性普通高中1所、校园足球示范学校3所、校园文化建设先进学校1所。 省级：广东省德育示范学校2所、现代教育技术实验学校3所、教师发展基地学校1所、绿色学校3所、校园足球示范学校5所。 市级：深圳市德育示范学校11所、素质教育特色学校6所、智慧教育试点学校4所、综合素养试点学校3所、教育科研基地学校2所、教师发展基地学校2所、书香校园5所、传统体育项目学校13所、校园足球示范学校13所、优质示范幼儿园3所、最具创新力学校1所
教师发展	培养广东省特级教师2名、正高级教师1名、省校长工作室主持人1人、省教师工作室主持人2人、省名校长培养对象2名、省名师培养对象4人、深圳市地方级领军人才3名、市后备人才5名、市名师17人、坪山新区"三线名师"100名；主持国家级课题5项、省级课题22项、市级课题52项；荣获广东省教学成果一等奖2项、二等奖4项、深圳市教育科研成果奖24项，深圳市教育科研品牌成果推广项目1项；荣获市级以上教师业务竞赛奖年均300多项

(续表1.2)

领域	代表性成果
学生发展	学生综合素养发展成效显著,在各级展示活动中表现优异;国家学业质量监测成绩稳步提升,各学段学业成绩优良率持续提高,校际之间教学质量差距显著缩小;涌现中国少年科学院"小院士"6人、"广东省自强文明好少年"2名、"感动深圳十大人物"2人;学生荣获国家级专利55项;荣获市级以上学生探究性小课题奖励170多项;学生在国内外各项比赛中获奖8000多人次
区域特色	区域课程建设整体推进,荣获广东省特色课程建设先进区;体教结合见成效,体育教育成绩卓著,体质健康监测、体育中考、"阳光体育"、体育竞赛、传统项目等成绩突出,校园足球全区普及;艺术教育(管乐、合唱、民乐等)学段衔接、区域整合,获国内外大赛金奖20多项;科技教育获国内外金奖达300多人次;市、区素质教育特色项目200多项;选修课程600多门;学生社团覆盖率100%

注:此表数据为2010—2016年的不完全统计。

(六)谋划未来,描绘区域教科研再突破蓝图

【案例1.2】

坪山区加强和改进教研工作的意见

坪山区教育科学研究院

教研工作是保障基础教育质量的重要支撑。面对发展素质教育、提高教育质量的新形势、新任务、新要求,坪山区教研工作还存在机构体系不完整、教研队伍不健全、教研方式不科学、运行机制不完善、条件保障不到位等问题,亟需加以解决。根据教育部《关于加强和改进新时代基础教育教研工作的意见》(教基〔2019〕14号、《广东省教育厅、广东省机构编制委员会办公室、广东省人力资源和社会保障厅、广东省财政厅关于推进县级教师发展中心的意见》(粤继教函〔2017〕58号),结合坪山实际,就坪山区进一步加强和改进新时代基础教育教研工作提出如下意见。

1. 明确指导思想

坚持以习近平新时代中国特色社会主义思想为指导,全面贯彻党的教育方针,落实立德树人根本任务;遵循教育规律,树立科学的教育质量观,为构建德智体美劳全面培养的教育体系,发展素质教育,办保公平、高质量、可持续

的区域品质教育，为培养担当民族复兴大任的时代新人提供强有力的专业支撑。

2. 明晰工作任务

服务学校教育教学，引领课程教学改革，提高教育教学质量；服务教师专业成长，指导教师改进教学方式，提高教书育人能力；服务学生全面发展，深入研究学生学习和成长规律，提高学生综合素质；服务教育管理决策，加强基础教育理论、政策和实践研究，提高教育决策的科学化水平。

3. 完善组织结构

加强区教科院建设，配齐配强各部门、各学科、各学段和专门教育教研员，配备必要的教研管理人员和辅助人员。各校（园）要强化教研组织，充实教研资源，改善教研条件。形成以区教科院为主导、中小学幼儿园为主体、相关单位通力协作的区域教研工作新格局。

4. 履行工作职责

区教科院要将重心下移，深入学校、课堂、教师、学生，紧密联系教育教学一线实际开展研究，指导学校和教师加强校本教研，改进教育教学工作，形成在课程目标引领下的备、教、学、评一体化的教学工作格局。

5. 强化校本教研

各中小学、幼儿园要立足校（园）实际，从组织、机制、管理、保障等方面强化和优化校（园）本教研。充分发挥教研组、备课组、年级组、课题组、项目组、工作室等组织力量的作用，优化教学管理、改进教学方法、解决教学问题、提高教学质量、研究学生学习、指导家庭教育。

6. 突出全面育人

聚焦构建德智体美劳全面培养的教育体系，健全立德树人的落实机制。围绕如何突出德育实效、提升智育水平、强化体育锻炼、增强美育熏陶、加强劳动教育等重点问题，强化学科育人功能，开展内容、策略、方法、机制研究，将德智体美劳全面培养的要求融入教育教学全过程。

7. 狠抓关键环节

加强对课程、教学、作业、评价等育人关键环节研究。高质量实施国家课程；开发区域"品质系列课程"，丰富校本课程，满足学生多样化发展需求；加强"品质课堂"探索，优化教学方式，提炼优秀课堂教学品牌；加强作业研究，优化作业质量，完善调控机制，切实减轻学生负担；加强考试、监测、评价研究，优化评价体系，建立以素质教育为导向的科学评价体系。

8. 创新教研方式

根据不同学科、不同学段、不同教师、不同项目，采用片区教研、学段教研、网络教研、主题教研、教学展示、现场指导、项目研究等多种方式，提升教研工作的针对性、有效性、吸引力和创造力。探索信息技术背景下的教研、管理新模式。

9. 严格专业标准

严格执行教研员准入制度，教研员应具备以下基本条件：①政治素质过硬。树立"四个意识"，坚定"四个自信"，做到"两个维护"，全面贯彻党的教育方针，遵纪守法，为人师表。②事业心责任感强。有教育理想和教育情怀，热爱教研工作，自觉为提高区域教育质量贡献智慧。③教育观念正确。遵循教育规律和学生发展规律，坚持德智体美劳全面培养，积极践行素质教育。④教研能力较强。具有扎实的教育理论功底，教学经验丰富，原则上应有6年以上教学工作经历，具有高级及以上教师专业技术职称或硕士研究生及以上学历，在教育教学上取得优异成绩。⑤职业道德良好。遵守学术道德，作风民主，有较强的服务精神，善于总结教研教改经验，推动教育教学改革创新。

10. 认真遴选配备

严格按照专业标准遴选、配备教研员。建立专兼结合的教研队伍，配齐配强专职教研员，在学校聘请一定数量的兼职教研员；各学科选拔优秀教师成立区中心教研组。科学评价、动态调整，持续优化教研队伍管理，保持教研队伍活力。

11. 促进专业发展

加强教研员培训，每位教研员每年参加不少于90学分的专业培训。教研员要有常态化的课题研究或教学改革项目，保持教学研究的活力和水平。

12. 加强组织领导

区教育行政部门要高度重视教研部门的建设，协调相关部门及时研究和解决教研工作中遇到的困难和问题，保障教研工作顺利有效开展。

13. 提供条件保障

区教育行政部门要持续改善教科院的工作、研究、生活条件，提高教科研人员的政治、经济和学术待遇。财政部门要确保教科院运行和区域课题研究、教学改革经费，对区域重大教改项目给予经费支持。人事部门要从机构编制、专业技术职数比例、教研辅助人员配备、教研员激励机制等方面，为教研机构良性发展提供政策支持。有关部门要采取切实措施，减少对教研工作的行政干预，切实减轻教研员的非专业性工作负担。

【案例1.3】

坪山区教育科研品质发展行动要点

坪山区教育科学研究院

一、品质发展行动基础（略）

二、品质发展行动战略

1. 指导思想

坪山区教育科研"十四五"品质发展行动，以习近平新时代中国特色社会主义思想为指引，全面贯彻党的教育方针，贯彻《教育部关于加强和改进新时代基础教育教研工作的意见》，落实立德树人根本任务，树立科学的教育观，为构建德智体美劳全面培养的育人体系，发展素质教育，培养担当民族复兴大任的时代新人提供坚强有力的专业支撑。按照"幼有善育、学有优教"总体目标，主动对标国内先进城市、OECD等发达国家的教育改革发展方向，抢抓"双区驱动"历史机遇，开创与"创新坪山，品质教育"相适应的区域高品质教科研工作新局面。

2. 工作目标

建设数量充足、结构合理、素质优良、奋发有为的区域教科研团队；建立科学合理、系统完善、和谐有序、高效顺畅的区域教科研运行机制；打造有前瞻性、引领性、影响力、辐射力的区域教科研重大品牌；营造"专业、协作、进取、奉献、品质"的区域教科研优秀文化。

3. 工作思路

围绕"一个中心"，实现"两个发展"，做好"三个服务"，促进"四个转型"，锻造"五个品质"，促进区域教科研工作内涵彰显、品质提升、品牌发展、特色凝练，为坪山教育高质量发展作出新贡献。

（1）围绕"一个中心"。以持续提升教育质量为中心，践行"全面、全员、全程、绿色"的区域教育质量观，促进区域教育高位优质发展。"全面质量"即促进学生德智体美劳全面发展，实现"五育"并举；"全员质量"即关注每一位孩子、每一类群体、每一个家庭、每一所学校；"全程质量"即重视教育教学全过程、全领域、全链条；"绿色质量"即促进师生减负增效、减负增能、减负增乐。

（2）实现"两个发展"。做强教师专业发展主心骨，立稳学生全面发展落脚点。

教师专业发展突出专业素养提升、师德师风养成、名师骨干引领三大方面。强化教科院"导、学、研、评、培"的专业引领作用，整体提升教师专业素养；坚持"理论学习、实践探索、总结反思、典型示范"四位一体，培育"四有"好教师队伍；建立"目标导向、项目牵引、平台支持、机制保障"4方结合的区域名师成长体系。

学生全面发展突出文化基础、自主发展、社会参与三大领域，涉及人文底蕴、科学精神、学会学习、健康生活、责任担当、实践创新6个方面，涵盖品德、身心、学习、创新、国际、审美、信息、生活8重素养。

(3) 做好"三个服务"。高效完成教科研的常规工作，更加突出教科院的专业研究职能，更加强化为区域教育发展的服务功能。服务学校的整体发展与特色发展，服务教师的专业发展与职业幸福，服务区域教育管理决策与教育高质量发展大局。

(4) 促进"四个转型"。在区域教科研机制方面，加快完成教科院机构改革，优化区域教科研管理制度、运行机制和服务体系；在教科研工作重心上，继续夯实规范均衡基础，更加注重内涵品质，强化品牌特色；在教科研方式方法上，加强互联网、大数据、人工智能等现代手段与教育教学的融合创新，加强教研训融合、教学评融合、研管服融合，形成开放多元、持续创新的区域教研新生态；在育人模式方面，建立与培养中国特色社会主义新生代应具备的核心素养、综合素养相适应的育人体系、课程体系、教学体系与评价体系。

(5) 锻造"五个品质"。总结前期区域教科研工作成功经验，结合教科研发展新形势、新要求，着力打造"五品"教科研工作新格局——品质管理、品质教研、品质课程、品质课堂、品质评价。品质管理、品质教研主攻组织优化方向，着力建立与时代使命相匹配的区域教科研管理机制和专业服务体系；品质课程、品质课堂、品质评价主攻改革创新方向，强化研究、实验，突出品牌、特色，提炼经验、成果。

三、品质发展行动策略

1. 品质管理行动

明晰理念文化：品质、高效、创新、超越。"品质"是团队成员的共同气质，是组织凝聚的文化特征，是精心设计的艺术美感，是精雕细琢的工艺流程，是从容自信的大度高远；"高效"是教研员个体积极的工作态度和科学的工作方法，是教科研团队通力的合作精神和默契的协作文化；"创新"是严谨的专业研究和宽松的学术氛围，是瞄准目标、注重过程而又不囿于常规，是对过往的尊重和继承，是对未来的畅想与描绘；"超越"是对自身的成长与突破，是与同行的比学和赶超。

培育团队精神：团结、向上、务实、奉献。"团结"是基于相互尊重的善解包容，是前行路上的风雨同舟，是困难面前的齐心协力；"向上"是永不停歇的逐梦前行，是追求卓越的持续跨越；"务实"是直面现实的勇气，是脚踏实地的付出，是精耕细作的追求；"奉献"是执着的学术情怀，是使命的责任担当，是有我的辛勤耕耘，是无我的功名利禄。

优化职责功能。突出专业职能，弱化综合事务，强化专业研究；突出学术核心，强化项目驱动，倡导合作教研；突出团队建设，打造优秀学术团队，培育优秀改革成果。

强化专业引领。制定教研员、学科建设、学业质量、教师专业、学生素养的"坪山标准"；优化名师管理、使用、评价、培训与激励，发挥名师的引领示范作用；加强教科研成果的培育与辐射。

完善运作机制。制定教科院发展近中长期规划；优化教科研常规管理；建立部门责任制与项目协作制"双轮驱动"的新型教科研运行机制；健全教研评价机制，引导教研员深入一线、潜心研究、培育队伍、锤炼品牌；鼓励教研员适度、合理、有尊严的流动。

2. 品质教研行动

建立"教、研、训"互为支撑的品质教研体系。建立分层分类、多维立体的教研体系，强化课程建设、课堂教学、教育评价的深度探索；发挥科研兴校、科研促教、科研强师、科研优学的功能，优化课题立项、实施、结题、成果推广等环节的管理；优化培训管理，开发优质培训课程，培养优秀本土培训师，丰富培训资源库，提高培训管理信息化水平，增强区、校培训的科学性、针对性与实效性。

3. 品质课程行动

坚持以立德树人、全面发展为导向，为培养学生核心素养和综合素养提供强有力的课程体系支撑。开足、开好国家课程；完善两级三维"区域品质课程"，丰富引领性课程、普及性课程、个性化课程的内涵；建设区域优教、优学、优管信息化平台，完善区域优质教育教学资源库。

4. 品质课堂行动

践行"学为根本、教为支持、学教融合、教学相长"的区域课堂教学理念，大力推进"课堂革命"。根据学科特点，围绕核心素养，探索自主、合作、探究的多样化"品质课堂"形态；加强跨学校、跨学科、跨学段的合作研究，深化项目式、主题式、融合式学习；开启"大师课堂"，延展"无围墙课堂"，促进"全人"发展。

5. 品质评价行动

强化评价改革，突破评价难题。建立区、校学生综合素养发展性评价体系；完善区域质量监测评价体系；积极参加各级教育质量监测，强化监测结果的反馈与运用；落实"双减"精神，深化考试、作业、学业评价改革；持续运用现代信息技术手段优化教育教学评价。

四、品质发展行动项目（略）

五、品质发展行动保障（略）

【案例点评】坪山新区教育的快速发展，离不开区教科研中心的专业引领和卓越工作。进入新的时代，根据教育发展的新形势、各级对教科研机构的新要求，结合坪山实际，制定《坪山区加强和改进教研工作的意见》《坪山区教育科研品质发展行动要点》等文件，从区域教科研机构的指导思想、工作目标、工作策略、组织结构、运行机制、工作体系、工作方法、工作重点、队伍建设、保障条件等全面谋划，为区域教科研机构的高规格建设和高水平运作提供了方向性指引。

四、区域教育治理改革探索

提升教育治理能力，是深化教育领域综合改革的总体要求，它决定了区域教育的品质。

影响区域教育发展的因素包括人、财、物、制度、文化等，其中制度是关键。"优制"是坪山教育"四优"的龙头工程，通过以制度创新为重点的区域教育治理改革推动区域教育快速发展，是一条切实可行的道路。

教育治理是教育各利益攸关方与教育管理诸要素之间建立联系的机制和过程。在治理思路上，以教育的管、办、评分离为总体指导思想；在治理主体上，注重政府、学校、家长、社会等多元主体参与；在治理手段上，行政、专业、技术等多样化手段有机结合；在治理方式上，上下结合、民主协商、对话协作、合作制衡。坪山新区提出了"新坪山，新教育"区域教育发展主张，"新教育"基本标志是"四优"（优师、优生、优校、优制），基本支撑是"六大行动"，基本路径是"规范均衡→内涵品质→特色品牌"。其核心要素是"优制"——以"优制"创"优校"，以"优制"培"优师"，以"优制"育"优生"。

以下摘取新区时期"大部制"体制下区域教育治理实践的几个案例。

（一）优化区域教育管理制度，建"优制"

1. 二级管理

新区成立后，取消原"区—街道—村—校"传统的4级教育行政层级管理，撤销街道教育办公室，实行"区—校"二级扁平化管理。缩短管理链条，整合资源配置，减少管理内耗，降低管理成本，提升管理效能。

2. 大部制

新区公共事业局含教育、体育、文化、卫生、计生五大部门，尝试"教体结合""文教结合""卫教结合",实现公共资源效应最大化。以"体教结合"为例,体校把学生、项目(如游泳、射箭、击剑、篮球、足球等)分解到各中小学,引入国家级高水平专业指导团队,训练资源共享,体育与文化融合,普及与提高结合,促使运动和文化成绩双丰收。新区成立3年来,共夺得市级以上比赛(含省运会)103枚金牌、79枚银牌、103枚铜牌;董馥玮入选国家游泳队,曾楚文入选里约奥运会国家射箭队,郑凯莹等3人入选省女足队,余思铭入选省击剑队;龙田小学女足勇夺全市冠军,坪山中学多次荣获全市男女篮球亚军。

3. 现代学校制度

现代教育治理的核心和难点是"放权"。时任坪山新区党工委管委会、新区教育行政部门主要领导敢于"放手""分权"——校长依法自主办学,利益攸关方依法合理参与。2010年起,全区推行"一校一规划,一校一章程"的现代学校制度探索,学校依规划发展,按章程办学,政府提供资源保障和优质服务。同心外国语学校尝试全新的办学模式——"政府主导,公益助学,管办分离,提质创优",被誉为公办与民办之外的办学体制"第三条路"。政府保障基本(公办),社会热心参与,实行董事会、理事会、校长相互制约、共同合作的现代学校治理模式。2014年10月,坪山新区与北京思方行圆教育咨询中心签订合作办学框架协议及合作备忘录,拟全面引进北京十一学校办学模式和课程体系,按照公办委托管理的方式开办坪山第二实验学校,加挂北京十一学校坪山分校的牌子。区域办学体制改革迈出一大步。

4. 伙伴计划

校际合作、资源共享、优势互补、良性竞争,是区域教育均衡优质发展的有效手段。为尽快缩小区内公办与民办学校、中心学校与边缘学校、不同学段学校之间的差异和差距,促进区域教育均衡发展,2011年,教科研中心推出"伙伴计划"。结合学校的区位、学段、特色等,组建12对"公民办学校结对互助共同体"、3个"特色教育联盟"(坪山中心小学、坪山中学与坪山高中的"艺术教育联盟",金田小学、坑梓中心小学与光祖中学的"科技教育联盟",坪山体校高水平运动项目布局学校的"体育教育联盟")、5个"'1+4'幼儿园发展共同体"。通过干部挂职、名师送教、同课异构、共研课题、质量共测等进行深度合作。"伙伴计划"持续6年,影响深远。

5. 行业自治

新区的民办学校多属低端粗放型,学校在招生、收费、考试、宣传等方面恶性竞争,教育质量滞后。为此,我区成立了民办中小学协会、民办学前教育协会。协会自主选举产生会长、秘书长、理事长等,并制定章程、公约等,推动行业自治、自律、互助、共享。如校车安全动态监控、教学质量监测、课程教学改革、学生学籍管理、民办学校积分制评价等。由政府指导，协会主导，专家评审，每年评选一次"民办教育综合管理质量奖"。行业自治有效改善了民办教育治理生态，扭转了区域民办教育的整体形象。最好的管理是自我管理，政府转变思维方式，大胆放权，把行业自律、日常管理放给协会，政府的工作重点放在规划、引导、监管、资助、服务上，民办教育管理这盘棋就"活"了。

6. 大生均

由于诸多原因，传统的财政拨款机制使学校争取资金困难且不稳定，行政部门对学校资金使用的管束过多。在某种程度上，校长的"能耐"决定了学校的财力。新区教育与财政部门联合调研、论证，在全市率先推出"大生均"拨款体制改革。"大生均"是指除人员经费、公用经费、基建投入、设施设备、专项经费等外，其余按在校生人数安排年度预算用于学校日常管理、教育教学等。新区建立之初的基本标准是：小学 5000 元/生、初中 6000 元/生、高中 7800 元/生（不含收费）。实行"大生均"后，校长对经费无后顾之忧，主要心思花在如何用好钱、办好学上。目前，"大生均"模式已在全市推广。

7. 学校建设台账

长期以来，学校建设存在用地紧、立项难、建设慢、标准低、周期长、协调苦、变数大等老大难问题。2014 年，坪山公共事业局联合规划国土、发改、财政、建设等部门制定了《坪山新区公共事业基础设施专项规划研究及实施台账》。该台账包括总论、现状分析、相关规划及政策解读、规划原则目标及策略、近中期公共基础设施建设规划、远期公共基础设施建设规划、装备标准、实施保障措施与建议等，共 8 章 29 条。该台账把全区近、中、远期学校建设的用地、规模、类型、标准、机制、流程等以文本形式予以明确，学校建设根据该台账统筹安排，整体推进，学校具体建设时需解决的结构性难题就少了。

（二）引导学校自主办学，办"优校"

1. 学校发展规划

"一校一规划，一校一章程"，探索现代学校制度，扩大办学自主权。2012 年 4 月，教科研中心组织了一场特殊演讲，全区校长悉数亮相，宣讲本学校发展规划，专家评委现场评审、评议。评审组组长、深圳市教育科学研究院原院长叶文梓在点评中说道："在我国的基础教育，办学体制改革是一块最难啃的骨头，坪山新区敢于啃这块'硬骨头'，而且啃动了。"新区分管教育的雷卫华副主任说道："坪山的大部制改革，需要出典型，学校发展规划就是真正还办学自主权于学校，实现学校自主发展的良好开端。"

【案例1.4】

用规划引领区域教育快速发展

坪山新区教育科学研究管理中心

为进一步提升区域中小学办学水平，丰富"新坪山，新教育"内涵，2012年4月16日，由新区教科研中心组织的坪山新区学校发展规划宣讲会在坪山中学报告厅举行。深圳大学师范学院李臣之院长，时任深圳市教育局基教一处张光怡处长，时任深圳市教育科学研究院叶文梓院长，坪山新区教育顾问禹明、黄孔辰等教育专家，新区管委会副主任雷卫华，公共事业局局长谈宜福、副局长夏雷，相关政府职能部门负责人，人大、政协代表，社会各界代表，社区教育联络员，公民办学校校长、老师代表等200多人参会。会议由坪山新区教科研中心李显明主任主持。

会上，全区中小学校校长按抽签顺序登台，就本校5年发展规划进行宣讲，并接受专家、代表的质询、提问与点评。现场气氛热烈，高潮迭起。现将新区领导和部分专家的点评摘录如下。

雷卫华（新区管委会副主任）：规划引领发展，办人民满意教育

新区管委会主要领导特别重视规划引领区域教育发展。新区一成立，党工委杨绪松书记就邀请深圳市教科所原所长张彦玲研究员等专家，为我区教育把脉问诊，并做了前瞻性的教育规划。我在多个场合说过，新区各项事业欣欣向荣，其中教育是发展得最好、最快的领域之一。今天，教科研中心按照公共事业局的部署，组织学校发展规划宣讲，是落实新区教育科学发展的有力举措。希望通过这次活动，大家能深刻认识到规划引领发展的重要性。更重要的是，我们要认真学习、深入理解专家们的点评，深入分析和研究，让学校发展规划更有针对性。规划不仅是一个文本，更要落实到学校的办学举措上，尤其要落在课程改革、教育质量提高等方面。要真正落实以生为本、以师为本。根据目前新区的发展形势，教育要抢抓机遇，适度快速发展，以满足市民对优质教育资源的需求，为坪山新区培养出更多更好的人才，这是坪山教育工作者的共同使命。

黄孔辰（新区教育顾问、福田区教育局原副局长）：学校发展规划的五项重要内容

坪山新区以规划引领学校发展思路非常正确。提5点建议：一是学校发展的定位要准确；二是学校面临的挑战与背景要清楚；三是学校发展的目标与愿景要清晰，如办学思想、发展思路、向谁服务、怎样服务等等；四是学校近、中期的主要任务与目标要明确；五是学校发展规划实施要到位，要有可操作性、可检测性,要重视数据、量化指标。

禹明（新区教育顾问、南山区教科研中心原主任）：重视发展规划和文化建设的学校是很有希望的

新区学校的规划有以下3个共同优点：一是制定规划时都体现出民主精神，上下结合，也运用科学方法，如问卷调查、专家指导等；二是规划文本基本规范，有些学校还提供了编制说明；三是各校对自己的发展现状有清醒认识，基于学校的实际而提出的目标、措施等比较科学。特别是各校都不约而同地把学校文化建设放在重要位置，如麒麟文化、客家文化、红色文化等，重视学校文化建设的学校大有希望。提两点建议：一是要更好地认识自己，建议各校用 SWOT 态势分析法来评估本校现状，明确学校的优势、劣势、机遇与危机分别是什么；二是要提高规划目标、措施的可行性与实效性。

叶文梓（深圳市教育科学研究院原院长）：三个好，五个深刻印象，三个建议

这次规划宣讲，有三个好。一是主题好。坪山作为一个新区，教育工作千头万绪。在发展阶段，组织这次中小学校教育规划宣讲评审会，这个主题抓得很好，能促进学校转型发展，意味着学校的发展将是有序自觉谋求科学发展。二是形式好。通过校长宣讲展示、专家点评，进行了全面的校际交流。而且在形式上有创新，不但邀请了专家、政府教育行政主管领导参与，还特别邀请了社会各界人士参与。这种形式体现了交流的开放性、互动性、有效性。三是效果好。虽然宣讲会只有一天，但影响一定相当长远。为了这次评审会，全区校长潜心分析校情，研究发展规划。评审会既整体展示了学校的特点，包括学校的办学理念、目标、举措、师资队伍、课程、学校特色等，促进了区域学校的深度交流，培育了新区的一种教育管理文化，又锻炼了校长队伍，推进了每一所学校的内涵发展，带来了很好的效果。

对于规划工作，有五个深刻印象。一是新区领导非常重视教育事业的整体规划，所以才会下决心做这件事，这是新区教育人的实践智慧和奋斗精神的缩影。二是各校发展规划制定的过程扎实。三是各校的规划文本基本规范。四是各校的发展规划都突出了内涵发展阶段的关键要素。五是各校规划都表达了学校对发展的期盼，对办学核心价值的追求，对特色发展、自主发展的关注。总之，规划反映了新区教育发展的喜人态势。

关于后续发展，提三个建议。一是要跳出教育看教育，跳出学校看学校。学校只有把学校发展放在时代发展和教育发展的背景中，才能真正把握教育、把握学校发展。当代教育有一个关键词是"转型"。现在越来越强调教育的功能要转向为人生、为社会、为民生服务。教育不仅仅是把孩子送进学府，更要发展孩子的兴趣和潜能，拓宽教育的功能。二是坪山的教育发展应该要有自己的特点和路径。要规模扩张与内涵发展并重，规范发展与特色发展并行。以前的发展是初步城市化的教育发展，是外延式发展，今后是内涵发展和深度城市化的教育发展。三是校情分析还要加强。如对学校发展阶段要有明确认识和准确判断，对学校发展的关键要素和重点环节要全面分析，对校情、教情、学情要深度分析。

【案例点评】学校发展规划，是依法治校、规范办学、提升品质的基础，是整合资源、激活机制、凝聚人心、形成合力的纽带，是学校自我认知、自我设计、自我管理、自主发展的手段，是学生、教师、学校科学发展、持续发展、优质发展的抓手。规划引领发展，注重顶层设计，狠抓系统实施，是坪山教科研工作的有效策略。

2. "四优工程"第三方督导评估

2015年5月26日，由广东现代教育研究院组织的专家组到坪山新区坑梓中心小学进行为期3天的"四优工程"督导评估。专家组围绕"新坪山，新教育"的"四优"指标，通过黎金涛校长自评、查看校园环境、检查教育设施、访谈师生家长和社会人士、查阅资料、问卷调查、随堂听课、参加校本活动等方式，现场采集信息，综合分析研判。专家组得出的初步结论是"生态教育理念统领'优校'；生态层次化专业发展促'优师'；生态主体化自主发展育'优生'；生态人本管理推'优制'"。3年来，12所公办学校经历了一轮"四优工程"评估"洗礼"。此项由坪山新区自主设计、委托实施的专项评估，体现了教育"管办评分离"的教育督导机制转型：专业评价，把评价权交给专家，引领"新坪山，新教育"价值；第三方评价，客观、公正、有说服力；发展性评价，"一把尺子量一所学校"，体现了学校的个性，促进了学校的发展。

3. 民办教育综合管理专项评价

新区成立之初，区域中低端民办教育即民办学校数量、民办学校在校学生比例均超过全区50%。坪山新区公共事业局设立"民办教育综合管理专项评价"项目，以过程性、综合性、多元评价为总体思路，每年进行一轮评价，将150万元资金按一定比例奖励给综合评价排名靠前的5所民办学校。民办教育综合管理专项评价持续引导区域民办学校创优提质。

（三）改善区域教师成长环境，出"优师"

1. 聚龙计划和名师计划

2013年，新区公共事业局联合人事、财政等部门推出"聚龙计划"和"名师计划"。"聚龙计划"侧重"引才"，对体制外人才实行高薪聘用制，对体制内人才实行补贴性奖励，并配套相关政策；"名师计划"侧重"育才"，实行"三线"（管理、教学、德育）、"四级"（新秀、骨干、名师、带头人）名师培养机制，配套相应政策，让更多的区域名师脱颖而出。

2. "未来教育家"成长研究基地

2013 年，新区与中国教育学会《未来教育家》杂志社合作，挂牌"未来教育家成长研究基地"。合作期间，开设十多场"未来教育家论坛"，刘堂江、李希贵、李镇西等教育大家亲临讲学，与"培养对象"零距离对话；组织"未来教育家"专题研训 50 多场次；组织培养对象跟岗学习 2 批次；立项"未来教育家"专项课题 50 多项；设立"校长论坛""教师论坛""名师好课""新教育杯"及《教育新视野》等展示平台。教科研中心主持的"依托'未来教育家基地'优化区域教科研管理"重大改革项目被立项为广东省教育科学规划重点课题。

3. 奖教奖学

教育成败的关键因素在于人。校长、教师的心智模式、行为方式，直接影响教育发展的状态。教师发展的内力主要来自教师正确的价值观，外力主要来自科学的管理制度和有效的激励制度。2010 年，坪山新区党工委、管委会批准《坪山新区基础教育奖教奖学方案》。区级每年奖励 400 万元，学校配套 600 万元。该方案坚持素质教育导向，对教育科研、教师发展、学校特色、教学改革、德育育人、名师履职、教学质量、优秀学生等进行奖励。"奖教奖学"与"绿色通道""年度教师""成果资助""民办从教津贴""民办优师"等综合激励手段相结合，鼓励学校、师生共同成长。

4. 青年教师学历提升

新区时代，区域教师学历、职称层次普遍偏低。为迅速改变这一局面，公共事业局推出"青年教师学历提升工程"。该工程从两大方面推进：一是利用深圳电大坪山学院，开设大专（幼儿园教师）、本科（幼儿园及中小学教师）学历进修班，公民办教师一视同仁，以 2～3 年为一个周期，每期 150 人，对顺利完成学业、拿到毕业证的学员实行学费一次性报销，连续 3 期下来，使 450 名教师学历提升一个层次。二是区教科研中心与陕西师范大学合作，开设"陕西师范大学研究生学历坪山班"，三年共培养 60 多名硕士研究生。几年时间，区域教师的学历整体提升一大截。

5. 民办教育"优师"奖

公共事业局设立民办教育"优师"奖，每年评选一轮坪山民办教育"优师"（约占全区民办教师的 5%），对各类"优师"给予 5000～30000 元不等的奖励。一大批"优师"在各民办学校中涌现出来、稳定下来。

(四) 优化课程育人模式, 育 "优生"

1. 幸福德育

"幸福德育"是新区的德育品牌。以"让每一个坪山孩子享受幸福成长的金色童年"为基本理念,经过5年的探索,形成一个体系。幸福德育包括幸福德育理念、幸福德育目标、幸福德育课程、"幸福班级"建设、幸福德育活动、幸福德育评价等。重视德育课程、德育课堂和学科德育,发挥学校育人主渠道功能。充分利用社区资源,实行"大社会幸福德育",建设幸福德育体验基地(如金龟陶艺基地、金龟露营小镇、金龟劳动教育基地、东江纵队红色教育基地、坪山雕塑园、碧岭现代农业园、中医药健康产业园、比亚迪科普教育基地等)。开展专题教育,如公民素养、传统美德、爱国爱家、生命健康、绿色环保、劳动教育等。创建学校德育品牌,如坪山中学的"家长学校进社区""家校之桥""不完整家庭教育"、坪山高中的"阳光学子""新疆班校亲团""木棉—雪莲结对子"、坪山中心小学的"习性教育"、光祖中学的"家国之光"、坪山实验学校的"生态德育"、碧岭小学的"感恩教育"、汤坑小学的"幸福教育"等都颇具影响。幸福德育实施成果丰硕,2所学校被评为广东省"德育示范学校",11所学校被评为深圳市"德育示范学校"。

2. 区域课程改革

建构"新坪山,新教育"教育体系,培养具有综合素养、健全人格、个性发展的坪山学子,需要强大的课程支撑。教科研中心把2011年、2012年两年定为"区域课程改革整体推进年"。统筹规划,区校合作,全员参与,围绕课程建设、课堂改革、教学评价等重点领域,开展课题研究、课程开发、课堂模式建构、教学评价改革等,建立一系列区域课程改革机制和平台,有力地推动了区域新课程的有效实施和踏实落地。通过5年的努力,坪山新区基本实现国家、地方与校本课程结合,必修与选修课程结合,课内与课外课程结合,基础与拓展课程结合,基本素养与综合素养课程结合的区域课程体系,使"一校一课程体系,一校一课程图谱,一生一素养特长"成为现实。各校的课堂改革方兴未艾,坪山高中的"生本学堂"、坪山中学的"四三课堂"、坪山中心小学和中山小学的"习性课堂"、坑梓中心小学的"自为课堂"、坪山实验学校的"生命课堂"、碧岭小学的"生动课堂"、汤坑小学的"幸福课堂"等等,都充分体现了"新坪山新课堂"的价值取向。坪山新区荣获"广东省课程建设区域先进集体",全区共获得"广东省优质特色课程"18项。

【案例 1.5】

坪山新区 2012 年度课程改革整体推进工作要点
坪山新区教育科学研究管理中心

为鼓励中小学课程改革基层创新，总结、交流课程改革经验，推广课程改革的创新模式和特色成果，深化课程改革，实施素质教育，制定本工作要点。

1. 组织机构

组长：谈宜福；副组长：夏雷；成员：李显明、杨满良、黄海华、各中小学校长、各教研员。

2. 活动目的

（1）加强和改革德育、智育、体育、美育、劳动教育工作；

（2）优化国家、地方、校本课程，推进地方课程和校本课程建设；

（3）切实转变教与学方式，优化、活化课堂教学；

（4）完善教学、德育常规管理，强化信息技术应用，创新教育教学方法，优化教科研运行机制；

（5）推进特色学校、特色学科、特色项目建设；

（6）建立中小学生课业负担监测和公告制度，切实减轻课业负担；

（7）探索建立综合素质评价体系，创新学校和教师评价体系；

（8）探索建立中小学教育质量基本标准和监测制度。

3. 重点项目

重点项目：①优秀校本课程评选（2月）；②深圳市深化中小学课程改革基层创新工作坪山新区现场交流会（3月）；③教学常规检查（4月）；④"新坪山·新教育"校长论坛（4月）；⑤公办骨干教师送教到民办学校（全年）；⑥"课堂教与学方式变革"学校专场（全年3～5场）；⑦"德育改革"学校专场（全年3～5场）；⑧全员课改专项研训（各学科确定具体方案）；⑨优秀教研组评选（9月）；⑩课改先进个人评选（9月）；⑪课改论文评比（10月）；⑫课改专题片征集（10月）；⑬课改优秀录像课例评比（10月）；⑭德育常规检查（11月）；⑮编印《课改画册》（11月）；⑯课改总结会（12月）。

【案例点评】课程是育人的关键产品。坪山新区通过大力推动课程改革，促进由主要关注学业素养向更加关注综合素养和学生终身发展的育人模式转型。通过国家课程校本化实施、学校课程自主性建构、课堂教学深层次变革、教育教学发展性评价等综合改革措施，解决培养什么人、用什么培养人、怎样培养人等一系列教育核心问题和关键环节。作为连续两年的"区域课程改革整体推进年"的收官之年，2012 年的课程改革整体推进的系列举措，一定会在坪山教育人心中留下深刻记忆。

3. 素质教育平台

自成立以后，教科研中心每年组织举办新区校园"四节"（科技节、艺术节、文学节、体育节），学生参与率达 100%。围绕学生综合素养（品德、身心、审美、学业、创新、生活、信息、国际素养）开发校本课程，组织学生社团，开展特色活动，创设展示平台，广泛开展素质教育特色学校、特色项目创建活动。荣获市素质教育特色学校 6 所，创建市、区素质教育特色项目 200 多项。区域的体育、管乐、足球、游泳、科技、合唱、艺术、传媒等项目在市内外影响较大。以学校为单位，每三年举行一次进社区、进街道的素质教育成果联合展演。

4. 综合素养评价

积极探索符合素质教育理念，顺应学生成长规律的区、校学生综合素养评价体系。依托信息化手段，建立学生的成长全过程档案；开展过程与结果、定性与定量、学业与综合素养、国家课程与校本课程相结合的综合评价探索。幸福德育、多元课程、生动课堂、多彩生活、阳光评价，造就了一个立体、多维、长效、可持续的区域"优生"成长生态环境。

【案例1.6】

让你的光芒闪耀
——坪山第二外国语学校《学生综合素养评价手册》简介

坪山区第二外国语学校秉持"国家 未来"校训，构建"五育融合"的"生命之树"课程体系，培养学生的综合素养。学校编写了《学生综合素养评价手册》（以下简称《手册》），用科学评价引导学生全面发展。

1. 设计思路

（1）落实各级教育政策。《手册》遵循党的教育方针、中小学生守则、《深圳市中小学生综合素质评价方案（试行）》等要求，综合评价学生的思想品德、学业水平、身心健康、艺术素养与综合实践等五大领域的个性特长和突出表现。

（2）彰显学校办学理念。根据办学理念（每一个孩子都是独特的鲜活生命，教育的真谛是尊重生命、长养生命）和育人理念（让每一个孩子光芒闪耀），结合课标要求、素质培养、法规公约、校情校规等，对"五大领域"进行全方位的拓展，每个领域设 10～15 个观测点，内容具体，操作性强。例如，在思想品德领域，包含对践行社会主义核心价值观、升旗礼出席情况、唱国歌、护国旗、尊师敬长、诚信友善、无违法欺凌、明辨是非、爱护公物、牢记校训、富有爱心、遵守公德等做了细致要求。

（3）多主体多元化评价。各观测点都有学生评、家长评和老师评。学生评是对学生的指引和督促，把对学生的日常行为规范要求列出来，让他们在审视自我和互相审视中客观地认识自我、修正自我；家长评是从家长的视角观察学生，让家长有意识地对孩子进行引导和评价；老师评是从老师的视角，对学生的日常行为给予评判，引领学生健康成长。

（4）注重过程参与和经验分享。从填写个人信息表开始，有意识地引导学生发现和发展自己的兴趣、特长等，记录成长体验，培养学生生涯规划能力，让人生过得更有意义。各评价项目还设置了分享的内容，如"集体活动记录""阅读分享""我最喜欢的运动""艺术知识""才艺展示""实践记录"等。

2. 主要内容

《手册》开头有校长寄语、社会主义核心价值观、校训、校风、教风、学风，结尾有《中小学生守则》。具体内容包括个人信息、新学期规划（小学六年、初中三年）、成长评价记录（小学六年、初中三年）。

成长评价记录分为7个板块，分别是思想品德、学业水平、身心健康、艺术素养、综合实践、奖惩归档、寄语与规划。除深圳市综合素养评价规定的25个观测点，新增和细化了45个观测点，各观测点分为必修和选修，增强了选择性。评价手册分1—3年级、4—6年级、7—9年级3个学段，各学段有不同要求，评价更具针对性。

每学期开始都有"新学期规划"，引导学生进行前瞻性"设计"自己。"过程性学业表现"可以帮助学生更好地剖析和诊断自我。"身心健康"部分，学生可根据自己的体育能力表现，在课后、假期有针对性地进行补救提升。"奖惩"板块单独列出，记录学生全学期的奖惩、考勤等情况，让学生清楚地知道作为学生应遵守的行为规范，能对其起到激励或警示作用。在最后的"寄语与规划"板块，帮助学生总结一学期表现，肯定成绩，反思不足，持续提高。

【案例点评】坪山第二外国语学校根据教育发展的时代要求和学校实际，编写了《学生综合素养评价手册》，多主体、多维度评价更全面，分领域、阶段性评价更具针对性。该手册既是评价模式的创新，又是学生发展的指引，引导和督促学生德智体美劳持续进步，全面发展。为实现"让每一个孩子光芒闪耀"的培养目标提供了一个很好的平台和载体。

第三节　区域教科研机构建设再思考

坪山新区教科研中心成立以来，通过整体设计、科学谋划、广泛学习、扎实实践、持续改进，区域教科研工作取得了显著进展。我们对于教育后发区域的教科研工作有如下思考。

一、注重整体性——谋全局胜于谋一隅

区域教科研工作牵涉面广，影响因素多。根据系统论的观点，通过建立联系和有机组合，系统的总体功能大于部分之和。区域教科研工作是一个系统，其要素、环节、结构复杂多样，从学前教育、义务教育到高中教育，从公办教育到民办教育，从普通教育到职业教育、特殊教育，从学校教育到家庭教育、社区教育和终身教育，从学科教研到德育、体育、艺术、卫生、心理健康教育，从教育科研到教师培训、名师培养，从学校发展到教师发展、学生发展，从目标、战略到战术、技术，从课程、教学到评价、管理等，都涉及资源、制度、机制、文化等要素，需要通盘考虑，统筹谋划，整体实施，分工协作。以区域教科研人力资源建设为例，教科研中心最初仅8个编制，新区时代增加到20个编制，行政区时代几乎没有增加编制，人力不足。我们整合区内外研究力量，以学科专职教研员为核心，建立"教研顾问""兼职教研员""学科中心教研组""教师成长共同体""名师工作室""项目工作坊""帮扶协作体"等组织，把区内外专家、学科名师、骨干教师、年轻教师"粘合"起来，以主题和项目为载体，促进全体教师的合作学习、共同发展。只有把区域教科研相关的人力、物力、财力、环境、资源、文化等要素，通过一定的组织、制度、机制、项目、活动等建立起逻辑联系，进行有机融合，实现要素及其组合的最优化，才能发挥出最大的整体效益。

二、彰显引领性——方向与努力都重要

区域教科研发展，需要从宏观、中观、微观等层面进行思考和推动。宏观层面谋划方向、目标、战略等，中观层面考虑原则、过程、战术等，微观层面配套项目、活动、措施等。其中，宏观战略最重要和关键，关系到区域教科研工作的全局、先导、基础和长远，可谓"死生之道，不得不察也"。教科研中心成立伊始，就提出了"新坪山，新教育"的主张，赋予了"新教育"基本内涵，即"四优"（优制、优校、优师、优生），谋划了区域教科研发展的3个阶段，配套了区域教育均衡优质发展的"六大行动"。在具体的工作领域，我们也十分重视战略谋划和制度引导，如编制阶段性区域教科研工作规划、教

科研中心年度工作计划、学科建设五年行动计划、学校发展规划、课程建设规划、教师专业发展规划等。进入行政区时代，为顺应新形势，适应新要求，又及时出台了《坪山区加强和改进教研工作的意见》《教育科研品质发展行动要点》等纲领性文件。区域教科研发展只有做到方向正、目标准、重点明、措施实、保障强，才能实现合力大、效率高、效果好的目标。

三、坚守持续性——一张蓝图画到底

教育是"慢"的艺术。区域教科研工作由起步、发展到成熟是一个艰难的过程，区域教育优质发展需要一定时间。因此，各项制度、机制、项目、措施等都需要根据其轻重缓急和主客观条件，采取近、中、远期结合，既要仰望星空、长远规划，又要立足基础、阶段推进，还要脚踏实地、分步实施。坪山区教科研部门基于区域教科研发展的历史起点和发展方向，借鉴优秀教科研机构成长经验，制定了区域教科研的发展理念与战略，包括学生发展目标、课程理念、教学理念、评价理念、教育质量观等区域教科研工作理念，一个指引、两个考量、三个阶段、四条路径、五个重点、六大行动等工作战略，并将这些理念与战略长期坚持，贯穿始终。以区域教科研"三步走"（规范均衡—内涵品质—特色品牌）为例，各阶段有明确目标、具体任务、工作重点、主题项目、保障措施、评估手段、责任部门等，有效地促进了区域教科研的阶梯式、螺旋式、跨越式、可持续发展。

四、强化基础性——积跬步以至千里

区域教科研工作的主要领域在基础教育，基础教育的基本任务是为提高国民素质打基础，为每个人的终身发展打基础，为整个国民教育体系打基础。从另一个角度看，区域教科研工作由起步到发展，也需要充分考虑原有起点并夯实发展基础。因此，我们在思考和推动区域教科研工作时，要充分考虑基础教育和区域教科研这两个"基础性"，尊重规律、尊重常识、尊重实际、实事求是，重视基层、基本、基础，重视一线、草根、首创，加强队伍、制度、机制、结构等教科研要素的基础建设，练好基本功，循序渐进，日积月累，行稳致远。以区域教科研基本制度建设为例，在区域教科研发展的3个不同阶段，有不同的制度建设重点：第一阶段，制定了《中小学教学工作常规》《中小学德育工作常规》《幼儿园教学工作规范》《幼儿教育一日常规》《中小学教学质量监控制度》《区内公民办中小学结对互助制度》《区一级学校（幼儿园）评估办法》《基础教育奖教奖学制度》等基础性制度；第二阶段，制定了《"三线名师"管理办法》《课程建设指导意见》《教育科研课题管理办法》《继续教育管理办法》《校本培训管理办法》《体育教育三年行动计划》《艺术

教育三年行动计划》等拓展性制度；第三阶段，制定了《学校发展规划实施指导意见》《区域特色项目管理办法》《重大教学改革项目管理办法》《教育科研基地学校管理办法》《教师发展专业学校建设指引》《继续教育精品课程建设指引》《校本课程管理办法》《中小学德育示范学校实施指引》《〈3—6岁儿童发展指南〉实施指导意见》《市、区规范优质幼儿园建设指引》等提升性制度。

五、突出实践性——幸福是干出来的

县区教研部门是最基层的教科研部门，处于高校、科研院所、上级教科研部门和学校之间的中间环节。其主要任务是在一定的教育理论指导下，借鉴成功的实践经验，带领和组织一线教师开展行动研究，着力实践改进，总结实践经验，丰富实践智慧。区域教科研工作所有项目的设计、实施，都需要基于对象、基于现场、基于问题、基于行动、基于改进。如围绕"四优工程"和"六大行动"，区、校每年都确定具体工作目标、项目，采取切实措施，做到"项项有说法，件件有落实"。几年来，教研员人均每年听课136.8节，开展主题教研活动22.1场，主持或参与课题研究2.3项，组织教师业务竞赛5.7场，开设讲座10.3次，开发课程或课程资源1.3套，参加学术研修7.9场，撰写论文或案例6.6篇，出版专著0.2册……所有这些，既是"研"出来的，更是"干"出来的。据不完全统计，新区发展前5年，全区教师开展的400多项教育科研课题中，以"学科教学"为主题的占34.2%，以"学习指导"为主题的占23.7%，以"德育和班主任工作"为主题的占17.5%，以"校本课程建设"为主题的占11.3%，其他占13.3%，充分体现出教科研工作的实践性、实战性特点。

六、凸显创新性——墨守成规没有出路

基层教科研工作具有很强的基础性和实践性，实现教育理论重大突破和教育改革重大创新的可能性相对较小，但这并不意味着基础教科研工作不用创新，反而需要更多的实践智慧。教科研工作有一定的规律，也有许多经验可循，但盲目照搬、墨守成规没有出路。教研员在深入学习理论、广泛汲取经验的基础上，要和教师们一道，针对问题、针对困惑、针对需要、针对发展，在确定教科研工作目标、内容、项目、形式、方法、手段时，需要不断创新。以学科教研为例，几年来，教研员们尝试了"主题教研""参与式研修""浸泡式教研""网络教研""联合教研""会诊式教研""案例研修"等几十种教研活动组织形式，收到了很好的效果。又如关于教师培训，我们开展了专题报告、理论研学、读书分享、专家会话、教师沙龙、案例解析、同课异构、课题

研究、项目改革、跟岗研修、在线研学等形式，探索了"1＋1＋3＋N"教师专业成长模式（1名理论导师＋1名实践导师＋3名成熟教师＋多名年轻教师），尝试了"学培结合""帮培结合""观培结合""赛培结合""研培结合""考培结合"等教师培训模式，深受老师们的欢迎。

七、关注发展性——教育的意义是为了创造意义

区域教科研工作的出发点和归宿是为了促进发展，即学生发展、教师发展、学校发展、区域教育发展。几年来，我们紧紧围绕"四优"教育，力争让每一项制度都闪光、每一名学生都幸福、每一位教师都成功、每一所学校都精彩。通过课堂变革、校园"四节"、学科活动周、单元整合、学科内整合、跨学科整合、探究性小课题、混合式学习、项目式学习、选修课程、学生社团、多元评价等，促进学生的品德、身心、学业、审美、生活、创新、国际和信息素养的全面发展；通过师德师风建设、专业成长规划、教学建模、教师培训、继续教育、名师履职、成长共同体、课程改革、特色教研、课题研究、成果展示、业务竞赛、专题研修等，促进教师的专业成长；通过素质教育特色项目、特色学校、"身边的好学校"、特色学段衔接、学校规划、学校章程、学校课程建设、德育示范校、书香校园、体育（艺术、科技、信息化）示范（试点）校、教育科研基地校（项目）、教师专业发展基地校（项目）、重大教学改革项目、学术开放、第三方评价等项目，促进学校的内涵品质发展。

第二章
课程建设：观念变革与实践创新

课程是育人的载体，课程建设是区域教科研工作的重点任务。本章基于对基础教育课程的基本认识，重点对区域课程建设的整体情况、主要项目、建设成效等进行介绍，并摘录部分案例进行分析。

第一节 课程建设概述

教育最上位的问题是"培养什么人"，接下来的重要问题就是"用什么培养人"，也就是课程的问题。通俗地说，课程是教育的"粮食"，是学生成长的"食物营养"和"生态环境"。

一、课程概念

（一）课程含义

课程有广义和狭义之分。广义的课程是指广义教育影响的内容，广义教育的内容是指能增进人的知识、技能，影响人的思想品德的内容或活动。比如，我今天看了一本书或一部电影受到了启发和教育；我的小孩随地吐痰，我打了他一下，我教育了他。这其中的"教育"就是广义的教育，因为一本书或一部电影的影响只是某一点或某一方面的，打一下小孩促其改变随地吐痰的不良行为习惯，这些教育影响没有系统性、目的性、计划性、组织性。[①]

狭义的课程是指某一门学科或者一个科目，是指狭义教育影响的内容。教育学认为，有目的、有计划、有组织、有系统地增进人的知识、技能，影响人的思想品德的活动，即狭义教育。狭义课程的主体是各级各类学校教育的内容。

（二）课程研究

"课程"一词在我国最早出现于唐宋年间。唐代孔颖达在《五经正义》里注疏《诗经·小雅》时，使用过"课程"一词，他写道"教护课程，必君子监之，乃得依法制"，当然，他所使用的"课程"一词的含义同我们今天教育

---

① 张素蓉：《教育经济学原理》，天地出版社2005年版。

学所使用的这个词的含义未必等同。宋代朱熹使用"课程"一词较多,如"宽着期限,紧着课程""小立课程,大做工夫"等,其"课程"意指教学科目(学科),以及包括这些科目的教学顺序和时间,含义与我们今天所使用的含义比较相近。

英美教育书籍中所用的"课程"一词是"Curriculum",来源拉丁语"Currere",意为"跑的过程"或者"跑道"。从名词"跑道"层面上理解课程,就是沿着跑道奔跑时,需要越过的一系列障碍或要跨越的栏杆。斯宾塞在《什么知识最有价值》一文中使用的"课程"一词专指"学校里科目设置及其进程安排"[①]。今天,人们往往将学校所提供或规定的任何课目称为"学校课程"。后来 Currere 的动词意蕴被挖掘出来,以凸显课程的"奔跑活动"即"生活经验"的含义,进而扩张了课程内涵,除设计或计划的课目外,还包括"自创方法""自学"的价值。《国际课程百科全书》开篇就将课程的含义解释为"作业计划与学习进程"。[②] Curriculum 的英文表达最早出现于 1859 年英国教育家斯宾塞写的《什么知识最有价值》一文[③]。20 世纪初期,随着美国进步教育运动的兴起,课程问题受到重视,课程编制成为一门专门研究的学问。[④]

(三)课程定义

我国学界对课程的研究,在新中国建国早期主要是学习苏联,将课程纳入教学论的教学内容范畴,直到 20 世纪 80 年代才形成一门独立学科——课程论,以专门研究课程的问题。1989 年,陈侠出版的《课程论》是我国较早的专门著作。关于课程的界定,陈侠认为,"课程"一词为我国固有,其中"课",是指课业,即教育内容;"程",有程度、程序、程限、进程之意;课程,即课业的进程。[⑤]周海银认为,学校课程建设是指学校在三级课程管理体制下,依据学校培养目标、学生需要、校内外教育资源对现行国家课程、地方课程和校本课程进行不同程度整合重组,进而构建适应学生发展的、高效的、具有学校特色的课程体系的过程。[⑥]

其他课程论学者也对课程概念有所界定。如李秉德认为,课程包括课堂教学内容和课外学习内容,特定条件下还包括有计划的自学内容;课程不仅着眼

[①④⑤] 陈侠:《课程论》,人民教育出版社 1989 年版。

[②] 黄甫全:《现代课程与教学论(第三版)》,人民教育出版社 2015 年版。

[③] 胡乐乐,肖川:《再论课程的定义与内涵:从词源考古到现代释义》,载《教育学报》2009 年第 1 期,第 49-59 页。

[⑥] 周海银:《学校课程建设的内涵、取向与路径分析》,载《山东师范大学学报(人文社会科学版)》2015 年第 1 期,第 123-129 页。

于书本知识，还包括统一安排的实践活动；课程编排要考虑逻辑顺序、时间顺序和学生认识发展顺序，并应当与教学过程形成对应关系；课程要考虑知识与经验之间、各学科之间的联系，加强学生解决交叉学科与跨学科问题的能力培养；课程应该提出明确的教学目标体系。因此，课程可以界定为：课堂教学、课外学习以及自学活动的内容纲要和目标体系，是教学和学生各种学习活动的总体规划及其过程。① 刘克兰认为，从范围上来讲，课程包括学科，是不同学科的总称；从性质上来讲，课程不仅包括学科，还有学科的安排和进程的含义。因此，将课程界定为：课程是实现各级各类学校培养目标而规定的全部教学科目，以及这些科目在教学计划中的地位和开设顺序的总称。② 王策三认为，课程包括教学内容（学科、活动）、安排、进程，也包括大纲和教材。因此，课程是教学内容和进程的总和。"课程"和"教学计划""教学大纲""教科书"是两种称谓，并行不悖，可以互补，结合使用。③

二、课程分类

依据不同的分类标准，课程可分为不同的类型。

（一）按课程的基本功能分类

在传统教学论中，按照课程的功能将课程分为学科课程、活动课程和潜在课程三大类。

1. 学科课程

学科课程又称分科课程，由学科专家或科学家按照学生生理、心理、年龄特点，在相应学科中挑选出学生必须掌握的基础知识与技能等内容，依据知识顺序与逻辑顺序编排的教学内容。它比较强调知识、技能的系统性，是历史最长的一种课程。如我国西周的"六艺"课程：礼、乐、射、御、书、数；春秋战国孔子私学的"六经"课程：《诗经》《书经》《礼经》《易经》《乐经》《春秋》等。孔子强调"兴于'诗'、立于'礼'、成于'乐'"，将课程的顺序与地位分得十分细致。分科课程在中国延续几千年，至今仍是我国各级各类教育的主流课程种类。

传统教育流派代表赫尔巴特十分强调学科课程的重要性。在其1806年出版的《普通教育学》中明确要求以学科课程教材为中心，目的就是要强调系统知识的教学。知识、技能、能力需要严格的分科教育来培养、训练，学科课程最重要的优点是保证学生学到系统性、连续性、完整性、逻辑性强的知识体

---

① 李秉德：《教学论》，人民教育出版社2001年版。
② 刘克兰：《教学论》，西南师范大学出版社1988年版。
③ 王策三：《教学论稿》，人民教育出版社1985年版。

系,这也是保障人才质量的关键所在。赫尔巴特教育思想一直领导德国的教育实践。赫尔巴特的教育思想通过苏联和日本传入中国,影响至今。

2. 活动课程

这是一种与学科课程相对应的课程。活动课程就是从儿童的兴趣和需要出发,以儿童的经验为基础,以各种不同形式开展的系列活动组成的课程。活动课程主张学生到大自然中学习,反对教师给学生讲授知识,也反对学习书本知识。

活动课程由杜威所倡导,强调所有教学内容都要围绕活动展开,注重直接经验的学习。活动的安排与组织可以是教师,也可以是学生,活动的出发点一定要依据学生的兴趣、能力发展水平和已有经验,活动的目的是使学生获得知识经验、提高学习能力、发展智力。活动课程强调"做中学",手脑并用,手脑结合;强调亲身体验,获得直接经验,通过自主、合作、探究等学习方式得以体现。

因此,活动课程是根据学生的兴趣、能力发展水平和已有经验,由老师或学生自己组织活动来获得知识经验、提高能力、发展智力的教学内容。其特点在于强调学生的自主性和主动性,强调学生通过自己的实践活动获得直接经验,强调训练学生的综合能力以及个性的养成。在我国各校,活动课程多在学科兴趣小组和学生社团活动中体现。在我国新一轮的课程改革实践中,活动课程得到空前的重视。

3. 潜在课程

潜在课程又称隐性课程(hidden curriculum)、非正规课程(informal curriculum)、未研究的课程(unstudied curriculum)、未预期的课程(unanticipated curriculum)等,是指无意识、潜移默化地影响学生的内容,比如校纪、班规、经验、价值观、理想、班风、学风、校风、学校环境、校园文化等。潜在课程具有非预期性、潜在性、多样性、不易觉察性,对学生的影响有正负两面,学校课程建设者应发掘潜在课程的积极因素,减少或消除潜在课程的消极影响因素。

潜在课程可以追溯到美国著名教育家杜威的"伴随学习",即指学习中自然而然产生的情感、态度和价值观等。"隐性课程"一词是由杰克逊在1968年出版的《班级生活》(*Life in Classroom*)一书中首先提出的。我国出版的《教育大辞典》对其下的定义是:学校政策及课程计划中未明确规定的、非正式和无意识的学校学习经验,与"显性课程"相对。

(二)按课程的运行层次分类

所谓课程的运行层次,是指处于不同层面的课程主体分别研制、操作和运行的课程所形成的层次结构。美国学者古德来德将其分为五个层次:

(1) 理想课程（ideological curriculum），是研究机构、学术团体和课程专家提出的应该开设的课程。

(2) 正式课程（formal curriculum），是由教育行政部门规定的课程计划、课程标准和教材，也是列入学校课程表中的课程。

(3) 领悟课程（perceived curriculum），是任课教师所领悟的课程。这种领悟的课程可能与正式课程之间会产生一定的距离，从而减弱正式课程的某些预期影响。

(4) 运作课程（operational curriculum），是在课堂上实际实施的课程。教师领会的课程与他们实际实施的课程之间会有一定的差异，因为教师常常会根据学生的反应进行调整。

(5) 经验课程（experiential curriculum），是学生在课堂学习中实实在在体验到的课程。

传统的教学过于重视理想课程或正式课程，而经验课程往往被忽略或轻视。现在，我们提倡更多地从学习者出发，活化官方课程，发展理想课程，促进理想课程、正式课程、领悟课程、运作课程和经验课程的有机融合。

（三）按课程的管理和开发主体分类

我国从课程管理和开发主体，分为三级课程：国家课程、地方课程和校本课程。

1. 课程管理和开发主体的历史变迁

我国基础教育课程的管理和开发主体，经历了由"国家课程独大"到"二级课程管理"，再到"三级课程管理"的历史变迁。

(1) "国家课程独大"阶段（1949—1991年）。这一阶段，我国基础教育的课程与教材都由国家统一编制和审查，课程管理权和开发权集中在中央政府。"文革"期间，课程教材建设和教学秩序遭到破坏。"文革"结束后，教育拨乱反正，恢复全国统一的教学大纲和教科书，实行"全国一纲一本"制度。

(2) 基础教育课程"二级管理"阶段（1992—1995年）。1992年，国家教育委员会把基础教育课程分为"国家安排课程""地方安排课程"二级。但国家课程仍占绝对优势，九年义务教育阶段的地方课程只占总课时的6.93%（"六三"学制）或9.319%（"五四"学制）[①]。1994年，全国实行每周五天工作制后，国家教育委员会对1992年的教学计划进行调整，调整后的方案中地方课程

---

① 国家教育委员会：《九年义务教育全日制小学、初级中学课程计划（试行）和二十四个学科教学大纲（试用）的通知》．[1992-08-06]．http://fagui.eol.cn/html/201008/3930.shtml.

的比例更少,分别占 6.1% ("六三"学制)或 7.4% ("五四"学制)①。

(3)"三级课程管理"从"试行"到"实行"阶段(1996 年至今)。1996年,我国首次使用"学校课程"这个概念②。但是,"学校课程"需要上级教育行政部门批准后才可实施,且仅限于普通高中阶段的"任选课"和"活动课"。1999 年开始,我国明确规定"试行国家、地方、学校三级课程管理"③。2001 年将"试行"改为"实行"④。至此,三级课程管理体制得以真正确立。

2. 三级课程的含义、功能和特点

(1)国家课程。国家课程是自上而下的,由中央政府负责编制、实施和评价的课程。它是教育思想、教育目标和教育内容的主要载体,集中体现国家意志和社会主义核心价值观,是学校教育教学活动的基本依据,直接影响人才培养质量。⑤

国家课程面向全国全体学生,它将保证所有学生都享有在一定领域内的学习权利,都享有获得知识、发展智力的权利,从而获得一个积极、有责任感的公民实现自我价值和自身发展所必需的技能和态度。它明确规定学生在接受学校教育期间应达到的国家标准。这些标准可用来评价、监控、比较和改进。国家课程从总体上规定了各学段的教育目标,具有权威性、强制性、统一性和连贯性,有利于学生各学段之间的衔接,并为终身学习打好基础。国家课程为公众了解学校教育提供了依据。

(2)地方课程。地方课程又称地方本位课程,是指地方各级教育主管部门根据国家课程政策,以国家课程标准为基础,在一定的教育思想和课程观念的指导下,根据地方经济、政治、文化的发展水平及其对人才的特殊要求,充分利用地方课程资源而开发、设计、实施的课程。

地方课程的主要功能有:①促进国家课程的有效实施,但不是国家课程的

---

① 国家教育委员会:《实行新工时制对全日制小学、初级中学课程(教学)计划进行调整的意见》和《实行新工时制对高中教学计划进行调整的意见》的通知。(教基〔1994〕14 号)。http://www.51wf.com/print-law?id=1146260.

② 宋乃庆,徐仲林,靳玉乐:《中国基础教育新课程的理念与创新》,中国人事出版社 2001 年版。

③ 中共中央办公厅:《中共中央国务院关于深化教育改革全面推进素质教育的决定》,〔1999-06-13〕。http://www.chinalawedu.com/news/1200/22598/22615/22793/2006/3/he7396032197360029150-0.htm.

④ 国务院:《国务院关于基础教育改革与发展的决定》,(国发〔2001〕21 号).http://www.moe.edu.cn/publicfiles/business/htmlfiles/moe/moe_16/200105/132.htm.

⑤ 教育部:《教育部关于培育和践行社会主义核心价值观进一步加强中小学德育工作的意见》,(教基一〔2014〕4 号)〔2014-04-03〕。http://www.moe.gov.cn/srcsite/A06/s3325/201404/t20140403_167213.html.

简单延伸；②弥补国家课程的空缺，兼顾各地实际特点；③加强教育与地方的联系，促进区域人才培养；④调动地方参与课程改革与课程实施的积极性。

地方课程的管理主体一般是省级教育行政部门，其开发与实施一般包括申请立项、初审、试验、审定、正式使用、复查等6个基本环节。

地方课程具备以下特征：①地域性。我国地域辽阔，不同地方历史、经济、文化与教育发展水平差异大，地方课程离不开特定的地域需要与地域特点，具有鲜明的地域性。②民族性。我国是拥有56个民族的统一的多民族国家，地方课程应考虑不同民族的思想、历史、人文、地理、风俗、习惯、文化等民族特征。③文化性。各地在长期的历史变迁及特定的地理环境作用下，会形成具有地方特色浓郁的文化资源，经过课程开发者辨析与加工过的文化资源进入课程，使地方课程呈现出浓郁的文化性特征。④针对性。地方课程开发目的之一就是针对地方的实际需要，地方课程的实施便于学生接触社会、了解社会、关心社会、增强社会责任感。⑤适切性。地方课程不要求科目的完整，不追求理论的系统，更强调课程内容的适切性，尤其是时代性和现实性。⑥灵活性。地方课程具有较大的即时性与变动性，可以根据地方社会、经济、文化的发展，实时做出调整。⑦开放性。地方课程直面地方或社区的现实问题，打破了课内外、校内外、现实世界与网络世界的界线，地方课程的开发、实施、评价等具有很强的多元化和开放性。⑧建构性。地方课程是一种全新的课程结构，需要在摸索中建构、在实践中完善。

（3）校本课程。一般认为，校本课程多指以学校为本位，由学校自主开发和实施的课程。学者张素蓉把校本课程界定为：它是从学校实际状况、学生多样化、个性化需要，以及教师专业和学科特点出发，利用学校、社区和社会资源，以学校为主体开发、实施、评价和管理的全部教学科目，以及这些教学科目在学校教学计划中的地位和开设时间与顺序的总称。校本课程的功能应着眼于激发和培养学生的兴趣爱好，挖掘和开发学生的潜能，促进学生个性发展、深度发展，体现差异性和选择性，促进教师专业发展和学校特色发展。

校本课程涵盖的范畴较多，如班团队活动、文体活动、兴趣活动和专题教育，艺术节、科技节、运动会、远足等学校活动，学科拓展与延伸，技术、研学与实践性课程，区域文化课程，反映社会科技最新发展的新兴课程等等。

一般来说，学校是校本课程的管理主体。学校可成立校本课程管理委员会，负责校本课程的规划、开发、实施、评价与管理。可根据需要建立校本课程咨询委员会，发挥专家的指导、参谋、咨询等作用。

"校本课程"最先出现于英、美等国，我国真正实施校本课程在1996年。虽然起步晚、历史短，但广大中小学教育工作者对校本课程开发与实施的热情很高，并且成果丰硕。以深圳市为例，据不完全统计，2001—2012年，全市开发了 2230 项涉及 16 个学科的小学校本课程、2702 项涉及 40 个学科的中学校本课程。

各地校本课程在开发和实施方面还存在一些问题。例如，课程开发主体与实施方式较为单一，课程开发时间投入不足，课程开发强调课程成品的推出而忽略课程开发的过程与课程的评价，校本课程开发注重数量而忽视质量，把开发校本课程片面地理解为学校"搞活动""编教材""加门课"，等等。

三、课程编排

三级课程管理给课程编排增加了难度和挑战。课程编排通常有 3 种方式。

（一）"直线式"编排

将几个年级课程内容打乱顺序重新组合成不同的模块，然后一个模块一个模块地按一定科学系统排列编辑。这种编排强调教材内容本身的逻辑系统，前后模块之间的内容相对独立。比如，小学数学按照加法→减法→乘法→除法依次编排，中学历史按照年代序列依次编排等。

（二）"圆周式"编排

在所要编排的课程内容中选择一个知识点作为圆心，逐渐扩展其范围、深度和难度，通常在编辑某一模块知识时使用。如小学一年级数学以"加法"这个知识点作为圆心，按照 10 以内、20 以内、100 以内、10000 以内等的加法依次编排。这种编排方式从学生的心理序列出发，考虑自然成熟度及学习准备度，强调把学生已有知识经验作为中心，围绕中心向外有步骤地扩充，使其知识经验在原有水平上逐步加深、扩大。

（三）"螺旋式"编排

这是美国教育心理学家布鲁纳倡导的一种课程编排方式，可以说它是融合了"直线式"与"圆周式"编排的特点，以直线为轴、圆周为面螺旋上升。这种编排体现了课程的逻辑序列与心理序列相统一。要求制定学科教学计划，将重点放在审慎地选择知识内容、观念的直觉理解以及运用上。随着课程的展开，应反复地接触到这些基本观念，直至学生掌握了与这些观念相适应的完整体系为止。如小学数学中的四则运算，可以按照整数四则运算、小数四则运算、分数四则运算依先后次序编排。

以上课程编排思路可以为学校、教师设计和实施自己的课程作参考。课程重构除了编排方式改革以外，还涉及内容重构、时间重构、结构重构，如将课程主题综合、跨学科融合、单元整体教学、学科拓展等。[1]

随着课程改革的深入，我们对课程的理解已由原来相对"静态"的学校教学科目、课程计划、教学媒体等，更多地理解为走向"实践"的教学内容、活动与项目，在区域课程的形态结构中，领悟课程、运作课程和经验课程的比例逐渐增大，过程性、实践性、多样化、个性化更加突显。

四、课程建设意义

课程在教育体系中居于中心地位，课程建设是教学建设的重点工程。课程建设涉及课程及其教学相关的环节，是一个多因素的集合。[2] 搞好课程建设，可以带动其他相关环节的建设。例如，推动教师转变教学思想、推动教材建设、推动教学内容更新、推动教学方法改革、推动实验室建设和实验内容的更新、推动教学管理水平提高，从而全面提高教学质量。课程建设的意义具体体现在4个方面。

（一）课程建设是提高学校教学质量和办学水平的关键

学校对学生的教育是通过实施教学计划来实现的，而课程是教学计划的核心。是否有一批高水平的课程，是衡量区、校学术水平、教育质量的重要尺度。

（二）课程建设是深化教学改革的核心

教育改革的重点、难点就是教学改革，教学改革的关键是教学内容、体系、方法、手段的改革。因此，课程改革是教学改革的出发点和归宿。

（三）课程建设能有效整合教育资源

长期以来，我国基础教育面临两大难题：一是教育资源的有限投入与高效益实现教育目标的矛盾。这反映在课程建设上，是资源投入不足与开发优质课程的紧迫性的矛盾。二是教育资源不足与教育资源浪费、办学效益不高的矛盾。抓住课程建设这只"牛鼻子"，就能在纷繁复杂的教育改革的喧嚣中抓住工作重点和关键环节，最优配置教育资源，最大限度地发挥有限教育资源的教育效益和社会效益。

（四）课程建设可以创造出高水平的教学成果

相比其他教学改革环节，课程建设尤其是重点课程建设，区域和学校有更

---

[1] 苏心怡，张素蓉：《中小学教研工作内容的理性研究·深圳教育蓝皮书（2016）》，海天出版社2017年版。

[2] 许玉清：《试析课程建设的意义和方法》，载《益阳师专学报》1996年第4期，第112－113页。

严密的组织、更有利的条件、更明确的方向、更长期的坚守、更强烈的主动性来开展研究、实践，进而更有可能创造出高水平的优秀教学成果。

第二节 区域课程建设实践

坪山新区教科研中心自成立之初，就确立了区域教科研内涵发展的"五品"路径：品质管理、品质课程、品质教研、品质课堂、品质评价。其中，"品质课程"是其重要的组成部分之一。

一、区域课程建设整体设计

（一）区域课程建设的目标

坪山区区域课程建设主要实现三大目标。

1. 区域教育发展目标

通过课程建设，构建具有时代特征、区域特色、学校特点、学生欢迎的区、校课程体系，促进区域教育内涵、品质发展。

2. 学生发展目标

通过课程建设，丰富学生的学习方式，让学生有更多的机会获得亲身参与实践的积极体验和丰富经验，形成对自然、社会、自我的责任感，培养学生收集、分析、整理信息的能力，提升解决问题及欣赏、创造、实践和创新的能力，养成合作、分享、进取等良好品质，让学生学会学习、学会生活、学会做人、学会审美、学会创造。

3. 教师发展目标

通过课程建设，打造一支勤于钻研、乐于合作、敢于创新、善于反思、勇于奉献、业务精良、一专多能、具有较强课程建设能力的教师队伍。

（二）区域课程建设的依据

坪山区区域课程建设主要有5方面的依据。

1. 基础教育课程改革纲要

《基础教育课程改革纲要》第七部分"课程管理"指出："为保障和促进课程适应不同地区、学校、学生的要求，实行国家、地方和学校三级课程管理。"[1] 并分别对三级课程管理部门的职能做了明确规定。其中，对学校一级的规定是：学校在执行国家课程和地方课程的同时，应视当地社会、经济发展

---

[1] 国务院：《基础教育课程改革纲要》（2001-06-08）http://baike.baidu.com/view/1265891.htm.

的具体情况，结合本校的传统和优势、学生的兴趣和需要，开发或选用适合本校的课程。各级教育行政部门要对课程的实施和开发进行指导和监督，学校有权力和责任反映在实施国家课程和地方课程中所遇到的问题。

2. 普通中小学课程标准

《普通中小学课程标准》规定：应在坚持使学生普遍达到基本要求的前提下，有一定的层次性和选择性，并开设选修课程，以利于学生获得更多的选择和发展的机会，为培养学生的生存能力、实践能力和创造能力打下良好的基础。

3. 基础教育课程的本质

课程是一种有计划地安排学生学习的过程，目的是使学生获得知识、参与活动、丰富体验。从本质上说，它应该是开放的、民主的、科学的、发展的。这充分表明，课程不仅是一种过程、一种结果，而且还是一种意识、一种状态。

4. 学生个性发展的需求

目前，我国中小学生的基础知识、基本技能掌握得比较扎实，但社会责任感、价值判断力、创新精神、实践能力、心理品格以及人生规划意识等方面相对薄弱，过于注重书本知识、与生活经验脱节等问题依然存在，被动地接受学习、死记硬背、机械训练等学习方式依然盛行，这种局面迫切需要通过优化课程建设来改变。

5. 教师专业发展的需要

课程改革需要一支研究型、实干型、创新型的教师队伍，区域课程建设为教师开展教学研究、提升专业能力提供了广阔平台和广大空间。

（三）区域课程建设的原则

课程是教育的核心产品，其政策性、科学性、导向性强。坪山区的课程建设，严格贯彻落实国家课程政策，探索国家课程校本化实施、校本课程多元化实践、特色课程个性化实操、学生生活课程化设计。具体遵循5个基本原则。

1. 坚持基础性，兼顾发展性

基础教育为学生的发展奠基，其课程体系必须坚持"基础性"。学生的学力由基础性学力和发展性学力两部分组成：基础性学力课程包括国家课程、地方和校本必修课程等。它关注学生的基础素养，为学生的全面发展和终身发展奠基；发展性学力课程，是基于区情、校情和学生需要，帮助学生在某一领域进行个性化探索，促进学生"学有所好""学有所长"的课程。

2. 发扬中国基础教育课程优势，吸收最新的课程研究成果

我国基础教育课程有自己的优势，例如，国家对课程的整体规划与宏观管理；课程结构、内容严谨、系统性、逻辑性强；重视分科，共同必修，班级授课，整体推进，教学相长；注重"双基"，重视知识积累、技能训练、迁移运用；正面的道德教育，中国特色的师生关系；区域教研与校本教研制度；等等。在区域课程建设中，上述优势应继续发扬。同时，对符合时代发展和未来需要的国内外优秀课程理论和课程研究成果应予以积极吸收。

3. 保持国家课程的刚性地位

国家课程体现国家意志，代表主流价值和育人导向。我国成立国家教材委员会，健全国家教材制度，对中小学语文、历史、道德与法治等教材实行国家"统编、统审、统用"，国家认同、民族传统、人文理想、科学精神、社会价值、责任担当等通过国家课程得以培养。在基础教育阶段，国家课程是最权威的"通识、刚性、必修"课程，不能以"校本化实施"的名义对国家课程"伤筋动骨"，导致其虚化、弱化、变味。

4. 呵护课程实施的校本立场

课程是学校的关键"产品"，体现学校的核心竞争力，师生主体的参与程度将直接影响课程实施的水平。教育体制改革的大方向是"管办评分离"，学校的办学自主权，很大程度上体现在课程实施自主上。从"学术的课程—设计的课程—学校的课程—教师的课程—学生的课程"，学校是"理想课程"转化为"现实课程"的主场所，校长、师生是"课程活化"的主力军。学校课程实践具有丰富性、生动性、实践性、生成性，适度增强课程的选择性和实施的主体性是课程改革的基本方向。以学校为主体，校长、教师、学生、家长、社会共同参与、良性互动，建立一个"活的"学校课程生态环境，有利于培育学生主体意识，促进学生个性发展。

5. 厚植中国根脉，拓展国际视野

教育为培养中国特色社会主义建设者和接班人服务，要培养具有"中国底色""中国血脉""中国灵魂"的中国人。中华优秀传统文化是中华民族的文化根脉，凝聚了中华民族最核心的思想理念、价值观和民族精神，是中国人思想和精神的内核与根基。社会主义核心价值观是当代中国社会的最大"交集"、核心价值和共同理想。将中华优秀传统文化、社会主义核心价值观等重要内容，以课程为载体传递给学生，能够强化民族和国家文化基因。邓小平提出"教育要面向世界"，习近平提出建设"人类命运共同体"，教育需要培养具有"国际视野""国际眼光""国际能力"的世界人。处于改革开放最前沿的深圳坪山，在课程中体现国际理解、国际视野、国际规则、国际责任、全球知识等内容，十分必要。

（四）区域课程资源开发的途径

课程实施光有课程教材是不够的，需要有丰富多样的课程资源提供支持。

1. 二次开发现有课程资源

对现行国家必修课程、国家选修课程、国际理解课程、网络课程、地方课程、校本课程，结合学校实际，从课程内容优化、课程资源配套等方面进行课程资源的二次开发。

2. 自主创生新的课程资源

有人说，教师即课程，教师是课程资源开发的主力军。教师个体、教研组、项目组等应在对课程理论、学习理论、学生成长规律的深度理解基础上，根据自身的专长、学生的特点创生新的课程资源。学生是教育的对象，更是教育的资源。学生是课程学习的主体，也应成为课程资源开发主体的一份子，在选修课程、学生社团、社区服务、研究性学习、社会实践等领域，学生应该拥有更多的话语权。

3. 积极引进校外课程资源

学校离不开社会，社会也是课程资源开发的自然主体。加强与家庭、社区、社会各界的联系，拓宽课程资源开发渠道，十分必要。

（五）区域课程建设的评价

1. 区域课程评价原则

区域课程评价主要涉及对学校课程建设力、校长课程领导力、教师课程执行力、教研员课程指导力等方面的评价。如对教师课程执行力的评价，应遵循"四重"（重过程、重应用、重亲身体验、重全员参与）和"四性"（过程性、激励性、丰富性、多样性原则）。

（1）评价程序的过程性。将评价贯穿于课程开发与实施的全过程，重点评价教师参与课程开发与实施的积极性、主动性、创造性，评价学生的参与过程与学习体验。

（2）评价方式的激励性。结合教师的专业发展，重点关注教师课程建设能力的发展；关注学生的活动过程及发展情况，鼓励学生发挥特长，施展才能，创设有利于学生可持续发展的课程环境。

（3）评价内容的丰富性。根据教师在课程开发中的态度、方法、能力、效果，以及学生在课程学习中参与程度、学习态度、实践体验、方法技能的掌握进行全面评价。

（4）评价手段的多样性。采取教师自评与教研组评价、学校评价与社会评价、教师评价与学生评价，兼顾文本材料评价与活动项目评价、定性评价与定量评价相结合等方法。

2. 区域课程评价内容

区、校两级建立课程评价制度。针对课程建设的4个关键节点，课程评价指标体系包括4大部分：课程研发水平、课程实施准备、课程实施过程、课程实施效果的评价。

（1）课程研发水平评价。课程研发包括国家、地方课程的二次加工，校本课程研制等。课程研发评价重点关注课程目标的适切性、课程内容的合理性、课程资源的丰富性、实施方案的可行性、课程评价的科学性、课程管理的规范性等。评价的主要依据有课程纲要、课程计划、教材、讲义、学案、教学计划等。

（2）课程实施准备评价。课程实施准备包括教师个人知识准备、教学资料准备、设施设备准备、教具学具准备、教学组织安排、实践活动准备、学生学习准备等。评价的主要依据有课程计划、教学设计、讲义等。

（3）课程实施过程评价。课程实施过程评价包括对教师的"教"与学生的"学"的评价。"教"的评价重点关注教师的教学情感态度、教学设计能力、教学实践能力、教学创新能力、教学改进能力、学习指导能力、教学管理能力、学习评价能力等等。"学"的评价重点关注学习兴趣、过程参与、学习感受等。评价的主要依据有课堂观察、活动观摩、资料查阅、师生访谈、问卷调查等。

（4）课程实施效果评价。课程实施效果评价主要考查课程实施后对预先设计的课程目标、学习目标的达成度，以便总结经验，纠正偏差，优化课程。评价的主要依据有考试、考查、测评、学习过程性成果、问卷调查等以及征求学生、家长、教师同行、专家、教学管理部门的意见等。

在区域课程评价4大领域中，对学生的学习评价是核心，对学习评价有四个"注重"。

第一，注重评价的过程性。在课程学习中，要将关注的视角指向学生获得结果的过程，注重学生在活动过程中的体验和表现。在具体操作中，评价者可通过观察、参与、对话、分享、调研等，对学生在课程学习过程中的兴趣动机、行为表现、情绪情感、学习态度、参与程度等方面的表现进行评价，真实、客观地描述学习的成长轨迹。

第二，注重评价的多元化。对课程学习的评价方式、评价主体、评价标准尽可能多元化，鼓励并尊重个性化表达方式。如测试、演讲、绘画、写作、表演、制作、展示等多元化学习表现评价，自评、互评、他评等多元化评价形式，教师、学生、家长、社会人士等多元化评价主体。使用多把"尺子"评价不同的学生，尊重学生独特的生活经验，呵护学生独特的生命价值，让每一名学生都在评价中获得成功体验，收获成长幸福。

第三，注重评价的综合性。评价内容覆盖面尽可能广，评价表达可采用"等级＋评语""成长记录"等个性化表达方式。评价依据可考虑但不局限下列方面：学生学习该课程的学时总量、学生在学习过程中的具体表现、学生小组评议意见、任课教师评价意见、学生家长评价意见、个性化学习成果等等。

第四，注重评价的发展性。学习评价不是为了甄别优劣，而是为了促进学生的发展。通过学习评价，引导学生自我审视、自我反思、自主改进。评出学习信心，评出积极情感，评出阶段性发展，促使学生满怀激情地投入到后续学习中。

区域课程评价应重点指向课程开发及实施促进师生发展情况，课程评价还要关注课程开发的水平，以及课程实施过程中师生的参与、体验程度和真实感受等。课程对彰显学校办学理念，创设学校特色、学科特色、教师特色、区域特色的贡献也要适当考虑。为此，除学校课程管理或指导机构对具体的课程进行直接评价外，区教科院组织专家对学校课程建设状态进行专项调研、指导与评估。"课程建设"是"坪山区教育科研成果奖"评选中的重要项目，区教科院每年召开区域课程建设研讨会，总结课程建设经验，展示课程建设成果，展望课程建设方向。

（六）区域课程建设的三个阶段和三种水平

从"实践逻辑"分析，课程建设是一个特定的"集合概念"，是一项涉及面广、内容复杂而极为重要的教学基础工作。坪山的区域课程建设实践，从时间尺度上经历了3个阶段，从课程建设的成熟度上经历了3种水平。

1. 课程建设1.0

"点"状课程建设水平（2010—2012年）：区域引导——学校自发探索。此阶段，区域课程建设主要从"学科拓展"、课外活动两大领域展开；学校课程建设动力主要靠自发、自愿，区域课程建设处于零散、初步阶段。此阶段，涌现出一小批个性化校本课程，区域、学校课程整体规划不足。

2. 课程建设2.0

"面"状课程建设水平（2012—2016年）：区域指导——学校自主建设。此阶段，区域出台《坪山区学校课程建设指导意见》，各校制定《学校课程建设规划》，区、校课程建设有计划、有步骤、有结构、有系统地推进。区级层面开设"区域课程建设论坛"、组织校长教师课程建设力专题培训、设置课程改革重大项目、启动学校课程整体规划行动等。以观念促行动，以项目促实践，校长领导课程建设，教师参与课程建设，学生站在课程中央，学校的课程意识大大增强。所有公办学校和80%的民办学校完成《学校课程建设规划》编制，各校凝练了课程理念，理清了课程结构，优化了课程内容，活化了课程实施，形成了"一校一课程体系"的区域课程格局。2016年，坪山新区荣获广东省教育厅"区域推进课程建设先进单位"称号。

3. 课程建设3.0

"体"状课程建设水平（2016年—现在）：区域引领——学校自觉发展。

此阶段，区教科院明确提出了区域课程建设的"四个转型"：由主要关注学业素养向更关注综合素养；由主要关注规范均衡向更关注内涵品质；由主要关注课程实施向更关注课程设计；由技术辅助课程向更关注技术融入课程。此阶段，制定《区域课程品质提升行动计划》，明确区、校阶段性课程建设重点：区级层面主要推进高端前沿课程（如跨学科融合式学习、STEAM、人工智能、生涯教育课程）和基础普及课程（如阅读、家庭教育、科普、体育、艺术、劳动）；学校层面继续优化《学校课程建设规划》，细化"学校课程图谱"，在此基础上推出学校品牌课程。此阶段，以区域课程建设全面带动教学改革、教师发展、教学管理、教学评价，编织了一张"区域课程改革立体之网"，区域课程建设达到文化建设的高水平。

（七）区域课程的主体架构

1. 课程目标

高质量实施国家课程，建构"两级三维"区域品质课程。突显"融课程、宽研学、慧生涯"的区域课程样态；创新课程实施方式和学习方式，培养学生适应未来社会变化和终身发展需求的核心素养，促进学生全面而有个性的发展；培养中国根脉、世界眼光、当代品质、未来素养的一代新人。

2. 课程结构

建构"两级三维"的区域品质课程，作为国家课程的重要补充。"两级"指区、校两级；"三维"指引领性课程、普及性课程、个性化课程3个维度。

（1）引领性课程。着眼新时代教育发展趋势，汇聚优质教育资源，培养学生的核心素养，开发区域引领性课程。开设生涯教育课程、跨学科融合课程、STEAM课程、人工智能课程等，培养学生适应未来社会的必备品格和关键能力，彰显区域引领性课程品质。

【案例2.1】

区域"引领性课程"：STEAM课程
坪山区教科院　张海银

1. 基本情况

2017年2月，坪山区引进以色列先进的STEAM教育理念和团队，按照"竞争性评审"的方式，确定首批4所学校，后来增加到7所试验学校。该项目由坪山区教科院进行业务统筹，几年来，从外教引领到自主建构，形成了各具特色的学校STEAM课程形态。

2. 课程建设

同心外国语学校全学段开设STEAM课程，初中每周2课时，学生以小班、小组开展项目学习，每名学生一学年至少完成 2 个 STEAM 项目学习；以科学学科和理科学科为基础和主体，融合信息技术、综合实践及文学、艺术、历史等学科，用学科整合的方式开展 STEAM 项目，实现 1—8 年级 STEAM 课程全覆盖。学校总结 STEAM 项目三大类开发模式：校企合作模式、综合实践整合模式、跨学科整合模式。中山中学开发了 STEAM 六大融合课程体系：双语融合体系、科幻融合体系、国学融合体系、五色花阅读融合体系、蓝色海洋融合体系、绿园融合体系。实验学校采取课堂和社团活动相结合，开发了"中国历史说""建筑王国""AI 机器人"等自创 STEAM 项目，并启动"麒麟少年科学院"创新实验室建设计划。碧玲小学开发了 3D 打印课程，编制了校本课程《三维创意设计与 3D 打印》。坪山中学自主研发十大 STEAM 项目式课程，融合人文、自然、物理科学、计算机技术、人工智能、数学等多个领域。光祖中学在 STEAM 兴趣科创班的基础上，开办"发明创造提升社团"，开设"深空探索"等项目式课程。

3. 研究成果

全区 STEAM 业务统筹负责人、特级教师、正高级教师、区教研员张海银获广东省基础教育教学成果一等奖；主编出版"STEAM 课例精编"系列丛书 20 多册，实现 1—12 年级全覆盖，在全国公开发行。各校大力开展以 STEAM 为主题的课题研究：中山中学独立主持国家级课题 1 项、省级课题 1 项、区级课题 2 项，出版《STEAM 思维训练课程》《STEAM 融合课程案例集》《中学生海洋课程实践活动指南》等专著。碧玲小学主持 1 项省级课题、1 项区级课题；实验学校主持 1 项区级课题；汤坑小学主持 1 项区级课题，编制校本教材《创新思维与能力培养》；光祖中学出版《STEAM 课程特色课例集》《STEAM 课程师生成果集》。

4. 师生发展

由张海银任主持人的"深圳市教育科研专家工作室"为全区培养 STEAM 骨干教师 30 多人，教师公开发表论文 50 多篇，各类获奖 100 多项。各校参加 STEAM 课程的学生对课程非常感兴趣，多项调研数据表明，学生的思维品质、实践能力、创新素养、合作意识显著增强。三年来，参与 STEAM 课程学习的我区学子涌现 4 名中科院"小院士"，获市级以上奖励 200 多人次。如中山中学学生在深港澳人工智能赛等多个创新比赛中获一等奖，深圳市学生小课题立项 15 项，学生团队进入全国 STEAM 案例开发大赛总决赛，被评为"全国第三批 STEAM 种子学校""深圳市年度 STEAM 教育典范学校"。碧玲小学林诗恩同学参加第十九届"广东省少年儿童发明奖"深圳市选拔赛，其"三维程序创意设计"项目获深圳市一等奖、第四届"全国青少年人工智能创新挑战赛"广东省一等奖，并入围全国总决赛。

5. 辐射影响

"坪山区 STEAM 区域常态化实施"项目荣获南方网与深圳教育部门联合主办的"最具创新力的教育改革项目"。区域 STEAM 项目相关媒体报道 30 多次，接待区外同行来访 20 多次，相关教师外出讲学 20 多场次。坪山区首批 STEAM 项目牵头人张海银，被第五届全国青少年 STEAM 创客论坛组委会推选为"2021 年全国创客教育十大年度人物"之一。

注：该文仅涉及区教科院负责 STEAM 项目业务统筹时段的相关内容。

（2）普及性课程。立足培育学生的基础素养和终身发展能力，区域整体推进通识性、普及性课程。开设家校共育"燃"课程、阳光阅读"亮"课程、悦动体育"嗨"课程、底色艺术"炫"课程、劳动教育"润"课程等，培育具有良好习惯品性、终身阅读素养、高雅艺术品位、乐于劳动、勤于实践的"阳光少年"，彰显区域普及性课程品质。

【案例 2.2】

区域"普及性课程"2019 年度实施要点
坪山区教育科学研究院

1. 基本思路

推动区域普及性课程"阳光阅读""悦动体育""底色艺术""家校共育""融通劳动"与国家课程相融合，做到全员化、常态化，进课堂、进活动、进评价，促进五育并举的区域普及性课程成体系，助力坪山教育向更高品质发展。

2. 工作目标

构建"人人有项目、班班有队伍、月月有比赛"的健体强志的"大体育"；构建多样化阅读实践与分享的"大阅读"；构建"校校有剧场、班班有合唱、人人会鉴赏、年年有艺展"的"大艺术"；构建学校与家庭、学校与机构、学校与社会共建的"大德育""大劳动"。

3. 重点工作

（1）阳光阅读"亮"课程。开展分学段分级阅读书目推荐、"我最喜爱的一本课外书"、红色经典阅读、文学艺术家进校园、经典吟诵、现场书法比赛、教师诵读课文比赛、亲子阅读、师生共读、学生阅读研讨课等活动。

（2）悦动体育"嗨"课程。开展校园跳绳、啦啦操推广计划；推动悦动体育品牌建设、评价体系探索；组织悦动体育骨干培训（含教练员、裁判员、考官）；举办悦动体育系列赛事、展示活动；实施悦动体育专项课题研究。

（3）家校共育"燃"课程。家校共育专家团队建设、家校共育线上课程建设、家校共育活动课程建设、家校共育课程校际交流、家校共育优秀学校及优秀讲师评选、家校共育课题研究等。

（4）底色艺术"炫"课程。举办中外经典名画名作赏、临、展、评系列活动；组织中外歌曲传唱、中外青少年影评、校园音乐戏剧、艺术骨干系列培训、系列艺术专题展示活动等。

【案例点评】坪山区"品质课程"呈"两级三维"结构，就像一个"金字塔"："塔尖"部分是引领性课程，面向当代经济社会发展，面向未来人才素质需要，面向国际先进教育前沿，设计STEAM、跨学科融合、生涯教育、人工智能等课程，以学校自主申报、全区竞争性评审，"点"状布局，分步梯级推进；"塔身"部分是普及性课程，针对中小学生的基础素养、终身发展素养、全面发展素养，开设阳光阅读、悦动体育、底色艺术、融通劳动、家校共育课程，由区教科院统筹，面向全区学校、全体学生，呈"面"状布局，全面推进；"塔底"部分是个性化课程，在国家课程基础上，针对学生个性发展、特长培养、兴趣爱好，因校制宜，开设"超市式""菜单式"的选择性校本课程群，供学生自主选择，呈"体"状布局，个性化推进。区域课程整体设计与协同实施，体现了区域教育管理部门先进的课程理念和学校强大的课程实践能力。

（3）个性化课程。以学校为基本单元，从办学理念与育人宗旨出发，以学生核心素养和个性发展为导向，以学校课程整体规划为指引，以课堂革命为动力，加强学校课程文化建设，促进育人方式转型。学校开设学科形态、探究形态、活动形态、职业形态等多样化特色课程，构建个性化的"一校一课程图谱，一生一课程菜单"。丰富项目式、协作式、探究式、体验式等学习方式，培养学生健全人格和综合素养，促进学生和谐而有个性的发展。

【案例2.3】

学校个性化课程·红色教育
坪山中心小学

1. 课程背景

坪山中心小学创办于1917年，是东江纵队曾生将军的母校、广东人民抗日游击总队东江纵队策源地、坪山区第一个党支部诞生地。1937—1945年，学校共有100多位师生投身抗日游击队，留下了许多可歌可泣的感人故事。为落实习近平总书记关于"传承红色基因，培育时代新人"的重要指示，结合

《中小学德育工作指南》，挖掘红色教育资源，构建"红色教育"德育课程体系。

2. 课程理念

赓续红色基因，培育时代新人。

3. 实施策略

依托独有的"东纵与坪小"红色历史，通过挖掘、梳理、遴选，转化为课程资源，再以学科融合、主题体验、实践活动等方式，实施"红色教育"课程。

4. 课程目标

（1）总目标。依托"红色教育"课程，落实立德树人根本任务；强化爱国主义和革命传统教育，厚植家国情怀，树立远大理想；感党恩、听党话，使"红色"成为学生的生命底色，培养社会主义时代新人。

（2）学段目标

一、二年级：重点培养学生对党的初步认识情感；培养初步的爱祖国、爱家乡、爱身边的人的情感；培养学生纪律意识、保护自然意识、良好的学习习惯和文明礼仪行为；学会简单的劳动技能，培养劳动意识。

三、四年级：重点培养学生对党的认同感；培养爱祖国、爱家乡、爱学校的情感；感受中华优秀传统文化魅力。使学生初步形成规则意识，培养劳动观念、节约意识、环保意识；增强人际交往、心理调控、环境适应能力。

五、六年级：进一步提升学生对党的认同和热爱，增强国家和社会责任意识，领会、把握和努力践行社会主义核心价值观；认同并传承中华优秀文化。树立正确的人生观和崇高理想；养成热爱劳动、喜爱阅读、崇尚节约、保护环境的健康文明生活方式；培育尊重他人、善于合作、乐于助人的健康阳光人格，培养不怕挫折、勇敢顽强的心理品质。

5. 课程结构

"红色教育"融合学校德育课程体系的主要内容是理想信念教育、革命传统教育、公民素养教育、行为习惯养成等，包括三大板块：学科课程、德育课程、活动课程（图2.1）。学科课程充分利用红色资源，渗透红色教育；德育课程紧紧依靠红色资源进行拓展延伸，强化理想信念和革命传统教育；德育活动课程考虑学生的认知特点，发挥学生的主体作用，依托红色教育资源，以活动性、项目式、主题式为主要学习方式（图2.2）。

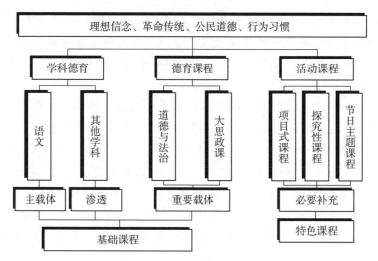

图2.1　红色德育课程体系

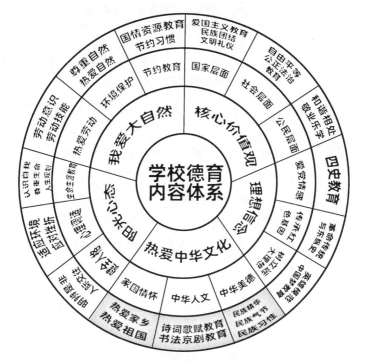

图2.2　学校德育课程内容体系

6. 课程实施

（1）学科渗透。如音乐学科教唱《东江纵队之歌》，引导学生理解歌词，感受东纵的豪情气概；美术学科以客家围屋、东纵人物等为素材，进行创作、欣赏；语文学科以东纵文化、客家文化为素材，进行听说读写训练等。

(2) 德育课程。如在道德与法治课程的"百年追梦，复兴中华""让世界更美好"等单元，结合东纵抗日历史、东纵英雄人物、东纵故事等，让学生更加真切地体会到中国共产党在抗日战争中的中流砥柱作用，以及中国人民伟大的抗战精神。

(3) 主题活动。主题化、项目式课程是最贴近学生经验的课程。我们充分利用学校和地方红色文化资源，开展"东纵与坪小"的校史馆小课题学习研究，如"曾生将军的求学之路""东纵初期在坪山活动初考""陈铭炎校长在坪小"等；开设"坪小东纵校友与香港文化名人大营救""抗战时期的香港文化名人与坪山""东纵校友与抗战时期香港文化名人的故事""抗战时期的香港文化名人在坪山的故事""我喜爱的一个抗战时期香港文化名人"等小主（课）题学习。已初步构建以学期为阶段的项目式主题探究德育活动课程系列（表2.1）。

表2.1　2019—2020学年下学期德育实践活动部分主题

类别	主题
理想信念教育	我是东纵小小讲解员；东纵纪念馆课程学习；我唱《东纵之歌》；"我是东纵新闻发言人"
社会主义核心价值观教育	"东纵在坪小"探究性学习；"小剪刀，红色情"剪纸社团主题活动；社会主义核心价值观书画比赛；红色基因论坛
中国优秀传统文化教育	诵读《坪小百年赋》；走进非遗，感受"坪山麒麟舞"；"方遒亭"探索；元宵"方遒亭"猜灯谜：猜东纵人物及伟人活动
心理健康与生活教育	生涯课程：生涯扬帆，知行合一；健康跳起来：舞动童年
生态文明教育	最美坪山；坪山河的变化；"垃圾分类"我能行
其他	学习新思想，从小学用典；我是劳动能手；围墙外学校主题学习

此外，生动活泼的红色系列教育活动融入了各类社团中，渗透到"四节一周一月"（艺术节、体育节、科技节、读书节、英语周、篮球月）里，全校师生参与，学生喜闻乐见，红色育人润物无声。

7. 课程支撑

(1) 挖掘红色教育资源。如编制东纵文化课程资源包（照片、图片、视频、故事、图书等）；设立东纵书籍读书专区；利用信息技术整合红色教育资源等。

(2) 开发《红色记忆》读本。以教师党员为主力，鼓励师生参与，编制

《红色记忆》读本，以文字、图表等生动的方式记录东纵与学校的历史。

（3）建设校史、东纵史纪念馆。纪念馆全面展现东江纵队抗战史及坪山中心小学与东纵的渊源和历史，作为推进红色教育的生动素材和重要阵地。

（4）开拓校外教育基地。把东江纵队纪念馆、坪山革命烈士纪念碑、马峦山东纵司令部遗址等确定为校外红色教育基地，定期组织活动，拓展红色教育空间。

（5）加强师资保障。以党员教师为核心，培养一支全面熟悉党史、中国革命史、中国特色社会主义建设史的教师团队，带动全体教师参与红色教育，形成全员育人的新局面。

【案例点评】德育为首，育人为本。如何培养地道的中国人，如何造就一代又一代中国特色社会主义的建设者和接班人，如何做好"赓续红色基因，培育时代新人"这一份答卷？是每一所学校、每一位教育工作者必须回答的问题。坪山中心小学通过"红色教育"融入德育课程体系的探索，很好地回答了上述问题。

【案例2.4】

学校个性化课程·国学经典阅读
坪山区同心外国语学校

坪山同心外国语学校的办学理念是：向下扎根，厚植中华根基；朝上茂盛，培育国际英才。着眼于传承民族优秀文化，开发国学经典阅读课程，打好中华文化底色。学校坚持以国学经典为"轴"，建设书香学校、培育书香班级、营造书香家庭，让学生徜徉在国学经典中，沐浴在书香文化里。在《全日制义务教育语文课程标准》对学生古诗词要求的基础上，拟定了各年级校本诵读教材。

一年级：《三字经》。二年级：《弟子规》《孝经》《小学生必背古诗80首》。三年级：《弟子规》《诗词名句鉴赏》。四年级：《弟子规》《增广贤文》（删节）、《千字文》。五年级：《幼学琼林》《大学》《中庸》《论语》。六年级：《论语》《道德经》《古诗词名言警句》。

在教学中，教师可以适当增加一些自选的中华经典美文作为补充。学生以诵读为基础，读写结合，日积月累，潜移默化，在教师的精心指导下，在读、吟、颂、写、展、演中感知国学、欣赏国学、领悟国学、践行国学。让学生在有趣、有情、有感的经典阅读活动中得到国学的心灵滋养。

【案例点评】"国学经典阅读课程"是同心外国语学校的一项个性化课程。"国学经典阅读课程"唤起了学生的爱国情怀，奏响了学生心中的诗文琴弦，丰富了学生的语言积累，提高了学生的写作能力、文化品位、审美情趣与中华文化底蕴，提升了师生的民族自信心、自豪感。向下扎根，向上茂盛，国学经典阅读课程是立德树人的一门好课程。

【案例2.5】

学校个性化课程·绘本阅读

坪山区坑梓中心小学

《全日制义务教育语文课程标准》提出："培养学生广泛的阅读兴趣，扩大阅读面，增加阅读量，提倡少做题，多读书，好读书，读好书，读整本的书，鼓励学生自主选择阅读材料"。小学一至三年级"绘本阅读"个性化课程设计如下。

1. 阅读材料选择

(1) 忠实于艺术的书：诉之于"直观"，培养儿童观察力，具有质朴之美。

(2) 解放儿童心灵的书：保护儿童，守住想象世界的幸福，避开现实法则的束缚。

(3) 富有人类高贵情感的书：尊重生命、热爱自然、人间大爱。

(4) 活动游戏体验类的书：读书不求立即产生效果为目的，快乐体验也是目的。

(5) 启迪儿童心智的书：激发孩子强大的成长力，绽开睿智之花。

(6) 蕴藏高尚道德的书：有些道德是永恒的，好书能激发孩子奔向真理。

2. 书目清单列举

(1) 描写长大经历的书：《没关系，没关系》《爷爷一定有办法》《长大以后做什么》。

(2) 与亲情有关的书：《猜猜我有多爱你》《我的妈妈真麻烦》《我爸爸》。

(3) 与孩子一起大笑的书：《小魔怪要上学》《母鸡罗丝去散步》《好饿的毛毛虫》。

(4) 自我认知自信的书：《我就是喜欢我》《小猪变形记》《我叫"不可以"》。

(5) 体会生命意义的书：《小种子》《风到哪里去了》《鸟儿在歌唱》。

3. 组织安排

每一类书选择1本，每周1节绘本阅读指导（交流）课，每本书阅读与拓展用3节课完成。全学期安排15周。教师可根据具体情况灵活取舍，个性化合理安排。

4. 实施原则

趣味性、丰富性、整体性、主旨性、教育性。

【案例点评】绘本是文学与艺术的完美融合,特别适合小学低年段学生。在内容上,绘本与文化、社会紧密相连,题材广阔,是文化传播的重要媒介;在设计上,绘本糅合文学、诗歌、绘画等多种艺术形式,带给人美的熏陶。绘本阅读是除国学阅读以外的重要的阅读资源,是伴随孩子成长的良师益友。

【案例2.6】

学校个性化课程·形体

坪山区碧岭小学

1. 课程纲要(表2.2)

表2.2 形体课程纲要

学科组	体育组	课程负责人	鲁秀敏
设施配备	形体教室、音响设备等	开设年级	一至四年级
课程名称	小学生形体	课时	21课时
课程类型	新授课	任教学科	体育
课程概要	根据体育与健康的理念,结合本校实际,矫正小学生不良身体姿态,改变原"村小"学生的气质,提升学生整体的形象。《小学生形体》课程分为水平一(一、二年级)、水平二(三、四年级)两个层次。课程特点:简单易学,寓学于乐,便于普及。		

2. 课程目录(水平一)

(1)形体理论:①形体训练的重要性;②形体训练的目的和任务;③形体训练的内容和作用;④影响形体美的主要因素;⑤形体美的评价;⑥形体训练的生理解剖依据。

(2)礼仪基础:①仪容礼仪;②仪态礼仪;③服饰礼仪;④交谈礼仪;⑤与教师交往礼仪;⑥与同学交往礼仪;⑦与社会人士交往礼仪。

…………

(5)形体组合动作:①呼吸方法与站立姿态组合练习;②手位、脚位姿态组合练习;③手臂摆动、波浪、绕环姿态组合练习;④胸腰姿态组合练习。

(6)形体舞蹈:①常用基本步伐与舞步练习;②基本步伐、舞步姿态组合练习。

【案例点评】碧玲小学的形体课程颇具特色，通过个性化课程，在优美的音乐中，在舒适的环境里，在愉快的体验中，润物细无声。立足校情，改变"村小"学生气质；健康第一，促进学生健康成长；激发兴趣，培养学生锻炼习惯；以生为本，学生自主快乐学习；关注差异，每位学生终身受益。

【案例2.7】

学校个性化课程·"本真"课程
坪山区龙山学校

本真课程以促进学生全面发展和个性发展为"本"，以生情、学情和校情为"真"，在全面落实国家课程的基础上，开发系列校本特色课程（表2.3）。

表2.3 "本真"校本课程一览（2016学年）

序号	课程	类型	开设年级	任课教师	上课时间	上课地点
1	武术	普及性课程	一至六年级	马新平	见课表	操场
2	国学经典		一至八年级	语文老师	见课表	
3	班级大舞台		一至六年级	班主任	双周四第七节	
4	新闻周刊		一至八年级	班主任	小学每周三第七节；初中每周五7：20—7：45	教室
5	写字课		一至九年级	班主任	小学每天7：45—8：00；初中每天9：45—10：00	
6	形体		一至六年级	音乐教师	见课程表（一至三年级每周一节，四至六年级每月一节）	舞蹈室
7	跳绳		一至九年级	体育老师	体育课前5分钟	操场
8	快乐阅读		一至九年级	班主任	小学每周一第七节；初中每周三9：45—10：00	教室

(续表2.3)

序号	课程	类型	开设年级	任课教师	上课时间	上课地点
9	美术兴趣社团AB班	选择性课程	一至五年级	田兰、刘威鹏	第七节（每周每班3节）	美术室
10	舞蹈社团			蒋慧婷、郭树艳、张瑶瑶		舞蹈室
11	乐器社团			张瑶瑶		音乐室
12	书法社团			黄如乐		书法室
13	英语基础社团			王淑冰、陈婷		教室
14	篮球社团			黄威		篮球场
15	象棋、围棋社团			钟益轩		教室
16	写作社团			程波		
17	小主持人社团			李福平		
18	龙山大舞台	活动课程	一至九年级	年级组长	每周五7：45—8：20	大操场
19	校园英语大讲堂			曾柳苑、赖纪安	每天课间操后5分钟	
20	体育节			体育组	每学年一次	
21	艺术素质展演			政教处	每学期一次	
22	朗诵比赛			政教处		阶梯室

(续表2.3)

序号	课程	类型	开设年级	任课教师	上课时间	上课地点
23	师生现场书法大赛	活动课程	一至九年级	教导处	每学期一次	图书馆
24	走廊文化			政教处	每月一次	走廊
25	班级书法展	潜在课程		教导处	每月一次	走廊、校园展示栏

【案例点评】龙山学校隶属龙山教育集团，是坪山区注重内涵发展的民办学校之一。该校以"本真教育"的办学理念为指引，实施"本真课程"，遵循实事求是、量力而行、学生喜欢、力求落实的课程原则。"本真课程"主张面向全体而非少数学生，促进全面发展而非单纯应考，培养自主能力而非被动接受。以"成人"为根本，以"成才"为追求，学用结合、思行结合，培养完整而健全的人。

【案例2.8】

学校个性化课程·跳绳
坪山区龙田小学

龙田小学秉承"健康第一"的教育理念，针对学校场地、器材、师资、财力不足等实际，在确保开好国家体育课程的基础上，着力开发"花样跳绳"校本特色课程，成效显著。

1. 精心设计课程

2010年起，在专家的指导下，学校组织力量设计和实施小学生跳绳校本课程。2016年11月，"小学生跳绳"被评为深圳市中小学"好课程"遴选优化项目。在优化原有课程的基础上，编制了"花样跳绳"校本课程。经实践、验证和修改，2018年5月完成课程的优化并通过专家验收，成功入选深圳市"好课程"。2017年6月，"花样跳绳"课程荣获坪山区第四届优秀科研成果一等奖。

2. 坚持全员普及

学校要求全体学生利用课内外、校内外时间，采取集体训练与自主训练、师生合练与"亲子共跳"、教学训练与检测评价相结合，大力推进"一分钟跳绳"全员普及活动。从2010年起，根据"花样跳绳"课程的星级评价标准，坚持班级每周一小测、学校每期一大测，建立全校学生跳绳普测数据库，运用信息化手段对数据分析处理。

为促进"人人爱跳绳，天天想跳绳"，学校安排每天一场"跳绳大课间"，编排一套趣味性高、操作性强、运动量足的"绳操"。"跳绳大课间"包含一分钟跳绳、花样跳绳步法组合、三角形长绳、带绳跑操、放松操等环节，既有短绳个人动作，又有长绳团体配合。"绳操"常年坚持，学生人人精通，逐步形成校园品牌。

3. 竞赛锦上添花

为进一步激发学生的跳绳热情，为"高手"提供更高的发展平台，2011年起，学校成立花样跳绳队。到目前为止，校花样跳绳队共参加8次全国跳绳锦标赛、全国跳绳联赛等国家级大赛，荣获181个奖项，其中一等奖80多个。

4. 课程提升品质

2016年9月，将花样跳绳全面列入学校课程计划，在常态体育课渗透的基础上，每班每周开设一节花样跳绳课，加上学校的足球特色，形成了"常规体育课程＋足球特色课程＋跳绳特色课程"的三维体育课程结构。

大力营造跳绳文化。如在田径场边配置"跳绳"雕塑，设置跳绳活动展板；在校园公告栏开设"星级班级""星级学生"专栏；在重大集会上对"星级班级""星级学生"颁奖授牌；在学期开学典礼、散学典礼上对花样跳绳队优秀队员进行表彰。定期开展"星级"表彰奖励，形成人人创优争先的良好局面。

跳绳特色课程的普及，使学生的体质健康状况整体跃升。在坪山区教科院每年组织的"国家体质健康第三方测试"中，各项指标名列前茅，多数学生的体质指标远超"国家标准"。

【案例点评】龙田小学"花样跳绳"特色课程开发早、坚持好、效果佳。目前，坪山区把跳绳和健美操确定为全区中小学的"悦动体育"普及性课程。对于跳绳普及性课程，区教科院提出了"六个一"的基本要求：每人一绳、每天一跳、每月一测、每期一赛、每人一证、每校一队，让每一位学生在快乐跳绳中增强体质、健全人格、锤炼意志、健康成长。

3. 课程实施

引领性课程实行"竞争性评审"点状立项；普及性课程实行区级统筹，全区、全学段、全员参与；个性化课程由学校自主设计与实施。课程实施遵循

如下原则:

(1) 传承借鉴与改革创新相结合。传承课程发展的理论与实践精华,借鉴先进的课程建设经验与成果,顺应教育发展新要求,动态发展区域品质课程。以科学的课程观和方法论引领学校探索实践,不断提升课程质量和品位,让教育充满智慧。

(2) 系统规划与分步实施相结合。系统规划区域"品质课程架构",建立"引领性课程、普及性课程、个性化课程"三位一体的课程框架;形成课程规划、实施到评价完整的管理与实践体系;以开展、深化、提炼为行动路线,循序递进,分步实施,落实阶段性品质课程建设任务。

(3) 整体推进与重点突破相结合。整体落实区域品质课程方案,通过区域整体推进与学校个性化实施,以项目管理为主要方式,重在课程建设的过程完整性、样态丰富性,彰显课程引领性、创新性,形成区域课程影响力和竞争力。

4. 课程评价

(1) 课程管理评价。通过课程管理评价,提升校长对学校课程的领导力,检验课程目标的适切性、课程内容的合理性、课程效果的显著性,优化课程设计,提升课程品质。

(2) 课程实施评价。通过课程实施评价,提升教师的课程执行力,强化课程过程性管理,提升课程的实施水平。

(3) 课程学习评价。通过课程学习评价,提升学生的课程学习力,优化学习评价和学生发展评价,提高学生学业成就和综合素养发展水平。

5. 课程保障

(1) 整体推进。行政推动、机制带动、项目驱动、管理互动、区校联动。

(2) 机制带动。建立课程管理、培训与视导机制,加强专业引领和过程管理;建立课程学术交流机制,提升课程实施的科学化水平;建立课程评价、成果评审机制,提炼优秀课程成果。

(3) 管理联动。建立区、校课程管理制度,加强项目管理;强化校长对课程的专业领导;建立课程研发、管理、实施骨干团队,发挥名师的专业核心作用;建立区校联动、校际联动(公民办帮扶、集团化、学段衔接、项目合作等),共同培育区域优质共享课程。

(4) 项目驱动。整合区域课程资源,整体推进"三维一体"的区域品质课程建设;突出区、校重点项目,实现区域整体推进与重点项目突破的有效联动。

二、区域"好课程"建设

"中小学好课程建设"是深圳教育区域课程建设的品牌项目,在深圳市教科院的指导下，坪山区也做了一些探索。

（一）基本理念

（1）学生立场。从学生出发，以学生的身心发展规律、情感需求和认知经验为基础，在课程实施中发现和引领学生，满足学生个性化的多元成长需要。弥补教师"有什么教什么"、教学"三靠"（教材、教参、教辅）等传统教学模式的不足。

（2）生活视野。关注学生生命，贴近学生生活，让学生获得真实、快乐的生活体验，促进学生终身学习和持续成长。选取生活中的实践案例，注重生活化的实践表达。

（3）故事表达。从学生兴趣出发，直观形象、图文并茂、生动有趣地呈现素材，注重图文、视频和活动等多种表达方式的组合使用，通过纪实或体验的表达方式，在潜移默化中提升学生的综合素养。

（二）具体要求

（1）课程定位。课程定位准确，凸显课程独特价值，逻辑体系清晰，实施建议有可操作性（教学场景、情境、保障、监控等）。

（2）教学素材。教学素材包括课程目标、课程结构、教学内容、单元章节、背景资料、教学设计、教学评价等。

（3）学习素材。学习素材包括文本类、学具类、活动类素材。学习素材应符合本领域特点，打破学科壁垒，突破学科边界，面向自然、历史、社会、生活汲取素材，内容编排结构合理、逻辑清晰、有创新性，能激发学习兴趣。

（4）表达形式。改变传统知识堆砌、单向灌输等表达方式，重视主题式、问题式、项目式、活动式、综合性、多元化表达方式和学习形式。

【案例2.9】

区域好课程·"天地格"写字

坪山区中山小学　刘奈

"天地格"写字课程由笔者开发，2009年起在西乡二小实施。实施短短两年，该校70%的学生都能写一手美观的汉字。2013年9月引入宝安区海旺学校，2016年9月在坪山新区中山小学和碧岭小学实施，目前已在全国十多所学校推广。

"天地格"写字课程的核心成果有二：一是在传统写字本"田字格"基础上加一个内圆，强化小学生写字时的位置、空间感；二是开发一套《天地格写字教材》，精选小学生语文课本要求的必会的生字，按照课本生字教学进度编排，插入必要的笔画和间架结构指导，融入名人故事。通过对语文教师进行"天地格"书法教学指导培训，开发系列微课课例、动画课件等教学参考资料，成功解决了"天地格"写字教学的推广问题。

"天地格"课程基本结构（三大板块）：

（1）基础笔画篇。一至三年级，每册教材前编写基础笔画指导及练习内容。

（2）间架结构篇。四至六年级，每单元有"天地格间架结构指导说明"，把同类型汉字放在一起进行间架结构分析，达到举一反三的效果。

（3）生字练写篇。各年级，根据语文课本教学的进度，编写各课生字，方便教学与练写。

每个板块包括以下模块内容：

（1）指导模块。参照例字的指导说明，明确练习方法。

（2）摹写模块。每组字中都有中空的汉字，供学生摹写。

（3）临写模块。每组字中都有"天地格"空格，供学生分析临写。

（4）练写模块。每组字中都把"天地格"逐渐简化成"田字格"，锻炼学生的观察迁移能力（图2.3）。

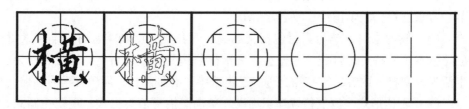

图2.3　"天地格"写字格

【案例点评】"天地格"写字课程从小学生书法教学的难点出发，针对小学生观察能力弱、难以确定方格和田字格中汉字笔画的位置，以及普通语文教师指导书法能力偏弱等现实，在传统"田字格"写字课程的基础上发展出"天地格"写字课程。写字课程与语文教学密切结合，既激发了学生的写字兴趣，教会了学生写字的方法，提升了学生的传统文化素养，又增强了语文教师的教学能力，还不会增加学生的课业负担。作为中山小学"习性教育"中"习文"的主要内容之一，"天地格"课程项目荣获广东省基础教育教学成果二等奖。

【案例 2.10】

区域好课程·木艺
坪山区中山小学

1. 课程性质

本课程集设计理论学习与动手实践于一体，属于综合实践课程。主要是让学生了解设计知识，掌握一定的绘图、制图技能，并在动手实践中获得体验。

2. 课程目标

（1）培养学生创新精神与实践能力；

（2）通过课程教学落实素质教育；

（3）培养学生自主、合作学习的习惯；

（4）感受中华优秀传统木艺文化，丰富学习生活，陶冶学生情操。

3. 课程结构

课程包括四大模块：①任务模块：根据生产、生活情境确定任务目标；②思维模块：抓住任务中的关键词进行任务思考；③设计模块：将任务思考内容进行可行性设计；④制作模块：根据设计图进行制作。

4. 教学实施

（1）教学组织：选修课程，学生自主选择参与。

（2）知识内容：课程设计符合学生年龄特点，课程难度由浅入深。

（3）师资配备：聘请经验丰富的木艺老师为技术指导，配备美术、科学教师担任教学工作。

（4）硬件支持：木工专用教室、专业木工桌、木工工具、绘图工具等。

5. 课程评价

按照低、中、高学生能力标准进行分层分级课程评价，从"结构设计、装饰设计、作品制作"3个维度，按"基本要求、较低要求、较高要求、自我发挥"4个等级进行综合评价。

【案例点评】"木艺课"是中山小学"习性课程"中的"习艺"特色课程之一，由拥有10年以上教学经验的学校美术、科学、信息技术教师和外聘的木艺大师联合开发与指导。课程项目组编制了木艺课程纲要，建设了专用教室，建立了稳定的教学体系，探索了合适的课堂模式。木艺课深受学生欢迎，学校木艺教室成了学生发挥创意、体验成功、收获成长的摇篮。

【案例 2.11】

区域好课程·"蓝色海洋,海好有你"
坪山区中山中学　程忠娣　等

1. 课程目标

了解海洋知识,培养海洋意识,发展区域认知素养;研究深圳海洋环境,发展地理实践力;树立综合思维与人地协调观。

2. 开发团队

以本校地理、生物科组老师为主体,与深圳市蓝色海洋环境保护协会、深圳市渔业局、广东海洋大学深圳研究院、深圳水务局、深圳福田红树林保护区、小梅沙海洋馆等机构合作,开展海洋教育、培训、实践活动,开发海洋教育课程。

3. 课程结构

"蓝色海洋,海好有你"课程由"蓝色课堂""室外课程""海洋节"3部分组成。"蓝色课堂"包括课堂教学和专家讲座等室内课程,涉及深圳海域概况、实践活动方法指导等;"室外课程"为海洋实践探究活动;"海洋节"在每年6月"国际海洋日"前后举行,包括增殖放流、科研净滩等校外公益活动和校内学生海洋实践活动成果分享等。

4. 课程内容

"蓝色海洋,海好有你"课程包括课程大纲、教师用书、学生用书、《深圳市中学生海洋课程实践活动指南》(七至九年级)。主要海洋实践活动主题见表2.4。

表2.4　海洋实践活动主题及对应的地理核心素养

课程主题	课程内容	海洋实践活动及目的	核心素养
深圳海洋产业	深圳海洋产业、深圳海洋技术、海洋科考与海洋权益	运用"空间—区域"的观点和方法、区域的角度,走进深圳海洋生物产业园,实地考查深圳海洋产业发展现状,撰写调查报告;申请参加深圳海监执法船出海巡游活动,了解海洋知识、海洋权益保护、海洋产业发展,撰写调查报告	区域认知、地理实践力
海洋文化	海洋文学名著、深圳渔村、海洋民俗、海上运动	运用"空间—区域"的观点和方法,开展深圳渔村海洋民俗调查、海鲜市场调查、海鲜美食烹饪实践活动,调查分析海洋民俗与自然环境的关系;由家长陪同且确保安全的前提下自行体验一项海上运动项目,感悟深圳海洋环境、海洋文化与人类活动的关系	区域认知、地理实践力

（续表2.4）

课程主题	课程内容	海洋实践活动及目的	核心素养
海洋战略	海上丝绸之路、南海开发、深圳海防史、水质测量、海岸概况、海洋灾害	开展海上丝绸之路深圳元素调查、南海开发深圳地位调查、深圳海防史调查、深圳海岸水质调查、深圳市民海洋意识调查、深圳海洋灾害及防治调查、深圳海岸地貌实地考查等实践活动。立体感知海域与人类生存的环境是一个综合体，用综合分析的方法关注海防对维护国家主权及海洋权益、陆海统筹、建设海洋强国的意义	综合思维、地理实践力
海洋生态文明	增殖放流、珊瑚保育、红树林湿地保护、海飘垃圾、潮间带生物	深圳国际海洋日增殖放流、红树林湿地考查活动、珊瑚保育现状调查、科研净滩活动、潮间带生物实地考查、海洋科普知识宣传入社区等。在真实情景中观察、感悟、理解、分析区域经济发展产生的海洋资源、环境问题；说明海洋污染的形成及其危害，提出保护海洋环境的对策	人地协调、地理实践力

5. 课程实施

"蓝色海洋，海好有你"课程共设计20余项海洋实践活动，学生分组、分步实施。实践活动实施的一般程序是：背景研究—提出问题—查阅资料—设计方案—调查取证—撰写报告—展示交流—学习评价。

6. 学习评价

学习评价包括过程性评价和终结性评价两部分。过程性评价主要评价学生在海洋实践活动过程中的表现，分为自我评价、小组互评及教师评价，以自我评价及小组互评为主，教师评价以鼓励性、引导性评价为主。终结性评价在每学年课程结束后，开展一次研究性学习成果分享会，学生小组展示本学年完成的其中一项海洋小课题研究报告并进行答辩，师生共同参与评价。学校推荐优秀的实践报告参加区、市中小学生科技创新大赛。

7. 成效成果

经过一年多的区级重点课题研究和三年多的实践，团队在课程开发、海洋实践活动、海洋意识及人地协调观培养等方面的实践和研究颇有成效。2016年10月，"蓝色海洋，海好有你"被遴选为"深圳市好课程"，并于2018年3月通过深圳市教育局验收；2017年6月，学校被广东省渔业厅授予"广东省海洋意识教育基地"；2017年10月，学校"蓝色海洋社团"获深圳市优秀社团。多项活动在深圳电视台、《深圳特区报》、《深圳晚报》、"深圳教育在线"报道，并在人民网、凤凰网等媒介平台转载，引发广大市民的关注，带动了更多师生、家长及社区居民加入海洋公益的行列。

【案例点评】本文以"深圳市好课程""蓝色海洋,海好有你"项目的开发及学生海洋社团活动的开展为例,展示了课程开发背景、团队建设、资源开发、课程实施、课程评价等内容。从海洋教育的视角,深化课程改革,培养学生地理核心素养。通过海洋净滩环卫行动等,让学生把海洋意识、人地协调观内化于心,外化于行;通过专项调查等,培养科学态度,发展区域认知、综合思维、人地协调观和地理实践力;通过校内外系列海洋主题实践活动,教育学生、影响家长、辐射社会,吸引更多的市民爱海、护海。

三、学校课程整体规划

"一校一课程规划"是坪山区课程建设的总体思路和明确要求。早在2012年,教科研中心就制定了《坪山新区学校课程规划编制指引》,对学校课程整体规划的制定、发布、实施、管理、评价、交流等有详细规定,保障学校课程高标准设计、高水平开发、高效率实施。

(一)学校课程整体规划基本原则

1. 科学合理原则

科学合理原则是以党的教育方针为指引,以立德树人为宗旨,以培养学生思想品格、综合素质为目的,体现国家、地方、校本课程的融合,体现核心素养要求,提高课程的整体性、针对性、适切性与有效性。

2. 因校制宜原则

因校制宜原则是根据办学基础、学校文化、课程资源等,明晰办学定位、育人目标,以及学生发展需要,科学设置课程。

3. 循序渐进原则

循序渐进原则是指学校课程整体建构,有序推进,以基础课程为核心,以拓展课程为补充,适当整合学科类、实践类、项目式课程。

4. 广泛参与原则

广泛参与原则是指坚持面向全体,关注差异,满足个性,激发潜能,让更多的师生、家长、社会人士参与课程建设的过程。

(二)学校课程整体规划总体要求

1. 科学整合

科学整合是指围绕立德树人根本任务,针对学生身心发展特点,依据国家课程标准与学生核心素养要求,理顺国家课程、地方课程、校本课程、专题教育等的逻辑关系，加强课程整合，增强课程实施的综合性。

2. 立足发展

立足发展是指立足学生发展，根据办学定位和培养目标，合理规划、设计学校课程，开齐、开好基础性课程，合理开发拓展性课程。

3. 改革创新

改革创新是指根据学生自身兴趣和特长开设项目式、主题式、融合式学习课程；转变学生学习方式，加强体验、探究、合作学习；促进信息技术融入课程。

4. 用好资源

用好资源是指依托本土化、校本化课程资源，加强与高校、科研机构、社会团体、行业企业、社会实践基地的联系，统筹校内校外、线上线下课程资源，实现资源的共建共享。

5. 培育特色

培育特色是指把课程整体规划作为学校品质发展的核心内容，集各方力量，依托课程建设，建立长效机制，提炼特色标识，铸造学校品牌。

（三）学校课程整体规划技术路线

学校课程建设一般有两条技术路线：

（1）自下而上的课程升级、优化路径：梳理原有课程—提炼优秀课程—培育课程群落—编制课程规划—实施课程规划。

（2）自上而下的课程设计、施工路径：确定办学理念—定位培养目标—设计课程目标—编制课程规划—实施课程规划。

前者比较适合课程开发有较好基础的学校，后者比较适合新开办或课程基础薄弱的学校。

目前，全区已实现"一校一课程规划，一校一课程体系"。各校的课程体现学生立场，指向核心素养，彰显办学哲学，各美其美，亮点纷呈。据不完全统计，截至 2016 年年底，各校相对稳定成熟的校本课程总量已达 1600 多项，主题多彩，内容丰富，形式多样，共同构成了绚丽多姿的区域课程图景。

【案例 2.12】

学校课程整体规划·"习性"课程

坪山区中山小学

1. 教育理念

习性教育是为养成学生的良好习性而开展的系统的教育活动。习性教育认为，通过长期的环境熏陶和必要训练，在养成良好习惯的基础上，学生可以形成较为完善的性格。习性教育的目的在于落实立德树人要求，促进学校发展、教师进步、家长提升、学生成长，培养健康、文明、智慧、高雅的人。

习性教育是"顺应天性"的教育。学生首先是自然人，天命之谓"性"，人生而不同。习性教育强调定性而习，呵护个性，让每一个孩子都得到适合的成长，让学生成就最好的自己。

习性教育是"培养习性"的教育。学生也是社会人，须遵守规则、适应社会、建设社会、修身养性。习性教育注重文化育人，规则导人，积行成习，知行合一。

习性教育是"彰显人性"的教育。学生是最为独特的生命体——人，应有高尚的追求，负责任、敢担当、报祖国、济天下。习性教育强调唤醒人性的光辉，培养正确的价值观，培育健全人格和高尚品德。

2. 课程理念

坚持"一个核心"（培养健康、文明、智慧、高雅的人），落实"两个保障"（课程管理机制、课程评价体系），进行"三个优化"（课程设置、育人环境、师资队伍），尝试"一个探索"（国家课程与学校课程的融合）。

(1) 文化基础，因基成土。落实基础课程，开齐门类，开足课时，全员参与。坚持把"习性教育"培养目标融入国家课程、地方课程，夯实文化基础，养成良好习性。

(2) 社会参与，因拓成山。课堂书本学知识，游历交往长见识，磨练担当有胆识。设置4类拓展课程：一是以文学、体育、艺术、科技节为代表的节庆类课程；二是体现社会参与、研学游历的实践类课程；三是培育家国情怀、体验民族文化的假日类课程；四是分年级系统培养学生习性的"习性"课程。

(3) 自主发展，因人成峰。设计菜单式系列选修课，学生自由选择、组合。给学生一片蓝天，让学生自由呼吸，成就自己的人生高峰。

3. 课程目标

(1) 发挥基础课程的统领作用，开齐开足国家课程，面向全体、全学科、全方位渗透习性教育。

(2) 确保地方课程"社会主义核心价值观""法制读本"进课堂，并从节庆活动、社会实践、假日研学、习性读本4方面开发、拓展课程。

(3) 根据"健康、文明、智慧、高雅"的培养目标，开发个性化、选择性课程，满足不同学生的天性需求。

4. 课程结构（图2.4和表2.5）

(1) 基础课程：国家课程、地方课程、习性渗透课程。

(2) 拓展课程：节庆类、假日类、实践类课程，"习性"课程。

(3) 个性课程：60多门类选择性课程。

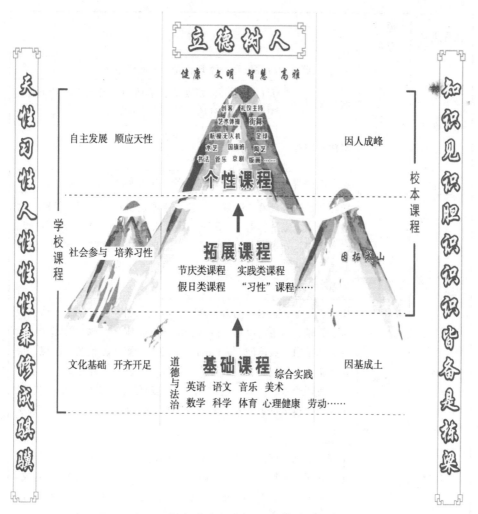

图 2.4　中山小学习性课程图谱

表 2.5　中山小学习性课程结构

课程类别	适用对象	具体课程
基础课程	一至六年级	语文、数学、英语、科学、音乐、体育、美术、道法、信息技术、综合实践、心理健康、劳动教育等

（续表2.5）

课程类别	适用对象	具体课程	
拓展课程	一至六年级	"习性"课程	习性教育、经典诵读、天地格写字
		假日类课程	元旦、春节、妇女节、清明节、劳动节、中秋节、国庆节、寒暑假
		节庆类课程	文学节、数学节、英语节、体育节、艺术节、科技节
		实践类课程	公益活动、志愿服务、社会实践、游学研学
个性课程	一至二年级	田径、足球、武术、网球、礼仪、京剧、折纸、合唱、舞蹈、书法、管乐、竖笛、陶艺、数迷、乒乓球、创意画、缤纷画、演唱、艺术体操、女子篮球、绘声绘色、心理健康、雅艺、围棋、创意黏土、趣味黏土、七彩梦画、趣味数学、卡通黏土、国画、儿童创意绘画	
	三至四年级	田径、足球、武术、国旗、陶艺、木艺、创客、舞蹈、书法、版画、管乐、竖笛、合唱、剪纸、游泳、瑜伽、街舞、网球、羽毛球、跆拳道、数迷园、表演唱、小记者、篮球、雅艺、围棋、快乐手工、一站到底、数字游戏、礼仪、主持、兰馨吟诵、客家文化、英语绘本、国画、绘本制作、心理健康、美德故事、航模、无人机、英语话剧、英语口语、3D创意画、创新多媒体、数字动画	
	五至六年级	田径、足球、网球、武术、瑜伽、国旗、陶艺、木艺、合唱、竖笛、管乐、街舞、剪纸、版画、羽毛球、跆拳道、小记者、礼仪、主持、篮球、雅艺、围棋、一站到底、心理健康、数字游戏、绘本制作、客家文化、美德故事、国际礼仪、英语话剧、航模、无人机、名著欣赏、英文书法、英语口语、3D创意画、创新多媒体、数字动画	

5. 课程评价

对应习性教育课程体系，构建"健康、文明、智慧、高雅"四大习性评价指标体系，依托互联网技术，遵循评价主体多元化、评价内容多样性、评价过程动态性、评价功能发展性等原则，实施课程评价，促进学生主动学，教师智慧教，达成"懂礼节、爱运动、善读书、会欣赏、知天下"的育人目标。

以学科习性课堂评价为例，包括课前、课中、课后习性评价。课前习性重点关注预习、课前准备、情绪管理、身心状态；课中习性要求会坐、会听、会想、会说、会写、会做；课后习性包括请教问题、完成作业、复习巩固、查阅资料、课外阅读等观测点。

信息技术融入习性教育评价，使评价更智慧。如V校系统的"智慧班牌"，老师可以即时对学生进行点评，评价积分自动累计，生成个人成长维度图。V屏还可以协助老师进行值日评比、考勤登记、学习状态记录、学习成果点评，有利于及时激励、反馈、矫正，养成良好习性。"习性成长电子档案"开创性地加入家长习性评价，促进学生与家长互评共进。根据《中山小学教学质量动态监控方案》，让大数据为诊断、改进教学服务。

评价内容多元化，评价形式多样化。如通过评分、图文展现、音频视频、作品展示等呈现方式，在"四节一周一月"和每周升旗仪式等进行展示。评价表达方式如"千里马"班级、学习进步"白天鹅"奖、运动"小达人"等等，让评价全面、立体、生动。

6. 课程管理

课程管理如图2.5所示。

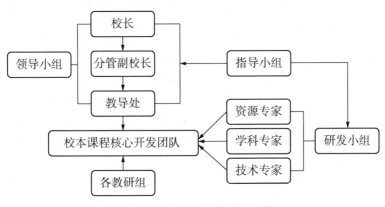

图2.5 "习性课程"管理架构

【案例2.13】

学校课程整体规划·"百花园"课程
坪山区坑梓中心小学

1. 课程理念

课程理念是"百花园里百花开"。

2. 课程目标

发挥国家课程标准的统领作用，面向全体学生，全面、高效、优质落实国家课程方案，促进人人成才；落实"社会主义核心价值观""法制读本"等地方课程；围绕"三自"能力、"三讲"品质、"三会"境界，实施"百花园"校本课程，培养幸福的人（表2.6）。

表2.6 坑梓中心小学"百花园"课程目标细目表

目标	层次	一至二年级	三至四年级	五至六年级
三自	有自信	主动表达，敢于表现自己	善于表达，能与同伴合作	大胆展示，表达独特见解
	能自理	能做力所能及的事	积极参与集体管理	具备自主管理能力
	善自立	主动解决遇到的问题	善于解决遇到的问题	具备独立解决问题的能力
三讲	讲礼仪	知晓文明礼仪规范，着装整洁，言行文明	遵守文明礼仪规范，待人有礼	展现文明礼仪风采，榜样示范
	讲诚信	遵守纪律，实话实说	诚实守信，按规则办事	待人真诚，实事求是
	讲感恩	懂得感恩，有感恩意识	学会感恩，能表达感恩之情	善于感恩，回馈他人
三会	会审美	感受美，欣赏美	理解美，发现美	表达美，创造美
	会学习	培养良好的学习习惯	掌握科学的学习方法	具备自主合作探究的学习能力
	会生活	喜欢运动，喜爱艺术，活泼开朗，珍爱生命	具备基本艺体技能，保持积极心态，具备基本生存技能	具备几项有益身心的艺体特长，长期保持积极的心态，尊重每一个生命

3. 课程结构

（1）从管理主体看，国家课程为核心，地方课程为辅助，校本课程为特色的三级管理主体并存。

（2）从课程类别看，学科课程为主体，活动课程、潜在课程为补充的三类课程交融。

（3）从课程覆盖主体看，必修覆盖全体，选修照顾选择，必选修相互支撑（图2.6）。

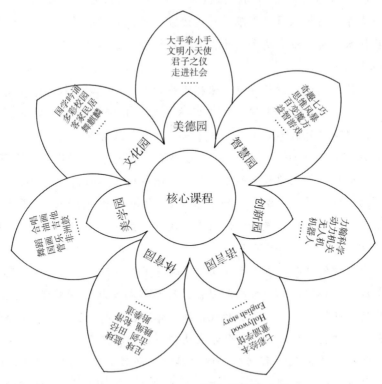

图 2.6 坑梓中心小学"百花园"课程

说明：1. 内圈为核心课程，指向国家基础课程；中圈为拓展课程，含地方课程、必选校本课程；外圈为选修校本课程。2. 学科课程约占 80%，活动课程约占 20%。3. 基础课程为必修课程，地方课程和 40 门校本课程为必选课程，另 60 门校本课程为任选课程。选修课中，必选课程约占 40%，自主选择课程约占 60%。

4. 课程实施

（1）三个调整，课内课外结合。一是调整课时结构比例：基础课程课时约占 70%，拓展课程课时约占 30%。二是调整课时时长：在提高效率，保证课堂质量基础上，把每节课 40 分钟缩短至 35 分钟，把省出的时间每天增设一节"必选"特需课。三是调整课程组织形式：每周四下午半天，全校实行校本特需课程开放活动，学生全员参与，自主选择，走班走课。

（2）四个打破，校内校外连通。打破时间的界限——除常规课外，每天设一节"必选"特需课，每周四下午为自选特需课时间。打破空间的界限——打开教室，打开学校，学生可跨年级、班级选择课程，学校所有教室、功能场所、空间全部开放，部分课程在校外开展。打破学科的界限——探索学科课程"1＋X"拓展，实施综合育人；研究学科整合，开展"跨学科教研"

活动；开展"双师同堂"活动，探索合作教学模式；组织项目式学习，培养学生综合素养。打破人员的界限——邀请家长、机关事业单位干部、文化传承人、工程技术人员、社会优秀人才、教育机构人士等到校授课。

5. 课程评价

课程评价包括课程设计评价、课程实施效果评价、学生综合素养发展评价3个方面。评价主体包括课程开发与实施主体、教师同行、学生、学校管理者、家长，以及校外教学专家、课程专家、教育行政管理人员等。

（1）课程设计的评价。课程设计的评价主要包含课程理念、课程目标、课程内容、课程结构、课程实施等。其中，课程内容、结构是评价的重点。对课程设计的评价方式，应注重"四个结合"：自评与他评结合，查阅文本与现场观察结合，听课与查看教学设计结合，课程实施过程与效果结合。特别重视参与课程学习的学生的评价意见。

课程内容评价主要考查6个方面：反映基础教育改革方针政策，反映教育改革最新成果；体现基础教育的基础性；继承性与发展性相结合；符合国情、省情、市情、区情、校情，体现时代精神；体现教师特色，适应学生个性；内容正确科学，材料数据准确，结合学生反馈，及时动态调整。

课程结构评价涉及课程名称、课程类型、课程目标、指导思想、课程编排、课程特点、课程长度、课时数量、时间安排、适用对象、教学组织形式、教学策略方法、设施设备要求、考查方式、呈现方式、教学建议等。

（2）课程实施效果的评价。课程实施效果评价遵循3个原则：一是育人为本。综合考查课程对学生发展的情况，既关注学业水平，又关注品德发展和身心健康；既关注共同基础，又关注兴趣特长；既关注学习结果，又关注学习过程。二是促进发展。注重评价对课程的诊断、改进功能，发挥评价对教师和学生的发展功能。三是科学规范。课程评价内容和评价方法科学合理，评价过程严谨有序，评价结果真实有效。

课程实施效果评价主要考查的因素：选课学生人数、学生学业表现、随堂听课情况、学生调研、家长反馈、学生作业、小论文、调查报告、学生答辩、心得体会、学习作品、学生制作、学生活动等。

（3）学生综合素养的评价（表2.7）。

表2.7　坑梓中心小学学生综合素养评价体系

评价内容	关键指标	考查要点	评价依据
品行发展水平	行为习惯	文明礼貌、勤俭节约、热爱劳动、爱护环境等方面的认知和表现	社会主义核心价值观、义务教育课程方案、各学科课程标准、《中小学德育工作规程》《中共中央国务院关于进一步加强和改进未成年人思想道德建设的若干意见》《小学生守则》《小学生日常行为规范》《中小学文明礼仪教育指导纲要》及其他相关文件
	公民素养	珍爱生命、遵纪守法、诚实守信、团结友善、乐于助人等方面的认知和表现	
	人格品质	自尊自信、自律自强、尊重他人、乐观向上等方面的认知和表现	
	理想信念	爱国情感、民族认同、社会责任、集体意识、人生理想等方面的认知和表现	
学业发展水平	知识技能	对各学科课程标准要求的基础知识、基本技能的理解和掌握情况	义务教育课程方案、各学科课程标准及其他相关文件
	学科思想方法	对各学科思想和方法的理解和掌握情况	
	实践能力	关注现实生活、参加社会实践和志愿服务活动、解决实际问题、进行职业准备等方面的情况	
	创新意识	独立思考、批判质疑、钻研探究，解决问题的思路、方式方法等方面的情况	

（续表2.7）

评价内容	关键指标	考查要点	评价依据
身心发展水平	身体形态机能	身高、体重、肺活量、视力、身体运动能力等体质健康达标情况	义务教育课程方案、各学科课程标准、《国家学生体质健康标准》《国务院办公厅转发关于进一步加强学校体育工作若干意见的通知》《中小学学生近视眼防控工作方案》《中小学健康教育指导纲要》《中小学心理健康教育指导纲要》《学校艺术教育工作规程》《中小学劳动教育指导纲要》《教育部办公厅关于在义务教育阶段中小学实施"体育、艺术2+1项目"的通知》及其他相关文件
	健康生活方式	对健康知识与技能的了解和掌握情况、生活与卫生习惯、参加劳动和课外文娱体育活动情况等	
	审美修养	审美情趣和艺术修养等方面的发展情况	
	情绪行为调控	对自己情绪的觉察与排解、对行为的自我约束情况，应对和克服学习、生活中遇到困难的态度和表现情况	
兴趣特长养成	人际沟通	师生关系、同伴关系、亲子关系等情况	
	好奇心求知欲	对某些知识、事物和现象的专注、思考和探求情况	
	爱好特长	课余生活的丰富性，在文学、科学、体育、艺术等领域表现出的喜好、付出的努力和表现	
	潜能发展	在某些方面表现出的突出素质和进一步发展的能力	
学业负担状况	学习时间	学生上课时间、作业时间、补课时间、睡眠时间等	义务教育课程方案、各学科课程标准、《中共中央国务院关于加强青少年体育增强青少年体质的意见》《教育部关于当前加强中小学管理规范办学行为的指导意见》《教育部办公厅关于中小学"五项管理文件"》《中办国办关于进一步减轻义务教育阶段学生作业负担和校外培训负担的意见》及其他相关文件
	课业质量	课程教学、作业和考试（测验）的有效程度及学生的感受和看法	
	课业难度	课程教学、作业和考试（测验）的难易程度及学生的感受和看法	
	学习压力	在学习过程中表现出的快乐、疲倦、焦虑、厌学等状态	

6. 课程管理

（1）成立学校课程研究中心，落实课程的决策与规划、开发与审议、实施与管理、评价与交流。

（2）建立课程发展专家指导制度，保证课程发展的方向，及时解决课程发展中出现的问题，对课程建设提供技术支持。

【案例2.14】

学校课程整体规划·"家国之光"课程
坪山区光祖中学

光祖中学有着辉煌的历史，其前身为光祖学堂，始建于1906年，至今已有110多年历史。学校首任校长为康有为的弟子欧榘甲，他秉承"维新"精神，提出"家国之光"的办学理念。进入新时代，学校进一步完善课程体系，优化育人模式，造就一代新人。

1. 课程哲学

校训：家国之光。

办学宗旨：厚德、养体、开智、笃行。

学校使命：一切为了师生幸福成长。

培养目标：做高素养的现代中国人。

办学特色：爱国创新，自主成长。

学校定位：南粤教育的先锋学校。

校风：爱国，共进，求实，创新。

教风：乐教善教，精进勤求，甘为人梯。

学风：志存高远，砥砺学行，全面发展。

课程理念："生活即课程"，解放课堂、解放学生、解放教师。

2. 课程目标

（1）育人目标。做高素养的现代中国人——有担当、有理想、有智慧、有毅力。

（2）课程目标（表2.8）。

表2.8 "家国之光"课程目标

水平	课程目标
水平一	达到初一年级国家课程要求;适应学校新生活,养成自主学习的良好习惯,掌握学习方法,为初中学习奠定良好的基础;接受国防教育、校史教育,进一步明确理想,树立为国读书的使命感;训练意志力,自己的学习自己负责,自己的成长自己担当;加强体育锻炼,接受安全、纪律和法制教育,具有良好的组织纪律观念、法制观念和安全意识;积极参与各种健康向上的活动,在活动中提高实践能力,发展实践智慧
水平二	达到初二年级国家课程要求;加强青春期教育,认识自己,了解社会,平稳成长,知识更丰富,情感更稳定,学习更刻苦;理解社会主义核心价值观,能将远大理想与个人努力相结合,树立正确三观,形成"国家兴亡,匹夫有责"的担当意识;通过传统文化教育和以深圳改革创新为核心的时代精神教育,在学习和活动中养成吃苦耐劳、坚忍不拔的精神、团结协作的作风和开拓创新的品质;提高人文素养,培育适应社会生活、工作的能力;至少掌握2项终身受益的体育锻炼项目,坚持锻炼身体,磨练坚毅品质;通过综合实践活动课程,将学科知识用于生活生产,将知识技能转化为人生智慧
水平三	达到初三年级国家课程要求;正确认识升学和就业问题,认真做好中考的备考应考,养成健全的人格和健康的心理,初步具有应对人生发展关键问题的智慧;正确认识个人成长与国家需要的关系,将个人理想与国家需要、时代特征相结合,接受国家挑选,承担社会责任,不断努力奋斗,将个人理想的实现落实在为国家和社会不断贡献的过程中;通过科学思维训练和职业规划教育,掌握适应终身学习的基础知识、基本技能和方法;提高对个人发展的认识,不断提高适应社会生活、工作的能力

3. 课程结构（图2.7）

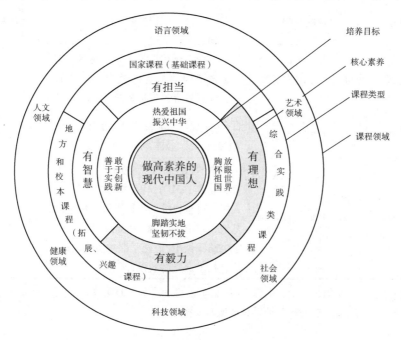

图2.7 "家国之光"课程结构

4. 课时设置

课时设置见表2.9。

表2.9 "家国之光"课程课时设置

领域	基础课程	拓展课程	综合发展
社会	道法、综合实践、研究性学习、社会实践、社区服务、劳动	行业初识、游学研学、国防教育	传统文化教育、校史文化教育、科技创新教育、职业规划教育、青春期教育、STEAM课程
语言	语文、英语	初小衔接自然拼读课程、批注式阅读、悦读乐写、情景会话、爱国诗词诵读、楹联赏析、课本剧、经典电影展播	
艺术	音乐、美术	衍纸、腰鼓、合唱、舞蹈、微电影制作	

(续表2.9)

领域	基础课程	拓展课程	综合发展
健康	体育、心理、卫生	阳光生命、玩转足球、花样跳绳、街舞、亲子沟通、女生教育、母亲教育、法制教育、理想教育、脑波赛车	
人文	人文地理、历史	百年校史、"东纵"与光祖中学、"家国之光"校本课程、客家文化	
科技	数学、物理、化学、生物、自然地理、信息技术	生活中的数学、生活中的科学、电子报刊制作、3D打印、深空探测、无人机、科学思维训练、走进生物制药基地、新能源之旅、生活物理、"我家电路我做主"、化学课堂实验改进、信息技术课堂游戏设计	

注：按全年39周，其中，上课35周、学校机动2周、复习考试2周。每周5天安排教学活动，每学时平均为45分钟。具体课时安排略。

5. 校本课程纲要例选

校本课程纲要例选1见表2.10，校本课程纲要例选2见表2.11。

表2.10 "家国之光"校史文化教育

课程名称	"家国之光"校史文化教育		课程领域	语文
申报主体	语文科组	主讲教师	戴晔、张银、熊梦珍	
开设年级	七年级	总课时	15课时	周课时	1课时
课程目标	挖掘校史文化，培育家国情怀			
课程内容	"办学理念""百年校史""光祖故事""知名校友""楹联欣赏"等			
课程资源	光祖中学校史纪念馆、"深圳市中共党史教育基地——坪山区光祖中学"网站（http://ipingshan.sznews.com/node_188746.htm）；《家国之光》《楹联欣赏》《家国之光——欧榘甲与光祖中学》等校本教材			

(续表2.10)

课程名称	"家国之光"校史文化教育	课程领域	语文
课程实施	参观校史馆,了解百年光祖的辉煌历史;分组进行小课题研究;校外实践,撰写调查报告;"家国之光"系列文化活动,如"我心目中的优秀校友"讲故事比赛、"木棉花开"校园生活征文、以"我是骄傲的光祖人"演讲比赛、"家国之光"学术报告等		
学习评价	详见"光祖中学'校史文化教育课程'学生学习评价表"(略)		

表2.11 生活中的科学

课程名称	生活中的科学	课程领域		科学
申报主体	理化生学科组	主讲教师		初一、初二理化生老师
开设年级	七、八年级	总课时	36	周课时	1
课程目标	推动素质教育,激发学生爱科学、学科学的兴趣,让学生知道与日常生活相关的科学道理,学以致用;培养学生对周围世界的好奇心与求知欲,形成大胆想象、敢于动手、勇于创新的科学态度;通过科学探究活动,了解科学探究的过程与方法,学会科学地看问题、想问题;了解相关科学科普知识,关心科技新发展,树立科学价值观			
课程内容	本课程是对《物理》《化学》《生物》《地理》教材中教育的拓展和升华,利用区域特色课程资源,突出实践性。内容编撰"取材于身边,应用于生活",不仅激发出学生进一步探索与学习的热情,还有助于相关学科的学习。在课程设计上,引导学生学会科学探究的六大步骤,提高科学探究的能力和水平			
课程实施	每周一次(下午拓展选修课)。考试作业与每年的寒暑假综合实践活动作业相结合,优秀作品参加市、区评比,择优推荐参加"广东省青少年科技大赛"			
学习评价	依据学习参与、学习过程、学习成果、项目比赛等进行等级评定			

【案例2.15】

学校课程整体规划·"智慧·生命"课程
坪山实验学校

1. 育人理念

办学理念:实施天性教育,遵循生命发展,促进智慧生长。

核心价值：尊重天性，以人为本；文化关怀，追求卓越；生态校园，和谐发展。

办学目标：家长放心，学生喜欢，教师幸福，社会认可，政府满意，一流名校。

管理理念：大道至简，文化管理。

治校理念：焕发师生人性的光芒，开发师生心灵的金矿。

育人目标：促进学生生命发展、智慧生长，为学生事业成功和人生幸福奠基。

德育理念：童蒙养正，少年养志；教而无痕，润物无声。

教学理念：生命的碰撞，智慧的催生。

一训三风：校训——长智慧，立远志；校风——学校有书香，教师有智慧，学生有灵性；教风——敏学、善思、乐教、笃行；学风——尚学、乐学、勤学、会学。

2. 课程设置

（1）课程体系（图2.8）

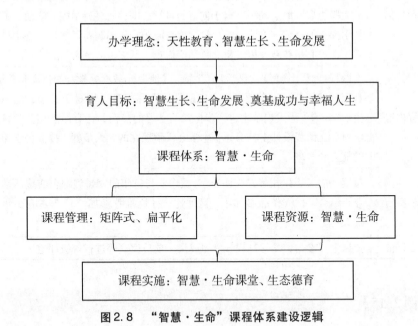

图2.8 "智慧·生命"课程体系建设逻辑

（2）课程结构（图2.9）

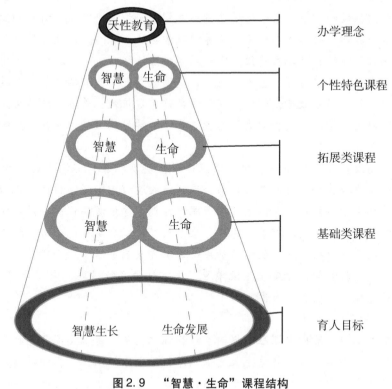

图2.9 "智慧·生命"课程结构

（3）课程内容

基础类课程：所有国家课程和必选地方课程。

拓展类课程：除对各国家课程安排学科拓展类课程外，还安排一批专项课程。如绘本阅读、数学游戏、生活科技、游学实践等小学智慧生长课程，项目体育、综合艺术等小学生命拓展课程；文学与创作、数学与思维、哲学与逻辑等初中智慧生长课程，青春与生理、专项艺术与表达、专项体育与健身等初中生命发展课程。每学年对拓展性课程进行优化和调整。

个性特色课程：（略）。

3. 课程实施

（1）学段课程实施

小学中低年段：通过基础类课程奠定学科认知基础和学科能力基础，形成初步的学科核心素养基础。通过拓展类课程和个性特色课程，加强基于学科整合的综合性课程建设。建设贴近生活、贴近自然的课程内容体系；推行以游戏和活动为主的教学方式；加强阅读、体育和艺术教育；鼓励小学低年段开展全科教学试验。着力培育学生的行为习惯、学习兴趣、好奇心和想象力，促进学生快乐成长。

小初衔接段和初中低段：通过基础类课程进一步促进学生学科认知能力发展，基本形成学科核心素养体系，完善学科素养认知能力。通过拓展类和个性发展类课程加强综合性课程建设。重构以学生生活经验、体验和活动为中心的学科教学内容，加强体育、艺术、科学、阅读教育；丰富教学手段，开展以生活常识为主的小实验教学，形成探究性和合作学习机制；着重形成学生良好的道德行为习惯、学习习惯和健康体魄，培养学生学习的兴趣，保护学生的好奇心和想象力。

初中高段：进一步加强基础类课程建设，实现综合性课程与分科课程并重。拓展类课程和个性特色课程在综合性实施的过程中加强学科回归性课程建设，完善学生学科核心素养体系。丰富课程类别，建设多样化、个性化的课程体系，加强阅读、科技、审美、体育、生命教育、社会实践；丰富和扩大社团活动，广泛开展科技探究、创意活动、手工制作及艺术活动；加强与生活实践密切相关的实验教学，开展探究性学习。注重学生品行培养，激发学习兴趣，培育健康体魄，养成良好习惯。

（2）层级课程实施

基础类课程：基础类课程依据国家课程标准实施。基础类课程包括智慧生长类和生命发展类课程。智慧生长类基础课程基于学科本位，指向学科基础知识和基本技能，构建学科核心素养体系，促进学生智慧生长。生命发展类基础课程，基于能力本位，促进学生生命发展。

拓展类课程：拓展类课程主要以综合性课程方式实施。通过实践、主题、活动、项目等方式拓展学生学科素养，促进学生智慧生长、生命发展。根据课程整体安排需要，每学科安排10%至25%拓展类课程。其中，小学低中段每学科安排约25%的学科拓展类课程，中小衔接学段安排约16%的学科拓展类课程，初中高段安排约10%的学科拓展类课程。

个性特色课程：个性特色课程采取选修方式实施。个性特色课程是基于学生发展的社团课程建设，在学生选择基础上，组建跨年级主题课程社团。

（3）课时设置

（略）

4. 课程管理

校长是学校课程领导的第一责任人。为加强学校课程领导和组织工作，成立"课程教学中心"，直接对校长和学校学术委员会负责，组织和指导各学部及全体教师落实课程方案。具体负责学校课程方案的编制与组织实施、课程制度建设、课程开发研究与评审、课程评价与修订、课程领导力培训及学校课程建设的其他相关工作。

5. 课程评价

课程评价分为课程开发评价、课堂教学评价、学业质量评价等。以校本课程评价为例，对主要任务、评价组织、评审安排、评价标准、结果运用等方面都有详细规定（表2.12）。

表2.12 坪山实验学校校本课程评价指标体系

一级指标	二级指标	权重分值	评价依据
课程开发价值 （30分）	核心素养价值	10	申报书 答辩表现
	学校育人目标价值	10	
	学段发展价值	10	
课程开发条件 与可行性 （35分）	师资条件	10	申报书 附件材料 答辩表现
	设备与空间	5	
	课程资源与经费	5	
	学生基础	10	
	家长认同	5	
课程开发与 实施方案 （25分）	课程开发思路与过程	10	申报书 附件材料
	课程实施安排	10	
	课程固化成果	5	
课程整体评价 （10分）	课程整体水平	10	申报书 答辩表现

6. 资源保障

（略）

【案例2.16】

学校课程整体规划·"阳光教育"课程

坪山高级中学

1. 课程理念

办学理念：求真、向善、尚美。

办学目标：办师生幸福、社会满意的现代优质高中。

育人目标：做现代、文明、健康的中国公民。

教育观：教育神圣。

师生观：你就是奇迹。

质量观：进步、幸福。

树立以"学生发展为本"的课程文化和价值追求，将课程与学生学习和生活经验结合，形成"知识与技能""过程与方法""情感态度价值观"的三维整体发展，立足校本、依托师本、聚焦生本、弘扬人本，建构促进学生生命成长的"阳光教育"课程，创建"生命哲学基础上的阳光教育办学品牌"。尊重是"阳光教育"课程的基础，是师生生命成长的原动力，也是教育的一种创造性聚合力量；重视基础性、凸显丰富性、观照差异性是"阳光教育"课程开发的主线；发展是"阳光教育"课程的价值指向，以学生发展为本；综合性、多元化、生活性、探究性、建构性、发展性是"阳光教育"课程的基本特征。

2. 课程目标

（1）总目标。培养现代、文明、健康的中国公民。主要标志：尊重个性，因势利导，形成健全人格，满怀信心地走向明天；开阔视野，培养能力，为终身发展打好基础；培养团队精神，提高品德修养，身心健康，热爱生活，适应社会；培养个人规划能力、选择能力和解决问题能力。

（2）年级目标。高一：完成国家设定基础课程；学会游泳技能，至少选择一门校本课程，参加学校社团，注册深圳市义工并参加服务6小时以上；认可学校文化，初步形成个人发展规划。高二：完成国家设定基础课程；至少参加1门拓展校本课程，参加3次以上活动课程；思想与行为规范文明，初步成长为现代、文明、健康的中国公民。高三：完成国家设定的课程；有明确的个人发展规划（大学梦）并为之努力学习奋斗，团结协作共同进步；每天至少锻炼1小时，懂得调适心理，成为有理想、有追求的"阳光学子"。

3. 课程结构

"阳光教育"课程由阳光育智、阳光增能、阳光怡心三大部分组成（图2.10和表2.13）。

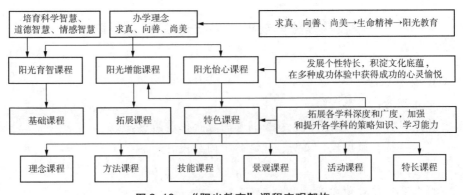

图2.10 "阳光教育"课程宏观架构

（续表2.13）

表2.13　"阳光教育"课程体系

范畴	项目	课程	教材及资源	课程目标 办学思想	课程目标 素养指向
阳光育智	国家课程	见普通高中课程设置	国家教材	乐学、善学、活学	品德、学习、身心
阳光育智	国家课程校本化实施	见普通高中课程设置	术科班文化学科校本课程 学案	乐学、善学、活学	品德、学习、身心
阳光增能	人文素养 自然科学 综合	学科拓展课程	《生命大课堂校本课程系列》	乐学、善学、活学	身心、品德、学习、信息、创新、审美、国际
阳光怡心	校园文化 理念文化	真善美诵读课	《真善美诵读本》	求真、向善、尚美	审美、品德
阳光怡心	校园文化 理念文化	真善美书法课	《真善美三字经》	求真、向善、尚美	审美、品德
阳光怡心	校园文化 理念文化	新疆班预科课程	《新疆班预科校本教材》	美美与共和美大同	审美、品德
阳光怡心	校园文化 景观文化	景观课程	建筑园林系统——"一环、两场（广场）、三区、四园、五馆、六廊、七厅、八楼、九雕（雕塑）"；文化应用系统——校歌、校徽、校旗三个主标识、十二个主题月标识、学校宣传系统（一网一群、两报两台、三堂三龙、四牌四栏）	真善美	审美
阳光怡心	校园文化 活动文化	主题月活动	求真月、向善月、尚美月、家庭幸福月、岗位竞技月、质量评估月、文明素养月、学习反思月、社会公民月、博雅读书月、安全健康月、科技文化节、体育艺术节	真善美现代健康公民	品德、身心、审美、生活、公民、创新、信息

(续表 2.13)

范畴	项目	课程	教材及资源	课程目标	
				办学思想	素养指向
阳光怡心	"四航"德育	生命教育	安全教育课程、心理课程、健美大课间、生命教育体验活动、学会游泳生命技能课	《游泳校本教材》《安全教育》	现代健康公民	身心、学习
		信心教育	自主管理、衔接教育	《学会学习——走进高中数学》《英语衔接教学学案》《新疆班预科校本教材》	现代健康公民	
		学习教育	学会学习成功方法、入学教育	《学会学习》《新生入学指南》	乐学、善学、活学	学习
		公民教育	劳动课、学代会、团员示范岗、模拟联合国、模拟人大、模拟法庭、生涯规划、《新闻与时政》、公民德育课	《新闻与时政》《生涯发展指导》	现代健康公民	公民、品德
	兴趣爱好	社团	社团活动	《生命大课堂学生社团》《科技校本课程》《冠军之路》	求真、向善、善美、健康现代公民	综合素养、个性发展
	专业特长	美术	速写、素描、色彩	《美育人生》《赢在速写》《精在素描》《乐在色彩》	尚美	审美
		音乐	声乐、乐器	音乐专业课程	尚美	审美
		传媒	播音、主持、表演、编导	传媒专业课程		
		传统体育	武术、舞龙、舞狮	武术、舞龙、舞狮校本课程	健康	健康

4. 课程实施

（1）国家课程校本化。结合学校实际，在确保国家课程目标达成的前提下，对9门文化基础学科课程实施校本化改造；重构美术、音乐、传媒等艺术课程。基于"美美与共，和美大同"的办学理念，开发新疆班预科教材，实现新疆班初高中的顺利衔接。

（2）校本课程精品化。发挥原创校本课程独特的教育功能，将孩子培养成独具坪高精神、气质和个性的阳光学子。建构"办学理念""学会学习""社团活动""四航德育""文化活动"五大系列精品校本课程体系。

办学理念课程：根据校训"求真、向善、尚美"，开发"真善美书法诵读"课程；根据育人目标"做现代、文明、健康的中国公民"，开发"公民德育"课程。

"学会学习"课程：根据联合国教科文组织提出的教育"四大支柱"，开发"学会学习"课程，涵盖学会学习、学会做事、学会合作、学会生存四大领域。

精品社团课程：以学生兴趣为基础，打破班级界限，由教师指导，校团委统筹，学生自主设计、组织。如话剧社、跆拳社、DV话幕社、志愿者协会、天文—摄影协会、飞扬英语社、学生记者团、环保协会、心理健康社、演讲口才社、动漫社、器乐社、星光文学社、街舞社、棋社、广播站、礼仪队、科技社、爱心基金会、音乐沙龙等，全体学生选课参与。其中，科技社团被评为广东省优秀学生社团，街舞、动漫社团被评为深圳市优秀学生社团。

"四航德育"课程：从品德教育生活化、体验化、活动化出发，开发"理想引航""人生导航""生命护航""学习启航"系列课程。

文化活动课程：12个"文化主题月"课程、每日的"阳光大课间"、每周五的"生命大课堂"、每学期社会大实践等主题课程。

（3）课程实施生本化："阳光教育"理论认为，教育的首要目的是使每一个生命向生活世界开放。以生为本，建构师生的生命世界是"阳光课程"实施的核心。

课程内容生本化：新疆预科班文化学习衔接课程、游泳课程、"学会学习"学法指导课程、"真善美"书法诵读课程、体科艺阳光怡心课程、人生导航德育课程、安全离校课程、义工活动责任课程、"新三模"（模拟法庭、模拟联合国、模拟人大）公民素养课程，均体现了提升生命价值、塑造生命精神、体现生命意义的课程理念。

课程选择生本化：一是让学生自我规划，设立人生导师，引导学生规划人生，自主选课；二是让学生自主开发，20多门社团课程成为学生创造、活动、体验的载体，成为生命体验、理解、提升的平台；三是让学生自主选择，如

"生命大课堂""蓝色星期五""橙色星期五"等课程,让每个学子都找到属于自己的"组织",实现自我发现,得到充分展现。

课程教学生本化:"生本学堂"倡导有效教学,建立教学共同体,提高课堂效率;"1+N"学习共同体,激发学生互学互教;"教、学、做、思、展"结合,激发课堂活力;"四清"不让一个学生掉队。

5. 学习评价

以学习者为中心,探索"坪高阳光学子评价体系"。以学业评价为基础,设立"闪亮坪高星"评价体系;组织"一年四记"系列荣誉评选,对在课程活动中表现突出的"阳光学子"予以奖励。人人参与的激励性评价,提升了师生的生命质量。

6. 课程管理

实施"三个统筹"课程管理策略。

(1) 统筹各学科、各学段、各领域。构建全方位、立体化的学校课程体系,发挥课程综合育人的整体作用。保留学科主体内容,跨学科提炼主题学习项目;围绕年级目标,精心组织年级课程,统筹跨年级或全校课程;以教学处、德育处、体科艺部、生活部、新疆班管理部等部门,开发专题类和综合类课程。

(2) 统筹教与学各环节。参照"中国学生发展核心素养",构建"坪高学生发展核心素养体系",明确学生必须具备的品格和能力;深入剖析高中课程标准,构建学校"教与学质量标准",强化对课标、教材、教学、学习、考试、评价等教与学各环节的指导与管理。

(3) 统筹各方资源。统筹教师、管理干部、学生、家长、教研人员、专家学者、社会人士等人力资源,扩大课程开发与实施的主体;统筹校内外、区内外、线上线下优质课程资源;统筹各类经费,向课程开发、教师发展、课程实施、课程管理等重点领域倾斜。

【案例点评】课程决定办学品位,课程决定人才规格,课程决定学校文化。关于课程,有人理解为语文、数学等学科课程加上一些专题教育和活动,而坪山区教科院是从系统的角度看课程。在区域教育进入"内涵、品质"的关键阶段,他们努力引导学校工作重心实现两个转变:从传统的教学实施为中心转向现代的课程建设为中心;从零散的课程建设转向系统的课程建设。"一校一课程规划,一校一课程体系,一生一课程图谱"成为现实。因篇幅所限,本部分仅选取2所小学、1所初中、1所九年一贯制学校、1所高中5个案例,摘选自坪山新区教科研中心2014年编制的《坪山新区学校课程整体规划汇编》。每个案例都是基于学校发展的背景基础、办学理想、育人目标,有各自的课程哲学和课程逻辑,有完整的课程体系和建设路径。课程目标清晰,课程结构完整,课程内容丰富,课程研发科学,课程实施扎实,课程管理规范,课程效果良好。区级层面的"品质课程"和校级的"学校课程"交相辉映,构成区域课程体系建设的美妙风景。坪山区获广东省课程建设先进单位,中山小学的"习性课程"为主体的"习性教育的理论与实践"项目获广东省基础教育教学成果一等奖,多所学校荣获广东省学校课程建设一、二等奖,都是区域大力推动课程体系建设的自然结果。

四、区域课堂教学改革

课程主要解决学什么的问题,课堂主要回答怎么学的问题。课堂是课程实施的主渠道、主阵地,课堂中教师的"教"与学生的"学"的状态直接影响教学质效。课堂教学是一门科学,课堂教学有基本原则、基本规律、基本要求、基本方法。例如,教师要处理好传授知识与培养能力的关系;加强师生、生生互动,采用自主、合作、探究的学习方法;通过问题、情境、启发式教学提升学生的思维品质,知行合一地培养学生的实践能力;促进学生主动地、富有个性地学习,尊重学生的人格,关注个体差异,满足不同学生的学习需要,激发学生的学习积极性、主动性和创造性,使每个学生都能得到充分的发展;充分发挥信息技术优势,为学生的学习和发展提供丰富多彩的教育环境和便捷有效的学习工具;等等。

课堂教学又是一项个性化艺术。区教育科学研究院提出"学为根本,教为支持,学教融合,教学相长"的区域品质课堂教学改革理念,探索课堂育人的学科模式。"品质课堂"基于课堂建构理论,倡导"学生为本(学习主体)、活动为本(学习方式)、和谐为本(学习环境)、质量为本(学习目标)"的教学原则,以教学质量为目标导向,以学生为学习主体,以多主体互动参与和体验为主要的学习方式,创造和谐民主的课堂学习环境,改良传统的教学理念和方式。"品质课堂"没有固化模式,鼓励各学科、各学校开展多元探索。

区域各学科聚焦课堂转型,深化以学定教,探索学科"品质课堂"形态。区教研员领衔或参与的课堂变革的研究主题有30多项,以促进学生主动发展为价值取向,凸显"以生为本、以学为本"的理念,探索生态、绿色、生动、多元的品质课堂。如小学语文的"厚朴课堂"、小学数学的"智趣课堂""三思三辩课堂""双融双创课堂"、小学英语的"PAT课堂""ipad课堂"等;中学语文的"审辩式"课堂、数学的"互联网+微课程""几何画板课堂"、英语的"语用教学"、道德与法治的"社会问题大学堂"、历史的"场景式学习"、地理的"学习共同体"、物理的"实验实证教学"、化学的"探究式学习"、生物的"项目式学习"等。其他学段、学科也有针对性地开展各类课堂变革探索。

学校是课堂改革的主阵地,教师是课堂改革的主力军。各校的师资结构、生源状况、内外环境、学科基础不同,"品质课堂"探索也富有个性化。坪山中学"四三"智慧课堂荣获广东省基础教育教学成果二等奖,基于核心素养的"和实"课堂研究已启动。坪山高中的"生本学堂"、实验学校的"小组合作学习""平实"课堂、光祖中学的"自主互助课堂"、中山中学的"润泽课堂"、坪山中心小学的"醒摩豆智慧课堂""深度学习课堂"、坑梓中心小学的"互动共生"课堂、中山小学的"习性课堂"、汤坑小学的"友善用脑幸福课堂"、碧岭小学的"生动课堂"、六联小学的"有度课堂"、龙山学校的"本真课堂"、金田小学的"大问题教学""精致课堂"、碧岭小学和金田小学的"益智课堂"、东门小学的"阳光智慧课堂",以及其他学校的"自主课堂""自为课堂""思辨课堂"等区域品质课堂实践样态精彩纷呈,生机勃勃。

【案例2.17】

传承课堂文化　展示"四三"魅力
坪山中学　林俊红　陈建军　王启福 等

1. 项目概况

《构建"四三"智慧课堂的实践研究》于2016年5月被立项为坪山新区教学改革重大项目。通过案例研究和行动研究,初步形成"'四三'智慧课堂样态"。经过3年的实践与研究、反思与改进,"四三"智慧课堂由"四三1.0"到"四三3.0",切实在课堂上落实了新课改的理念,提升了课堂的活力与效率(图2.11)。

"四三1.0":第一阶段的研究,重点关注课堂效率,即教学目标的达成情况,定位为"高效课堂"。其中,"四三"概括为课堂结构的"三主"(主导、主体、主线)、学习方法的"三自"(自主学习、自主交流、自主实践)、学习行为的"三动"(动脑、动手、动口)、能力目标的"三会"(学会、会学、会用)。

"四三2.0":第二阶段的研究,重点关注信息化、大数据时代的智慧型人才培养,定位为"智慧课堂"。我们把"三动"改为"三智",即借力智能、发展智力、生成智慧。

"四三3.0":第三阶段的研究,重点关注教育的主体,即关注人的发展,定位为"发展课堂"。"四三"界定为"三力"(行动力、创造力、生命力)、

"三智"（学科智慧、生活智慧、成长智慧）、"三化"（差异化、任务化、智能化）、"三能"（能理解、能探究、能应用）。

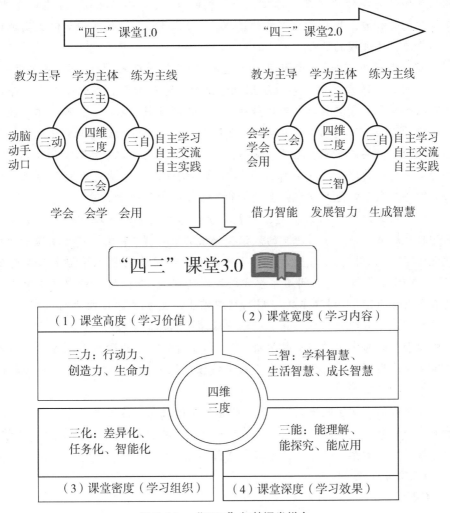

图2.11　"四三"智慧课堂样态

2. 项目实践

（1）专家指导，提升理念。"四三"智慧课堂从1.0到3.0是"知"到"智"的发展。在深圳市教科院潘希武博士、深圳大学李均教授、原南山区教研中心禹明主任、深圳市科研工作室主持人、正高级教师张玉彬老师、坪山区教科研中心李显明主任、王琦老师等专家的指导下，课题组在研究中实践，在行动中反思，在反思中改进。同时，先后邀请深圳市云顶学校杨坚校长、全国优秀校长张云鹰等专家作课堂改革专题报告，项目骨干团队到江西、厦门、南京等地名校直面名师课堂。通过学习、实践、总结、改进,全体教师对课堂改革和"四三"课堂的理性认识得到显著提高。大家认识到,"四三1.0"是引领教师如何去践行"四三"课堂,是建模的过程;"四三2.0"是借助智能,发展学生的智力,生成学生智慧的过程;"四三3.0"引领师生如何去实现课堂的价值,是破模的过程。

(2)课堂为"桥",教研赛训。全校教师全情投入"四三"课堂探索。围绕"四三"课堂建设,学校组织教学设计、课堂教学、教学案例、观课评课等业务竞赛和交流展示等系列活动。这些比赛集教、研、训、赛一体,既是教学研讨活动,又是比赛交流活动。通过赛课,将教师的设计与实施展现到科组教师面前,共同研究、思考、提高;通过研训,提升课堂品质。如果说教学设计是为自己的课堂教学画像,那么听课、观课、议课就是为别人的课堂画像,综合起来,就是为学校正在进行的"四三"智慧课堂画像。

以"四三课堂"为大主题,开展群众性课题研究,形成了一批有价值的课堂改革成果,深化了对课堂的认识。如庄汉华的"'和实'德育主题活动教学设计研究"、钟婷的"基于区域认知核心素养培养的乡土地理融入课堂研究"、罗辉的"初中历史问题导学方式案例研究"、李莎的"初中语文群文阅读教学策略研究"、周晓尔的"提高初中学生历史自主学习能力的探究"、李巧莉的"基于直观想象能力培养的初中数学手工课的开发研究"、牛艳的"基于核心素养的初中化学实验教学研究"、郑玉清的"中小学机器人教学中微课的研发与应用研究"、赖洁璇的"初中物理教学科学思维能力培养的实践研究"等。

在今后的课堂实践中,"四三"智慧课堂的改革重点关注4个维度:一是学生的小组合作;二是学生的自主管理;三是"智能"的教和"智能"的学;四是基于核心素养持续深化"四三"智慧课堂。

3. 项目成效

(略)。

【案例2.18】

教育因生动而美丽

坪山区碧岭小学 何银娟 等

1. 生动教育

生动教育的理论基础之一是杜威、陶行知的实用主义教育思想,其基本观点是"教育即生活"和"学校即社会"。我们认同教育就是儿童现在生活的过程，而不是为将来生活的预备。学校就是社会生活的一种形式，做中学、生活中学、活动中学、经验中学，学校里知识的获得应该与生活过程中的活动联系起来，才有助于儿童的正常成长和健康发展。"生动教育"的另一理论支撑是霍华德·加德纳的多元智能理论，不同的人有不同的智能组合，有各自的优势智能。教师要善于激发孩子的优势智能，让每一个孩子成为最好的自己。

生动既是一种教育理念，又是一种教育状态。"意态灵活能感动人"，生动教育遵循儿童的身心发展规律，核心要义是"顺应规律，尊重生命；强调实践，提高素养；启迪天赋，照顾差异；主动发展，生动生活"。生动教育，还是基于学校校情的教育创新。通过丰富多彩的教育教学活动，营造生动活泼的教育情境，达成理想的教育目标。生动教育实施的主阵地是课堂。实施生动教育，既有国家课程的生动实施，也有校本课程的生动探索；既有围墙内的"学校小课堂"，也有围墙外的"社会大课堂"。

2. 生动课程

严格执行国家课程，积极开发校本"生动系列"课程。

（1）融合综合实践的"生动德育"课程。如升旗、班队会、早中午广播课程；传统文化、传统节日、民族精神、国际理解、关爱感恩课程；社会热点、重大事件等时事德育课程；《家校报》等家校合作、家长教育课程；"科技节""艺术节""英语节""体育节""读书月""安全周""大队委竞选""春联书写""小一新生游园"等主题活动课程等。德育课程、活动课程与学科课程有机融合，学生在实践中得到体验、感悟、内化。

（2）"生动益智"课程。如语文经典诵读、学科益智课程、STEAM课程、科普课程、植物课程、四点半课程等，启迪学生智慧，培养学生能力。

（3）"生动传统文化"课程。如百草园中药课程、国画、武术、民乐、书法、经典诵读等课程，塑造"中国心、民族魂"。

（4）"生动特色"课程。如合唱、衍纸、舞蹈、足球、篮球、乒乓球、跆拳道、健美操、韵律操等，激发学习兴趣，培养学生特长，丰富学生生活。

3. 生动课堂

生动课堂遵循"以生为本，以学定教；关注学情，顺学而导"的课堂理念；追求"生存本领、生活能力、生命价值"的育人目标；创建"尊重、民主、自主、合作"的课堂文化。课堂要生动，学生学得有趣；学习要主动，动手、动脑、动口，发现、体验、感悟；学生要发展，自主、协作、探究；课堂要包容，尊重学生差异；打通课内外联系，教、学、做合一。

全校动员，分科推进，构建学科"生动课堂"。如语文学科的"群文阅读"、数学学科的"益智课堂"、英语学科的"五要素课堂"、科学学科的"知行课堂"、美术学科的"创意课堂"、音乐学科的"优雅课堂"、体育学科的"潮课堂"等等。研制"生动课堂"的评价标准，推进各学科生动课堂改革走向深入（表2.14）。

表2.14 "生动课堂"评价

一级指标	二级指标	观测点	师生表现与评价表达（提供证据，等级呈现）
教师灵动	动念：理念引领	1. 三维目标明确，切合学情实际 2. 教学理念清晰，要求引领具体 3. 培植核心素养，关注多元发展	
	动情：学情导教	1. 生本导教，促进学生兴趣学习 2. 因材施教，促进学生差异发展 3. 以爱育爱，促进学生情意生成	
	动心：精心示范	1. 教态大方，有亲和力 2. 语言清晰，有启发性 3. 熟用媒体，重视板书 4. 精用教材，依标扣本	
学生主动	动脑思考	1. 思维活跃，聚精会神 2. 兴趣浓厚，认真听课 3. 质疑问难，全程参与	
	动口说话	1. 发言积极，敢于说话 2. 声音洪亮，朗读规范 3. 问有见解，答含创意	
	动手操练	1. 课前预习，问题导学 2. 课中动笔，笔记认真 3. 练习工整，作业规范	
多元互动	师生互动	1. 教学相长，教师尊重学生 2. 遵纪有礼，学生感恩教师	
	生生互动	1. 虚心学习，善于采长补短 2. 合作探究，小组学习有效	
	学用互动	1. 触类旁通，注重网络拓展 2. 学以致用，注重链接生活	
整体评价		优秀、良好、合格、不合格（请以√选择）	

【案例 2.19】

以信息技术为"桥",构建多元化学习英语课堂
——Daily life with grandparents 课例分析①

坪山区汤坑小学　李祎薇

1. 案例背景

（略）

2. 主题分析

Grandparents 是深圳牛津版五年级上册 Module 2 Unit 4 的课题,本单元主要内容是通过学生与他人交流、询问同学、朋友等与家人经常一起做什么,并学会用 always, usually 等频度副词描述自己做某事的频率。重点句型是 What do you usually do with…? I always/usually/often/sometimes/never…do something with…。

本课例为单元第一课时,学习主题:Daily life with grandparents。主要内容是基于主题和情景的对话:What do you usually do with your grandparents? I always/usually…do something with my grandparents.

学习目标:①运用移动学习工具和资源,在情景中听懂、会读、会说 always, usually, often, sometimes, never 等 5 个频度副词;②用 I always/usually…with…来描述自己和（外）祖父母的生活;③学习和自创单词形象记忆法等学习方法,通过线上线下结合、表达、交流、分享观点与相互评价。

教学重点:正确运用 I always/usually…with…来描述自己和（外）祖父母的生活。

教学难点:always, usually, often, sometimes, never 等 5 词的正确发音、理解和记忆。

教学组织:依托现代信息技术和优质软件平台,通过对话、故事、活动、交际、游戏等,创设情景、设置活动、实施任务、组织学习,引导学生在生动活泼多元化学习的"立交桥"上有效达成学习目标。

3. 教学过程

（1）大数据预习展示,进入新旧知识联系的"引桥"。

本环节为课堂热身。课前,教师布置学生预习课文,完成 5 道频度副词拼读练习题。通过"好学区"平台,精准发现对 sometimes, never 读音有困难的学生分别占 24% 和 27%,对其余 3 个单词读音已掌握的学生人数占 95% 以上。

---

① 此案例获广东省中小学教学改革案例评比一等奖。

借助学生小老师带读、教师范读等方式,既解决了问题,又起到了课堂热身效果。信息技术为全体学生无障碍进入新课搭建了一座"引桥"。

(2) chant 游戏,跨入课堂新情景的"桥头"。

本部分为新课导入环节。教师首先明确展示本课的学习目标,然后通过图片和对话,让学生认识 Miss Fish, Sherry, Yunish, Josh 4 个新朋友。接着,教师设计了一组图文并茂带"sh-"的韵文,通过师生轻松愉快的 chant 吟唱,既巧妙地认识了新朋友,又自然而然地学习了本单元目标语音/sh/的读音,成功地把学生带进新主题、新情景"Daily life with grandparents."。在此基础上,学生观看视频、师生对话,初步感知课文。

(3) 任务式学习活动,遨游多元化学习的"立交桥"。

Task 1:Listen, circle and talk.

Task 2:Listen, follow and role-play

Task 3:Group work:role-play

Task 4:Play a game.

Task 5:Let's share.

此部分为新课展开环节,是课堂主体和核心。在教师的组织引导下,以任务式学习展开,学生先后完成5个任务:①借助"全景课堂"平台,学生自主阅读、圈注关键词、初读课文,师生互动,在语句情景中拼读和理解关键词(5个频度副词);②借助"慧学"平台,学生下载、听读、模仿跟读、对话等,教师用"好学区"平台随机抽选学生小组展示对话,高效解决机械操练语言的过程;③小组角色扮演与复述,学生根据句型说、听、演、练,并在"全景课堂"上传、分享,解决熟练自如运用语言的问题;④小组游戏,创作5个频度副词的形象表达方式,分享、上传、交流、评价,在轻松快乐中加深对关键词的理解和记忆;⑤小组分享,学生结合自己的知识积累和生活体验,使用课文句型进行创造性发挥,温故知新,培养创造能力。

本段学习方式多样,有自主学习、合作学习;有看、听、说、读、写、圈、谈、演、传、评;有严谨对话、轻松游戏;有集体回答、自由表达。师生互动、生生互动贯穿全程。"好学区""慧学""全景课堂"等信息技术手段熟练用于多元学习活动,起到了"穿针引线"的作用。

此环节亮点较多,如关键词学习时,教师对 always 等5个频度副词用进度条长短来直观表示"频度高低",形象直观;小组分享时,让学生自由选择对话或复述两种不同形式,体现了教师教学组织的灵活性,也尊重了学生自主选择的权力;在学生自由对话时,教师提示学生可以在练习本上先写下关键词,然后说给同桌听,此法对弱生或胆小的学生尤其管用,起到了助学的"支架"作用;指导学生记忆频度副词时,学生自主设计的柱状图、饼形图、树叶图、乌鸦喝水图等富有创意，让课堂生动活泼。

（4）线上线下分享迁移，水到渠成走向"尾桥"。

Activity 1：Let's talk.

Activity 2：Guess and express.

本部分为课堂小结与知识迁移环节，通过3个活动完成。①师生合唱即兴编辑的英语小歌曲，既放松心情调节课堂氛围，又是课堂进入小结环节的流畅过渡，体现了教师"张弛有度"的课堂管理艺术。②学生根据本课所学与生活联系，用关键词和句型自由表达（无需举手），说出自己的故事。使学生温故知新、举一反三、灵活运用、情绪高涨，升华了综合运用语言的能力，增强了学生的自信心。值得注意的是，此环节中教师有一个细节，就是在学生自由发言后教师"明知故问"，是为了检验同学在自由发言时，其他同学是否在认真听并作出评价，在教育无痕中培养了孩子的倾听和思考习惯，小细节体现"大智慧"。③围绕即将到来的"重阳节"这一中华传统节日，通过"猜猜与说说"，引导学生尊老、爱老、敬老、孝老，弘扬中华传统美德，润物无声，育人无痕。

（5）课后延伸，迈向新起点的"新桥"。

本部分为课堂结束环节。教师在充分表扬学生的学习和敬老精神的基础上，布置两道选择性、活动性课外作业。作业有两个功能：一是巩固本课所学；二是为下一部分"The plan for the Double Ninth Festival"做铺垫，让学生期待下一节快乐英语课的到来。

4. 案例小结

（1）立足单元整体设计，教学目标清晰。

（2）突破传统课堂，突出学生主体。

（3）多元学习方式，培养综合素养。

（4）技术无痕融入，提升学习品质。

【案例点评】课堂是知识交汇的地方，也是师生交流的平台，更是学生成长的摇篮。有人说，素质教育轰轰烈烈，传统课堂涛声依旧，必须进行"课堂革命"。我们认为，课程改革要走向深入、改出成效，就要由原来的"课改"转到"改课"上来。坪山中学的"四三智慧课堂"、碧岭小学的"生动课堂"都抓住了课堂这个"牛鼻子"，让课堂"生动起来""智慧起来"。汤坑小学英语科组是市、区小学英语学科建设先进科组，作为深圳市"数字化应用智慧课堂"示范学校骨干成员、深圳市优秀教师、坪山区骨干教师的李祎薇老师，巧用信息技术，构建未来课堂，架起了课堂多元学习的"立交桥"。此课例在"友善用脑"国家级重点课题全国研讨会上公开展示，她的优秀课还多次在市、区研训活动和市内外送教活动中精彩展现。通过"改课",让每一个生命都出彩,让每一种天赋都闪光。

第三节　区域课程建设再思考

优质教育,课程为王。课程建设与实施的水平,关系到一代新人的品质与规格,关系到学校、区域、国家和民族的未来。对区域课程建设的深化实践,我们有如下思考。

一、全面落实立德树人根本任务

区域课程建设要牢固树立"为党育人,为国育才"的总目标,全面贯彻党的教育方针,全面落实习近平新时代中国特色社会主义思想,践行社会主义核心价值观,落实十八大、十九大、二十大精神和中共中央、国务院、教育部系列文件要求,落实立德树人的根本任务,发展素质教育。课程实施要遵循教育规律,围绕关键环节和重点领域改革,凝聚人心、完善人格、开发人力、培育人才。课程指向要促进德、智、体、美、劳五育并举,促进学生全面而有个性的发展,深化课程育人、文化育人、活动育人、实践育人、管理育人、协同育人。课程体系建构要做到扎实落实国家课程,全面优化学校课程,切实强化全科育人,持续深化教学改进,大胆进行评价改革。

二、面向未来人才培养新要求

教育是一项用现在的课程培养未来人的特殊事业。对于"未来教育",一般有3种理解:一是在未来某段时间呈现的教育形态,即"在未来的教育";二是为培养适应未来社会所需人才的教育,即"为了未来的教育";三是现代技术发展对教育内容、方法、手段的革命,即"未来智慧教育"。尽管"未来教育"存在较大的不确定性,但有几个趋势比较明显,如教育融入互联网、物联网及人工智能,泛在学习、终身学习、个性化学习、社会化学习结合,自主学习与合作学习共存,综合素养和核心素养并重,等等。教育形态由"明确稳定"向"动态生成"发展,由"单数教育"向"复数教育"发展,由"点状教育"向"体状教育"发展。

1983年,邓小平提出"教育要面向现代化,面向世界,面向未来"。1996年,国际21世纪教育委员会《教育——财富蕴藏其中》报告中提出21世纪教育的"四大支柱",即学会求知、学会做事、学会共处、学会生存。2015年,经济发展与合作组织(OECD)启动"教育2030:未来的教育与技能项目",2018 年发布《OECD 学习框架 2030》文件。各国纷纷提出自己的课程改革主张,如美国的"4C"、芬兰的"七项能力"、日本的"学习三要素"等等。2016 年,教育部发布《中国学生核心素养》,为未来的中国基础教育课程改革指明了方向。

三、课程实施指向核心素养

"未来教育"必然使教育连通儿童与学校、儿童与生活、学校与社会、国家与世界,承载育人核心功能的未来课程到底是什么样的?我们在思考:教育到底要培养什么样的人,才能让他(她)在未来社会生存、生活与发展?我们的答案是:"核心素养面对未来社会。"以"核心素养"重构课程体系,以"核心素养"重构教育图景。

美国的 21 世纪核心素养。美国的"21 世纪技能"包含 3 部分:生活和职业技能、学习和创新技能、信息与媒介和技术技能。其结构呈"彩虹状",在保留传统主体内容的基础上,增加 5 个 21 世纪议题(全球意识、理财素养、公民素养、健康素养、环保素养),还建立一系列课程实施支持系统:包括 21 世纪标准与核心素养评价、21 世纪课程与教学、21 世纪教师专业发展、21 世纪学习环境等。

日本的公民核心素养。日本的"21 世纪能力"的核心素养结构呈"同心圆型":内核是基础能力,中层为思维能力,外层是实践能力。"21 世纪能力"用 3 个圆表示 3 种能力的关系,基础能力支撑着思维能力,实践能力引导着思维能力。同时,3 个圆心是重叠的,这意味着基础能力、思维能力和实践能力缺一不可,无论何种课程,都要体现这"育人三要素"的特点。

中国学生核心素养。2016 年,教育部发布《中国学生核心素养》。"中国学生核心素养"以全面发展的人为核心,分为文化基础、自主发展、社会参与 3 个方面,聚焦人文底蕴、科学精神、学会学习、健康生活、责任担当、实践创新等 6 大素养、18 个要素,明确了学生应具备的适应终身发展和社会需要的必备品格与关键能力。

分析各国基于核心素养的课程改革,可以看出 4 个共同趋势:一是重视面向未来社会的全面发展,二是从聚焦知识转向聚焦素养,三是从重视学科能力转向学科素养与跨学科素养,四是突出自主、合作、能动与终身学习。围绕"培养什么人"这一根本问题,通过核心素养这一桥梁,使"用什么培养人""怎样培养人"的区域课程变革的路径更加清晰。

四、课程建设呼应区域发展新定位

进入新时代,国家赋予深圳市"双区驱动"的新使命(粤港澳大湾区、中国特色社会主义先行示范区），坪山区定位为"建设高质量可持续发展的创新坪山"，"创新"成为坪山区的"命脉"，"后发超越"成为坪山教育的必然选择。改革课程体系，提升课程品质，优化育人模式，提高教育质量，成为区域教育变革的优选路径。

五、课程改革顺应社会发展新趋势

当今社会面临"百年巨变"，区域课程变革必须适应快速变化的社会。当今世界，全球一体化与逆全球化并行，多极化与单极霸权并行，社会多元化、文化多样性与民族主义、孤立主义并行，科技发展"一日千里"，国际竞争处于"白热化"状态，世界处于"百年未有之大变局"，为培养与社会巨变、剧变相适应的新一代人才，教育模式和课程形态必须深度变革。中国特色社会主义进入新时代，全面建成小康社会目标已实现，中国正迈步走向全面建设社会主义现代化国家的新征程，中华民族伟大复兴的任务光荣而艰巨，机遇难得但挑战巨大，区域课程改革必须顺应国内外发展大势，因势而为，顺势而变。

第三章
教学管理：理论、实践与成效

17 世纪中叶，捷克教育家夸美纽斯对班级授课制作出了系统的理论阐述。近 400 年来，国内外无数教育家和学校教学管理者不断探讨学校教学管理的内涵，发展教学管理的理论，推进教学管理的实践。

第一节 教学管理概述

一、教学管理的概念

一般而言，教学管理属于管理科学的分支，它是运用管理科学和教学论的原理与方法，发挥学校管理中计划、组织、协调、控制等管理职能，对教学过程各要素加以统筹，使之有序运行、提高效能的过程。

国内外许多学者对"教学管理"概念有所界定。不少学者把教学管理视为管理科学加教育①。美国学者 D. E. 奥洛斯基认为，将理性认识付诸于有组织的活动，就构成了管理②。李森等将教学管理视为教学中的管理，是教师和学生为保证教学目标的完满实现而对教学活动诸要素的整合、优化的协调性行为，具体包括教学信息管理、教学时间管理和教学环境管理③。

虽然学者对教学管理的概念各有不同表述，但比较一致的看法是，教学管理是在遵循现代管理基本理论、遵循教学工作基本规律的基础上，对教学工作各环节进行管理的一项系统工程。

二、教学管理的理论

教学管理是管理科学和教学论两种理论相融合的产物，了解管理科学的演变和教学管理理论的发展，有助于我们较为科学地认识教学管理。

---

① 黄济，王策三：《现代教育论》，人民教育出版社 2004 年版。
② [美] D. E. 奥洛斯基：《今日教育管理》，张彦杰、杨秀文，等译，春秋出版社 1989 年版。
③ 李森，赵鑫：《现代教学论》，人民教育出版社 2011 年版。

（一）管理科学理论

管理是指一定组织中的管理者，在特定的组织内外环境的约束下，利用计划、组织人员配备、领导与控制等职能，对组织的资源进行有效的整合和利用，以协调人的活动，共同实现组织既定目标的活动过程。比较有代表性的管理理论流派有施泰因的行政学、法学理论、泰勒的科学管理理论、马克斯·韦伯的科层管理理论以及简·莱恩的新公共管理理论等。

1. 施泰因的行政学、法学理论

德国学者施泰因是较早用行政学和法学理论研究教育管理的学者。他提出，国家应该通过立法的方式，对公共事务的教育进行干预，以保障国民有平等的受教育的权利。施泰因的教育管理理论更多的是从宏观的行政学和法学方面来研究教育管理问题，没有涉及具体的教学管理理论。

2. 泰勒的科学管理理论

美国学者弗雷德里克·温斯洛·泰勒被誉为"科学管理之父"。泰勒的管理理论的核心是要用科学化、标准化的管理替代传统的经验管理，从而最大限度地提高工作效率。泰勒对科学管理下的定义是："诸种要素——不是个别要素的结合，构成了科学管理，它可以概括如下：科学，不是单凭经验的方法；协调，不是不和别人合作，不是个人主义；最高的产量，取代有限的产量；发挥每个人最高的效率，实现最大的富裕。"[①] 泰勒的科学管理思想在管理领域至今仍有巨大的影响。

3. 马克斯·韦伯的科层管理理论

德国社会学家马克斯·韦伯被称为"组织理论之父"。韦伯在《社会组织和经济组织理论》中提出了"官僚组织理论"（或"行政组织理论"），明确而系统地指出，理想的组织应以合理合法的权力为基础。他认为，一套支配行为的特殊规则的存在，是组织概念的本质所在。组织的结构是由上而下逐层控制的体系，组织中的成员应有固定和正式的职责并依法行使职权，成员间只有对事的关系而无对人的关系，对成员要进行合理分工并明确每个人的工作范围及权责，并不断通过技术培训来提高工作效率，组织要按成员的职位支付薪金，并建立奖惩与晋升制度。

4. 简·莱恩的新公共管理理论

20世纪70年代，当时的资本主义迫切需要一场行政变革，由此开始了新公共管理运动，新公共管理领域的代表性人物之一是简·莱恩。他深入考查了发达资本主义国家新公共管理改革运动的实践，全面分析了新公共管理的理论

---

① ［美］泰勒：《科学管理原理》，中国社会科学出版社1984年版。

渊源、主要机制、内在机理和发展趋势，系统论述了新公共管理理论，在世界公共管理学界产生了广泛的影响。

（二）教学管理理论

近百年来，世界上对学校教学管理影响最大的主要有以德国教育家赫尔巴特和美国教育家杜威为代表的两大流派。陶行知的教学管理理论则对我国近现代教育的影响很大。

1. 赫尔巴特的教学管理理论

约翰·弗里德里希·赫尔巴特（1776—1841年）是19世纪德国哲学家、心理学家，科学教育学的奠基人，其代表作《普通教育学》被公认为第一部具有科学体系的教育学著作。赫尔巴特倡导以教师为中心的传统教育模式，提出了"以教师为中心、以教科书为中心、以课堂教学为中心"的"三中心"教学管理理论。苏联教育家伊·安·凯洛夫（1893—1978年）则继承并发扬了赫尔巴特的教学管理理论，提出了著名的课堂教学五环节：组织教学、复习旧课、讲授新课、巩固新课、布置作业。20世纪50年代，这种教学模式被全面而完整地引入我国，成为当时我国教学管理普遍遵循的基本理论。可以说，赫尔巴特的"三中心"教学管理理论和凯洛夫的课堂教学模式至今仍影响着我们的教学管理工作。

2. 杜威的教学管理理论

约翰·杜威（1859—1952年）是美国著名哲学家、教育家，实用主义哲学的创始人之一，功能心理学的先驱，美国进步主义教育运动的代表。作为传统教育的改造者和新教育的拓荒者，杜威提倡教学要顺应儿童的天性，发展儿童的个性，提出了"以儿童为中心、以儿童的活动为中心、以儿童已有的经验为中心"的"新三中心论"。他认为传统的学校课程以学科为中心，没有考虑儿童的兴趣和需要，学科分得过细，脱离生活实际。他主张教育不是为未来生活做准备，认为"教育即生活""教育即生长""教育即经验的不断改造"，认为"学校即社会""教育是一个社会过程"。

3. 陶行知的教学管理理论

陶行知（1891—1946年）是我国伟大的人民教育家、思想家，伟大的民主主义战士。作为杜威的学生，他根据中国社会现状，开展了平民教育运动，继承和发展了杜威的教育思想，创立了以生活教育为主线的现代教育理论。陶行知主张"社会即学校"，认为教育的材料、教育的方法、教育的工具、教育的环境等，都可以大大地增加，学生、先生也可以多起来。孙培青、李国钧等学者认为，"'社会即学校'是与'生活即教育'紧密相连的，是'生活即教育'同一意义的不同说明,也是它的逻辑延伸与保证。"① 因为教育中的生活也是社会生活,所以"整个社会的运动,就是教育的范围,不消谈什么联络而它的血脉是自然相通的"②。

可以说,上述3种教学管理理论对我国的教学管理实践起到了决定性的影响。

三、教学管理的特点

教学管理的范畴涉及两大领域,即对"教"的管理和对"学"的管理。主要体现在区域、学校教学管理部门或主体,对教学的计划、组织、实施等的监控、调节与指导,对学生的学习过程、方法、态度等的引导、调节与指导。现代学校教学管理的起点是班级教学管理。班级授课制始于16世纪西欧的一些国家。17世纪,捷克教育家夸美纽斯顺应时代需要,总结了当时的教学经验,在其著作《大教学论》中首次对这一教学形式做了理论上的阐述和说明,由于它比个别教学效率更高,更易于管理,所以得到了快速推广,并在实践中逐步完善起来。但这种组织形式也有局限性,如教学要求同步化、难以照顾学生的个别差异、不利于因材施教等。为此,许多教育者试图改革课堂教学,寻求新的教学组织形式。如国内学者普遍把班级授课制分为3种形式,即全班上课、班内小组教学、班内个别指导③,并采用若干变式,如复式教学、现场教学等,各种形式相互交替,综合运用。近年来,也有不少教学管理者综合教学中的各种因素,构建了新的教学范型并提出了新的教学模式,如分层、分类走班制等。不同的教学模式,不仅有不同的教学指导思想,采用不同的教学方法,授课形式也有了较大的变化。

不管班级授课制的具体形式有何种变化,其基本特点仍然是以班级为基本单位,学生仍然要在班集体中进行学习,班级人员基本固定,且学生的年龄和知识水平大致相同,教师基本按教学计划和课程标准统一规定的内容和课程表进行教学,课堂教学的效果主要体现在全班学生的学习质量上。因此,班级教学管理的特点突出表现在以下3个方面。

(一) 管学为主

在教学中,存在两个主体,教师是"教"的主体,学生是"学"的主体,两者都是活动的承担者,在教学发生的逻辑意义上,两者地位是平等的。教师作为教学活动的组织者与实施者、文化的传递者,承担着教学职责,是"教

---

① 孙培青,李国钧:《中国教育思想史(第3卷)》,华东师范大学出版社1995年版。
② 陶行知:《陶行知全集(第2卷)》,四川教育出版社2005年版。
③ 杨兆山:《教育学原理》,东北师范大学出版社2010年版。

学存在的第一责任主体"①。学生是教学效果的最终体现者和教学过程的主要承担者,是"教学存在的第一目的主体"②。故而,对教学的管理就需要兼顾教师的教学过程与学生的学习过程。但从根本上说,不管是教学还是教学管理,其目的都是指向学生发展的,因此,仍然要以学生为主,这是由教学的根本价值取向所决定的。

（二）保质为先

教学管理的主要目的在于,协调各方资源帮助教学能够高效有序运行,达到预期教学效果。在教学实践中,教学效果通常被表达为"教学质量",是衡量学校发展水平的一项重要指标,不少教育工作者将其视为"学校的生命线"。以效果为导向的教学管理更有利于发挥其价值,但需注意的是,教学质量或教学效果的衡量标准并不仅仅是学生的成绩,而主要是学生自我价值的实现程度,或曰学生的发展程度。因此,在此所言"保质为先"的"质"主要指的是学生的发展水平。

（三）多管齐下

班级是学校教学管理的基本单元,以班主任为核心的教学管理团队在做好班级教学管理方面独具优势。除了通过课堂教学主渠道之外,还可以利用班集体的组织优势,开展各种互帮互学活动以及课外活动,帮助学生提高学习兴趣,扩大知识视野,发展各种能力,而且还可以通过与任课教师及学生家长的联系沟通,齐抓共管,共同教育学生,实现教学目标。由于教学工作具有严密的组织性与计划性,所以,它既需要有一定的组织制度、时间和空间的合理组合做保障,又要求师生双方密切协同,更需要班主任及其教学管理团队科学地组织和管理,充分发挥其管理作用。

第二节　区域教学管理实践

一、教学管理理念

坪山区教学管理遵循三大基本理念：以人为本、规范为要、质量为上。

（一）以人为本

教学的参与者是人,是智慧的生命体。教学管理要把教学中的人（包括教师与学生）放在第一位。以学生的发展需求作为教育教学的出发点,顺应学生的禀赋,挖掘学生的潜能,完整而全面地促进学生的发展。

---

①②　张广君：《教学本体论》,甘肃教育出版社2002年版。

1. 尊重教师的合法权益，关注教师的发展需求

（1）尊重教师的教学自主权，发挥教师的主动性与创造性。教师是教学活动的具体组织者，也是教学的主体，拥有教学自主权，"以人为本"自然也需要关注教师的需求。教学管理过程中应该给予教师自主把控、自由发挥的空间。主要体现为，教师可以依据教学目的和学生的学习兴趣、发展需要与个性特点，自主地组织和实施教学过程、评价学生的学习成果以及评估自己的教学效果等等。

（2）强化机制建设，助力教师发展。教师在完成正常教学工作任务的同时，也有自我发展、自我实现的需要。教师的专业成长需要依靠区、校教学管理的平台、机制和资源。同时，区域教育管理部门和学校要优化教学激励机制，以增强教师主动发展的动力。

【案例3.1】

民办教师也可以评"特级"

坪山区龙山学校

1. "校内定级"概述

"校内定级"是龙山教育集团教师结构工资体系的重要组成部分，具有一定的挑战性与激励性。每一学期，"学校评级委员会"根据教师的表现、业绩等，按照评价指标和评价标准进行综合量化评价，根据量化评价结果进行分等定级。共分为6个等级：校内名师、校内特级、校内一级、校内二级、校内三级、未定级（以下分别简称"名师""特级""一级""二级""三级""未定级"）。学校根据教师上学期末所评定的级别，每月发放相应的级别工资。"校内定级"视能力和贡献实行浮动制，可升可降。

2. 定级考核项目

（1）班主任考核项目。班主任考核总分为165分，包括家访5分、学生巩固率10分、班级管理25分、日常考核10分、教学常规10分、教学成绩45分、新生招生10分、师德师风20分、团队合作10分、安全管理20分等10个考核项目。

（2）非班主任考核项目。非班主任的科任教师考核总分为135分，共分校车值班、日常考核、教学常规、教学成绩、招生、师德师风、团队合作、安全管理等8个考核项目。综合科教师（音、体、美、劳、信息技术、综合实践等）除团队协作、教学成绩等指标考核方式不同外，其他项目考核方式与文化科基本一致。

（3）突出贡献加分项目。各级各类竞赛最高加20分、培优辅差最高加10

分、管理金点子最高加 10 分、课题研究最高加 20 分、论文发表最高加 10 分、其他特别贡献最高 30 分。以上各项累计最高可加 100 分。（操作细则略）

3. 定级比例与操作

（1）班主任。一级占 20%、二级占 35%、三级占 35%、未定级占 10%。未定级的，适当给予一定的补贴。班主任可自愿选择参与非班主任类别评审。

（2）非班主任。一级占 20%、二级占 35%、三级占 35%、未定级占 10%。未定级的，适当给予一定的补贴。

（3）特级。连续两年均被评为一级的可评为特级，评为特级后原则上保证以后每学期都达到一级的标准，如连续两学期未达到一级标准，将取消特级头衔，其级别工资按实际标准核算。特级不限比例。

（4）名师。连续两年均被评为特级的可评为名师，评为名师后原则上保证以后每学期都达到特级的标准，如连续两学期未达到特级标准，将取消名师头衔，其级别工资按实际标准核算。名师不限比例。

4. "一票否决"与特别说明

（略）

5. 后续思考

（1）运用信息技术，开发评价软件平台。

（2）研究既符合多数民办学校共性，又适应不同层次民办学校个性的评价体系。

【案例点评】龙山教育集团在坪山区有龙山学校、东门小学、龙背小学 3 所民办中小学校。该集团收费亲民，生源平常，软硬件条件一般，但一直是坪山区优质民办教育品牌的代表之一。我们认为，该集团的成功经验有 4 条：一是有懂教育、有情怀、有远见的董事会；二是坚持从集团学校基层一线培养优秀校长和管理团队；三是采取"校内定级""奖教奖学""教师团队文化建设"、教师分享集团发展"红利"等科学制度、机制，充分体现了"以人为本"的管理理念；四是大胆探索"阳光教育""本真课程""真我课堂"等，以科研促内涵发展，以项目助教师成长，以改革促质量提升。

2. 关注学生的发展需求，促进学生的全面发展

（1）重视学生的个性差异，因材施教。传统教育过分要求整齐划一，忽视学生的个性发展，不利于学生的健康成长。"以人为本"的教育理念要求，在帮助学生实现基本发展的基础上，更加重视他们的个性差异，因材施教，挖掘学生的潜能。

（2）保护学生的求知欲，因势利导。每个学生都拥有丰富多彩的天性，

对未知世界具有很强的好奇心和求知欲。这种天性如果在良好的环境和适当的教育下得到强化，便会逐渐培养出强大的创造力；反之，不适当的教育会终结这种求知愿望。"以人为本"的教育理念就是要求教师在教学过程中，务必从各方面呵护学生的好奇心，并积极加以引导。

（3）树立学生的主体意识，改变教学方式。在传统的教材、教师、教学"三中心"教学模式下，学生习惯于把教师视为至高无上的权威，他们摄取知识的渠道主要是教科书和课堂教学，自我主体意识薄弱，更谈不上发挥主体性了。"以人为本"的教育理念则要求培养学生的主体意识，变"要我学"为"我要学"，从单纯的接受知识到自觉主动地掌握知识。这要求教师必须优化教学方式，把教学过程变成师生交流、互动、共同成长的过程。教师充分理解学生的认知起点，打通课内外的联系，创设丰富的教学情境和问题情境，设计合适的学习活动，调动全体学生主动参与，强化师生、生生互动，使学生在丰富多彩的学习活动中得到发展。

（4）建立综合素质提升平台，挖掘学生的潜能。学校应开设各种健康向上的课外活动，搭建展示、交流平台，如社团、社会实践等，让学生在活动中学会合作交流，解决实际问题，培养团队精神，从而巩固和丰富课堂教学的效果。

（二）规范为要

在教学调研过程中，我们发现个别学校存在因片面强调"以人为本"而忽视"规范管理"，导致出现教学秩序松散、教育质量下降等现象。为此，区教科院在原来的《坪山新区中小学教学常规》《坪山新区中小学德育常规》《坪山新区幼儿教育教学常规》的基础上，下发《关于进一步规范义务教育课程改革加强教学管理的通知》。区、校严格按照常规及通知的要求，进行检查、督促、改进，规范学校的教育教学管理行为和教师的教学行为，引导学生的学习行为。

【案例3.2】

关于进一步规范义务教育课程改革加强教学管理的通知

坪山区教育科学研究院

....

3. 课程建设

（1）严格落实国家课程方案和课程标准，遵守各级关于教材、教辅管理的规定，确保国家课程全面实施。不拔高教学要求，不加快教学进度。

（2）遵照《坪山区地方课程和校本课程建设管理办法》，科学实施地方课程，理性建设校本课程。

（3）按照《广东省综合实践活动指导纲要》，落实综合实践活动课程要求，培养学生的综合素养和实践能力。

（4）按照教育部《中小学心理健康教育指导纲要》《大中小学劳动教育指导纲要（试行）》，落实心理健康教育、劳动教育等课程，发挥心理健康教育和劳动教育的育人作用。

（5）创新学科课程实施方式，强化学科育人和实践育人，尤其要引导学生发现、分析和解决实际问题。

（6）研究学生的学习兴趣、学习动机、学习方法和学习心理，研究学生的共性特点和个性需求，研究预习、听课、作业、复习、课外学习等环节，帮助学生优化学习过程。

4. 教学实施

（1）加强教学时间管理，严格执行《深圳市义务教育课程安排》，不得随意增减课时，不得随意延长学生在校学习时间。

（2）加强教学管理，正确把握新课程理念，科学实施教学。灵活采用启发式、讨论式、合作式、探究式等多种教学方式，提高学生参与课堂学习的主动性和积极性。

（3）加强教学质量监测与分析，建立基于过程的教学质量保障机制，统筹课程、教材、教学、评价等环节，主动收集学生反馈意见，及时改进教学。

（4）控制作业数量，提高作业质量。对小学1—2年级的学生不得布置家庭书面作业。创新作业方式，避免大量重复机械的练习，增加探究式、实践类、选择性作业。可根据学生掌握情况布置分层作业。不得布置超越学生能力的作业，不得以增加作业量的方式惩罚学生。

【案例点评】学校、教师在课程改革实践中有足够的自主权和能动性，但必须有基本的规范要求。坪山区教科院在原有的3个"常规"要求的基础上，根据教育发展的新形势、新要求，编制了此通知。该文件提出了区域课程、教学改革须遵循的原则要求，必须把国家课程政策的落实放在首位，科学规范地开设地方课程和校本课程，加强学校课程实施和过程管理，提高教学管理的科学性、规范性、针对性与有效性，进一步减轻学生负担，提高质效。

（三）质量为上

抓好教学管理的终极目的是提高教师的教学质量和学生的学习质量，"质量为上"是教学管理的重要理念之一。何为"教学质量"？有学者认为，"教学质量应该包括两个方面：满足个体发展与社会需要的程度"，"最终应该体现在受教育者发展的质量上",即"在教学过程中展现出来的教学效果的优劣、师生两类主体活动效率的高低以及凝结在终结教育产品——学生身上的知识、能力、素质的多少和高低、优劣的程度"①。因此,对教学质量的把控就需要关注教学过程和教学效果两方面。

【案例 3.3】

坪山区义务教育质量提升行动计划

坪山区教育质量提升行动办公室

1. 指导思想

全面贯彻党的十九大精神,以习近平新时代中国特色社会主义思想为指导,牢固树立新发展理念,落实立德树人根本任务,深化义务教育综合改革,推动义务教育阶段育人方式、办学模式、管理体制、保障机制等不断创新,实施素质教育,夯实质量基础,激发教育活力,打造更高标准的教育坪山质量,建设深圳东部教育高地,办好人民满意的教育。

2. 目标任务

(1) 总体目标。通过标准引领、科学管理、内涵发展、条件保障,力争用 3 年时间,完善以提高教育质量为导向的制度机制,建立适应素质教育要求的教师队伍,构建促进学生全面发展的培养模式。学校管理水平、学生学业质量、综合素质发展水平等质量指标持续提升,区域教育综合实力显著增强。

(2) 具体目标。学生学业表现、学生综合素养和区、校品牌特色目标(略)。

3. 六大行动

(1) 教育质量管理行动。①优化管理体制。按照管办评分离的要求,建立区教育行政部门主管、区教科院主抓、学校主体实施、区人民政府教育督导室主评的教育质量管理机制。探索和推行集团化办学(联盟)模式,建立完善现代学校制度。②优化教学管理。修订区、校《教学常规》,强化常规管理。严格规范教学行为,落实各教学环节,开展教学常规检查评比。优化教学管理制度机制,创新教学管理方法手段,注重教学管理的科学性、实效性,提升教学管理现代化水平。③优化德育管理。把习近平新时代中国特色社会主义思想、社会主义核心价值观、中华民族优秀文化和革命传统教育融入学校德育课程,修订区、校《德育常规》,培养德育骨干教师,建设德育基地,加强德

---

① 张丽娜,张晓蕊,张晓倩:《高等学校教育质量监控与评价》,煤炭工业出版社 2010 年版。

育常规检查。

（2）学生素养培养行动。①夯实文化基础。开齐开足国家课程（含实验课程），配齐配足专业人员；落实地方课程，开发校本课程；重视阅读、艺术、创客（含STEAM）等课程，改革教法学法，提升学业成就。②促进自主发展。开展养成教育，加强学法指导，培养学习习惯；倡导健康生活，提升自我管理，塑造健全人格，促进身心健康。③增强社会参与。开展公民素养教育，培养现代公民意识；组织社区服务和社会实践，增强社会责任感；加强国际理解教育和跨文化交流，培养创新精神与实践能力。

（3）教师专业发展行动。①加强师德师风建设。弘扬高尚师德，健全师德建设长效机制；坚持教书育人相统一，强化师德师风；发掘师德典型，讲好坪山师德故事。②创新教师培训模式。深化基础性、提升性、拓展性培训；充分利用云计算、大数据等新兴技术手段，采取线上线下结合、市区校级融合、教研训赛一体等结构化教师培训方式，丰富培训内容，改进培训手段，拓宽教师视野；建设教师培训基地，引进优质培训项目，促进区内外优质培训资源共建共享。③加快名师培育培养。完善名师培养、使用、评价和激励机制，畅通教师专业成长、成才渠道；实施名师、名校长走校送教制度，实现区内名师资源交流共享；探索名师校际柔性交流办法，盘活区域名师资源。④重视青年教师成长。制定青年教师3年成长规划，建立专业成长档案；建设青年教师成长制度，促进青年教师持续成长；搭建"青蓝工程""岗位研修""成长共同体"等专业发展平台，整体提升青年教师专业素养。

（4）课堂教学改革行动。①切实更新教学观念。定位新时代教师角色，构建新型师生关系，转变教与学的方式，提高课堂效率。②大力推动课改实践。精心组织教学设计，科学制定学习目标，有效整合教学资源，灵活运用教学手段，促进学生乐学善学，优化课堂教学评价。③充分利用课改成果。建立课改成果培育机制，孵化课改精品项目；建立课改成果总结机制，提炼优秀课改成果；建立课改成果推广机制，扩大优秀成果影响力。

（5）教育科研提升行动。①强化科研管理的指导性。发挥区域科研管理功能，优化和系统运作管理机制、激励机制和保障机制，充实坪山教育科研学术委员会的力量，整体提升区域科研管理与指导水平。②增强特色品牌的引领性。高质量深化课程改革，优化学校课程整体规划，创新国家课程实施方式，突显学校特色课程，发展学生核心素养，构建学校的特色和品牌。③提升专项研究的前瞻性。推进重点专题项目研究，以国家级立项课题为龙头，以省、市、区三级课题为载体，以"坪山区教学改革重大项目"为突破口，探寻教书育人之策、课堂变革之道、教师提升之制、学生成长之法，引领区域教育发展。

（6）家校社区合作行动。①建设家长学校。实现"家长学校"全覆盖，引导家长树立正确的育儿观;开发优质家庭教育资源,组建家长教育师资队伍,形成家校共育合力。②扩大家长参与。健全"家长委员会"、家长义工等机制,鼓励家长参与"家长开放日"、家校互动等活动。③争取社区支持。完善学校、家庭、社区相结合的育人网络;充分利用社区资源,支持学校开展育人活动。

4. 保障机制

(略)

【案例3.4】

扎实开展"六大行动",稳步提升教育质量
——坪山区"义务教育质量提升三年行动"中期总结

坪山区教育科学研究院

……………

第三篇 "三全一绿""双导两换""两赛四课",专业指导。

1. "三全一绿"质量观

(1) 全面质量,是就"教育目标"而言的。指通过"五育并举",培养德智体美劳全面发展的学生。

(2) 全员质量,是就"教育公平"而言的。真正的教育质量,应该是面向全体学校、全体学段、全体学生,关注每一个个体,不落下每一个学生;尊重学生的个性和差异,因材施教,让每一个孩子拥有合适的教育,得到适合的发展。

(3) 全程质量,是就"教育过程"而言的。真正的教育,要关注作为生命个体的学生的成长过程。要摒弃过度关注分数、关注结果的应试教育,倡导关注生命、关注过程的素质教育;摒弃急功近利的教育观念,关注孩子未来的可持续发展;摒弃填鸭式、机械操练的教学方法,关注参与、体验的学习方式,在自主合作探究等多元化学习过程中丰富知识,增长能力,形成价值,获得成长。

(4) 绿色质量,是就"教育方式"而言的。要创设有利于孩子和谐成长的良好生态环境,和谐的学校、家庭、社会环境和合理的学业负担。重在培养学生可持续发展的、让生命充满活力的综合素养,有利于身心健康、心智平衡。这种教育,就是"绿色教育";这种质量,就是"绿色质量"。

2. "双导"工作聚焦课堂

集体整体视导和个性化精准视导,是教科院入校指导的基本形式。教科院

在"双导"中，追求育人模式、教研制度、教师成长、教育技术等方面的"四个转型"。

集体整体视导：教科院对全区各校的教学常规、课程建设、课堂变革、教师发展、校本教研、质量监测、中考高考、学法考法等集体视导常态化、精准化。仅2017—2018学年度，组织各类集体视导160余次，听课、评课、集体备课2000多节次，检查各类教学资料900多份，形成书面反馈报告200多份。

个性化精准视导：各教研员根据学科特点、学段特点和学校实际，入校参加学科组、备课组教研活动，深入课堂听课、评课，组织教师开展项目式研究。据不完全统计，2017—2018学年，教研员人均个性化听课、评课150余节次，指导年轻教师120多人次，参加教研组、备课组、项目组活动50多次。

3. "两换"工程转变理念

区教研院把教师的专业发展称为"换脑""换髓"。区级层面，通识培训和基于主题的项目研训是主要形式。教师通识培训，主要是转变教师的教育理念，提高教育教学基本能力，可谓"换脑"；而基于主题的项目式研训，则是让教师从经验行为向理性思考转变，可谓"换髓"。把科研作为培训的支撑，以课题研究带动培训，以培训实践促进科研。2019年，教科院组织了好课程、选题论证、数据分析、项目化学习设计、思维导图应用、实用科研方法、成果培育等近10个在地科研专题培训，共计1500多人次教师参与。各校组织的校本培训形式多样，如光祖中学的"PCM导师制"、坑梓中心小学的"1+N"团队研修、坪山中心小学"人本与美学"研训、汤坑小学的"幸福名师"计划、龙田小学教师发展"六个一"工程，坪山外国语、金田小学、坪山二外、锦龙小学、文源学校、弘金地学校、新合实验学校等的"青年教师成长共同体"，都为教师专业成长提供了广阔空间。

4. "两赛"树立教学标杆

"以赛促训"，是教研的又一模式。"备赛—竞赛—悟赛"的过程，就是教师职业生涯成长的历程。业务竞赛能增进交流，树立榜样，培育骨干。

区教科院组织的业务竞赛分为两大类：一是综合性竞赛，二是专项竞赛。

综合性业务竞赛——"新教育杯"教学比武。这是一项全区性的聚焦课堂教学或综合教育教学技能的传统赛事，一般大学科一年一次，小学科两年一次，有教师称其为坪山教师的"奥林匹克"或"坪山论剑"，获奖选手往往成为全区"明星"。如2019年的"新教育杯"课堂现场教学竞赛，"宣传发动—学校初赛—区级决赛"，环环相扣，如火如荼。小学、初中、高中3个组别共39个学科错峰举行，全区教师全员参与，有100多人荣获区一等奖，30多名优秀选手参加市决赛，一批"课堂能手""教学好手"脱颖而出。

专项业务竞赛，包括学科教育教学技能竞赛、教师教学基本功比赛、质量提升专项竞赛等。区教科院先后组织"质量提升"典型课例、"质量提升"评价改革案例、"质量提升学科建设"案例等专项比赛20多次，学校、项目组和教师个人踊跃参与，极大地促进了"质量提升"的影响力，提炼了一批精彩案例和典型经验。

5. "四课"常态全员参与

教学是学校的中心工作，课堂是教学的主阵地。抓住了课堂，就抓住了教学质量提升的"命脉"。教科院秉持"专业、协作、进取、奉献、品质"的理念，本着"研究、管理、指导、服务"的宗旨，通过多种方式指导和推动课堂改革。

"四课"，是指全体教师公开课、骨干名师示范课、新教师亮相课、基于问题的研讨课。"四课"教研，立足岗位，立足课堂，是最受一线教师欢迎的"培训"方式。如新教师"亮相课"一般在新教师入职2～3个月内举行，其前提是已完成区、校两级岗前培训、帮扶培养（如青蓝工程）；"公开课"由学校统筹安排，全员参与；"示范课"往往和"公开课"相结合，多由各级名师或骨干教师执教；"研讨课"多在课题组或学科组进行。除了"四课"外，像碧岭小学、中山小学的"校长课堂"、坪山中学的"行政先锋课"、龙田小学的"一课三上"、坪山中心小学的"信息技术与学科深度融合"课、中山中学的"课堂大数据观察"、汤坑小学的"ipad英语课堂"等，都很有特色。

6. 专家视导望闻问切

2019年11月，区教科院组织一轮"质量提升专项调研"，14位专家（其中，正高级1人、特级3人、名校长4人）分四组，历时近1个月，抽样调研了20所学校，覆盖率为54%。其中，公办学校13所，覆盖率为72.22%；民办学校7所，覆盖率为36.84%。

专家组认为，坪山区"质量提升行动"成效显著。各校坚持党的教育方针，落实国家课程；校长办学理念、教师教学理念不断提升，教育观和质量观有了根本的转变；运行机制不断改善，学校发展有规划，科组工作有计划；课程建设卓有成效，以课程建设为重点，培养学生综合素养，校本课程各具特色；重视教师队伍的建设和青年教师的培养，重视课堂教学的管理和教学变革，"自主、合作、探究"成了课堂学习方式的主流。学生喜欢自己的班主任（小学97.56%、初中93.56%），喜欢自己的班级（小学97.84%、初中95.30%）；教师对"质量提升行动"的知晓率和认同率高（96.28%），对学校"质量管理"的满意率较高（88.26%）；老师认为家长很支持学校工作（96.38%）；家长认为家校沟通渠道比较畅通（88.49%），家长对孩子综合素养提升的认同率高（90.45%），对学业提升的认同率较高（79.77%），对教学的满意率较高（79.12%）。

【案例点评】坪山教育进入品牌、特色发展阶段，质量成为区域教育的重中之重。为此，区级层面推出《质量提升行动计划》，在区教科院设立"坪山区教育质量提升行动办公室"，校级层面配套质量提升实施细则。三年来，区教科院在"全面、全员、全程、绿色"的教育质量观的引领下，以"六大行动"为牵引，坚持育人为本，通过优化教育资源、强化教学管理、聚焦课程建设、深化课堂改革、提升教师素养、加强教育科研、信息化融入教学、推动评价改革等得力措施，区域教育质量整体快速提升。（在"区质量提升办公室"主任——区教科院钟焕斌副院长牵头撰写的中期总结报告中有详尽论述。）办"公平而有质量的教育"逐渐成为现实，"质量提升行动"功不可没。

二、教学管理原则

坪山区教学管理坚持"四化"原则，即规范化、过程化、全员化、信息化。

（一）教学管理规范化

教学管理规范化，是把能体现教学规律、提高教学质量的一系列教学管理体制、程序、方法等，用制度的形式确定下来，以指导和管理教学工作。这些教学管理制度，在实施过程中不断调整和完善，逐步形成区、校教学管理的工作规范。

教学管理规范化须处理好3组关系：一是教育规律、管理规律与社会规律之间的关系，把各类资源有效整合，实现人尽其才、物尽其用，促进教学质量与办学效益的整体提高；二是规范管理与调动师生的主动性、积极性和创造性之间的关系，建立有效的激励与约束机制，调动各种积极因素，合力推动教学成功；三是改革与发展之间的关系，管理制度、机制、方式方法等要适应发展，适应变革。

（二）教学管理过程化

教学管理过程化，是指将教学管理活动贯穿于教学过程的始终，并把教学评价同步于教学管理过程中。教学是一项动态发展的活动，将教学管理有机融入教学全过程，有助于放大管理效应、提高教学质量。教师的教学过程管理属于直接管理，直接负责教学各环节的具体实施与监控，对学生的学习状态、效果等进行即时分析，随时把握每一位学生的学习动态，发现问题并及时调整、补救，确保教师的"教"与学生的"学"达到理想状态。以校长、教研员、学校中层管理干部等为代表的管理人员的教学过程管理属于间接管理，主要通过教学管理制度、机制等对教师的教学行为进行规范、引导、调整，保证教学过程的科学、有序、高效。如通过常规检查、专项督查、建立教学档案、评价课堂教学等，规范教学行为，提高教学质量；通过组织教师培训、专题研修、课题研究、学术研讨、同伴互助、专家引领等，提升教师的教学能力。

科学的教学评价可促进教学管理的良性运行。强化教学过程性评价，探索能有效促进教师专业发展和提升学生学习品质的过程化评价体系，是教学评价的努力方向。

（三）教学管理全员化

全员参与是现代管理理念的重要部分。ISO9000 质量管理体系的八大管理原则中，"全员参与"名列其中。全员参与既可以指向某项制度或管理活动，更是一种管理观念和管理文化。要使教学管理取得成功，务必让每一位师生打心底里认可——他们就是管理的主人。实践证明，师生参与教学管理活动，能充分发挥其潜力，展示其才干，显著提高教师的教学效率和学生的学习质量，并在教与学过程中真切感受到参与的乐趣和成就感。在此基础上，学校管理者再通过一定的管理手段，对师生进行适当的评价、激励与引导，可以实现学校、教师、学生的"多赢"。

（四）教学管理信息化

当今信息时代，教学管理信息化已成为教育管理现代化的必然要求。教学管理信息化，是在教育理论指导下，依托信息管理理论与信息管理方法，采用现代信息技术、教育技术和手段，整合和优化教学各因素，组织和配置各类资源，达到教学管理最优化的一种新型教学管理理念或形态。教学管理信息化既是对传统教学管理方法的变革，更是对教育观念、教学环境、教学体系、教学内容、教学组织等全方位的深刻革命。

【案例 3.5】

坪山区 2020 年春季"在线教学"组织图解
坪山区教育科学研究院

2020 年春季学期，面对新冠肺炎病毒的肆虐蔓延态势，深圳市教育局作出了"停课不停学、停课不停教"，全面实施在线教学的决定。坪山区教科院在教育行政部门的领导下，与各部门、学校通力合作，确保在线教学平稳顺利运行。

区教科院以建构主义理论为指导，依靠"五品"教研力量，整体谋划在线教学的管理、教研、课程、课堂与评价，制定"三级目标"宏观引领，推进"四大策略"工作思路，理清重点要素、明确发展方向，为区域在线教学新样态提供有效引领、指导与服务。以下以"图解"的方式对区域在线教学的组织实施做一概览性介绍。

在线教学的"四要素":包括网络环境、教师、学生(含家长)和课程(图3.1)。其中,网络环境是基础、前提和保障;教师、学生是教与学的主体,要充分发挥"双主体"的作用;课程是核心,包括教材、学材、教与学资源等,是确保在线教学质量的关键。

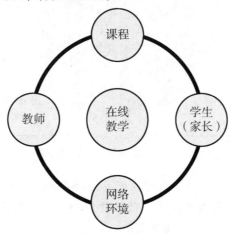

图3.1 "在线教学"四要素

在线教学的"三级目标":一是完善网络环境,二是共建在线课程,三是深化课堂文化(图3.2)。完善网络环境是基本目标,从建设、运行,到反馈、调整,是一个动态过程。共建在线课程是各级教育行政业务部门、各级各类学校全体教师的共同任务,通过购买、引进、改良、自创等途径,全区教师全员参与开发市、区"托底课程",创造了区域教师合作建设优质在线课程资源的"奇观"。深化课堂文化,是教科研、信息化应用部门与教师的职责,是创造在线教学新样态的重要途径。

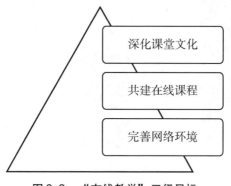

图3.2 "在线教学"三级目标

在线教学实施的"四大策略"如图3.3所示。

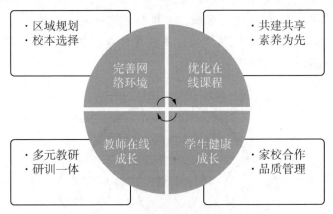

图3.3 "在线教学"四大策略

策略一：区域规划，校本选择，完善网络环境。区域统筹抓好主平台建设，以"腾讯课堂"作为主平台，集中资源和力量，对接主平台；学校自主选择"辅平台"，促进教学活动多元化。

调研表明，全区选择上级推荐教学平台的学校约占55%，采用学校现有平台的约占32%，其他平台约占13%。为此，坪山区确定了"主平台＋备选平台"的双模式策略，在实现区域统筹优势的基础上，赋予学校自主选择空间。这一举措符合区、校实际，分解流量压力，平稳运行平台（图3.4）。

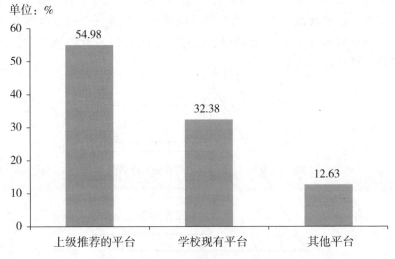

图3.4 坪山区在线教学平台使用情况

策略二：共建共享，素养为先，优化在线课程。

根据学习经验，大多数学生面对新生事物，学习状态会呈现"新鲜→倦怠→适应→专注"的曲线变化过程。引导学生避开倦怠期或者跳出倦怠期是教育工作者必须要面对和解决的难题。区教科院按照"共建共享、素养为先"的思路推进区域在线课程建设，构筑"自主开发+整合优化"的双保障模式，一方面利用好国家、省、市提供的优质课程资源，保障平稳运行；另一方面加强自主课程研发，以本区的名师、熟悉的声音和环境唤起学生学习的热情。据不完全统计，坪山区合计开发的230余节优质课例入选深圳市"空中课堂"托底课程，区教研院各学科、各校教研组还组织骨干教师开发了本土优质在线课3850多节次、素养课1380多节次。区教科院强化"在线教学"日常管理，定期开展教学调研，全区86.02%的教师每周至少参加一次集体备课活动（图3.5）。

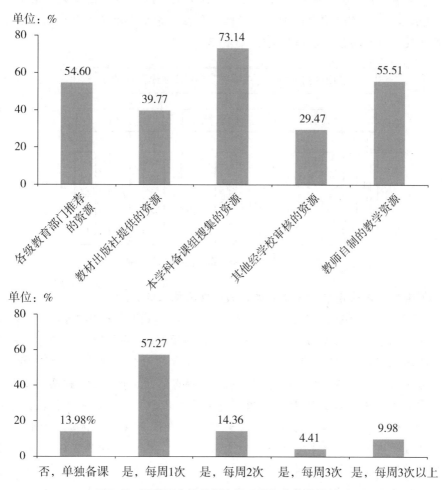

图3.5 坪山区在线教学资源开发与集体备课情况

策略三：多元教研，研训一体，教师在线成长。

区教科院组织"基础培训＋学科培训""先讲课、后讲座"。邀请区内外实战经验、教学素养俱佳的名师，开展平台操作、微课制作、课堂教学、学生管理、家校合作等主题培训。区教科院建立了"横向"（挂点学校）加纵向（本学科）的"网格式巡课"体系并确保巡课全覆盖、无死角。教研员每天坚持听课、巡课，组织各类公开课、示范课、研讨课、展示课等"空中示范课堂"。在线教研、评比鲜活多彩。如组织坪山区"新教育杯"优秀课例和优秀案例评选，有2700多项作品参与申报，其中《最美逆行者》等247件作品被评为一等奖。

区教科院强化课程实施线上指导，各学科都建立了"在线教研"架构。以初中数学学科为例，一是整合力量，构建专业团队，如"在线课堂管理组""在线课程名师群""在线教研培训团队"等；二是制定学科指引与工作方案；三是开展无边界指导、合作与交流。（图3.6）

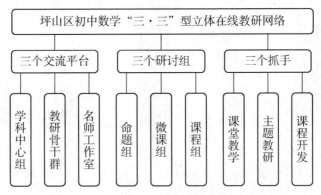

图3.6　坪山区初中数学"在线教研"架构

策略四：家校合作，品质管理，共促学生健康成长。

"不落下一个学生，关爱每一个教师"是坪山教研不变的理念。"在线课堂"师生互动、生生互动，"翻转课堂"生动活泼；"在线班级公约""在线家长公约"，家长管理、班级管理、自主管理有机结合；预防、预警、干预，强有力的心理健康指导给特殊时期的孩子以温馨呵护。开通区、校两级线上心理关爱热线，区级热线26位心理教师每天轮流值班，校级热线全覆盖；开发系列心理健康线上课程；利用"坪山教科院"微信公众号等新媒体推送大量的在线教学报道，提供丰富的心理健康教育知识；编发并回收3.05万份调查问卷以了解学生需求；邀请心理专家开展培训，提升教师心理辅导能力；主动筛查、排查4类重点关注人群960人；对28例特殊学生及时进行心理干预，妥善解决问题。

家校共建"在线模式",沟通、合作无处不在,无时不有(图3.7)。

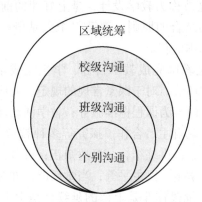

图3.7 坪山区家校共建"在线模式"

【案例点评】面对突发疫情、全区开展在线教学的新形势、新挑战,坪山教科院教学、研究、培训、信息等部门通力合作,凝聚"五品"教研力量,充分协调在线教学"四要素",践行宏观引领"三级目标",推进课程实施"四大策略",实现区域在线教学组织全覆盖、学校全覆盖、学生全覆盖、课程全覆盖,教学、管理、教研和学生学习整体平稳、有序、高质,达到了"五育并举"的在线课程总要求。

三、教学常规管理

教学常规管理是教学管理的基础,以课堂为核心的教学常规管理是顺利实施教学计划、全面提高教学质量的重要保证。

(一)区域教学常规的涵盖范围

教学常规是为体现教学规律,优化教学过程,提高教学质量,对教学各环节提出的一系列基本的要求。《坪山区中小学教学常规管理手册》包括课程、教学计划、备课、上课、作业、实验、辅导、课外活动、考核评价、校本教研等十大部分。

(1)课程。课程是学校的核心产品。要以《基础教育课程改革纲要》、学科课程标准、教育行政部门的课程政策为指导,结合学校实际,建立将国家、地方和校本课程有机结合的学校课程体系。

(2)教学计划。教学计划是教学实施的基本依据。教学计划包括区域教学指导计划、学校教学组织计划、教研组(或备课组)教学工作计划、个人教学实施计划等。

（3）备课。备课也被称为教学设计，是上好课的前提和基础。一般坚持集体备课与个人备课相结合的原则，遵循"个人钻研—集体研讨—个人二次备课—课后反思"的基本流程。

（4）上课。上课是教师完成教学目标、学生完成学习目标的核心环节，是保证教学质量的关键环节。对于课堂常规的规定，要明确且可操作性。如严格按照课表上课；教学内容为课程标准服务；教学活动面向全体学生；坚持以学为本、学生主体；采取自主、合作、探究等多种教学方式；加强学情诊断、学习过程跟进与学法指导；讲练结合，温故知新；讲普通话，用规范字；举止文明，言语得体；尊重学生，民主平等；当堂反馈，即时评价；等等。

（5）作业。布置、批改作业是上课的延续，是学生巩固所学知识、教师反馈教学信息、改进教学的重要手段。作业布置应该目的明确、适量适度、形式多样、内容合理、适当分层、允许选择。批改作业要实时有效、适度面批、及时反馈、重视改进。要培养学生按时、规范、独立完成作业的良好习惯。

（6）实验。实验是理科学科特有的教学方式，是培养科学思维、发展科学能力、培育科学素养不可或缺的手段。要按照课程标准要求开齐、开足、开好实验课程。

（7）辅导。辅导是常规教学的组成部分。教师在辅导过程中，要因材施教，关注每一个学生，将课内与课外辅导相结合，集体与个别辅导相结合，要讲究辅导的方式方法和情感态度，保持热心与耐心。

（8）课外活动。课外活动是对课堂教学的有效补充，包括学科兴趣活动、学生社团、学科竞赛、学科培训、社会实践、活动体验等。教师要对承担的课外活动精心设计、扎实实施，要做到有计划、有方案、有过程、有记录、有总结。

（9）考核评价。考核评价是教学常规管理的重要组成部分，是检验教师教学水平和学生学习质量的必要手段，必须有序、有效组织。例如，考试管理，要对命题、制卷、考试组织、阅卷、试卷分析、考试结果运用等各环节逐一落实。又如，课堂教学评价，要对教学目标的达成、教学设计与实施、教师的教与学生的学、教学过程与教学效果、教师素养与师生发展等进行全面评价。

（10）校本教研。校本教研是提升教师素质、改进教学、提高教学质量的有效手段。校本教研须按照以校为本、教师主体、人人参与、在教育教学现场、解决现实问题、重在改进、促进发展等基本要求进行。

（二）区域教学常规的基本原则

义务教育办学主体以县区为基本单元，县区教科研部门的教学常规管理，对区域教学管理优化和教学质量提升有很强的引领作用。坪山区教科院提出了教学常规管理的5个基本原则。

【案例3.6】

坪山区中小学教学常规·教学原则
坪山区教育科学研究院

　　教学常规是教育工作者在长期教学实践中总结出来的符合教学规律并行之有效的工作方式方法、流程模式等，是教师从事教学工作应遵循的基本规范。落实和完善教学常规，是深化教学改革的基本前提，是大面积提高教学质量的重要手段。

　　教学原则反映了教育者对教学活动的本质、特点和规律的认识，是指导教学工作有效进行的行为准则。教学原则对教学活动有较强的指导和制约作用，它规范教学活动的全过程。中小学教学须遵循5个基本原则。

　　（1）全面性原则。全面培养学生的学习品质，使智力与非智力品质协调发展。各科教学均应坚持教书育人，有机地渗透人格教育内容；均应从有利于学生德、智、体、美、劳全面发展的总目标出发，不可片面强调学科本位，不得挤占其他学科正常教学时间，不得让学生负担过重；应把传授知识与发展智力、培养能力与健全人格结合起来，促进学生身心、智能全面和谐发展。

　　（2）全体性原则。面向全体，全员参与，全员发展，全员提高。各学科教师在教学过程中要让每一个学生都成为学习的主人，特别关注弱势群体。既要力争达成对全体学生共同的基础性要求，又要关注不同学生及群体的特点，呵护和培育学生的个性与特长，让每一位学生都努力"做最好的自己"。

　　（3）目标性原则。任何学科、任何年级、任何教学活动，都必须明确教学目标。教学目标的制定须依据、理解课程标准，尊重教材，尊重编者意图，尊重学情，注重分层分类。教学目标要明确、具体、可达。教学过程的实施，必须以目标为主线，全堂贯通，手段为目标服务。

　　（4）过程性原则。树立"过程比结果更重要"的观念。教学过程要坚持循序渐进，理论联系实际，使学科的知识结构与学生的认知能力统一起来，使学生在认知过程中充分享受获取知识的愉悦，享受发现问题的惊喜，享受解决问题的成功。对教学的评价，既要看教学结果，更要看教学过程。

　　（5）主体性原则。教师应善于运用提示、设疑、解惑等方法，激发学生的求知欲和学习兴趣，培养学生学习的主动性、独立性和创造性，让学生学得生动活泼。要在教学中充分体现学生的主体性，要为学生直接参与学习活动创造足够的时间、空间、机会与场景，不轻率地否定学生的任何一种见解。要在课堂中充分承认学生的价值、尊重学生的想法，让他们能发表自己的见解，捍卫他们学习的权力，让每一个学生都在课堂上真正感受到他们很重要。

【案例点评】新区教科研中心成立之初，区域教科研管理基础薄弱，区内公民办学校、中心校与边缘校之间的教学管理水平差异较大。作为承担全区基础教育教学研究、指导、管理与服务的业务部门，教科研中心提出用3～5年时间，强化教学常规管理和德育常规管理，促进区域教科研规范、均衡发展的工作策略。通过调研、起草、讨论、试用、修订，印发了《坪山（新）区中小学教学常规手册》，该手册的总则部分开宗明义地提出了区域教学常规的五大原则。此后，又相继印发《坪山（新）区德育常规管理手册》《坪山（新）区幼儿教育教学常规》《关于进一步规范义务教育课程改革加强教学管理的通知》等规范性文件。依照相关制度，严密组织对全区各校的常规检查、调研、反馈、整改等，对规范中小学教学常规管理具有很强的指导、示范、引领作用。

在区教学常规管理制度的指导下，各校都制定了本校的《教学常规管理实施细则》。

【案例3.7】

走精细之路，育桃李芬芳
——坪山中学教学常规管理制度简介

精细化教学管理是提升学校品质的必由之路，是提高教学质量的关键。完善制度是落实精细化管理的前提。坪山中学与教学相关的管理制度分为四大块：教学人员岗位职责、教学管理制度、教学激励制度和校本研修制度。

（1）教学人员岗位职责。对每一个教学岗位都制定一整套明确的岗位职责，如《校长的教学管理职责》《教学副校长职责》《教导处主任职责》《教务员职责》《任课教师工作职责》《科组长（备课组长）岗位职责》《班主任工作职责》等等。

（2）教学管理制度。学校常规管理制度主要包括招生、学籍、信息、社团、教学常规管理等各个方面。重点突出教学常规管理，制定了《坪山中学教学工作常规》《坪山中学集体备课制度》《坪山中学教学质量评价规定》等制度，以及《教师手写教案基本规范》《教师作业布置批改规范》《班主任家校联系工作要求》等具体规定。

（3）教学激励制度。为更好地加强对教师的评价和激励，学校有《教学奖励方案》《体育竞赛奖励方案》《教科研奖励办法》《优秀科组评选办法》

《教学标兵评选办法》《文明班级评选办法》等激励制度。

（4）校本研修制度。校本研修制度包括《校本研修工作制度》《继续教育管理规定》《教师学习培训制度》《青年教师专业成长制度》等。

【案例点评】制度具有指导性和约束性，具有鞭策性和激励性，还具有规范性和程序性。制度对实现工作程序的规范化、岗位责任的法规化、管理方法的科学化起着重要作用。坪山中学从教学人员岗位职责、教学管理制度、教学激励制度、校本研修制度4个方面，对教学进行精准管理，为规范教学与管理行为、提高教学质量奠定了坚实基础。精细化管理既要有制度，更要落实，用坪山中学校长的话就是："布置＋不落实＝0""制度＋不执行＝0"，有制度但不落实等于没制度，落实不坚决、不持久、不彻底，也没有好效果。

（三）区域教学常规的过程管理

1. 教学计划管理

教学计划是教学行动的"向导"，是教学工作检查的"裁判"，是教学工作总结评价的"尺度"。教学计划管理包括教学计划的制定、实行以及实行过程中的检查和教学计划执行情况的总结。[①]

【案例3.8】

坪山区中小学教学常规·教学计划
坪山区教育科学研究院

学校、教研组（备课组）、教师应认真制订教学工作计划。

（1）教学计划是学校教学管理部门、教研组、教师等教学主体所制订的统领教学工作的策略性文件，包括学校教学计划、学科教学计划、教师个人教学计划等。教学计划的制订必须做到整体具有系统性、目标具有针对性、措施具有操作性。

（2）学校教学计划，一般包括学校教学工作的指导思想、情况分析、目标要求、工作重点、具体措施、主要内容、活动安排等。一般每学期开学前制订一次，由分管校长或教导（务）处起草，校务会或教师代表大会讨论通过并予以公布实施。

---

① 江家齐，陈运森：《教学管理》，广东教育出版社1993年版。

(3) 学校教学计划既是引领全校教师完成教学任务、达成教学目标的指南，又是检查教学计划实施状态的依据。校级领导的督促、教学部门的视导，都应以教学计划为基本依据。

(4) 教研组应根据学校教学工作计划，结合本学科实际，制订教研组教学计划，包括本学科的教学目标、教学进度、教学实施、教学评价、教研活动等。教研组教学计划一般是由教研组长起草，本组教师讨论通过执行。成立了备课组的学科，还需要制订备课组教学工作计划。

(5) 任课教师应根据学校和教研组（备课组）教学工作计划要求，在钻研课标、分析教材、了解学生的前提下，制订个人教学计划。个人教学计划一般包括课程标准解读、教材分析、学情分析、教学任务、教学目标、教学策略、教学方法、教学进度等。教师学科教学计划一般写或贴在备课本前面，以便教学实施和配合教学常规检查。

【案例点评】针对区域教学计划性不强、校际之间不平衡等问题，区教科研部门在《坪山区中小学教学常规》的教学计划部分，提出了5项具体要求，让学校、教研组（备课组）、教师的教学做到"先预后立""心中有数"，对规范区域教学秩序、深化课程改革、提高教学质量大有裨益。

2. 备课管理

(1) 教案设计与管理。教案也称教学设计，学校应制定教案设计的基本要求。一般而言，教案包括课标解读、教学目标、主题剖析、教材处理、学情分析、重点难点、课型学时、教学方法、教学手段、教学实施、板书设计、作业布置、教学评价、教学后记（课后书写）等。

教师是教案设计的主体。备课前，教师要认真研读课程标准、教材、教学参考资料等。对于已上过的教学内容，要把上一轮或前几轮的教案进行对比研究，尤其要反复琢磨"教学后记"等内容，以改进新一轮教学。要遵循课程标准，精心设计知识与技能、过程与方法、情感态度与价值观等"三维目标"有效达成的具体途径。要充分了解学生，考虑学生的认知水平和心理状态。根据最近发展区理论，科学设定课堂教学目标，精心取舍教学内容，合理组合教学方法，选取适当的教学媒体，并编写详细的教学设计。

学校应建立教案检查制度。教案检查可采取定期普查或不定期抽查等方式，要有检查的过程记录与评价反馈，必要时提出整改要求。教案评价标准可以在基本要求的基础上，针对学校、教师、学科等情况，制定不同的具体评价方案。要关注教师的新一轮教案对上一轮教案的继承与创新，重点关注教师是如何解决上一轮教学中出现的问题的，必要时可以通过课堂观察确认教案设计的针对性和有效性。对"教学后记"栏目的检查要特别注意时效性，不允许教师在上完这节课很长时间之后，为应付检查而临时抄写、敷衍了事。

（2）备课程序与要求。要坚持集体备课与个人备课相结合，实行"个人首备—集体研备—个人二备"三段式的备课组织程序。

个人首备是有效备课的基础和前提。开学前，教师要认真钻研全学期课程标准、教材、教学参考书等，研究学生的认知起点和学习状态，制定合理的学期教学计划，设计全学期的教学简案。这项工作最好在新学期开学前完成，最低要求提前一个月完成下一个月的个人简备。在每单元或每节课上课前，要在前期整体研究成果的基础上，编写单元及课时的详案，这是有效备课的第一步。

集体备课是校本教研的重要形式，是保障备课整体质量的关键环节。教研组（备课组）集体备课的优势有：协调教学进度，统一教学基本要求，确定教学重难点；发挥群体智慧，一起突破重难点；共同研制教学策略，汇聚优质教学资源，设计基础教学课件等集体备课成果；共同预设教学过程，预判生成性问题及解决之道；集中研究学情，解决共性问题。集体备课可分三段来组织：新学期开学前的"大集备"，交流"个人一备"的成果，并多花几天时间对整学期的教学进行集体研究；单元（或每月）的"中集备"，重点研究单元或阶段性教学方案；每课（或每周）的"小集备"，通过集体研究形成每一课时（或每周）的共同的备课成果。

年级组集体备课是学科集体备课的补充。这种备课组织形式比较容易被忽视，但确有必要。一般由班主任召集，班级各学科科任教师参加，必要时可以邀请家长代表或曾任课教师代表参加，时间、内容、方式可相对灵活。主要目的是加强班级各科任教师的协调沟通，更好地了解学情、班情，以便因班施教、因材施教。

个人二备是有效备课的升华。教师应把集体讨论的内容加以消化整理，充分吸收集体智慧，结合个人一备成果，形成个人二备成果，完成正式教案的编制。如有必要，上课前和上课时可以根据需要对二备略做微调。

【案例3.9】

坪山区中小学教学常规·集体备课

坪山区教育科学研究院

1. 学校建立健全集体备课制度。开学前，各备课组要进行集体研究，制定学期的教学进度、教学策略、备课组活动计划等，提前收集和整理本学科、本学期的教学资源。

2. 集体备课要做到"四定"：定时间、定地点、定内容、定主备人。每周至少开展一次集体备课活动，每次活动不少于两课时。

3. 备课组长负责组织、安排备课组活动。至少提前一周督促主备人做好准备工作，协调、指导组员参与合作，安排专人及时做好备课组活动记录。

4. 集体备课活动前，全体备课组成员要认真研究课标教材，最好能准备个人初备简案。集体备课主备人须在集体备课活动前完成"详案"文本，并配套PPT、学案等相关教学资源。

5. 集体备课时，主备人要针对教学设计内容说明设计的依据、意图和思路，重点阐释教学过程与教学方法。备课组成员要围绕知识建构、能力发展、教法学法等深入进行研讨，充分发表见解，优化教学设计，形成集体备课教案，并可在此基础上形成学案。

6. 每位备课组成员须在集体备课教案的基础上，结合本人特点以及所教班级的学情，进行个性化的复备，形成自己的教案，切不可把集体备课的教案原封不动地全盘照搬。

7. 在集体备课全过程中，全体成员要加强教育理论学习，进行教学反思，交流教学心得，剖析教学问题，开展行动研究，提炼教学案例、经验、论文，积累教学资源，提高备课组校本研究的能力。

8. 学校要对集体备课的开展和教师教案的撰写进行检查、反馈、指导、交流，进行科学评价，将评价结果纳入教研组和教师个人的业务考核档案。

【案例点评】备课是中小学教学常规重点工作之一，但部分学校的集体备课质量不高。究其原因，一是教师对集体备课的重要性认识不足；二是教师的各项工作负担过重；三是缺乏对集体备课的科学指导和有效监管。《坪山区中小学教学常规》的第六部分"备课、上课、说课"中提出了"备课八条"，为各校抓好集体备课提供了明确指引。

3. 上课管理

课堂教学是完成教学目标，保证教学质量的核心环节。课堂教学管理是教学常规管理的重中之重，学校务必对教师的课堂教学提出明确的基本要求。

（1）严格按课表上课，未经有关管理者同意，不得随意调课，更不准随便缺课。上课不得迟到、早退，不得中途离开教室，不得随意拖堂。

（2）上课铃响，教师必须准时或提前进入课堂，准备教学。在短暂的准备教学环节里，要用最短的时间清点学生人数，弄清学生的出勤情况，对非正常原因缺席的学生应及时报告班主任或教务处，并与学生作简单的沟通交流。

（3）要正确理解新课程理念，坚持学生主体，采用自主、合作、探究等多元教学方式，注重培养学生良好的学习习惯和兴趣，提高教学实效。教学过程中，要围绕教学目标，面向全体学生，合理组织教学，因材施教，使每一位学生都得到发展。要帮助学生学会学习，努力培养学生的创新思维。

（4）课堂练习的设计要起到激活学生主体、检验所学知识、巩固所学内容的作用。题目设计要典型精当、有针对性，要防止题海战术、机械重复、简单划一、老师包办。课堂练习尽量要求当堂完成。

（5）教师上课要整肃仪容仪表，教态亲切、自然、大方，衣着得体。师生必须讲普通话（外语课用标准口语），教学语言精炼、准确、生动，富有启发性和吸引力，声音洪亮、清晰。板书要清楚工整、大小适当、用字规范、不写错别字，布局结构合理美观、简约大方，可用思维导图体现所学内容的重难点和逻辑结构。

（6）教师在课堂上要随时关注学生的学习状态、思维状态、交往状态，要对全体学生的学习全过程进行必要的观察与指导。教师要具有教学智慧，能处理好教案预设与课堂生成之间的关系，创造性实施教学。教师要高度重视课堂发生的各类突发事件，及时妥善处理。

（7）教师在课堂上要严格遵守师德规范，尊重学生的人格，严禁体罚和变相体罚、羞辱学生。教师应严格要求学生遵守课堂规则，课堂内发生的问题尽可能当堂解决，如不能及时解决下课后须跟进处理。如个别学生违反纪律，教师可适当批评教育。

（8）活动课等校本课程也属于课堂教学的范畴，其课程和教学内容的选择要符合学校、社区、教师实际和学生需求，相对稳定，形成特色。活动课形式要灵活多样，符合以学生为主体，教、学、做相结合的原则。

检查教师上课情况是教学管理者需长期坚持的一项重要工作，以校长为首的教学管理者要在开学初制订学期听课计划与课堂教学检查评价方案，以提高课堂教学检查的有效性。要做好上课情况检查记录，并以适当方式与听课对象或教师群体进行反馈交流。

【案例3.10】

坪山区中小学教学常规·上课

坪山区教育科学研究院

（1）认真做好课前准备。熟悉教案、学案，提前把学案发给学生，以便学生预习；对学生的预习情况要加以检查，了解学情，培养学生良好的预习习惯。

（2）营造良好的学习氛围。课堂气氛和谐，师生关系融洽，创设灵活的、有助于学生自主、合作、探究学习的教学情境，营造民主、平等、互动、开放的学习氛围，激发学生学习兴趣，突出学生主体地位。

（3）教学思路清晰，教学结构合理。遵循循序渐进的教学原则，科学严谨、精益求精地组织教学，教学环节完整、层次清晰；注意新旧知识的内在联系，指导学生合理建构知识结构。

（4）教学内容处理得当。引导学生围绕重点，理解和运用学习内容，学会分析和解决问题，感悟和体验学习内容中蕴含的科学方法和情感、态度、价值观。教师讲解科学准确、详略得当，知识梳理脉络清晰。抓住关键揭示重点内容，分散化解难点内容，具体分析对比疑点，着力引导学生掌握重点，突破难点，夯实基础，发展能力。

（5）发挥教师的主导作用和学生的主体作用。既要体现教的过程，更要体现学的过程。要摒弃满堂灌的陋习和过于重视结论的倾向，面向全体学生，兼顾个体差异，给学生充分的自主学习和思考的时间。要根据教学实际和个体差异，选用恰当的教法，因材施教；要加强学法指导，引导学生围绕学习任务，主动参与学习过程。

（6）合理组织课堂教学。教学过程中要重视教学的组织，关注学生学习状态，多方收集学生信息，充分调动学习积极性和主动性。正确处理预设与生成的关系，能敏锐地感受、准确地捕捉新情况、新问题，及时调整教学策略，使各教学环节自然流畅。充分发挥评价的激励功能，对学生的学习过程、方法和结果及时作出即时评价，促进学生高效学习。教师要对违反课堂纪律的行为和现象进行机敏地引导，不得乱发脾气、侮辱学生，严禁体罚、变相体罚或将学生赶出课堂。

（7）科学设计问题，精选例题和习题。设计的教学问题要具有思考和探究价值，要针对学生出现的共性问题和重点难点。精选的例题和习题要体现基础性、针对性、梯度性、思维性，精讲精练，及时矫正巩固。要处理好讲、学、练的关系，保证学生有足够的时间自主学习、交流讨论和完成课内练习、检测。

（8）合理选择教学手段。有机整合现代信息技术与学科教学，合理使用实验器材、挂图、模型、计算机、网络、音像设备等教学媒体，注重实效。要有序组织演示、验证和探究实验教学，操作规范，指导及时，确保安全。鼓励师生自制教具，增强教学的直观性，提倡教师就地取材解决教具、标本不足等问题。

（9）教态自然大方，使用普通话。教师在课堂上要仪表端庄，精神饱满，举止适度，自然亲切。要用标准普通话授课，教学语言规范、精练、准确、生动、有激情、具有启发性和感染力。

（10）培养学生良好的学习习惯。上课时对学生要严格要求，发现学生答题或练习错误要巧于指点、引导，发现学生握笔、写字、坐立姿势不正确等问题应及时纠正。要教会学生掌握良好的学习方法，培养良好的学习习惯。

（11）精心设计与书写板书。教师的板书、板图、板画要科学严谨、清晰合理，要体现知识的形成过程，揭示知识结构和学习方法。严禁字迹潦草，不写错别字、不规范字。鼓励探索思维导图等创新的板书表达形式。

（12）作业布置精当。精心选择、编制课堂练习和课外作业，难易适当。根据学生的学习情况，可在必做题外另加少量难度稍大的选做题，作业时间严格按照国家、省、市、区教育行政部门的规定执行。

（13）课后反思及时。课后及时总结教学的成功经验，写好教学后记，反思问题与不足，研究解决对策，以改进教学，促进自身专业发展。

（14）其他要求。不带手机进课堂，上课不迟到、不早退、不拖堂。无特殊情况应按课表上课，未经管理部门批准，教师不得擅自停课、调课或请他人代课。严禁出现违反师德师风的不良课堂言行。

【案例点评】《坪山区中小学教学常规》第六部分"备课、上课、说课"中对上课提出的要求详细而明确。"上课14条"与"备课8条"相互联系，互为支撑，确保"学为根本，教为支持，学教融合，教学相长"的区域课堂教学理念落到实处。

4. 作业管理

为帮助学生巩固课堂所学，布置、批改、反馈作业也是教学的组成部分，可看成对课堂教学的补充和延伸。教学管理部门要定期或不定期检查教师的作业批改情况，并将检查结果公布。学校每学期至少组织一次各年级、各学科的优秀作业展评。教师要及时把作业批改情况中所发现的问题记入"教学后记"栏目，便于改进教学。作业管理重点关注4方面的问题。

（1）教师布置作业须符合课程标准的要求，具有明确的目的性和针对性。要突出"知识与技能、过程与方法、情感态度与价值观"三维教学目标，注重培养学生的学科能力与核心素养。作业量要适当，要让大多数学生在放学前能完成。作业难度要考虑上、中、下各层次水平的学生，让每个学生能通过完成作业获得成就感。

（2）教师必须及时检查和批改作业。要保持一定比例的面批，日期要明确。批改作业时要体现教师的示范性，书写要工整、规范、准确。评语要得当，指示要具体，富有激励性和指导性。

（3）要培养学生按时、规范、独立完成作业的良好习惯。教师应督促每位学生及时上交作业,如学生拖欠或不做作业,教师要帮助学生分析原因,及时补救。

(4) 鼓励教师对作业布置进行改革和创新。可根据教学实际和学生实际,设计和布置开放性、探究性、实践性作业。

【案例 3.11】

教学常规管理细则·布置和批改作业
坪山区坪山实验学校

对学生作业的布置、批改和指导,是教学工作的重要组成部分,它对了解教学、巩固所学、发展能力、养成习惯具有重要意义。学生作业分课内作业与课外作业、书面作业与非书面作业、必做作业与选做作业等,做好作业的布置、批改、指导与记录,作业时间按照《广东省义务教育学校教学规范(试行)》第十六条执行。具体要求如下:

(1) 精心设计。布置作业要目的明确,符合课标、教材要求和学生的实际。认真编选作业题目,每个题目均应有明确的训练目的;作业的数量和难度适当,符合学生实际,既要有统一要求,又要照顾各层次学生需要。

(2) 控制总量。小学低年级不留书面家庭作业,小学中高年级和初一、初二年级书面家庭作业时长不得超过 60 分钟,初三年级书面家庭作业时长不得超过 90 分钟。

(3) 细化要求(含各学科、各学段)。如初中语文要求如下:

内容与数量:大作文(单元作文)每学期 6~8 篇;须布置学生天天阅读(每天课外阅读至少半小时);须布置学生经常演说交际(每天与人交流读书感受、表达所见所闻、大声朗读 20 分钟,三选一);须布置学生多进行读写积累(每周读书笔记至少 3 篇);须布置学生常采集编创(每周自由创作或日记至少 1 篇);须布置学生自编综合训练(每单元 1 套)。

作业批阅:书面作业实行全收全改,大作文每篇由教师精批三分之一,其余的可由教师略批。精批要做到总批、眉批和间批,从标点符号到字、词、句、章都要进行修改;略批可含总批、内容小修改等。对于学生的自由创作或日记、读书笔记等,教师可自行采取多种形式批改或讲评。口头作业上课抽查。

其他学段、学科要求(略)。

(4) 及时批改。要按时收作业,及时批改和发还作业,让学生及时了解学习效果。作业批改方式应根据实际情况确定,对作业中反映出来的倾向性问题应有记载和跟踪（作业批阅记录本备查）。批改作业要有等级、评语、批阅日期及错误提示，评语要有针对性和激励性。提倡面批面改，提倡作业评价主体多元化和形式多样化。

（5）认真讲评。针对学生作业中存在的共性问题进行讲评，分析学生产生问题的原因，帮助学生总结规律，深入理解知识。指导学生独立及时完成作业，对不认真完成作业、抄袭作业或不交作业的学生应及时了解情况，给以教育和帮助，对作业获优秀的学生要及时鼓励，并将作业进行展评。

（6）定期检查。教研组利用每月最后一周的科组活动，对教师的作业布置及批改情况进行检查，要求种类齐全，检查作业本数与学生数一致。教学处对相关科组作业布置与批改情况进行抽查。

【案例点评】坪山实验学校根据《广东省义务教育学校教学规范》《坪山区中小学教学常规》，结合本校实际，对作业管理细致而有特色。如规定作业时间总量，作业布置个性化，切实减轻学生负担；对各学科、各学段的作业要求明确仔细，便于规范管理；特别注重对学生的作业点评和跟踪改进，实时把握学习脉搏，改进作业布置与批改，发挥作业的最大功效。

【案例 3.12】

统筹规划，区域推进，打造两级假期综合实践活动特色课程

坪山区教育科学研究院　钟焕斌　肖棋丹

坪山区中小学寒暑假综合实践活动，从 2018 年暑假开展，已经步履坚实地走过了 7 个学期（七季）。区教科院统筹规划，整体推进，注重评价，全区教师积极参与，综合实践活动理念深入人心，区校两级课程不断丰富，假期综合实践活动课程已成为区域的特色和品牌。

1. 直面现实，创新思维，整体谋划区域课程

2017 年 9 月 25 日，教育部颁布《中小学综合实践活动课程指导纲要》（下称《纲要》），正式确定了综合实践活动国家课程、地方统筹实施的课程定位。和许多地区一样，几年前，坪山区综合实践活动处于无专人管理、无专职教师、无系统课程的"三无"状态。面对现实，抱怨不能解决问题，唯有转变观念才能取得突破：没有系统课程，区域正好可以整体谋划；没有专职教师，要想办法让人人都成为综合实践活动的教师。

要想深入开展综合实践活动，打造区域课程，首先要考虑两个问题：一是

不要让教师觉得增加了教学负担；二是不要让文化学科觉得被挤占了时间。因为，不被教师接受的事情，是无法推进的。如何寻找突破口，规避这两个矛盾呢？必须转变思维，创新路径！

"社会即学校，生活即教育。"区教科院充分利用综合实践活动课程的张力，在"围墙外"找到突破口：寒假、暑假。学生放假了，老师们也不用争抢时间了，孩子们终于有了属于自己的时间、自己的空间，这不就是综合实践活动最好的课堂吗？"做中学，学中觉。"学生如此，教师亦然。对的事，做就对了。我们以此为突破口，牢牢把握区域寒暑假综合实践活动课程建设的"牛鼻子"，整体规划，引领学校全面推进。坪山区的寒暑假特色作业，从此精彩纷呈，风光无限。

2. 区域推进，两级课程，共育坪山"六小"少年

我们认真研究《纲要》，将价值体认、责任担当、问题解决、创意物化等目标进行本土化细化，以培育学生爱家人、爱学校、爱社区、爱家乡为出发点，以提升学生生活能力、交往能力、表达能力、思维能力和动手能力为着力点，重点打造坪山"六小"课程，即"我是家庭小厨师""我是菜园小主人""我是环保小讲师""我是校长小助理""我是鹏城小导游""我是深圳小义工"。

在课程设置上，为了与文化学科进行区分，以"寒（暑）假特色作业"统一冠名，通过"规定动作＋自选动作"的模式，建设区校两级课程："规定动作"，是根据《纲要》，结合《德育工作指南》《大中小学劳动教育指导纲要》及其他相关政策和热门话题，统一设计的主题活动。如"垃圾分类""我爱我家""好好过年"等。"自选动作"，在方向性、综合性、实践性、针对性、选择性、安全性等方面把握航向，各校立足校情和学情，自由设计。每一季的"自选动作"，各校可谓八仙过海，各显神通，如"家庭厨艺""阳台种植""手工制作""社区公益""亲子旅游""参访科技公司""一日职业体验""走进客家围屋""探访家乡风俗"……但凡种种，不一而足。

3. 缜密设计，展示交流，评价引领绿色课程

科学评价引领课程持续发展。我区综合实践活动课程评价主要抓好两个环节——方案设计和活动总结，并采取了三大评价行动。

（1）活动方案的评比。"凡事预则立，不预则废"，各校必须在放假前设计好"综合实践活动特色作业方案"。

（2）活动总结与评比。开学初前两周，各校必须完成校内的展示和交流，并提交总结材料，参加全区统一组织的总结、交流、展示与评比活动。每次交流会的现场，宛如一次盛大的节日，创意的展演、精美的视频、丰富的作品，美不胜收，让人眼花缭乱。

（3）家长问卷调查。假期综合实践活动，家长最有发言权，问卷内容包括"学校是否落实""课程是否合适""孩子是否参与""能力是否提升""家长是否满意"等。

为了确保评比的公正性，每次活动，教科院都邀请区外专家进行评审，并逐步增加家长、学生代表和社会媒体参与的比例。科学、缜密而及时的评价，确保了区域假期综合实践活动课程的质量和建设的可持续性。

4. 融洽亲子，和谐社区，家长称道，社区满意

坪山区假期综合实践活动特色作业，教师们普遍参与，并且在活动中转变了理念，开阔了视野，收获了成绩，激发了动力，区域骨干教师团队不断壮大。学生们在实际参与中，提升了能力，陶冶了情操，而最关键的是在活动中找到了快乐。家长们在陪伴中融洽了亲子关系，公益活动和谐了社区氛围。教科院通过问卷星对家长进行的问卷调查表明，课程满意率从50%提升到87%，整体满意率从56%提升到92%，中小学家长参与问卷人数比例从25%提升到60%以上。

常规的事坚持做，就是传统；传统的事坚持做，就是特色。坪山区假期综合实践活动课程，提升了学生的综合素养，丰富了区域"无围墙课程"建设的内涵，它一路高歌，已经成了坪山区课程改革长河中一朵欢快的浪花。

【案例点评】坪山区教科院直面区域综合实践活动课程实施的"三无"现实，以副院长兼综合实践活动教研员钟焕斌为首的团队转变观念，创新设计综合实践活动假期区校两级课程和寒暑假特色作业，实施区域推进。以方案设计评比、活动总结评比、家长问卷调查、线上线下展示等评价方式，实现了综合实践活动课程建设的区域推进和持续发展，走出了一条务实、持续、特色的区域综合实践活动课程实施模式，得到了省、市综合实践活动教研员等市内外同行的高度关注和一致认可。

5. 辅导管理

辅导答疑是教学常规的组成部分，有利于促进每一位学生的发展。对于辅导管理，要注意以下几点：

（1）辅导答疑应遵循因材施教原则。教师既要有课内辅导，又要有课外辅导；既要有集体辅导，又要有个别辅导。

（2）集体辅导注重计划、设计、组织。教师要分析班级的整体特点和学生的层次差异，针对共性问题，找出症结，对症下药。

（3）个别辅导注重针对性、实效性。重点关注两类学生，即学习困难生和学有余力生。对于学习困难生，需加强对他们的关心与爱护，分析其学习困

难的原因，精准施策；对于学有余力生，可采取布置提高性作业、推介课外补充读物、参加课外兴趣小组等办法，激励其兴趣，发扬其特长，扩展他们的知识视野，培养他们的创新意识和创新能力。

（4）辅导要讲究方式方法。要做到热心、耐心，要树立学生信心，指导学习方法，避免疲劳战。放学后不得留学生集体辅导，个别辅导时间也不宜过长。

（5）有住校生的学校可在晚自习期间适度安排科任教师进行个别辅导答疑。

【案例3.13】

坪山区中小学教学常规·课外辅导
坪山区教育科学研究院

学生之间的学力差异客观存在，教师对学力稍弱的孩子在课后给予适量、适度的辅导是必要的。

（1）不歧视学力较弱的学生。义务教育阶段严禁开设或变相开设重点班。在课堂教学中，通过小组合作等方式，促进学生互学互教。教师在课内外要多关注基础薄弱的学生。

（2）课后个别辅导一般在课间、中午或下午放学后。下午放学后的辅导，原则上不超过一节课时长，绝不能拖到天黑。为保障学生安全，事前必须与家长沟通，得到家长认可，并促其按时来校接回孩子（住校生除外）。

（3）课后补差或培优性质等团队辅导，须经学校管理部门批准，且信息公开，学生自愿，家长知情，教师乐意。

（4）探索运用现代技术手段提供差异化、个性化辅导。如建立家校互动平台，学生可在家通过平台与老师、同学互动，以释疑解惑。

（5）任何课后辅导，都是教师服务于学生学习的职业行为，属于正常工作范围，不能以此为由收取费用，亦不可收受礼物。

【案例点评】在现实中，很多教师偏爱学力强、成绩好的学生，而对一些学力弱、成绩差的学生弃之不管，该教学常规关于"课外辅导"的5条规定较好地处理了这个问题。如要求教师"不歧视学力较弱的学生"，回应了广大学生及家长的合理关切；课后辅导要本着"学生自愿，家长知情，学校同意，教师乐意"的原则，尊重了学生的自主性和选择权；"任何课后辅导不得收取费用和礼物"画出了课后辅导的"红线"。

6. 教学常规检查

促进区域教学质量整体提升，重在教学管理，教学管理重在"四实"：真实、务实、扎实、落实。教科研中心成立后，坪山区建立了严格的区、校两级教学常规、德育常规检查制度，由中心（院）负责人担任总组长，成立区教学、德育常规检查团队。由中心（院）副主任分别任中小学检查组组长，各校一把手（校长）任副组长，教学副校长或教务主任（德育副校长或主任）为成员，分学段、分小组对全区中小学"地毯式"检查。以3年为一个周期，连续坚持两个周期，上学期检查教学常规，下学期检查德育常规。检查依据为《坪山区中小学教学常规》《坪山区中小学德育常规》。此后，重点对新办学校和薄弱学校进行检查。区教科研中心明确要求，各校根据本校实际，由校长担任组长，落实校内教学常规检查和德育常规检查工作常态化。

【案例3.14】

加强教学常规管理　提高教育教学质量
——坪山新区首轮教学常规检查总结

坪山新区教育科学研究管理中心

为全面推进坪山教育"四优工程"，切实落实"六大行动计划"，2011年4月6日至26日，由新区教科研中心组织各中小学校长和教研员对全区24所公民办中小学进行了全面的教学常规检查。现总结如下：

……………

3. 检查反馈，不留情面

（1）教学管理：制度建设、教学计划与总结、课程计划与实施、学校教学检查工作、校本培训、校本教研、校园文化、教学质量。（略）

（2）教学过程：备课、上课、听课、作业、辅导、社团、考试。（略）

（3）结对帮扶：各公办学校积极主动争取市名校帮扶，同时按照"区内帮扶"方案积极支持本区民办学校。多数公、民办学校积极争取市、区帮扶，"搭便车，提车速"。如坪山高中利用"百校帮扶"的有利契机，通过深圳市实验学校的传帮带，促进教师教学水平的提高：本学期已有语文等6个学科开展了"同课异构"研讨课，通过对课堂教学的深度交流，教师的课堂教学的认识水平和实操能力得到显著提高；两校合办的"帮扶实验班"有创意、有力度、见实效，深受学生喜爱，家长欢迎。坪山实验学校与深圳实验学校双方班子交流、中层交流频繁，两校开展大型帮扶活动多达18次，部门对口帮扶中层干部到对方挂职学习，有计划、有过程、有实效。光祖中学的"深高班"办得有声有色……部分结对学校帮扶的规定任务没有完成，有的流于形式，存在薄弱环节。如统一质量调研组织不好,有的学校只有试卷,没有测试结果和比较分析;共同开展课题研究、共同备课不深入;教师、管理干部交流较少;等等。

....

6. 思考与建议

(1) 学校都建立了不少制度,如何落实?

尽管各学校都制定了一些好的制度和措施,但由于督促检查不够,很多制度写在纸上、贴在墙上,却落不到行动上。例如,教师的教学计划由学校统一保管后,起不到指导教学的作用,检查时也只好到学校教导处去查。

(2) 如何巩固教学常规检查成果,如何改进教学常规检查的组织?

教学常规需要常查、常督、常改。曾宇宁校长说得好:"教学常规是学校教学工作最基本的保障。从计划到总结,从备课到改作业,从学校到个人,都必须在'实'字上做文章,做到学年、学期、月、周、日常规具备,而不能就检查而检查,就检查而恶补。"由于时间有限,区里组织的检查不可能一一深入,需要学校自查时更加全面。有些听课记录有可能是临时补上去的,教案也有可能抄袭别人,雷同较多;有些报告属于下载、抄袭而来;等等。这些不良现象要及时遏制。另外,组织全体校长、教研员连续突击工作几十天进行全区检查,工作强度大,而对过程性、常态化诊断不足。这些问题如何改进,请大家一起思考。

(3) 如何用好《常规检查报告》,提高校长和管理团队的教学管理水平?

这次检查,我们力争做到专业细致、有启发性。检查结束后形成了《坪山新区教学常规检查总报告》,对各校的检查情况也有书面反馈分报告。这次检查,我们有一些硬措施,如要求每位校长要提交1篇检查总结,每一位成员要在小组总结会上发言,管理团队骨干要接受检查组的质询,家长、教师、学生座谈会随机选择对象,等等。从校长们的心得体会和大会交流的情况看,大家的收获都比较大。不过,还有个别校长和管理干部,对常规检查认识不足、重视不够、思考不深、办法不多。部分学校常规管理问题较多,如何改进,都需要校长组织广大教师一起来思考、推动。

(4) 教师培训如何才能有效?名师队伍如何培育?

深化区域课程改革,促进教师专业成长,提高教育教学质量,需要良好的教师培训、培养体系来支撑,需要有数量足够、结构合理、能起作用的名师引领。方佑喜校长建议:"希望新区多请一些区内外一线的优秀管理人员、一线的优秀教师到我区讲学、示范,让老师们能从一堂堂精彩的课堂实例或实实在在行之有效的优秀管理经验中真正学到可以学以致用的东西。不必请那些没有实践经验、空有理论说教、没有实际效果的所谓专家指导,否则既浪费时间,也没效果。"这样的建议代表了许多校长和教师的心声，对我们工作的改进很有启发。

(5) 教学管理干部如何在岗位上提高执行力？

从教学常规检查和平时的任务落实中可以看出，好的教学管理干部太重要了。教师们都说，他们需要的是脚踏实地、执行力强，而不是夸夸其谈只会指挥别人干的管理干部。受这次检查的启发，我们将陆续制定各管理岗位的职能职责、权利义务，并强化中层管理干部的专业素养和岗位执行力专项培训。

(6) 在各种检查的汇报中，如何给检查者留下较深的印象？

部分学校的检查报告和PPT比较简单粗糙，常规管理工作梳理不够充分，提炼度不够高，检查中优秀、成熟的教学管理品牌、特色项目发现不多；部分学校材料中的数据、事实、案例偏少，比较空泛，还有一些数据前后不一致；部分汇报和介绍人员不熟悉工作，吃不透报告，囫囵吞枣，照本宣科，与检查组成员缺乏深度的对话，等等。作为学校教学管理者，要认真思考和改进。

(7) 青年教师多，如何培养？老教师职业倦怠，如何克服？

各校相当部分年轻教师，教学经验缺乏，水平良莠不齐，也无法腾出很多时间参加培训。现有的师资队伍中，中青年骨干教师、教学能手太少，学科带头人缺乏，专业教师负荷过重，影响了教师自身水平的提高。部分老学校，老弱病残教师偏多，部分老教师业务发展停滞，职业倦怠感明显，这都制约了学校教学向优质前进的步伐。

(8) 民办学校怎么办？

民办学校办学不容易，硬件和软件都比不上公办学校，教师如何提高专业能力，学校如何发展，怎样扶持？一是师资力量不足。如向阳小学现有学生1000多人，仅有43名教师；阳光小学学生800多人，仅有33名教师。教师课程多、任务重，教师的平均课时量超过20节，还要跟车接送学生，有的教师甚至要跟两趟车。如此状态，怎能保证教师有充沛的精力投入到教育教学工作之中？二是师资不稳定。我区民办学校教师的待遇普遍偏低，尤其听说邻近区对民办学校教师进行政府补贴时，部分优秀教师便中途跳槽了，再聘请的教师都是应急情况下聘请的，素质参差不齐，工作质量也很难保证。三是教学条件差。民办学校校舍多为工厂厂房改造而成，部分教室的面积、采光不符合标准，影响学生视力；各种功能场室少，学生兴趣小组的开设受限；活动区域小，没有符合标准的运动场，体育课上课质量和学生的体育素养得不到保证。

(9) 如何才能真正发挥公民办学校的互助作用？

为使新区教育均衡优质发展，区教科研中心设计了公民办学校结对互助的机制，虽然大家都觉得很好，但实际上开展起来受到很多因素的限制。从管理者角度，要思考如何通过优化制度来推动；从学校角度，真心诚意虚心向对方学习或提供帮助的态度很重要，行之有效、实实在在的合作机制与具体项目也很必要。张敬阳校长建议建立新区的教学资源库，用好新区的好教师、好干部、好课程，实现资源共享，这些建议都很有建设性。

总体来看，这次教学常规检查实现了预期的目的。检查之前，谈宜福局长向检查组提出要把这次检查变成一次交流研讨、共同提升的契机。在检查的全过程，各校校长几乎全程参与，他们虚心学习的精神和踏实工作的态度令人敬佩。每到一所学校，校长们都畅所欲言，结合受检学校实际，结合自身的理解进行深入的交流，让大家都得到很多启示。这次教学常规检查总体情况是好的，各校都有自己的特色和优势，但有待改进的地方也不少，希望各校认真研读全区总报告和本校的反馈报告，虚心学习，取长补短，在后续工作中加以落实和改进。

我们相信，只要我们扎扎实实抓好教学常规，认认真真落实常规管理，坪山教育质量一定会越来越好。

【案例点评】坪山新区教科研中心定期开展全面、深入的教学常规检查，是切实保障区域教学秩序、提升区域教学质量的重要举措。本文是区教科研中心赵大运副主任在坪山新区第一次教学常规检查总结大会上的总结发言。可以看到，通过常规检查，发掘了优秀经验，发现了真实问题，找准了努力方向。针对校际之间教学管理水平差距较大的现实，采取本区特有的公民办结对帮扶的管理方式，有利于全区协同、均衡发展。在检查过后，针对全区的共性问题及各校的个性问题进行反思，并提出针对性、可行性改进意见，不走过场，效果显著。

相对中小学而言，国家对学前教育的课程、教学的要求较为宏观，各幼儿园在课程设置、教学管理等方面有较大的自主空间。坪山新区成立 3 年时间，幼儿园由 18 所增加到 40 多所，增加的都是民办幼儿园，对幼儿教育教学的规范和引领十分必要。为此，区教科研中心制定了《坪山（新）区幼儿园教育教学常规管理细则》。

【案例 3.15】

坪山区幼儿园教育教学常规管理细则·课程管理
坪山区教育科学研究院

....

第四条 按照教育部《基础教育课程改革纲要》精神，实行国家、地方和学校三级课程管理。教育行政部门负责幼儿园课程的管理工作，并可根据

《幼儿园教育指导纲要（试行）》《3—6岁儿童学习与发展指南》及相关政策指导各幼儿园自主选择适宜的课程教材。同时，鼓励有条件的幼儿园进行园本化课程的开发和实施。

第五条　各幼儿园成立课程改革领导小组，园长为幼儿园课改的第一责任人，统领本园园本课程的建设，完善园本研训的长效机制。

第六条　幼儿园课程建设的基本理念：课程目标以幼儿健康成长为取向，课程内容以整合开放为特点，课程实施以活动体验为特征，课程评价以师生发展为导向，课程管理以民主协作为原则。

第七条　幼儿园课程目标。尊重幼儿的人格和权利，尊重幼儿身心发展的规律和特点；以幼儿和谐、主动发展为取向，促进幼儿健康水平以及情感、态度、能力、知识、技能等各方面的发展，使幼儿成为健康活泼、好奇探究、文明乐观、亲近自然、爱护环境、勇敢自信、有初步责任感的儿童，让每个孩子富有个性地发展。

第八条　幼儿园课程内容的选择与组织。符合幼儿的身心发展的阶段性，避免小学化倾向；从幼儿的生活出发，关注周围环境资源，拓展幼儿的经验和视野，满足幼儿的兴趣和需要；充分考虑幼儿的学习特点和认知规律，处理好各阶段的纵向衔接，同时重视各领域内容（健康、语言、科学、社会、艺术）的有机联系、相互渗透；注重启蒙性、综合性、趣味性、开放性、活动性，寓教育于生活、游戏之中，有利于幼儿循序渐进地学习。

第九条　幼儿园课程实施。以幼儿园一日活动的形式组织实施，以主题活动的形式呈现，在预设的基础上关注生成。

第十条　游戏是幼儿活动基本形式，是指幼儿自发、自主、自由的活动。通过游戏活动培养幼儿的想象力、创造力和交往合作能力，促进幼儿情感、个性健康发展。

第十一条　幼儿园应为幼儿提供健康、丰富的活动环境，让幼儿在与环境的交互作用中主动发展。环境的创设应体现教育的目的性、幼儿的参与性、学习的阶段性、材料的丰富性、安排的合理性。幼儿园应根据幼儿的年龄特点、兴趣、需要，围绕教育目标，师生合作创设具有本园、本班特色的教育环境；要符合幼儿园安全卫生的有关规定，消除各种安全隐患；要注重为幼儿创设宽松、和谐、民主、平等的精神环境，促进幼儿生动、活泼、主动地发展。

第十二条　幼儿园课程评价是幼儿园课程设计、开发和实施中的重要环节，包括对课程的评价、对教学的评价和对幼儿学习活动的评价等，评价应贯穿于课程实施的全过程。课程评价的过程是对课程建设进行正确导向，促进幼儿园课程园本化的过程，是教师运用专业知识对教育实践分析、调整的过程，也是促进幼儿个性发展的过程。

【案例点评】课程是幼儿健康成长的养料和环境，目前，全国没有统编的幼儿园教材。坪山区的《幼儿园教育教学常规管理细则》中的"课程管理"部分，以《幼儿园教育指导纲要》《3—6岁儿童学习与发展指南》为指导，结合区域实际，对全区幼儿园课程管理提出12条意见，从课程建设的指导思想、组织架构、课程目标、课程结构、课程内容、课程实施、课程评价、课程优化等环节，对幼儿园的课程建设进行规范管理、科学指导。该管理细则还对幼儿园的教学、保育、管理等方面做出了详细的指引，为提高区域幼儿保教质量奠定了基础。

四、德育常规管理

育人为本，德育为先；五育并举，德育为首。德育工作是学校工作的灵魂，它致力于对学生思想品德和人格素质的培养，体现着学校教育的基本目的，贯穿在德、智、体、美、劳教育实践的各个方面，统领着整个学校教育。加强德育常规管理，是把好育人方向、端正教育态度、规范教育行为、指导育人方法、培养良好品性、检验育人效果的一项基础性工作。

【案例3.16】

坪山新区德育常规检查年度工作要点
坪山区教育科学研究院

1. 基本思路与工作原则

（1）基本思路。以《坪山新区中小学德育常规》为基本依据，检查各校在德育常规管理、教师师德师风、学生行为习惯、德育育人成效等方面的情况；总结经验，改进不足，提高区、校德育管理水平，树立新区学校、教师、学生新形象。

（2）工作原则。学校自查自诊与区域集中检查相结合；重点项目检查与专家实地指导相结合；全面考查学校德育工作与重点考查学生行为习惯相结合；采集现场表现性信息与查阅资料、观摩活动相结合；学校自评与家长、社会评价相结合。

2. 工作领导与工作组织

（略）

3. 检查学校与检查要求

为提高工作效率，减轻学校负担，申报参加今年新区德育绩效评估的7所学校，实行"评检合一"，不另行组织德育常规检查。具体要求见《2012年坪山新区德育绩效评估细则》和《2012年德育常规检查工作细则》。

4. 检查内容与检查方式

（1）听取学校德育工作汇报（准备文字资料）。

（2）德育管理干部座谈：德育副校长、德育主任、年级组长、团队干部等。

（3）听课与活动观摩：随机听课8～10节（班会课、队会课、德育课、思品课、学科育人课等）；观摩1～2场德育专题活动。

（4）考查校园德育文化建设、德育场室、师生精神文明风貌、校园卫生状况、校园周边环境、学生校内外行为等。

（5）师生座谈与问卷调查。①班主任与科任教师学生满意率调查（随机调查5个班主任与10个科任教师）；②学生行为习惯问卷调查（调查人数不少于50人）；③班主任座谈会（不少于10位）；④教师座谈会，随机抽取8～10人；⑤学生座谈会（5～8个小组，每组3～5人）。

（6）家长访谈（按学生人数的8‰计进行随机电话访谈，电访人数不少于30人），社区访谈（电访）。

（7）查阅德育常规资料（近一学年）。

（8）检查组会议。

（9）内部反馈初步意见。

5. 检查阶段与工作安排

9月，下发《2012年坪山新区德育常规检查工作细则》；10—11月，组织检查；11月下旬—12月初，检查组资料汇总、检查组小结会、教科研中心牵头撰写德育常规检查工作总报告及各校分报告；12月，德育常规检查工作总结暨德育工作年会。

【案例点评】为谁培养人？培养什么人？如何培养人？是教育人必答的"三问"。德育对青少年学生健康成长和学校工作起着导向作用，是社会主义核心价值体系建设、提高全民族思想道德素质的奠基工程，是培养造就合格公民的基础。德育工作是复杂的系统工程，坪山区以《区德育常规》为基本依据，以创建德育达标学校、德育示范学校为抓手，以德育常规检查为手段，每年开展一轮德育常规检查，对发掘典型、交流经验、整体提高区域德育工作的科学性、规范性、针对性、实效性起着很大作用。

五、教学评价管理

教学评价是教学管理的有效手段，是提高教学质量的重要抓手。

（一）教学评价理念

教学评价是以课程标准为依据，运用有效的技术手段，对教学过程及结果进行测量，并给予价值判断的过程。我区的教学评价重点关注学生学习评价、教师教学评价、教学质量评价三方面，遵循如下评价理念。

（1）评价主体多元化。除了教师和学校各层教学管理者之外，学生和家长也加入评价主体的队伍，使评价者和评价对象之间的关系发生了根本性的变化，被评价者不再仅仅是被动地接受评价，而是参与到评价中来了。同时，传统教学评价的主体——教师和学校各层教学管理者也要接受评价。为此，教学评价的目的、内容、标准、方式、过程、结果等都发生了根本性的变化。

（2）评价目的多重性。传统的教学评价目的主要是甄别和选拔，而新评价的目的兼有诊断、激励、发展等多重功能。

（3）评价内容全面性。传统的教学评价主要评价学生对知识与技能的掌握程度（即"双基"），而新评价既要看学生对知识与技能的掌握，又要看知识习得经历的过程与方法，还要看学生通过学习活动在情感态度与价值观方面的发展。

（4）结果呈现多样态。"分、分、分，小命根"是对传统教学评价标准的真实写照。新评价的结果形式多样，如分数、等级、评语、过程描述、成长记录、活动观察、成果展示等。这样的结果呈现方式，把学生真正当成了人，展示了生动活泼的成长过程，反映了学生的综合素质和个性特长。

【案例 3.17】

尚本教育学生综合素养评价

坪山第二小学　江可佳　张艳

坪山第二小学秉承"为学生准备未来"的办学理念，以提升学生综合素养，促进学生健康成长为目标，提出"尚本教育"理念。"尚"即尊崇、追求、践行；"本"指树木的根，可引申为人的成长之根、立身之基。尚本教育尊崇从源头上夯实人的发展之基的教育哲学，构建"尚本课程"，推行尚本评价，为学生的终生发展"固本强基"。

……

3. 评价内容

尚本教育学生综合素质评价形式多样，实施综合评价，将形成性评价、表现性评价与终结性评价相结合。

（1）形成性评价

分项评价。学生综合素养评价主要分为身心健康、品德养成、学业水平、艺术素养、实践创新五大领域，每项都有具体的二级评价指标和评价操作方法。

学生作品展评。教师根据作业或学习活动的具体要求设计评价标准，再对照标准对学生的学习成果评定分数或等级。各学科广泛组织作业展评，展评的作品包括学生各学科的课堂练习和家庭作业，有作文、日记、美术画、手工、创意作品等。在实践创新评价记录表中，班级活动、四点半活动、校园节日活动、社团活动都纳入了评价范围。

成长记录册。成长记录册基本上是由学生自己去完成、保管。学生在老师的指导下，确定要收集的内容，按照计划有意收集能够反映自己学习和进步的最佳成果。如数学学科可以收集优秀的作业、最好的测试试卷、印象深刻的问题解决过程记录、自己特有的解题方法、解决问题的反思等；艺术学科则可收集自己最满意的美术作品、参加各种艺术活动的录音、录像光盘和照片等。

(2) 表现性评价

专项活动评价。采用学科专项活动的方式，分期分块、有计划地对小学阶段学生所要达到的学科能力进行评价，并形成一个螺旋上升的学科专项活动序列。这些专项活动的设置紧紧围绕课程标准中指出的学科能力展开，各项目之间互有衔接，循序渐进。例如，课外阅读评价中，我们附加制定了《小蝌蚪阅读评价手册》，读过的书、精彩的片段、阅读过程迸发出来的智慧等，都纳入专项评价。

艺体学科多途径评价。体艺技能的学习需要一定的兴趣和天赋，艺术、体育考评就特别需要多种途径。在体艺考评的时候，老师们允许孩子选择自己的特长或特色进行展示。

主题活动合作评价。综合实践主要考查学生的参与过程和动手实践能力，更是学生进行发展探究能力和培养协作能力的好机会。因此，综合实践学科采用的合作评价的方法，小组的作品就代表每个人的水平和成绩。

品德相互评价。对于学生的品德采用的是教师点评、同学互评、家校结合等多种途径进行评价。让老师、同学、家长之间形成相互评价的合力，使品德评价走入现实生活，培养学生良好习惯和美好情操。

(3) 终结性评价

纸笔终结性测试的优点在于测试的高效率、精确性，便于诊断和改进学业状况。对于中高年级的语文、数学、英语、科学等学科，每学期末都有卷面测试考查的评价呈现。

【案例点评】坪山二小秉持"为学生准备未来"的办学理念，以"唤醒学生沉睡的潜能，指明学生努力的方向，激励学生成就更好的自己"为评价理念，开发"尚本教育评价体系"。该评价体系的实施，使该校走出传统评价的误区，通过综合评价提升学生综合素养，促进学生全面可持续发展，为学生的未来成长保驾护航。

（二）教学评价原则

评价理念的转变，教学评价的原则也随之改变。为实现教学评价的最优化，需遵循多维性、过程性、主体性、发展性等区域教学评价的基本原则，将量化与质性评价相结合，过程与结果评价相结合，更重视过程性评价。

1. 多维性原则

评价内容的多维性。如课堂教学评价，应考虑课堂教学的各个方面和多种要素，包括课堂教学设计、课堂教学过程、教师专业素养、教师教学艺术、学生学习状态、教学目标达成、全体学生发展等等。当然，并非每堂课都要对所有因素进行评价，或者所有因素在每次评价中所占的权重都一样，而是应该根据实际情况进行合理取舍、有机组合。

评价主体的多维性。如课堂教学评价，传统的评价主体只是教师和教学管理者，缺少来自课堂参与的主体——学生的评价。评价主体的多维性要求评价主体除教师、教学管理者外，还包括学生、家长、教学研究者、校外同行等，真正实现自评、互评、他评有机结合。

评价方式的多维性。如课堂评价，传统的课堂评价方式依托评课量表、同行及管理者评课等方式进行，这种评价方式的优点是评价量表的制定相对严谨，评课能体现课堂评价的现场性、情境性及参与性。今后，还要继续丰富课堂评价方式，如微格观察、主题式听评课、现代技术手段引入观课评课、师生议课等等。学生学习评价，更要切实改变仅凭终结性纸笔测验、分数表达这一简单粗暴、刻板单一的表达方式，增加多样化的表达，让评价与学习生活连接，与学生的全面发展和个性培育相统一。

【案例3.18】

"班级优化大师"在学生综合评价中的运用

坪山中心小学　袁群婷

1. 大数据支持多元评价

"班级优化大师"（简称"班优平台"）是一款依托信息技术建立起来的班级管理软件。它以无纸化、个性化、人性化为特点，以卡通化界面和游戏化操作为亮点。每一个评价点都能激发学生的兴趣和热情。

2. 多维度、全要素评价

传统的纸质化管理制度给了材料保存较高的安全系数，但如遇到变化的实际情况，更改不方便。"班优平台"可根据需要，按照权限和规则，编辑、调整对学生的表扬或待改进项目，如品德方面（乐于助人、拾金不昧、讲究文明、校园行为等）、学习方面（课前准备充分、注意力集中、举手发言、按时交作业、小组合作表现等）、体美方面（体质体能、队形队列、艺术表现等）。此外，"班优平台"可以使班级阶段性管理的重点更突出，如可以对所有评价项目进行自主排序；又如对某一评价项目进行分值增减（分值可选范围：1—10），从而帮助确定班级发展方向，使每一阶段班级的奋斗目标有形化、可视化，实现班级科学管理。

3. 人人参与，共同成长

"班优平台"不仅可由班主任老师、班级管理员使用，还能通过向科任老师发送邀请码的方式，把相关教师邀请进本班课堂。这样，学生、家长都能收到各学科的表现反馈，学生的综合素质评价能更全面，家长对孩子的在校表现也能了解得更清楚。相比其他教学管理软件和家校沟通平台，该平台并没有将目标用户局限于学生、家长、教师其中的某一类，而是创造性地打通了教学激励、班级管理、家校共促等环节。同时，将教学、班级、管理中产生的各类数据可视化并存于云端，三者有机融合，让学生、家长、教师都能及时地了解课堂的真实面貌，共同深度参与到孩子的教育与成长中来。每天每位家长都能收到关于自己孩子一天表现的"班优报表"，从而对孩子进行表扬或鼓励。每周自动生成的"光荣榜"，能使学生在欢呼或反思中潜移默化地获得积极向上的动力。

【案例点评】坪山中心小学引入了信息平台进行综合评价，依托大数据能实时关注学生的状态，减轻评价的工作量，增强评价的生动性和吸引力，富有创新性。同时，在评价过程中，鼓励全员参与，教师、学生、家长都可以参与进来。多维度评价，"班优报表"反映了学生在品德、学习、体艺及其他各方面的全方位表现，更有利于学生的全面发展和个性发展。

2. 过程性原则

过程性原则指的是改变以往评价中过分重视终结性评价的倾向，要把评价对象当前的状况与其发展变化的过程联系起来，由一次评价转变为多次评价。① 过程性原则强调以教育教学过程中评价对象的表现作为评价的主要内容，以促进评价对象的发展为根本目的，体现满足社会发展需要与个体发展需要的辩证统一，使评价过程同时成为促进发展和提高质量的过程。

---

① 陈多仁：《课堂教学评价》，高等教育出版社2017年版。

【案例3.19】

学生快乐成长星级评价

龙山学校　方佑喜　黄恺夫　贺林英　刘少军

龙山学校"学生快乐成长星级评价",旨在培养学生感恩、阳光、勤学、创新的品质,让学生学会学习、学会生活、学会求知、学会发展,在班级管理上做到事事有人做、人人有事做、人人会做事,让每一个孩子成长为习惯良好、人格健全、素养全面、品行优良、自觉践行社会主义核心价值观的现代合格小公民。

1. 自主制定班级评价标准

全校9个年级,按照小低、小中、小高、初中4个学段,根据学校办学理念和各学段孩子的特点,学校发布"学生快乐成长阶梯式评价指引",各班级根据学校快乐成长总体规划,结合班级特点,师生共同制定出一套适合自己班级的评价准则(班标)。

2. 实施班级学生小组评价

开学初,班主任召集科任教师全面分析班情、学情,根据学生各方面的特点和表现,对全班学生实行"异质分组",合理搭配,每组4～6人,实行小组长负责制。根据学生个性特点、管理、学习能力进行组内分工,可设组长、学科小组长、纪律委员、常规检查员、记分员等,做到"人人能管理,人人会做事,事事有人做"。所有小干部均有权对小组成员进行全面评价(加分、减分),每周五由小组统分员总结(个人晋级情况、小组综合情况),周一班会课由组长在全班总结,对本组或者个别成员提出建议、奋斗目标。

在实践中,我们把"学生快乐成长规划"互助小组与班级学习小组结合起来,每个小组都有各科的"高手",实施"兵教兵""兵评兵"。这种评价,激发了学生的集体荣誉感、学习积极性和主动性,小组成员的凝聚力、自控力、合作力显著提升。

3. 采用差异化、个性化评价方法

"学生快乐成长星级评价"从品德素养星、身心素养星、生活素养星、学习素养星、信息素养星、审美素养星、创新素养星、国际素养星等8个评价维度,对全体学生进行综合评价。

以小学低年级组为例,把8个评价维度细化成若干个子项目,采取赋分评价的方式,以"红花+笑脸+国旗"为评价的显性标志。评价过程力求点多面宽,让所有学生感受到成长的快乐。具体做法是:以科任教师为主体,根据每个学生每天各方面的表现(8个维度),给优秀者奖励一枚红花,每获得2

枚红花可在班主任处兑换 1 枚笑脸；每获得 2 枚笑脸可兑换 1 枚小国旗；每获得 2 枚小国旗者晋级为二星级少年，获得 4 枚国旗者晋级为三星级少年，获得 8 枚国旗者晋级为四星级少年。相关结果由年级组长在全组通报表扬，并在年级组宣传栏公示。获得 12 枚国旗者晋级为五星级少年，可以与校长合影，在全校表彰，喷绘公示在宣传栏。小组长每周统计组员获得的"红花、笑脸、国旗"数，每月汇总，减轻班主任工作量。每月组织一次家庭问卷调查，家长参与评价，既和谐了亲子关系，又培养了学生的自我管理、独立生活、家庭合作、社区参与能力。

【案例点评】龙山学校全面实施"学生快乐成长星级评价"，充分发挥评价的引导、激励作用，促进学生自我教育、自我管理、自主发展；促进教师转变评价观念，推动学校持续改进评价，提高育人水平。该评价体系体现了过程性评价的 3 个基本特点：一是把全部有价值的教育教学活动纳入评价范围；二是量化评价与质性评价相结合；三是遵循"实践理性"，强调过程本身的价值，强调评价者与评价对象之间的交流和理解。实行过程评价，让学生的学涯有痕迹，生活有意义，成长更真实，人生更多彩。

3. 主体性原则

以往的教学评价往往把评价对象作为客体，被动而消极地接受评判。主体性评价原则认为，在教学评价时，要承认评价对象在评价中的主体地位和价值，发挥其主动性、积极性，自觉参与到评价活动中来。

【案例 3.20】

"西游记"主题游园式学业评价改革
坪山区同心外国语学校

1. 设计思路

（略）

2. 评价内容

"西游记"评价包含"知识与技能""关键能力""行为与习惯"3 个维度。

（1）知识与技能。知识与技能是评价学生对所学知识、技能掌握与灵活运用情况。我们将各学科进行分组整合：语言与运用（语文、英语）、数理与逻辑（数学、科学）、运动与形体（体育、形体）、艺术与审美（音乐、美术），旨在打破学科壁垒，促进学科融合，指向核心素养（表3.1）。

表3.1 "知识与技能"评价

维度	领域	项目	考查重点
知识与技能	语言与运用	猜字谜	考查学生词汇量及灵活运用能力
		看图说诗	考查学生古诗储备量及灵活运用能力
		能说会道	考查学生语言表达能力
		听英语	考查学生是否能听懂完成任务所需的英语对话和指令，并能做出正确的回应
		用英语	考查学生是否能在真实情境中独立运用英语解决问题的能力
	数理与逻辑	解密蜘蛛网	考查学生运算能力
		伤脑筋12块	考查学生空间想象和动手操作能力
		数字华容道	考查学生逻辑推理能力
	运动与形体	形体表达	考查学生的身体柔韧性和体态
		速度素质	考查学生的爆发力、敏捷性等速度素质
		体育专长	考查学生个人擅长的运动项目
		运球技术	考查学生篮球、足球等运动能力
	艺术与审美	图形设计	考查学生对图形结构的基本审美
		色彩搭配	考查学生对色彩搭配的基本审美
		节奏表现	考查学生音乐节奏素养

（2）关键能力。能力是完成一项目标或任务所体现出来的综合素质。"西游记"评价的关键能力包括合作能力、学习能力、解决问题能力和交流沟通能力（表3.2）。

表3.2 "关键能力"评价

维度	项目	考查重点
关键能力	合作能力	考查学生合作意识及合作能力（倾听、服从安排等）
	学习能力	考查学生是否愿意主动学习，是否具备较强的学习能力
	解决问题能力	考查学生是否积极思考，并提出解决问题的策略
	交流沟通能力	考查学生是否善于与同伴、老师交流，并表现出文明素养

（3）行为与习惯。相信习惯的力量，良好的习惯需从小养成。结合游园的开

放式场景,我们制定了"守秩序、讲礼貌、爱卫生"三项评价内容(表3.3)。

表3.3 "行为与习惯"评价

维度	项目	考查重点
行为与习惯	守秩序	考查学生是否能自主或在引导下遵守游园秩序和相关要求
	爱卫生	考查学生是否能自主或在同伴引导下保持现场环境卫生
	讲礼貌	考查学生是否能自主或在他人提醒下学会用文明用语与人交流

3. 特色亮点

(1)情景化、角色化、真实化,激发学生兴趣。"西游记"评价以"唐僧师徒"西天取经的故事为背景,学生以4或5人为一个小组,各自扮演不同的角色——唐小僧、孙小空、朱小戒、沙小镜、白小马,从东土大唐起,一路跋山涉水,历经五指山、盘丝洞、莲花洞、狮驼岭、火焰山等关卡的重重困阻,需要小组合作,共同发挥聪明才智,方能克服困难,取得"学习真经"。独特的游园设计激发了学生参与的兴趣与激情,使学生在具体真实的场景中解决问题,在完成任务的过程中获得激励,增加了评价过程的体验感、参与感。

(2)注重综合素质评价,促进学生全面发展。"西游记"评价瞄准"知识与技能""关键能力"和"行为与习惯",对学生进行多维度考查、评估与反馈,通过评价引导学生全面发展。

(3)描述性评价客观生动,促进教学相长。"西游记"评价的过程也是促进师生共同发展的过程。在游园活动中,教师以观察者身份,对学生参与过程中的表现用描述性语言予以评价,既评出了每一位学生的个性特点,又考验了教师的判断和表达能力,还从另一个角度更新了教师和家长的教育观念,实现了以评促学、以评促教、实施素质教育的评价目标。例如,用描述性语言评价学生"听英语"的能力(如能听懂完成任务所需的英语对话和指令,并能做出正确的回应;能在他人协助下理解完成任务所需的英语对话和指令,并能做出回应;通过现场学习和模仿,理解一些指令并回应;等等)。

(4)开放性设计,反映学生解决实际问题的能力。游园评价活动中的挑战任务,既基于学科知识与技能的应用,又融于"西游记"的场景设计,还有课本里找不到的开放性问题,学生需通过同伴协助、环境探索等方式去设计、实践、表达,以解决问题,完成挑战。

例1:语文问题设计——考查学生语言表达能力。有5幅顺序打乱的《父与子》的图片,请根据图片内容讲故事。要求:①根据你们的理解和故事的编排,将5幅图排序;②小组每人都要选择其中一幅图片,并排练描述它发生的故事;③小组成员按照分工顺序,依次讲出自己手中图片的故事。

例2:数学问题设计——考查学生测量操作并用英语表达的能力。要想出山洞,须输入开启门的密码:门的高度_____ cm、宽度_____ cm。要求:①用挣的"钱"向外教购买所需测量的门的规格和所需数量的尺子;②小组合作测量出山洞的高度和宽度;③将山洞高度和宽度的数据填到密码空格里。

【案例点评】"西游记"主题游园式综合评价,通过学生组成团队完成实际任务,对其"知识与技能""关键能力""行为与习惯"等维度进行评价,引导学生全面发展。"西游记"评价具有多重功能,弥补了纸笔检测评价界面不友好、评价结果冰冷等缺陷,建立全程情景化、学生角色化、问题真实化的游园评价场景,真正实现"做中评、玩中评、学中评"的评价改革设想。

4. 发展性原则

教学评价有检查、诊断、改进、选拔、甄别等基础功能,其最终目的在于促进学生的发展。因此,教学评价应该坚持发展性原则,即以发展的眼光来客观评价主体的变化,重视对教与学过程的评价,强调评价内容多元化、评价过程动态化、评价主客体的互动性等,以达到促进发展的最终目的。

【案例3.21】

以增值评价促进学业发展的评价探索

坪山中学　蔡世林　齐宏亮

以分数来衡量学生学业成绩和教师的教学业绩,是多数学校不可回避的常规做法,大数据是学业质量分析的基本方法。学生千差万别,班级差异性大,仅用"一把尺子"去衡量学习和教学既不充分,也不合理,对中途接班的教师更不公平。我校尝试以"增值评价"为总思路,从学生学业的起点出发,关注学生的阶段性成长和进步,重视学生学习的过程,激励学生做更好的自己。通过统计学生的进步来评价教师的教学更客观、更公平。

(1) 评价多维度。为落实面向全体学生的教学理念,在优化传统的"一分三率"的基础上,增加"进退率"的评价。从纵横两个维度进行评价:一是横向评价,即评价客体与整体平均水平的偏离;二是纵向评价,评价客体的自身的进步情况。

(2) 评价立体化。用偏离值、进退值、综合值3个指标进行综合评价:

偏离值＝权重1×超均率＋权重2×优良差＋权重3×及格差＋权重4×尖生差＋权重5×低分差；进退值＝权重1×超均进退＋权重2×优良进退＋权重3×及格进退＋权重4×尖生进退＋权重5×低分进退；综合值＝权重6×偏离分＋权重7×进退分。偏离分重横向比较可体现静态评价，进退分（即增值分）纵向比较体现动态评价，偏离值、进退值和综合值3个指标结合起来，使教师的教学与学生的学业表现评价更科学、全面、合理、公平。

现行两种传统的学业评价方法，一是"常模参照评价"，重点关注客体在群体中所处位置；二是"标准参照评价"，重点关注客体是否达到预期目标。本"增值评价"更加关注客体的纵向发展，是一种科学的发展性评价方法。

【案例点评】考试评价是教学评价管理的一项重要内容。坪山中学以"偏离值""进退值""综合值"等为主要指标，对学生的学业进行"增值评价"，用数据揭示了学生的发展过程和教师的阶段性表现，做到了将评价"寓于教学活动和学生发展中"的评价理念。增值性评价削弱了考试的甄别和选拔功能，突出了诊断、矫正、激励、发展等功能，激发教与学的内在动力，实现自身增值。该评价重视起点，关注过程，强调发展，可以说是学业发展性评价的"第三条路"。

（三）教学评价方法

教学评价常用的方法有标准化测验法、课堂观察与调查法、随堂听课法、量表评定法和替代性评价法等。

1. 标准化测验法

标准化测验法是学业测试的一种传统方法，一般涵盖明确测验目标、确定测验内容、设计测验方式、进行测验分析等步骤。

（1）明确测验目标。明确测验目标可以保证教学评价的方向性，避免盲目性。测验目标主要依据是学科课程标准，结合学校教学质量要求、学生发展要求，考虑测验的具体需要，制定合理的测验目标，以此目标指引测试的全过程，并作为后一段教、学、评、督的共同依据。

（2）确定测验内容。测验的内容及其呈现方式和难度，是测验结构的主体部分，一般通过制订"双向细目表"来进行。遵循课标要求，结合教学实际，对相关教学内容实施分级、分层、分类研究，确定能力目标要求（如识记、理解、应用、分析、综合、评价等）和难度系数。测验范围既要扩大覆盖面，又要突出重点和骨干内容，测试时间以中等学生能完成测试为宜。

（3）设计测验方式。设计测验方式包括测验形式、结构比例、测试试题、测验时间等。

(4) 进行测验分析。测验分析是标准化测验的必要环节，主要功能有验证测验的准确性与科学性，为改进教学提供有价值的信息等。测验质量分析包括定量分析如难度、区分度、信度、效度、离散度、各成绩段分布及比例等，也含定性分析如试卷整体质量、师生对测试的感受等。

【案例 3.22】

坪山新区 2016—2017 学年第二学期
七年级地理调研监测分析

坪山区教育科学研究院　李显明

1. 总体评价

（1）试题考查内容全面，体现了新课程改革的理念，重点突出，重视基本知识的识记、理解与运用，突出了地理学科区域性、综合性等特点，强调地理学科核心素养。

（2）试题重视运用地图，试卷共有 40 道题，包含 18 个图表，突出了地理学科的特点。地图是地理学的第二语言，它既是地理知识的载体，又能为考生提供丰富的地理信息。

（3）试题题型难度适中，实际难度值为 0.65，与深圳市初中地理会考难度相当。

2. 试卷分析

（1）依据地理学科课程标准，考虑区域学生实际，科学制定《双向细目表》，并以此为依据命题。试卷总分为 50 分，含单项选择题 30 题、双项选择题 10 题。试卷能力结构比例为：识记约占总分值的 15%，理解约占 30%，运用约占 20%，分析约占 10%，综合约占 15%，评价约占 10%。

（2）试卷中地理主干知识突出，区域位置及特征、人口、等值线、气候、区域可持续发展等均为初中地理教学的重点内容。通过考查学科的核心内容和主干内容，体现基本的地理学科素养，对地理教学起到明确的导向作用。试卷注重考查学生获取信息和解读信息的能力、调动和运用地理知识解决问题的能力。

（3）试卷注重对基础知识的考查，要求考生回归地理学科的基本知识和基本原理，强调基本技能和方法的灵活运用；与生活热点相关联，让学生学会在现实情境和解决实际问题过程中运用地理；通过图表的形式来考查学生的读图析图能力。

3. 数据分析（略）

4. 改进措施

主要改进措施有：注重学生学习兴趣的培养；调整课堂教与学方式；学习生活中的地理；加强图表分析与运用；立足课标、课本，打好基础，突破重点和难点；聚焦培养学科核心素养。

【案例点评】坪山区教科院高度重视对全区各学段、各学科的质量过程性监测。一般每学年上学期对小学进行专项素质抽查，对中学进行综合性标准化抽样监测；每学年下学期对小学中高段和中学进行综合性标准化抽样监测。监测严格按照"命题—测试—分析—反馈"的程序操作，每学年召开两次质量分析会，编制印刷《教学质量年报》，便于区、校及时把握教情学情，总结经验，发现问题，改进教学。

2. 课堂观察与调查法

课堂观察是教学管理者带着明确的目的，凭借自身的感觉、感官和其他辅助工具，有目的、有计划地考查学生或教育现象等研究对象的一种研究方法。这种研究方法具有目的性、计划性、直接性、情感性、重复性等特点。

课堂观察的技术方法和手段主要有：课堂教学录像、录音、以时间标识进行选择性课堂实录、座位表法、提问技巧水平检核表、弗兰德斯语言互动分析分类表、学习动机问卷调查和访谈、学习效果后测分析等。

此外，课堂调查法也是一种重要的课堂教学评价手段。调查是一类方法的总称，根据不同的标准一般采用座谈会、访谈、问卷调查法等。问卷调查法在多数情况下采用匿名形式进行。

3. 随堂听课法

随堂听课是教学评价管理中最常用的一种方法。一般而言，听课前应熟悉相关课程标准、教学目标、教学内容、教师特点、班级状态等。在此基础上，评价者应了解被评价对象的教学设计，并给予充分的尊重。

在随堂听课中，评价者可定位为旁观者或参与者，经验丰富的评价者可以两种角色交叉听课。伴随着课堂观察，课堂记录极为重要，通常有两种方式：一是工具记录法，如弗兰德斯的相互作用分析系统等；二是描述记录法，即课堂教学实录。应尽可能把看到的和听到的所有内容都完整地记录下来，包括语言和非语言信息。也可以有重点、选择性地记录，还要注意对非预期事件的记录，这些事件及其处理往往能够更清楚地反映被评价者的行为动因。

随堂听课后，观察者和执教者进行某种形式的沟通与对话十分必要。

4. 量表评价法

量表评价法是指通过编制评价量表来对课堂教学进行评价的方法。量表中的指标体系是量表评价的基础和依据，指标是指具体的、行为化的、可测量的、可观察的评价内容，一般要做好两项工作：

（1）设计评价指标体系。一般分三阶段进行：一是通过头脑风暴法、因素分解法等进行充分讨论，分解教育目标，提出详尽的初拟指标；二是采用经验法、调查统计法、模糊聚类法等对初拟指标归并和筛选；三是选择适当的评价对象进行小范围的试验，对评价指标体系及评定标准修订完善。

（2）指标权重的确定。权重是指根据各指标在指标体系中的重要程度分别赋予的不同数值比例，权重的确定可采用关键特征调查法、两两比较法、专家评判平均法、倍数比较法等方法进行。

【案例3.23】

"六议参与式"初中地理教师行动研修第五次活动
坪山区教育科学研究院　李显明

1. 基本情况

活动时间：2015年3月31日。

活动地点：坪山中学。

参与人员：区教科院李显明、王琦及全区初中地理教师。

活动主题：议课。

记录：梁福星、段芳艳。

2. 活动要点

两位研修骨干成员上研究课。张玉琦老师的主题为《非洲》（七年级下册），钟婷老师的主题为《澳门》（八年级下册）。其他成员针对自己的课堂评价量表对课堂进行评价，并验证量表的可操作性。课后研讨要点如下：

李显明（区地理教员，以下简称"李"）：本次"议课"是坪山新区初中地理主题研修的第五次集体活动，主要针对上两轮观课、议课过程中出现的问题进行深层次探讨，对观课量表进行再修改，对活动主题进行再聚焦。请大家聚焦主题，凝练观点，充分表达，互相讨教，主要从观课量表的角度进行评课，并提出对量表进行再修改的想法，也可谈谈对研修活动的后续建议等。

王淑娴（一组）：先简单评课：张老师对学生学习方法的指导，对学生提出问题后的引导值得我学习，充分把课堂留给学生，学生的回答也比较清晰。钟老师的语言比较"90后"，在课堂中引入视频能很好地吸引学生的注意力。

对课堂整体观察量表的修改：在教师行为中本来设计了4个方面，通过今天的操作拟增加两项，一是"老师对学生的鼓励性评价"，二是在学生的课堂行为方面增加"学生思考问题的广度"。

学生对教学的评价：对张老师的课的学生评价表发放了10份，学生喜欢本课的程度为100%；在语言、讲解思路、重难点突破方面有9组选择"好"，1组为"较好"；认为课堂对学生的激励作用一般的占60%；80%同学认为课程难易程度适合，20%认为简单；练习30%的学生全对，50%的学生对一半以下；举手次数2次以上为10%，1次以上为20%，"没有"占70%；发言的2次及以上的没有，1次的10%，"没有"占90%；所有同学认为老师上课声音清晰。对钟老师的评价表总共发了10份，其中，学生喜欢程度为100%，在语言、讲解思路、重难点突出方面，所有同学认为很好；在课堂对学生的激励方面，80%同学认为有激励性，20%认为一般；70%同学认为课程难易适合，30%认为简单；练习70%的学生全对，30%的学生对一半以上；举手次数2次以上为20%，1次以上为50%，"没有"占30%；发言1次的50%，"没有"占50%；认为声音清晰的占90%，10%的同学认为声音清晰度一般。学生给老师的建议是希望能多鼓励学生积极发言。

李：从王老师刚才的观课数据中，可以直观、清晰地反映这两堂课的教与学的状态，请大家认真分析。

段芳艳（二组）：对课堂的评价：张老师的课设计合理，学生能积极回答问题，但美中不足的是有机会回答的人数较少，学生整体倾听能力强。钟老师的课引用视频教学，能给学生直观印象，从而更好地了解澳门。

对教师量表的修改：第一节课时由于时间短、组员缺少沟通，没有很好分配任务，所以操作时有点不顺，但第二堂课我们小组3位老师进行简单分工，操作起来比较方便。现在有两个问题，板书方面我们有一栏评分，但纵观4位老师的课，都少了板书这一环节。关于"课堂处理来自学生或情景突发事件"观察点，在此堂课中发生较少。

李：突发事件不一定有，但对于学生有时提出的某种意见或问题，通过观察教师的解决情况，也可以评判教师课堂教学的教育机智。

段芳艳：这样量表就更好些，我们再讨论争取把量表修改得更适用些。

张博（三组）：作为学生行为观察组的组长，对我们小组的其他老师表示感谢。两位老师的教学方式值得我们学习，他们亲切、自然、条理清晰。其实学生的面部表情是观察课堂的晴雨表，很多学生在老师提问时脸上出现的跃跃欲试的表情，从流露出的渴望的眼神能看出他们的求知欲被激发出来了。

对学生行为量表的修改：把学生的"思、读"环节删除，"思"可在表情上反馈，因为地理教学的特色，可把"读"定性为看图，量表也增加了合作讨论环节。

陈迪（实验学校）：我在研修活动中也上了《非洲》这一课，从张老师的课中看到了很多优点，张老师在导入时，结合旧知识导入新课，从6个方面介绍新课，展示学生自主学习，课堂气氛活跃。钟老师的课丰富多彩，以照片、歌曲、视频等形式呈现，不仅培养学生的学习能力，对学生情感方面也有提升。

教师自评量表的修改：通过观课和自己上课可以认识到，不同的老师对探究学习的过程有不同的思路和方式，应重新进行设计和修改。

李：上课的两位老师也说一说，包括设计思路、教学反思和对大家意见的思考等。

张玉琦：本学期的内容都是大洲和国家，我们的设想是，前面几节课教师指导学生研究一个大洲和一两个国家，后面的课通过老师引导、学生自主学习，争取在课堂中由学生展示、讨论、质疑等。今后还要思考在教学中怎样更生动、丰富，引导他们更主动地去学习。

钟婷：《澳门》的内容相对简单，重点是通过情感教育来提升学生对中国澳门的了解，通过素材、问题让学生去思考。课中发现学生比较紧张、拘束；在课堂中对学生评价不到位，引导不足。

李：刚才，大家的观点都很精辟、精彩，对观课量表的修改也基本成型，这也是本项研修的主要成果之一。本次主题研修活动差不多进行两个月了，大家对接下来的活动有什么思考和建议？

刘春明（博明学校）：整体来讲，七年级的课温馨甜蜜，八年级的课热情奔放，钟老师的课还多了一丝温柔点缀课堂。我个人有3点思考：一是不管教学组织形式怎么开展，老师讲课的风格与个人的性格、文化素养、个人思想有关；二是在课堂中现代技术与教育结合很好，但传统的一些东西不能丢，如板书、板图、作业等，板书会让学生印象更深刻，体现了思维过程；三是这次教研漏了一个环节，就是集体备课，大家集思广益，课的效果会更好。

陈景云（光祖中学）：这次活动中大家全程参与，所有成员都比较辛苦。

李：累，相信每个人都有，关键是主题研修累得有价值，对教学有改进，对自己有促进。

黎锦通（光祖中学）：观课量表是一个整体，而老师观察量表与学生观察量表可否放在一起？

李：每人从一个角度观察，合起来有一个完整的观察量表，每个人能进行精细观察，类似解剖性观察，统一起来就是一个完整的观课图谱。通过分项观察，发现学生，看见老师，透视课堂，促进大家在教学观念上的改变。

我觉得，这次活动真正在改变大家的观念，无论是上课还是观课老师，都能站在学生的角度思考问题。对于主题研修，我有几点思考：一是活动周期过长，今后类似活动应考虑压缩到一个月左右；二是主题太大，可具体到某一方面，如板书、教学语言、提问、学生合作学习等等；三是清楚地理课要追求什么，要体现地理课的学科特色，如地图、示意图、综合分析等等；四是地理思维的培养，如区域观点、要素联系观点等等；五是用地理视野、方法引导学生学习和思考问题；六是创设一种让学生自由、自主发表观点的机会，如提供素材、提出问题、创设情境等等；七是板书是必须的，可以设计成各种形式，多种多样。

接下来的任务：各组织长收集所有观课量表，汇集观察信息并及时发布给组员；根据观课的操作情况，组织组员修订量表，提出修改理由，形成定稿。所有成员围绕观察指标写一份观课报告，格式不定，但要求有观察角度、目标，信息描述要有数据支持，要有结论或个人观点；在写的过程中可再次观看上课实录，可对4堂课进行对比，也可选取某一堂课写；完成一篇综合性文章，如论文、反思、总结等等；相关材料及时发到研修QQ群，重点材料在下次活动之前汇总打印装订成册。

【案例点评】"六议参与式"初中地理主题研修活动有特色、有深度、有成效，本案例是主题系列研修第五次活动的记录。全区地理教师在区教科院院长兼地理教研员李显明引领和组织下，区教育科研管理教研员王琦老师参与指导，以地理课堂观察、评价为载体，以教师的教和学生的学的行为观察和改进为重点，以观课量表的设计与运用为手段，融教研、科研、培训为一体，教师真正成了研修活动的参与者、建设者和贡献者，在研修中获得了经验，改进了教学，成就了专业发展。

5. 替代性评价法

随着教学评价的深入，人们发现标准化测验不能对教学过程进行全面、系统的评价，于是替代性评价得以产生。替代性评价，可以理解为任何不同于传统的标准化纸笔测验的评价方法与技术，是以促进学生发展为目的、更关注学习过程的评价，包括成长记录袋评价、表现性评价、成果展示评价等。[①]

（四）学生学习评价

学生发展是学生学习评价的终极指向，是一切教育活动的本质追求。学生学习评价的结果能折射出教师教学水平与课程质量，为改进教学、优化课程提供参考。学生学习评价重点关注两个方面。

1. 树立发展性学习评价观

学习评价并不是为了甄别学生，而是作为一种促进学生发展的工具。在学习评价过程中，要着眼于学生的现有问题与发展潜力，通过检验学习成果获悉

---

① 邓婉华：《替代性评价在中职语文综合素养评价中的实践探索》，载《电子制作》2014年第10期，第188－189页。

其学习状况进而制定合适的教学改进计划。学习评价的意义在于发现学生的问题并指明改进方向，而非紧抓学生错误不放。需明确学生在学习评价中的主体性地位，让学生主动参与评价、主动反思与改进。好的学习评价，就是让学生学会为自己的学习负责。发展性学习评价观的具体实践要点如下：

（1）注重对学生多方面的评价。传统的学习评价过于注重甄别与选拔功能，评价内容被窄化为文化课学习分数的评判，忽视学生是一个具有多种能力、不断发展的鲜活生命个体。[①] 发展性评价必须站在更高的视野，从"全人"发展的角度，扩大评价内容范围，促进学生整体生命成长。

（2）注重学生的学习过程。学生发展是一个过程，促进学生发展也是一个过程。任何一个学生的学习过程都不可能一帆风顺。教育者和评价者必须随时随地、满腔热情地呵护学生的自信心。学生遇到学习困难时，不要急于评价下结论，要用宽容的态度、科学的方法、充分的时空，引导学生反思、改进。对学生的学习过程要以多种形式及时记录或展示，如作业本、成长档案袋、学习报告单，真实体现学生学习成长的轨迹。

（3）关注个体差异和个性发展。多元智能理论认为，每个人与生俱来都至少拥有语言、数理/逻辑、空间……等8项智能，或者说8种求知方式。由于遗传、环境和受教育程度不同，每个个体的智能组合、强项弱项不同。一般来说，个体间不存在智能水平的高低，只存在智能类型或学习类型的差异。必须运用多元的学习评价手段，去帮助每个学生发现、发展、完善自我。

（4）运用多种评价方式。传统学习评价偏爱客观的纸笔测验，虽然其在一定程度上能够反映学习状况，也提高了评价的效率与可操作性，但也忽视了学生发展的其他方面，脱离了真实生活情境，窄化了学生能力。因此，需采取更多的形式、手段、内容，各种评价方式取长补短、合理配合，以发挥学习评价的最优总体效益。

（5）实行多主体评价。在学生学习评价中，教师是评价的重要参与者，但不是唯一的话语者，需吸收包括学生、家长、社会人士等作为评价的参与者、发展的促进者。

2. 选择适切的评价工具与方法

评价工具为评价目的服务，工具没有最好，只有适合。教师可选择的评价工具有：①"一般知识的记忆与理解"评价工具，如背景知识调查表、单个知识点考查、画知识树、课后问卷调查、难点调查等；②"分析思维技能"评价工具，如学生正反辩论、分析短文等；③"综合思维技能"评价工具，

---

① 蒋碧艳、梁红京：《学习评价研究基于新课程背景下的实践》，华东师范大学出版社2006年版。

如一句话概括、词语概括、相似性类推、学习成果样本展示等；④"问题解决能力"评价工具，如解决问题、原理推导、问题解决记录、录音及录像等；⑤"应用与表现技能"评价工具，如学生自主命题、多形式课堂解释、应用卡片、课本剧、真实模拟、论文及项目报告等；⑥"态度与价值观"评价工具，如学生成长记录、学生争议记录、课堂观察、行为观察、班级民意调查、榜样人物档案袋等；⑦"自我认识"评价工具，如学生自我评价报告、简短自传、兴趣知识与技能列表、目标设置等；⑧"学习方法"评价工具，如有效学习时间记录表、学生课堂学习感受记录等；⑨"教学效果"评价工具，如作业、测验、学生疑问便条、电子邮件反馈、教师调查问卷、作品展示等。①

教师常用的学习评价方法还有：最佳表现与典型表现、客观题测验、表现性、形成性、诊断性和总结性评价、常模参照与标准参照测量等。②

【案例 3.24】

"华彩"评价激扬学生生命

华明星学校　易志红　危辉　喻家劭　李金　全李攀

评价是主体根据一定的目标，利用科学的手段和方法，对客体的价值做出判断的过程。华明星学校以学生发展为本，积极探索"华彩"学习评价体系。从"生本"角度看，"华彩"是学生核心素养与关键能力的呈现；从"校本"角度看，"华彩"是学校教育理想与育人路径的追求。

"华彩"评价体系，旨在彰显每个学生快乐成长的精彩，呈现每个教职员工奋发工作的风采，展示学校卓越发展的神采。以学生的学业评价为例，从评价的内容上，不仅注重用分数来衡量的结果，更要重视学生学习的全过程，包括学习目标、学习态度、课堂表现、作业质量、行为习惯等等。只要学生学习的每个过程都扎实有效，每项活动都有发展进步，其学习结果自然"水到渠成"。我们常说"用发展的眼光看问题"，我们提倡要多角度、多层次、多方面地去发现、激励和表扬孩子。多一把评价的"尺子"，就会多一位有成就感和幸福感的孩子。我校从开办之日起，就提出"学校无差生"的理念。我们开发了"华明星华彩少年'彩虹奖'"系列，如乐于助人的"红蕊奖"、纯洁善良的"白玉奖"、笑对人生的"阳光奖"、进步显著的"飞跃奖"等等，

---

① 蒋碧艳，梁红京：《学习评价研究基于新课程背景下的实践》，华东师范大学出版社 2006 年版。

② ROBERT, L L, NORMAN E G W：《教学中的测量与评价》，国家基础教育课程改革"促进教师发展与学生成长的评价研究"项目组译，中国轻工业出版社 2003 年版。

"赤橙黄绿蓝青紫,总有一款适合你",让彩虹奖成为学生头顶的七彩阳光。

又如课堂学习评价,教师不仅要关注学生知识、技能的掌握情况,而且应关注其他方面。如学生如何提出问题、分析问题、解决问题,如何思考、推理、表达,如何与人合作、沟通,如何展示、交流,包括发言的次数、发言的特点、声音的洪亮程度、帮助同学的次数、作业书写情况等等,都可以加以评价,尤其是要充分挖掘每一位学生学习的闪光点。教师通过观察分析学生的学习过程,把握其学习状态,评价其学习能力,使学生的课堂学习评价从"标准化"走向"个性化",从"监控"转向"发现",最大限度地发现和激扬每个孩子的学习禀赋和潜能。

"华彩"评价体系需要有"华彩"课程系列支撑。足球、篮球、国旗、舞龙舞狮、中国舞、拉丁舞、素描、漫画、音乐、书法、小主持、快乐英语、童话剧等丰富多彩的校内课程,加上行走研学、社区服务、社会实践、劳动、综合实践等校外课程,让每一个学生都可以选择自己喜欢的课程,学生的潜能被激发,学生的个性被张扬,每一个华明星的孩子都在"华彩"课程中茁壮成长。

【案例点评】华明星学校的"华彩"评价,打破了单纯以学生考试成绩为标准的单一评价模式,而是以人的发展为出发点,关注过程,关注综合素质,关注个体差异,关注多样化表达。该评价体系体现了"以学生发展为中心"的坪山区区域评价理念,关注每个学生的发展,关注他们的生存、生活、生命状态,激发每一位学生成为新星、明星的潜能。"华彩"课程让学生的成长平台丰富多样,每一个孩子都可以找到一套适合自己的课程体系与评价方式。这种评价,对学生发展科学衡量,对学生进步温馨激励,对学生学习生活有效激活,达到了以评促学、以评促教的目的。

(五) 教师教学评价

对教师的教学评价,主要考查教师的教学思想、师德师风、教学基本功、教学方法、教材处理、教学质效、教育科研等方面的能力和表现。

1. 教学思想评价

教学思想是教师对教学活动特有的理解和认识,这些理解和认识能在自己的教学实践中表达、表现出来。一般来说,教师经过长期的学习、研究、实践、总结,提炼出一套既符合教育政策法规、教育理论规律,又体现优秀教育成果、个人独特风格的教学思想体系,以指导教学实践,其实践能促进学生发展,其成效获得业界公认,就是有教育思想的优秀教师。

2. 师德师风评价

为人师表，教书育人，是每一位教师的神圣使命。优秀教师的标准是德才兼备，以德为先。良好的师德主要表现在师业、师爱、师能、师风等方面。

"师业"包括敬业、乐业、专业、勤业。师德的实质就是教育事业的"业"字，师德体现的是对教育事业的认同、情感与行动。敬业爱岗有丰富的内涵与外延，如热爱学生、热爱教育、甘于奉献、教书育人等。

"师爱"是师德的核心和灵魂。"师爱"是一种独特的爱，是一种无私、广泛、持续、非血缘关系的爱；是一种严慈相济、神圣纯洁的爱。"师爱"是教师教育学生的感情基础，学生一旦体会到这种感情，就会"亲其师"，从而"信其道""笃其行"。

"师能"是指教师的育人能力，它直接影响教育质量的高低。教师通过扎实的学习、深入的实践、系统的总结，做到知识学识渊博，教学业务精湛，深谙教育规律，精通教学艺术，培育优秀人才，提高教育质量。严谨治学，严谨治教，是提升师能的必由之路。

"师风"是指教师的职业态度与职业风貌。"身正学高，为人师表"是优良师风的公认标准，具体体现有遵纪守法、作风正派、言行规范、严于律己、以身作则、团结协作、廉洁从教、依法施教等。

3. 教学基本功评价

教学基本功是指教师完成教学工作必备的专业技能、技巧。教学技能范围广、项目多、要求高，从"基本"二字来看，教学基本功是教师教学所需的基本、基础的技能，是教师完成教学工作的必备条件和教师素养的重要体现。教学基本功有很强的专业性和时代性，一名合格教师至少应具备以下10项基本功。

（1）书法写作基本功。书写基本功包括写字基本功和写作基本功。写字基本功要求教师书写规范、大小适度、字迹美观、章法合理、不写错别字等；写作基本功要求教师制定教学计划、撰写经验总结、编写教案、编制学案、撰写论文论著等。

（2）教学语言基本功。教学语言是教学信息的载体，是教学活动组织和师生情感交流的媒介。教师的教学语言基本功要求教师使用标准普通话、规范学科术语、声音洪亮、吐字清晰、语言流畅、快慢适度，还要亲切自然、情感丰富，具有感染力和启发性。

（3）分析学生基本功。这方面很重要，但往往被人忽视。分析学生基本功要求教师深入课堂、深入学生、深入家庭，需要有科学的方法、足够的耐心与长期的坚持。

（4）解读教材基本功。课程标准是教学的准绳，教材是教学的载体。解读教材基本功要求教师既要系统研究全学段的课程标准与教材，又要深入研究各年级、单元、课时的课程标准与教材。要准确解读课标，深入理解教材，定准教学目标，弄清知识联系，突出主干知识，确定重点难点，建立知识结构，深化拓展资源，实现融会贯通。

（5）引导启发基本功。新课程倡导自主、合作、探究式学习，这需要教师有效地引导和组织。教师务必钻研教学引导的技能技巧，通过任务、问题、语言、实物、图片、媒体、情境等引导、启发学生，让学生动心、动脑、动手、动口，在做中学、学中做、学中用。

（6）媒体技术基本功。信息时代，技术融入课堂是必然趋势。教师应及时跟上现代教育技术、信息技术、网络技术、大数据、人工智能等发展潮流，熟练运用技术搜集教学资源、制作教学课件、组织教学活动、指导学习活动、优化教学管理。

（7）教学设计基本功。教学设计是教学实施的依据，教学设计的质量很大程度上影响课堂教学质量。教师在进行教学设计时，要反复琢磨课标、教材、教学目标、学情等，设计合理的教学组织形式、方法手段、结构流程、技能技巧等，为课堂教学奠定基础。

（8）教学组织基本功。教学组织基本功是由教学引入、教学展开到教学结尾，教学组织贯穿全课堂。依托教学设计，在真实的课堂活动和情境中，有效组合教学各要素，合理安排教与学行为。处理好预设与生成的关系，需要教师有高深的综合素养、高超的教学艺术、严密的思维能力、精准的判断能力、睿智的应变能力与高超的调控能力。

（9）教学评价基本功。评价即价值判断，让学生增长知识、掌握本领、受到教育、健康成长，是教学的根本价值所在。教师要树立科学的评价观念，采用合理的评价方法，评价学生、评价课堂、评价自己、评价他人。

（10）教学研究基本功。教师即研究者，教师要透彻理解复杂的教育教学现象，发现教学中存在的问题，掌握教育科学研究的基本方法，具备从问题中确定课题、开展研究、总结提炼、改进实践的教育科研能力。

4. 教学方法评价

教学是一门科学，教学有法；教学是一项复杂的工作，教无定法；教学是一种艺术，贵在得法。

教学有法，即教学要遵循教育规律、学习规律、人的发展规律。如根据维果茨基的"最近发展区理论"，教师要基于学生的已有水平和生活经验设计和实施教学活动，促使学生学习呈螺旋式上升；根据皮亚杰的"建构主义理论"，教师通过引导、指导，帮助学生自主、合作、探究学习，借助一定的媒介和活动，把新知识与其原有知识建立逻辑联系，形成知识框架，使学生获得发展，让学习真正发生；根据加德纳的"多元智能理论"，教师在教学过程中，要关注学生的优势智能和劣势智能，扬长避短，扬长补短；根据陶行知的"生活教育理论"，教师应该上好学校小课堂，用好社会大课堂，促进教学做合一。

教无定法，指的是教学的模式、方法、技能、手段等不应机械、教条、划一、不变，而应灵活多变、富有个性、充满灵性。教学活动须根据教学任务、教学对象、教学条件、教师特点，尤其要基于学情，合理地取舍、组合、设计、运用，实现教与学统一、师与生共进。国内外的教学流派和教学模式繁多，就是教无定法的一种具体表现。

贵在得法，是指在教学过程中，教师将各种教学方法、手段、技巧等恰如其分、灵活巧妙地应用到具体的教学情境中。学生的学习方法应贯穿于学习、思维、实践等系列活动中，整个过程离不开教师的指导。每一项教学活动都具备独特性、针对性、时效性、兴趣性、科学性等特点，每个学生都有自己的学习特点和身心特点，适合的方法就是最好的方法。

5. 教材处理评价

教材是教师教学最重要的资源，处理教材的能力是教师的硬功夫。一般的教师是"教教材"，而优秀的教师则是"用教材教"，二者差异巨大。

教材解读与处理是为了更好地优化教学资源，更适应实际的教学要求和教学情境。一般来说，解读教材前应深刻理解课程标准，然后在此基础上分析教材的地位与作用、内容与结构、教与学目标、重点与难点、方式与方法、知识与能力、情感与思想等要素，最终确定教法。

教师在解读教材时，应先对教材进行宏观整体分析，把握各学段教材的基本框架、线索与逻辑体系，再进行微观分析，理清年级、章节、单元与课时之间的关系。对教材不足之处进行必要的调整与修补、挖掘与拓展，力求把教材上的隐性知识挖出来，把与主题紧密关联的最新知识吸过来，把与学生生活密切联系的知识纳进来，将丰富多彩的真实世界引进来，让相对固定的教材活起来。

6. 课堂质效评价

课堂教学质效是指在法定的课堂时间内，教师的教和学生的学都表现出了良好的状态，达到了教学预期，学生得到了愉快的体验和良好的发展。教学管理者可以围绕影响课堂教学的各因素，结合学科特点，设计评价工具，实施质效评价。

7. 教育科研评价

教育科研是推动学校教育改革、教师发展、质量提升的内动力。教育部《关于加强新时代教育科学研究工作的意见》要求中小学积极开展教育教学实践研究,支持中小学教师增强科研意识,改进教学方法,提高教育质量。[①] 教育科研评价理应成为教师教学评价的一个重要组成部分。中小学教育科研评价应坚持"实事求是、解决问题、推动实践、改进教学、提高质量、促进发展"的基本价值取向。

【案例 3.25】

初中"微课资源"设计有效性评价

坪山实验学校　王罗成　刘克军　郑王炜

1. 微课选题评价

微课的选题是微课制作的首要一环。选题需考虑内容的针对性、呈现方式的有效性及微课学习对象的适切性等。重点关注:①微课内容聚焦在学习过程中的重难点、易错点;②选择的问题用微课方式表达有明显的技术优势;③题目名称的科学性与新颖性。

2. 微课设计评价

好的选题需要好的设计。重点关注:①以学科素养为核心,以问题解决为重心;②服务学习,以学生为主体;③辅助教学,发挥教师的支架作用;④以分析、解决问题为重点。

3. 微课录制评价

微课的录制注重技术性和艺术性。重点关注:①时长适当,一般不超过10分钟;②录制技术手段先进,组合衔接过度巧妙;③画质、画面美观,简洁大方,图片、文字、配音协调流畅;④有独特风格,有吸引力。

4. 微课效果评价

微课的价值在于运用,重点关注:①学生学习的适应性与喜爱度;②学生的学习效果;③同行的评价与引用率。

【案例点评】微课是一种将现代技术融入课内外的新颖手段,学生喜欢,年轻教师热衷。其在形式上虽不同于传统课堂媒体,但本质相同。微课的评价是一个新领域,该评价方案除考虑教学理念、教学基本功、教学方法、教学效果等常规要素外,也纳入了教育技术发展和课程改革的新要求,是对传统教学评价的有效延伸。

---

① 陈国民,祝怀新,范楠楠:《异化与归位:中小学教师教育科研的现状探析》,载《教师教育论坛》2020 年第 8 期,第 16-18 页。

（六）教学质量评价

广义的教学质量包括学校、教师的教学质量和学生的学习质量。下面简要介绍教学质量的评价原则、实施与结果运用。

1. 评价原则

教学质量评价主要遵循以下原则：全面评价与专项评价相结合；形成性评价与终结性评价相结合；总体评价与抽样评价相结合；定量评价与定性评价相结合。

2. 评价实施

（1）实地研究。通过教学常规检查、教学视导、随堂听课、座谈会等方式考查教学过程，了解学校的教学管理，了解教与学的真实过程，诊断教与学存在的问题，并进行归因分析，为教学改进提供参考。

（2）问卷调查。对学校领导的问卷，重点了解办学思想、机制体制、管理效能、资源条件等情况；对教师的问卷，重点了解专业水平、学科素养、课堂教学、教学研究等情况；对学生的问卷，重点了解学生的学习情况，以及对学校管理和教师教学的感受与建议。

（3）水平检测。根据课程标准要求对学生的学业水平进行检测与分析，检测一般采用纸笔测验和非纸笔测验两种形式。纸笔测验全面考查学科学习目标的达成程度；非纸笔测验，如专项检测、操作能力评价、活动观察、学习素养评价、学习成果评价等，作为纸笔测验的必要补充。

（4）资料分析。如查阅学校制度、常规管理档案、教学质量专项报告等，了解学校教学质量管理状况；通过教育督导部门和教研部门的质量监测分析报告，结合学校的自我监测，了解教与学的质量；通过查阅课题、专著、论文、资源库及其他教学改革成果，或观摩学术活动，了解校本研训、教育科研对教学质量的促进作用。

3. 结果运用

对学校的评价，一是结合教育督导，审视教学管理，监控教学质量，督促整改提升；二是结合国家和各级的教育质量监测，发现问题及时解决；三是区教科研部门进行过程性质量监测，促进学校教学动态改进。对教师的评价，一要通过评价促进教学改进与专业提升，二是制定必要的奖惩制度，激励教师不断改进教学。对学生的评价，一要发现学生的进步和长处，增强学生学习的自信心和内动力，二是帮助学生认识存在的阶段性问题，在教师指导、他人帮助和自身的努力下，不断完善自我。

【案例 3.26】

坪山区中小学教学常规·考试管理

坪山区教育科学研究院

考试（测验）是教学控制系统中的重要环节，是对教师教学活动的有效性和学生知识能力发展状况的综合评价。考试对教师掌握教学情况、诊断教学问题、监控教学质量、改进教学工作等都有重要意义。教学测验要做到测试及时，命题科学，组织规范，结果运用合理。

1. 科学组织考试

科学组织考试要按照学科特点和有关规定组织考试，明确考试目的，科学合理地组织考试，严格对检测过程的管理。按要求参与国家义务教育质量监测和省、市、区组织的调研性检测。学校、教师谨慎合理地组织为针对教学目标达成而组织的单元小检测和随堂小检测。各类考试或检测要进行规范管理，严密组织，确保安全、有序、顺畅。要做好必要的考试过程性记录，保留必要的原始资料。

2. 改进考评方法

学校要引导教师进行考试评价研究与改革，关注学生的成长过程。增加口试、开卷考试、实验操作、综合性学习成果展示等多种考评方式，提倡学生、家长、同行、学校、社会共同开展"评教评学"活动。努力促进评价主体多元化、评价形式多样化、评价表达多形态，使评价与考试成为促进师生共同发展的过程。

3. 严谨组织命题

命题是教师教学工作的正常任务，也是教师专业素养的重要体现，命题管理是教学常规管理必要组成部分。命题应严格按照课程标准要求，以教材和相关资料为参考，全面考查学生的"知识与技能、过程与方法、情感态度与价值观"三维目标的发展水平，体现考试的教育性、过程性、发展性。要注重学生的实际，以学生发展为本，突出考试的激励、反馈、调整和改进功能。命题的基本流程是：研读课程标准、教材及相关参考资料—确定命题范围、内容、试卷结构、分值等—编制"双向细目表"—命题（含评分标准）—小范围试测（视情况需要）—试卷修正—定稿。试题排列一般从易到难，题型多样，覆盖面广，客观题与主观题相结合，不出偏题、怪题。要多角度、全方位地对学生进行考查，科学地把握试卷的难度、区分度、信度和效度。提倡在研究和积累的基础上建立题库，开展教考分离探索。

4. 客观评定成绩

要科学合理地制定评分标准，重视学生分析问题和解决问题的过程和方法，肯定学生的创见，促进学生基础知识、基本技能、应用能力、创新意识的和谐发展。提倡集体合作阅卷，一般流程是：人员分工—讨论评分标准—试评—修正评分标准—正式阅卷—生成数据。

5. 强化质量分析

考试结束后，学校、年级组、教研组、教师等要及时对学校、年级、班级、学生进行全面的质量分析，填好质量分析表，撰写质量分析报告，总结教学工作中的经验和教训，提出改进教学的措施。要重视对学生自我分析的引导，发现和鼓励每一个学生的进步，让学生体验成功的快乐，并不断完善自己。

【案例点评】考试是开展教学评价最常规、最重要的手段之一。为了更好地发挥考试在教学评价中的作用，《坪山区中小学教学常规》对考试管理做出了5条规定，科学组织考试，改进考评方法。在命题、监考、评定成绩直至质量分析等方面都提出了明确的要求，使考试有序、有法、有效。

第三节　区域教学管理再思考

教学管理是规范教学秩序、引导教学行为、提高教学质量的有效手段。通过几年的区域教学管理实践，我们有以下几点体会。

一、遵循教学管理的基本规律

教学管理是一门学问。一要充分研究各级教育管理政策和法律法规要求，保证教学管理的方向性；二要深入研究管理、教学和教学管理的科学理论，以教学管理的基本原理和规律指导教学管理实践，保证教学管理的科学性；三要广泛学习国内外教学管理经验和成功案例，取长补短，为我所用；四要提炼总结区、校教学管理的实践做法，互相学习，共同提高。

二、结合区域实际制定教学管理策略

每个区域都有自己的特点，如地理位置、社会经济条件、风土人情、历史文化、教育基础、发展阶段、发展定位等。实施区域教学管理首先要认清自己，并在此基础上制定一套科学合理、实事求是、针对性强、管用有效的区域教学管理策略。

坪山属于特区边缘后发地区，教育基础薄弱，区内学校的办学条件、办学

水平、办学质量参差不齐，普通民办学校比重大，优秀学生、优秀教师、管理人才流失严重，区域教学管理机制体制不健全，教学管理整体水平不高，校际间教学管理水平差异巨大。从这一现实出发，我们的教学管理首先要脚踏实地，先"走稳"，然后优化升级，再"走好"。我们强化建立制度、完善机制、做好常规、规范管理，打好区域教学管理的基础。同时，坪山又是深圳经济特区的一分子，"双区建设"和改革开放的高定位，我们也必须"仰望星空"。区教科研中心确立了区域教科研"规范均衡—内涵品质—品牌特色"的三阶段路径、"以人为本，规范为要，质量为上"的教学管理指导思想、"规范化、过程化、全员化、主体性、信息化"的教学管理原则、"学为根本，教为支持，学教融合，教学相长"的课堂教学主张、"全面、全员、全程、绿色"的教学质量观等一套完整严谨的区域教学管理基本策略，都是基于对本区域的认识和阶段性发展定位来确立的。因此，这一双"鞋子"比较适合自己的"脚"。

三、明确区域教学管理基本规范和总体要求

国家对学校、学科的教学质量有基本要求，中高考的试卷也是省、市统一的，而坪山区校际间、学科间教学质量的差距很大。为尽快缩小差距，改变局面，区教科院作为区域教学管理机构，除分层、分类、分主题、分项目进行研究、指导、培训、研修、交流、服务外，比较高效的办法就是制定全区统一的教学和德育管理基本规范，对教育教学各环节、各领域提出明确的基础性要求，使教学水平、学生基础参差的学校、教育教学素养不同的教师都能向同一目标努力，按同一标准或底线开展教育教学和管理。《坪山区中小学教学常规》《坪山区中小学德育常规》《关于进一步规范义务教育课程改革加强教学管理的通知》《坪山区幼儿园教育教学常规细则》等一系列规范性文件，就是基于这种思考而制定的，这些文件对学校的教学管理有长期的指导性和引领性。

四、用机制落实区域教学管理主张

好的制度要靠好的机制才能落实，才能有效。从区域的现实出发，坪山区教科研机构先后设计了区域三级教学管理（区—片—校/园）、三类教研人员（专职教研员、兼职教研员、中心教研组成员）、教研督学挂校挂科、教学常规检查、德育常规检查、教学视导、教学质量监测、重点学科建设、教研基地学校、课程改革优秀教研组、公民办学校结对帮扶、重大教学改革项目、学校学术开放、教学改革小课题、名师工作室、素质教育特色项目、教改特色项目、教师专业技能大赛、校园"四节"、素质教育成果展演等一系列机制。事实证明，这些机制对区域教学管理过程的落实与结果的保证起到了保驾护航的作用。

五、鼓励区域指导下的学校教学管理创新

教学是一个系统工程，区域教育是一个共同体。要快速整体提升区域教学质量，区级教科研部门必须有"顶层设计"，要整体推动。坪山区教学管理的系列制度和机制体制，针对本区教学管理需要解决的突出问题和教学质量的阶段性目标，从"基础管理""教的管理""学的管理""质量管理"4个层面做出制度安排，提出具体要求，对区域教学工作的有序高效运行奠定了基础。

教学更是一项个性化工作，教学实施的主体是教师，教学管理的主体是学校。各校校情、教情、学情不一，教学理念、教学追求各异，教学管理传统、学校文化不同，对全区学校教学管理提出一些基本要求、底线要求虽有必要，但如对学校提出同等划一要求既不科学，也不可行。学校应在各级教育政策法规的指引下，以各级教学管理的要求为指导，设计适合本校的教学管理制度机制，以改善教学管理，优化教学过程，提高教学质量，培育办学品牌。

第四章
教研管理：基本认识与实践形态

第一节　教研管理概述

教研，指区域教学研究人员（简称"教研员"）对基础教育各学段、各学科教学的研究、指导与服务，也包括中小学、幼儿园教师对本学科教学问题的研究与改进。教研管理是区域、学校对教学研究工作中各项管理活动的总称。

一、教研管理的内涵

（一）关于教研

教研是什么？教研即"教学研究"，是"运用科学的方法，以教育教学理论为指导，以教学现象、教学事实所反映的教学问题为研究对象，以探索和认识教学规律，并运用教学规律解决教学问题、提高教学质量为目的的认识活动，是有意识、有目的、有计划、有组织地对教学现象和教学未知领域进行研究的过程。"[①]

新中国成立后，为满足中小学教育快速发展的需要，我国基础教育的教研活动应运而生。1954年4月，中央人民政府政务院发布了《关于改进和发展中学教育的指示》，明确指出教学是学校的中心任务，要做好教学工作，提高教学质量。"各级教育行政领导机关应把在职教师的学习切实领导起来，列为工作任务之一……关于学习的组织形式，凡各地已行之有效的，如教师进修学院、函授学校、教学研究会、定期报告等方式，均应结合当地情况，予以推广。"[②] 1955年11月，《人民教育》以短论形式发表了《各省市教育厅局必须加强教学研究工作》，这是我国第一个由官方认可的、比较系统和规范的关于教研制度的文件。龚兴英则总结认为我国中小学教研活动经历了初创与借鉴、定型与制度化、停滞与偏离、重建与拓展、继承与创新、标准与实效化等主要

[①] 秦国龙：《教研论》，辽宁大学出版社2005年版。
[②] 何东昌：《中华人民共和国重要教育文献：1949－1975》，海南出版社1998年版。

发展阶段。①

教研"研"什么？秦国龙指出教学研究的逻辑起点是教学问题，是由教学问题而引起的研究，是对教学问题进行的研究，是在教学过程中进行的研究，是在教学活动中进行的研究，是对教学者与教学相关者进行的研究。其基本要素包括教师（教研员）、教学问题、教学策略，其本质是科学的认识活动、价值的判断活动。②

孙继亮认为，教研是事业，需要奉献；教研是科学，需要求真；教研是艺术，需要创新。③

我们认为，教研主要指教学研究人员对基础教育阶段学科教学过程的基本因素进行的微观分析与研究。它所研究的内容直接来自教学实践，研究的成果直接为教学实践服务，教研和教研员工作具有独特性。

（二）关于管理

20世纪初在西方，法约尔首次从一般管理的角度总结了工商企业的管理方法，他认为"管理是计划、组织、指挥、协调和控制"，并提出企业基本活动与管理的五项职能。④ 行为科学管理学派代表赫西·布莱查尔特认为："管理是个人与群体共事，以达到组织的目标。"现代科学管理学派代表西蒙提出，可以把"决策的制定当作管理的同义词"。一般认为，管理是一种为实现一定目的而采取的协调方法与活动，主要分为管理体系、管理手段、管理对象、管理职能4个部分。管理的性质和职能，是一切管理中带有共性的东西，是实行科学管理的基本问题。⑤

而在中国，"管理"一词在《现代汉语词典》上被界定为"负责某项工作使顺利进行"⑥。姜磊等将管理概述为"是社会组织中，为实现预期的目标，以人为中心进行的协调活动"⑦。戴德锋等认为，"管理就是对一个组织所拥有的各种资源进行计划、组织、领导、控制和创新，用最有效的方法实现组织目标的过程。"⑧ 蔡世刚等认为，管理是在特定的环境下，对组织所拥有的资源

---

① 龚兴英：《中小学教研活动的历史演变与发展走向》，载《教师教育学报》2015年第3期，第82—95页。
② 秦国龙：《教研论》，辽宁大学出版社2005年版。
③ 申继亮：第二期中小学课程与教学改革专题培训班，"关于基础教育课程改革的若干问题"，[2013—7—1] http://www.zzstep.com/?action-chuzhongviewthread-tid-1814863。
④ 蔡世刚，魏曦：《管理学》，东南大学出版社2016年版。
⑤ 孙鼎国：《西方文化百科》，吉林人民出版社1991年版。
⑥ 中国社会科学院语言研究所：《现代汉语词典（第5版）》，商务印书馆2005年版。
⑦ 姜磊，马玉梅：《管理学基础》，北京理工大学出版社2018年版。
⑧ 戴德锋，窦德强，熊雯：《管理学》，北京邮电大学出版社2016年版。

进行有效的计划、组织、领导和控制,以达到既定的组织目标的过程①。

(三) 关于教研管理

教研管理是以全面提升教师能力和教学质量为目的,由教师和专职教研人员合作,对教学过程中出现的困惑进行研究,以解决困惑的一种形式②。也有学者认为,教研管理是"地区教研部门对学校、教师的教学工作进行科学规范的指导、监督和评价等的活动。教研管理涉及的内容丰富,包括人力资源管理、学校组织架构管理、规章制度管理、学生管理和科研流程管理等等。"③

二、教研管理的特点

(一) 教研管理的层次性

在我国的基础教育领域,承担教学研究工作的主体是教研员与一线教师。我国义务教育的管理主体以县(区)为主,一般来说,县区教研机构承担区域中小学教研管理的职能,对区域内的教学研究和教学管理工作进行谋划、统筹、协调与组织。新一轮课程改革大力提倡校本教研,学校成立教科室、教研组、备课组、项目组等内设机构,以便开展教学研究。此外,省、市教研机构对县、区、校的教学研究也有一定的指导作用。

(二) 教研管理的科学性

教学研究是科学的研究活动。教学研究管理应基于教学管理的科学性,采用科学的管理办法,协调教学研究系统的各种资源,从而达成教学的整体目标,即提高教学研究的有效性,提升区域、学校教学水平,促进学生全面发展,增强教师专业能力。教研管理的科学性体现在教研计划管理、教研组织管理、教研过程管理、教学质量管理的全过程。

(三) 教研管理的实践性

教研活动是一项有组织、有目的、有价值的实践活动。教研管理的实践性具体体现在教研管理的复杂性、系统性、关联性等方面。首先,教研管理涉及对人、物、财等诸多资源及要素的组织与协调,其中的关系、过程是错综复杂且动态的;其次,教研管理作为一个系统,各个要素之间是有机联系、相互影响的;第三,教研管理作为一项教育活动,与其他社会活动息息相关,不可能独立存在。教研活动主要不是为了教育教学理论创新,而是为了解决实际教学问题,改进教学实践。因此,教研管理的实践性尤其突出。

---

① 蔡世刚,魏曦:《管理学》,东南大学出版社2016年版。
② 朱咏梅:《"以人为本"教研管理尝试》,载《山东教育》2008年第2期,第6-8页。
③ 袁博:《初中教研管理问题研究》(博士学位论文),哈尔滨师范大学,2019年。

（四）教研管理的人本化

教研管理的人本化是指教研管理中所蕴含的以教师、学生为本的价值取向。教研是一项以人为本的价值性活动，师生发展、人文同化理应是教学研究的终极目的。教研管理应在教研的基本价值取向指引下，对资源进行合理调配，以实现教师、学生最大限度的发展，从而促进学校和区域教育发展，"研教结合"应成为教师和教研员工作的常态。在实际教研管理过程中，应充分考虑人的基本需要，保障教师和研究人员的物质、情感、志向、兴趣、动机等方面的需求。

（五）教研管理的数据化

教研管理的数据化特征是对信息时代科技发展的实时体现。随着现代信息技术的高速发展，基于互联网、大数据和人工智能，将空间、时间、资源及各项教学活动等要素数据化，对数据进行收集、处理、整理、分析、运用，通过技术力量实现资源的分配与调节，能极大节约时间、空间、人力等成本。教研管理的数据化使教研管理更加便利、节约、集约，人与人的交流和资源的调配更快速、即时、便捷、高效，教研活动的时空成本大大降低、效率大大提高。信息集中，数据集合，泛在交互，实时更新，共建共享——教研管理的数据化大有益处。

三、教研管理的意义

教研管理的意义是指教研管理的价值性问题。在理论上，教研管理有利于教学、教研与教师专业发展理论的进步，有利于理论与实践对照；在实践上，教研管理有利于学校及区域整体教学的提高和教师、学生的发展。

（一）有利于丰富和发展教研理论

教研管理活动是在特定理论指导下的实践过程，这一过程既是检验理论的过程，又是丰富理论的过程。教育理论与观念是指对教育客观规律的认识，是概括的、抽象的，具有一般意义的认识。[1] 教育理论与观念对教研员、教师的教育教学行为有较强的理性指导作用，教研员、教师对这些属于社会范畴的教育理论与观念的理解、内化程度，将显著影响其教研实践活动的开展，教研实践活动反过来也会影响教育、教学、教研理论的丰富和发展。

（二）有利于活化教与学方式

教研管理有利于教学研究的有序进行。通过教学研究，更新教学理念，丰

---

[1] 申毅，王纬虹：《幼儿园教研管理研究》，西南师范大学出版社2000年版。

富教学内容，改进教学方法，改良教学手段，活化学习方式，提高教学质量。教师在研究与思考中收获教育成功的乐趣，实现自身的价值，促进学生的成长。

（三）有利于优化教师专业发展机制

教师是教研活动的主体，以教研活动促进教师发展，是教师专业成长最有效的途径。教研管理通过将教研活动制度化，助推教师专业成长：一是教研管理使区域、学校的教研活动常态化、系列化、制度化，引导教师主动研究；二是广大教师有专业自觉性，有意愿、有动力、有激情地加入到教研活动中来。只有通过有效的教研管理，组织丰富的教研活动，广大教师乐于参与其中，教研活动的效益才能真正得到发挥，教师的理论水平和实践能力才能得以较快提高。

（四）有利于规范教育教学活动

教研管理及教研活动对教学活动的开展有导向、指导、验证、发展、评价、改进、中介等作用。导向功能，即教研为教学实践活动提供思想、理念、理论、经验、方针、政策等的引导；指导功能，即教研是通过发现、分析、研究教学实际问题，找到解决问题的策略，从而指导教师解决教学问题，改进教学方法；验证功能，即教研为教师的教学实践提供充分的经验、模式、成果，并在其个性化教学实践中进行运用；发展功能，即教研能有效地促进师生发展；评价功能，即教研可以为教与学提供价值判断，如课程评价、教学评价、学习评价、质量评价、管理评价等等；改进功能，即教研对教学内容、过程、方法进行分析，发现问题、解决问题、改进教学；中介功能，即教研是教育教学理论与实践的中介和桥梁。[①] 因此，教研及管理，将对教学活动的各方面进行更科学、规范、有序、系统的调控，从而增强教学活动的规范性。

（五）有利于提高区域教研水平

教研的成效有赖于高效的教研管理。区域教研机构应对区域教研进行科学规划、有效管理、有序开展、精心组织、精准评价，可以根据需要制定区域教研发展规划、学科建设指南、教研活动指引等政策性文件，对区域教研活动进行系统设计和有力引领。同时，加强区、校的教研组织建设、教研机制建设、教研重点项目建设等，营造区域引领、学校探索、合作共享、整体提高的新型教研文化。

---

① 秦国龙：《教研论》，辽宁大学出版社2005年版。

四、教研管理的影响因素

从系统论的角度来看，教研管理是一个系统，其运作涉及系统内外各因素，如主体因素、技术因素、经济因素、文化因素等。

（一）主体因素

教研管理的主体包括区域教科研机构、学校教研管理部门、教研组、项目组、课题组等，其工作的主动性、积极性、创造性是影响教研管理成功与否的首要因素。区域教科研机构是区域教研管理的首席主体，它承担了对区域教研规划、教研队伍、教研过程、教研成果等全局性的系统管理重任，深刻影响着区域教研的整体水平。学校是教研管理的重要主体，其教研管理的理念、组织、制度、机制、体制等直接影响学校教研的有效性。目前，我国多数中小学设立了负责学校教研管理的教研室或教科室，部分学校制定了"科研经费先行制""课题项目招标制""小课题动态管理制""教师专业发展积分制"等有关制度[1]。教师是教研的直接主体，组织一支教研骨干队伍，培养一批教研积极分子，对调动教师教研的积极性至关重要。杜亚丽认为："教育科研管理中必须引进激励机制，充分调动教育科研组织中每个人的工作积极性。要在对人的管理方面设计全新的组织体系，创设全新的机制，在管理重点、管理职能、管理方式、评价方式等方面摒弃老思路，给教育科研人员创设良好的工作环境。"[2]

（二）技术因素

技术对教研管理起支撑作用。无论是现在还是未来，技术融入教育的趋势锐不可当，互联网、大数据、云计算、5G、AR、AI 等技术已广泛渗透教育各行业。技术本身也已成为教学、教研的一部分，如翻转课堂、iPad 教学、人工智能课程、大数据课堂诊断、大数据教学质量分析、过程性教育评价等等。同时，新技术对教研管理的革命提供了新的可能：教研突破时空限制，教研管理更高效、更便捷，如在线教研、"虚拟教研"、教研平台、教研数据库及其他软技术。因此，技术对教研管理的形态影响必将是深远的。

（三）经济因素

经济因素主要是指物质资源等方面的支持，教研管理需要财力、物力、人

---

[1] 金国永：《学校科研管理机制创新例谈》，载《中国教师》2007 年第 6 期，第 59 – 60 页。

[2] 杜亚丽：《教育科研管理的特点及发展趋势》，载《教育探索》2006 年第 3 期，第 67 – 68 页。

力的支持。经济基础决定上层建筑，教研资金、设施设备及相关教研资源等经济因素是有效教研的基础。在教研管理中，立项、评审、比赛、奖励、培训、研讨等，都离不开必要的经济支持。

（四）文化因素

文化因素作为环境因素影响教研管理的具体展开，包括对科研、管理的重视，科学思维方式的养成等方面。李鹏程认为，"文化是人的活动，进行这种活动之所以需要，是为了人的生命存在，或者甚至可以说，为人的生命活动之必须。""文化就是人们不断优化自己的生存条件的过程。"[①] 从一定意义上来说，教研管理是一种文化现象，是一个不断优化教师职业生命的过程。良好的教研氛围对教研管理者、教研工作者与教师有着广泛而深远的影响。

第二节 区域教研管理实践

一、教研管理的基本原则

坪山区的教研管理遵循方向性、发展性、人本性、整体性等基本原则。

（一）方向性原则

教学研究是一项政策性、科学性、方向性较强的开创性工作。区域教研管理应遵守党和国家的教育方针、政策、法规，遵循各级教育行政部门的相关规定，符合管理学、教育学、心理学、教学论等相关原理、规律，还应围绕区域教育发展大局与改革重点，服务好国家、省、市、区的阶段性发展定位。在此基础上，结合本区域、本学校和教师的具体情况确定教研方向、教研重点和教研方式。

（二）发展性原则

教研管理的根本目的是通过教研优化教学，促进师生、学校、区域教育的发展。区域教研管理要立足教学研究，着眼教育全局；立足现实基础，引领未来发展；抓住关键环节，促进全面优化；把握教育大局，推动持续发展。

（三）人本性原则

教研管理应以人为核心，强调人的自主性和全面自由发展。"以人为中心的人本管理是教育科研管理的核心和必然诉求。"[②] 教研管理的人本性包括：

[①] 李鹏程：《当代文化哲学沉思》，人民出版社 1994 年版。

[②] 陈辉：《人本管理在教育科研管理中的应用》，中南民族大学学报（人文社会科学版）2005 年（增刊 1），第 298 – 299 页。

管理目标的人本性，即管理目标应立足学生和教师发展，而非物质利益、荣誉等功利性目标；管理方法的人本性，即管理方法应顺应师生、学校需求，受到服务对象欢迎；管理效力的人本性，即管理效力应体现在教研主体上，实现教研主体的发展。

（四）整体性原则

区域教研管理是系统管理，系统管理须考虑整体效益。教研管理要从区域教育发展整体目标出发，合理组织、协调教学研究的各领域、各环节、各要素，以取得区域教学改革的整体效益。区域教研管理的理念、方式、方法要服从教育整体发展的需要。区域教研阶段性重心的确定，要立足长远，突出重点，因校制宜，扬长避短，形成特色。

二、教研管理的基本策略

（一）规划引领策略

教学工作是一项严密、复杂的系统工作，教研管理要服务区域、学校的教学工作大局。因此，无论是区域教研还是学校教研，群体教研还是个体教研，长期教研还是短期教研，宏观教研还是微观教研，都需要科学谋划、精心计划、谋定而动。坪山新区成立伊始，区级层面出台了《坪山新区基础教育优质均衡发展行动纲领》，区教科研中心依照"规范均衡—内涵品质—品牌特色"的区域教科研发展路径，编制了三阶段的教育科研发展规划，并制定了学年、学期的教科研工作计划。进入行政区时代，又编制了《坪山区教育科研品质发展行动要点》，确保了在每一个阶段，区、校教研管理都有方向、有节奏、有重点、有保障、有效果。

（二）网络建构策略

好的想法要依靠好的组织网络体系来实施。针对新区教研基础薄弱、机构编制有限等突出问题，我们设计了"三级组织、三支队伍、三线教研、三大平台"的区域教研管理组织架构。

（1）"三级组织"。区教科研中心、学校教科室、学校教研组3个层级分工协作，各有侧重。区教科研中心进行宏观把握、方向引领、制度设计；学校教科室因校制宜，做到一校一案；学校教研组抓好常规，实现项目突破。

（2）"三支队伍"。教研顾问队伍，负责区域教研的顶层设计与学术引领；专、兼职教研员队伍，以学科建设为统领，从课程建设、组织建设、队伍培养、课堂改革、教学评价等方面全面推进区域教研；学科中心教研组，由区学科骨干教师构成，组织开展各类"主题式""项目式"教研。

（3）"三线教研"。围绕课程建设、课堂教学、教学评价等基础教育科研工作三大主线，实施科研课题、研训主题、教改专题、竞赛项目等阶段性教研重点项目。

（4）"三大平台"。以理论导学、专家领学、同伴互学、个人自学等形式组织教师开展教育教学"理论大学习"；以课题研究、群体研修、集体备课、课例研习、教学实践、总结反思等形式组织教师开展"课改大实践"；以技能训练、专业比赛、课堂展示、成长叙事、成果交流等形式组织教师开展"专业大交流"。

（三）学科建设策略

受高等院校和医疗系统"学科建设"的启发，坪山区教科院以学科建设为载体，提炼学科教学方法，改进学科教学方式，提升教研员、教研管理者和教师的专业能力，培养学生能力，提高教学质量。各学科（含德育）、各学段（含学前教育），从学科定位、学科方向、学科目标、学科队伍、学科课程、学科研究、学科教学、学科学习、学科基地、学科管理等方面，对学科建设进行规划和探索，持续提高学科建设水平。目前，不少学科在学科课程群建设、高水平学科教研团队培育、经典高效学科课堂教学模式探索、优质共享学科课程资源库建设、学生学科核心素养和综合素养培养等方面有所突破、有所创新。

【案例4.1】

中学地理学科建设与展望

坪山区教育科学研究院　李显明

地理学是研究地球表面的地理环境及其相互关系的科学，跨自然、人文两大学习领域。中学地理是我国基础教育课程体系的必要组成部分。

1. 区域地理学科建设的主要工作

一是搭建地理教研组织架构，建立区、校两级合作教研机制，成立区中学地理中心教研组，先后聘请7位兼职地理教研员，组建3个区域地理教研协作体；二是开展地理教师基本情况调研；三是组织初高中地理教学专项调研；四是开展常规地理教研、科研、培训、竞赛活动；五是探索"教研训一体化"学科主题教研新模式。（略）。

2. 区域地理学科建设的效果分析

截至2017年，全区有地理专用室8个、地理探究室1个、地理园5个、气象园3个、生态园1个。坪山高级中学地理科组被中国地理学会评为"全国地理科普教育先进单位"，其高考备考经验在市会议上作专题介绍。初中地理学业水平考试成绩逐年提升，学生综合素养不断增强，教师专业成长速度加快。地理课堂改革全面启动，如坪山高中的"生本学堂"、坪山中学的"四三课堂"、光祖中学的"小组自主互助课堂"、坪山实验学校的"iPad 小组合作学习课堂"、中山中学的"大数据课堂"等；校本课程建设有成效，如"新疆内高班地理预科教材""坪山乡土地理""'海好有你'海洋课程"等；学生社团建设成效明显，如"地理小博士社""地理科技社""地理研究性学习社""脚尖下的坪山""海洋研究社""环保社""地理大观园"等。

区域地理学科建设存在如下问题：一是地理教师队伍素质整体不强；二是地理教学研究质量不高；三是地理课堂教学方式有待改进；四是区域地理教研品牌成果不多。

3. 区域地理学科建设的未来展望：六个方向、六大重点、六项保障

（1）学科建设六个方向

思想建设——学科建设的灵魂。《地理教育国际宪章》指出："地理教育为今日和未来世界培养活跃而负责的公民所必需。"地理教师需持续学习教育学、心理学、脑科学、行为学、学习学、信息学、地理科学以及新课程等理论。树立人地协调、因地制宜、可持续发展、环境友好、资源再生、清洁能源、粮食安全、地球村、合作共生、跨文化理解、民族和谐等思想，运用要素分析、区域分析、图表分析、实地考查、案例分析、地理比较等教学方法，探索自主、合作、探究、实践、操作、调查、考查、模拟、网络、情景、问题、主题探究等教学模式，培养学生地理思维、地理品质、地理素养。

队伍建设——学科建设的关键。修德、修身、修行、修言，是地理教师一生的功课；敬业、乐业、协作、奉献，是地理学科团队建设的重心；"爱"是地理教师的最高境界。专业是教师安身立命之本，地理教师既要仰望星空追求教育理想，做好科研工作，又要脚踏实地上好每节课，教好每位学生，完成每项任务。

组织建设——学科建设的基础。组织建设是提高校本教研有效性、科学性的重要途径，是加快教师专业成长的主要平台。地理教师的个人发展和学科组建设、学校发展、区域教研组织等相辅相成。由一定结构组织起来的地理教师群体是一个团队，有共同的职责目标与价值追求，相互促进，共同提高。

制度建设——学科建设的保障。制度是指组织成员共同遵守的规则或机制。区级层面，如地理学科建设行动计划、区地理中心教研组成员工作职责、地理教研组建设指引、地理教师专业发展指南、地理教学指导意见等；校级层面，如教研组建设计划、教研组长（备课组长）工作职责、地理教师专业发展规划、教研组活动规则、地理教师工作规范等。

课程建设——学科建设的重点。课程建设遵循 4 个基本思路：一是结合本土资源和师生实际，对国家地理课程进行创造性的校本化实施；二是基于学科

特点，开发地理校本课程；三是基于学生综合素养，以主题或案例为载体，开发科内融合或跨学科融合的综合性、探究性、实践性学习项目；四是基于兴趣爱好，由学生自主设计、自主实施具有实践性、探究性的小课题。

资源建设——学科建设的支撑。地理学科资源主要包括3类：一是教学硬件资源，如地理教室、地理探究室、地理资料室、地理园、天文台、气象站、环保站等地理主题学习空间；二是教学软件资源，如课程标准、教材、教学参考书、学科文件、期刊、书籍、教具、学具、微课、课件、教学实录、教学设计、导学案、作业、试题等；三是社会教育资源，如科技馆、博物馆、气象台、天文台、生态园等。

(2) 学科建设六大重点

教师队伍提升。提高地理教师专业水准，引导教师干事创业，成名成家。力争5年内本科以上教师达100%，专业教师比例达90%以上，培养和引进约10名名师。创设环境，建立制度，搭建平台。专家引领与自主学习相结合，理论学习与实践探索相结合，学术研究与行动研究相结合，个人成长与团队建设相结合。

课堂教学改革。地理课堂改革需遵循"学为根本，教为支持，学教融合，教学相长"的区域教学改革总原则。围绕教学方式转变、学习活动组织、学习过程体验、学生全面发展，探索新型课堂形态。在课堂中体现多元化学习目标、综合性学习内容、多样化学习方式，丰富过程体验，和谐课堂生态。

课程资源开发。收集、整理、加工、创编、积累国家课程校本化实施的课程资源；以教师为主导，利用学生、家长、社区资源，开发具有地方、学校特色的校本课程资源；利用信息技术开发网络教学资源，打通书本、生活和网络世界的边界；开发社区、社会资源；开发跨学段、跨学科、跨专业的专题学习资源。

学习方式创新。选择学习方式，培养学习习惯，改进学习方法。实施新课程要求的自主、合作、探究性学习，组织综合、主题、研究性学习；践行富有地理学科特色的地图学习、图文转换、图表结合、绘图制表、地理观察、教具学具、地理制作、地理调查、地理考查、地理实验、区域分析、案例剖析、区域对比、信息处理、问题解决、活动策划等学习方式；把握课程标准的行为动词与认知水平要求（了解、理解、应用、模仿、操作等）。

教学评价改革。开展"为学而教"的地理教学评价改革。更关注学生的学习状态、学习参与程度、自主合作探究水平、学科素养与核心素养发展水平等。开展多元、多样、灵活的学业表现性评价改革，坚持过程与结果、定性与定量、反思与激励、自评与他评、传统与现代手段相结合，既关注学业成绩，又激发学生潜能。

教学手段优化。教师既熟练掌握传统的地理教学手段，如地理图册、地理模型、地质标本、地理仪器、地理挂图、地理板图、地理图片、地理拼图、地理板画、地理板书等，又积极尝试现代教学手段，如电影电视、幻灯投影、信息技术、互联网、大数据、AI等。

（3）学科建设六项保障

理论武装。地理教学是科学，教师通过长期的专业阅读、研究、积累、写作、交流，熟悉最新的现代教育理论，夯实学科专业基础，了解地理教学的流派与现状，在学习模仿的基础上创新创造，用理论支撑教学实践。

实践改进。地理教学是教育实践艺术，教师应选择一定主题，开展教学改革实践，总结教学经验，凝练教学风格。

组织保障。加强地理学科建设的统筹和规划，强化区、校教研统筹，营造和谐民主、合作共赢的教研文化。

项目突破。根据地理学科的特点、社会对人才培养的需求、新课程对地理教学的要求、社区学校师生的实际，选择阶段性教学改革专题、课题、项目，行动研究、总结突破。

反思积累。爱学习、常积累、善总结、勤动笔，是教师成长的必由之路。地理教师要随时积累教学过程资料，建立学科建设与专业成长档案，及时固化教研成果，积极促进成果发表与交流。

技术支持。运用现代技术手段优化地理教学与管理，建立地理教学资源库；运用先进手段创新地理研修模式，打破时空的限制，开展虚拟教研、在线交流、泛在学习，让教研随时随地发生。

【案例点评】加强学科建设是活跃区域学科教研氛围、整体促进学科教师专业发展、创建学科教学改革品牌、提高学科教学质量的重要途径。坪山区中学地理学科建设的"六个方向""六大重点""六项保障"，为区域地理学科发展明确了目标策略、工作重点、机制体制、资源保障等。在院长兼地理教研员李显明的示范和带动下，坪山区教科院各学科都制定了学科建设的五年规划，全面绘就了区域学科未来发展的图谱。

（四）项目驱动策略

项目驱动是教研管理的有效手段。教育工作千头万绪，教学工作繁杂艰巨。在教研管理中，除抓好教研常规外，需要设计一些阶段性的项目、主题、平台或机制，以集中优势资源，突出重点，突破难点，凝练特色，铸造品牌。区级层面，坪山区建立了"教育'四节'"、素质教育特色项目、重大教学改革项目、"学术开放""未来教育家"成长论坛、新教师研训营、学科专业素养提升专修、"新教育杯"教学能力大赛、特色教学工作室、"课改先锋"团队、精品教学资源、好课程、学科主题教研、继续教育本土精品课程、教学改革微讲座等特色教研项目。各校的特色教研项目繁多，如坪山高级中学的"主题教研文化月"、"一年四纪"特色评价，坪山实验学校的"相约周二""平实课堂"，坪山中学的"和实课程""家校之桥"，光祖中学的"校史文化"，中山中学的大数据课堂观察、单元探究，同心外国语学校的"学分银行"、小语种课程，坪山中心小学的"智慧课堂"，坑梓中心小学的"五园课程"，碧岭小学的"农耕课程"、中医药课程，金田小学的"全纳课程"，龙田小学的"精致课堂"，六联小学的"两实践两反思"，坪山第二小学的"善行银行"，汤坑小学的"友善用脑"，弘金地学校的网球特色课程、国际课程，龙山学校的"本真课堂"，龙翔学校的"体教结合"，星辉实验学校的"养成教育"，东门小学的"主题学习"，华明星学校的"华彩课程"，正阳小学的"快乐体艺"等。

三、教研管理的基本流程

区域教研管理重点关注4个环节：教研策划管理、教研实施管理、教研过程管理、教研总结管理。

（一）教研策划管理

此阶段的主要工作有：制定阶段性教研工作目标，确定教研重点和主题，选择教研时空，确定参与对象，考虑组织方式，设计教研活动程序，讨论分工及人员安排，撰写教研方案等。此环节的教研管理重点关注教研工作设计的针对性、科学性、合理性与可行性，管理的主要依据与方式是查阅"教研工作方案"和"教研实施计划"等。

（二）教研实施管理

根据教研活动的设计方案，有序、高效地组织实施教研项目。此环节重点关注教研主体的参与人数和参与程度、教研活动过程的真实性与扎实性、教研活动对象的参与状态、教研活动解决现实问题的程度等，管理的主要依据与方式是现场观察、访谈、问卷调查、过程性材料、阶段性总结等。

（三）教研过程管理

此阶段的主要任务是检查与评估教研活动组织的过程，反思与整改教研评估中发现的问题。此环节的教研管理重点关注学校教研管理部门、教研项目组织者、项目参与者、教研专家或同行对项目实施的指导、检查、诊断、评价与改进等情况，管理的主要依据与方式是查阅项目管理制度、项目实施过程性资料、项目阶段性总结等。

（四）教研总结管理

此阶段的主要任务是整理教研活动的过程性资料，对项目实施进行全面总结。教研管理重点关注项目实施目标的实现程度、参与师生的发展程度与满意程度、项目实施所取得的成效、成果、经验及辐射程度等。管理的主要依据与方式是研读总结报告、项目实施调研报告、项目产生的物化成果（如教学设计、课件、课例、习题、学案、论文、专著、案例、报道等）、项目实施对教师专业发展的事实、案例、项目实施对学生素养发展影响的事实、案例等。

在各教研管理环节，教研部门、学校教研管理者要依据教育政策法规、教育原理规律，结合本地、本校、本部门实际，制定教研管理基本制度，以便教研管理有章可循、有序运作、规范运行。教研员要对本领域的学校管理、教师教学、学生学习等情况了如指掌，做到对症下药、有的放矢。区域教研部门、学校在推广教育教学改革经验时，既要透析优秀教研经验的推广价值，又要预判教研经验推广应具备的条件与局限，适当对优秀经验进行"本土化"改造和创造性运用。

【案例 4.2】

中小学优秀教研组评选方案

坪山区教育科学研究院

为促进各中小学教研组建设的规范和创新，特组织坪山新区首届中小学优秀教研组评选。

1. 指导思想

随着《义务教育课程标准（2011版）》的修订，基础教育课程改革不断深入推进，迫切需要加强学校教研组建设，落实"以校为本"的教研制度。教研组是全面落实课程改革目标的基本单元，是每一位学科教师专业成长的摇篮，做好教研组建设是全面提高教学质量的保证。

2. 评选组织

（1）评选对象。全区中小学各学科教研组（各校申报名额见附表）。

（2）评选内容。（见《坪山新区中小学学科优秀教研组评审标准》）。

（3）评选过程。学科组自评、学校推荐、专家评审、实地考查、述职答辩、公示发布、表彰交流。

3. 评审要求

（1）报送材料：①"坪山新区中小学学科优秀教研组评审申报表"；②教研组自评报告；③教研组近两学年教研活动典型材料；④教研组及成员近两年的主要业绩成果证书复印件；⑤其他认为必要的材料。

(2) 自评及申报于 2012 年 11 月 20 日前完成，专家评审于 12 月前完成。

(3) 专家组通过资料评审、师生座谈会、个别访谈、问卷调查、随堂听课、观摩教研活动及其他过程性考查等，进行综合评价，确定评选结果。

【案例点评】教研组是落实教学工作、开展教学研究、提高教师业务水平的重要基层组织。教研组具备组织教学研究、实施教学管理、指导教学改革、培养青年教师、服务师生学校等功能，对凝聚教师、研究问题、交流经验、改善教学、提高质量、建立团队、纯洁教风等起着积极作用。

四、教研员及其管理

教学研究人员简称"教研员"，一般指在基础教育教科研机构工作的专职人员。教研员在组织区域教学研究、指导、管理、服务等方面有着不可替代的作用。对教研员的要求分为两部分：一是国家和各级教育行政部门层面的基本要求，二是区域教研机构层面的具体要求。

（一）国家对教研员的基本要求

1. 国家对教师的基本要求

教研员虽不是一线专职教师，但大多有长期的一线教学实践经历，故其首要身份仍是教师。因此，教研员须遵循《中华人民共和国教师法》（以下简称《教师法》）对教师角色的界定："教师是履行教育教学职责的专业人员，承担教书育人、培养社会主义事业建设者和接班人、提高民族素质的使命。教师应当忠诚于人民的教育事业。"

教研员必须遵守《教师法》对教师政治思想和品德的要求：一是遵守宪法、法律和职业道德，为人师表；二是贯彻国家的教育方针，遵守规章制度，执行学校的教学计划，履行教师聘约，完成教育教学工作任务；三是对学生进行宪法所规定的教育和爱国主义、民族团结、法制教育以及思想品德、文化、科学技术教育，组织、带领学生开展有益的社会活动；四是关心、爱护全体学生，尊重学生人格，促进学生在品德、智力、体质等方面全面发展；五是制止有害于学生的行为或者其他侵犯学生合法权益的行为，批评和抵制有害于学生健康成长的现象；六是不断提高思想政治觉悟和教育教学业务水平。①

教研员必须遵守《中华人民共和国教育法》（以下简称《教育法》）对教师政治思想和品德的要求：一是坚持以马克思列宁主义、毛泽东思想和建设有

---

① 《中华人民共和国教师法》第八条 [EB/OL]．[2016 - 12 - 24] http：//www.scedu.net/p/0/? StId = st_app_news_i_x4003_10512．

中国特色社会主义理论为指导，遵循宪法确定的基本原则，发展社会主义教育事业；二是坚持教育必须为社会主义现代化建设服务、为人民服务，必须与生产劳动和社会实践相结合，培养德、智、体、美等方面全面发展的社会主义建设者和接班人；三是坚持立德树人，对受教育者加强社会主义核心价值观教育，增强受教育者的社会责任感、创新精神和实践能力；四是坚持继承和弘扬中华民族优秀的历史文化传统，吸收人类文明发展的优秀成果；五是坚持教育活动必须符合国家和社会公共利益。①

教研员还应遵守《教师法》《教育法》对教师其他方面的要求。

2. 国家对教研员的基本要求

《教育部关于加强和改进新时代基础教育教研工作的意见（教基〔2019〕14号）》第四条"加强教研队伍建设"第九点"严格专业标准"规定，教研员一般应具备以下基本条件：①政治素质过硬。牢固树立"四个意识"，坚定"四个自信"，坚决做到"两个维护"，认真贯彻党的教育方针。②事业心责任感强。有教育理想和教育情怀，热爱教研工作，自觉为提高基础教育质量贡献智慧。③教育观念正确。遵循教育规律和学生身心发展规律，坚持德智体美劳全面培养，积极践行发展素质教育。④教研能力较强。具有扎实的教育理论功底，教学经验丰富，原则上应有6年以上教学工作经历，具有中级以上教师专业技术职称（广东省"新强师工程"相关文件规定，教研员需获得硕士学位或高级专业技术职称），在教育教学上取得优异成绩。⑤职业道德良好。遵守教研工作学术道德，作风民主，有较强的服务精神，善于听取基层意见，总结基层经验，勇于进行教育教学改革创新。各省级教育行政部门可从实际出发，进一步明确各级教研员准入条件。

（二）基层对教研员的具体要求

基层教研员除达到上述基本要求外，还需要"三个过硬"——思想道德过硬，业务能力过硬，身体心理过硬。思想道德素质方面前面已有表述，身体、心理素质影响教研员对教研工作的胜任力、承受力与持续性。专业素养和业务能力是教研员素养能力的核心，可以称之为教研员的"关键能力"。根据笔者多年的教研工作和管理经验，归纳了基层教研员需要具备的"十大业务能力"。

1. 教学研究能力

教学研究能力是教研员最重要的能力。基层教研员的四大职责（研究、指导、管理、服务）中，研究居于首位。研究包括广义的教育科学研究和狭义的学科教学研究。教研员应在充分理解国家和各级教育行政部门对教学要求

---

① 《中华人民共和国教育法》．[2017-02-24] http://www.lnxdfwxy.com/about-NewsInfor.aspx? id = 2367．

的基础上，理论联系实践，深入教学现场，及时发现问题，研究解决方法，指导一线教学。

教研员重点研究三大领域：一是课程领域，要精通学科课程标准、课程目标、课程内容、课程结构、课程实施、课程管理；二是教学领域，要精通教学规律和学习规律，对教学设计、教学策略、教学原则、教学组织、教学方法、教学过程等环节有扎实的研究和深入的见解；三是评价领域，要熟悉教育评价原理，熟练运用各种手段评价课程、评价课堂、评价教学、评价学习、评价质量。

2. 教研组织能力

教研活动组织能力是教研员的基本功。将先进的教育理念转化为教师的教学行为需要在教研活动中进行，名师的经验需要在教研活动中分享，教学实际问题需要在教研活动中发现、分析与解决，一线教师需要在教研活动中锻炼、成长，优秀教研成果需要在教研活动中推广。因此，区域教研活动的组织能力、组织水平、实施效果，是检验教研员是否称职的一个重要指标。

3. 教研管理能力

区域教研工作需要有效的管理，教研管理能力是教研员的必备素养。教研管理能力除上述的教研活动组织能力外，还包括区域教研策划能力、教研过程管理能力、教研活动指导能力、校本教研评价能力等等。理想的区域教研管理，应在教研员的统筹协调下，整合区内外教研优质资源，凝聚全体教师，建立良好的教师学习、研究、实践、反思、交流机制与网络。

4. 教学实践能力

教研员也是教师，教师的主要工作是教学。教研员要具备扎实的教育教学基本功和高超的教育教学艺术。教育能力方面，既要熟悉德育工作的基本策略、方法、手段，又要具备润物无声的学科育人能力和本领；教学能力方面，能上好课，取得好的教学效果和好的教学质量。因此，教研员必须具备扎实的教学基本功、过硬的教学实操本领、丰富的教学实践经验。教研员被通俗地戏称为"教头"，优秀的教研员需要具备"两把刷子"，既要上得了"厅堂"（学术报告、专题讲座、观课评课、课题研究、论文论著等），又要下得了"厨房"（备课、上课、命题、培优辅弱、学法指导、考试评价等）。

5. 教育科研能力

教研员是区域名师的"升级版"。既要能在一线教学中"教好"，又要在教育科研中"研好"，还要在教师培训中"讲好"。教研员能带领广大教师，以教育学、学习学、心理学、脑科学、教育测量与评价等理论为指导，既善于把教育理论、原理、规律通过教育科研转化为一线的教学实践形态；又能在教育教学一线中发现普遍问题，开展创造性研究，探索问题解决办法；还能及时发掘、总结、提炼广大教师在教育教学实践中的成果和经验，进行有效推广，培育区域教育科研品牌。同时，教研员个人也应该是一名科研高手和教学改革能手，具备较强的学术研究能力，能对优秀的教学技能技巧、教学经验艺术进行理性梳理、创造性提升，转化成具有一定学术水平的研究成果，并在一定范围内公开发表、交流、推广。

6. 教学评价能力

教学评价是诊断教学、落实课程、优化课堂、提高质量的必要手段，教研员应具备一定的教学评价能力。教研员应了解教育评价的基本知识，关注国内外教育评价的发展动向，把握各级教育行政部门的政策，依据课程计划、课程标准、教材及相关教学管理要求，指导学校、教师进行教学评价，改进教学工作，提升教育品质，如课堂教学评价、课程实施评价、学科建设评价、教学常规评价、教情学情评价、学业表现评价等等。

听评课和命题是教研员应具备的两项传统基本功。听课要精通课程标准，熟悉教材内容，把握教学策略，关注学习主体；评课要评出教学导向，评出教师发展，评出学生发展，评出教师风格特色，评出教与学问题，评出改进方向。命题要理解教育评价与教学测量理论，熟悉学科质量标准，把握中、高考及各学段学业测评方向，根据测评类型、测评对象、测评目的等，命制出在内容、结构、难度、信度、效度、区分度等各方面科学、合理、有效的检测试卷。能运用教育统计测量和学科教学评价理论，开展调查研究，对本学科的测验、练习、考试进行分析与评估，诊断教情、学情，发现教学问题，提出发展建议。

7. 信息技术能力

当前，信息技术融入教育呈加速之势，信息技术正在改变教育的生态，提高教研员的信息技术素养迫在眉睫。教研员的信息素养包括信息知识和信息能力两部分。信息知识是指不断发展、快速更新的教育信息技术知识，如互联网、大数据、云计算、5G、AR、AI、翻转课堂、智慧课堂等；信息能力是将日新月异的信息知识运用到教学、教研、管理、评价中。新技术融入教研，将使区域教研突破时空限制，活化教研样态。

8. 语言表达能力

教研员是区域教研的领军人物，教研员与教师的关系是"平等中的首席"。教研员要"教"得好，"研"得精，"说"得透。无论是上示范课、评课，还是组织教研活动、学术报告、教师培训等，良好的语言表达能力都应该贯穿教研管理过程。对教研员口头表达能力的基本要求是：普通话规范、清晰、流畅，表达简洁准确，结构清晰，内容科学专业，善于营造氛围，有感染力。教研员还要具备良好的书面表达能力，善于总结经验、提炼成果、撰写论文、编著专著。

9. 人际交往能力

人际交往能力，是指作为一个社会人妥善处理个人与个人、个人与组织、组织内外关系等的能力。与人合作交往是教研员工作的常态，包括与各级教育行政部门人员、各级专业人员、各级教科研机构同行、校长及学校管理人员、教师、学生、家长及社会人士等。教研员通过与合作对象的良性交往，建立起一种相对稳定的心理联系，拉近与交往对象的心理距离，增强与交往对象的亲近性、融洽性、协调性，为做好教研工作营造良好的工作环境和文化氛围。

10. 协调应变能力

教研工作既是一门科学，又是一门艺术。教研管理有一定的策略、原则、方法，但没有固定模式。教育机智和应变能力是教研员应具备的一种特殊能力，是教研员良好的综合素质的外在表现，反映了教研员娴熟运用各种知识技能的综合能力。教育是一项育人的事业，教学工作纷繁复杂，教育者和教育对象千差万别，教育教学过程复杂多变，教学问题随时生成。在教研管理和教研活动过程中，遇到动态性、生成性等各类问题，教研员应迅速反应，准确判断，随机应变，及时采取恰当而有效的措施加以处理。

【案例4.3】

教研员工作职责与行为规范

坪山区教育科学研究院

为加强坪山区教科院建设，优化教研队伍管理，提升教研水平，特制定本规范。

1. 总体要求

坚持以习近平新时代中国特色社会主义思想为指导，遵循《中华人民共和国教育法》《中华人民共和国教师法》，落实教育部《关于加强和改进新时代基础教育教研工作的意见》，发挥教研员在贯彻党的教育方针、推进课程教学改革、提高教育教学质量等方面的积极作用，提升区域教科研品质。

2. 教研员工作职责

（1）加强政治学习。深入学习习近平新时代中国特色社会主义思想；学习马克思主义、毛泽东思想、邓小平理论、"三个代表"重要思想、科学发展观等理论；学习党和国家教育方针政策、教育法律法规。

（2）钻研教研业务。学习教育科学理论，提高教育理论素养；掌握教育规律，把握教育改革方向；研究课程政策、课程计划、课程标准、教材资源、课堂教学、学生学习等，改进课程、教学和评价。

（3）强化教学诊治。深入学校一线听课、评课、调研、视导，与一线教师一起发现、研究和解决教育教学实际问题；指导学校教学、德育的常规管理；加强教学质量监测、分析与改进，提升教学质量。

（4）组织教研活动。组织各类公开课、示范课、研究课；围绕学科建设组织集体备课、专题研修、主题交流；组织各类业务竞赛。

（5）开展课题实验。主持、组织教育科研课题或教学改革项目，带领教师联合攻关，取得教学改进实效。

（6）培养骨干教师。通过专题培训、课题研究、实验带动、现场指导、教学示范、教传帮带等形式培养业务骨干；搭建平台、整合资源，增加骨干教师在区内外交流展示机会；高度重视青年教师的培养。

（7）总结教改经验。指导教师总结教育教学改革经验、成果；撰写论文、著作在各级刊物发表、出版或学术交流；为教师成果的总结、发表、推广搭建平台。

（8）推广教研成果。引进、推广优秀教研成果和教改经验；提炼、推广、宣传本土教研成果、教改经验；开发、培育教师继续教育精品课程。

3. 教研员行为规范

（1）政治坚定，爱党爱国。树立"四个意识"，坚定"四个自信"，做到"两个维护"；践行习近平新时代中国特色社会主义思想；忠诚党的教育事业，落实立德树人根本任务。

（2）为人师表，品行端正。遵守法律法规，践行教师师德规范和专业标准；坚守教研员职业道德和行为规范；公平公正，作风正派。

（3）爱岗敬业，恪尽职守。具有较强的事业心和责任感，履行岗位职责义务，勤奋工作，乐于奉献。

（4）严谨务实，服务基层。全心全意服务基层、服务学校、服务师生；坚持实事求是、求真务实、讲求实效。

（5）理念正确，方法得当。掌握教育政策，具有科学的教育理念；把握教学规律，熟悉教研业务，具备专业素养；工作思路明晰，工作方法科学，解决问题有效。

（6）遵纪守法，知行合一。遵守法律法规，遵守规章制度；履行岗位职责，擦亮学科品牌；提高工作效率，完成各项任务。

（7）坚守红线，严把底线。遵守政治纪律、组织纪律、工作纪律、群众纪律、生活纪律和廉政纪律；杜绝教学事故，避免实效投诉。

（8）团结协作，开拓创新。顾全大局，分工合作；团结同事，相互补台；追求卓越，不断创新。

【案例 4.4】

教研员工作考核暂行办法
坪山区教育科学研究院

第一条　考核目的。落实《教育部关于加强和改进新时代基础教育教研工作的意见》，加强教研员队伍管理，提升区域教研水平。

第二条　适用对象。本办法适用坪山区教育科学研究院专职教研员（兼职教研员可参照执行）。

第三条　考核依据。以《教育部关于加强和改进新时代基础教育教研工作的意见》为指导，以《坪山区教育科学研究院教研员工作职责和行为规范》等为基本依据。

第四条　考核原则。坚持客观公正与实事求是、定性与定量、自评与他评、过程与结果相结合的评价原则。

第五条　考核重点。考核涵盖教研员业务工作各环节，重点考核职业道德、专业能力、教研过程和教研实绩。

第六条　考核内容。服务学校教育教学，引领课程教学改革，提高教育教学质量；服务教师专业成长，指导教师改进教学，提高教书育人能力；服务学生全面发展，研究学生学习和成长规律，提高学生综合素质；服务教育管理决策，研究基础教育理论、政策和实践，提高教育决策的科学化水平；服务学科发展建设，区域学科建设富有成效。

第七条　考核形式。与区人事部门教师学年度考核同期进行，采取"述职+评议+服务对象满意度调查+访谈"组合式评价方式，以分数或等级为基本呈现方式。评价实行百分制，其中，自我评价占20%，同行评价（教研员、校长、教师代表）占40%，专家评价占20%，部门和院党政班子评价占20%。

第八条　考核结果。考核等级分为优秀、良好、合格、不合格四档。

第九条　负面清单。对严重违反政治纪律、组织纪律、工作纪律、生活纪律、群众纪律、廉政纪律和职业道德，对发生教学事故、查明实效投诉、被有关部门处分、服务对象满意度过低等情形的教研员，经院党政班子研究，报局领导同意，可把阶段性考核定为不合格。

第十条　结果运用。考核结果作为教科院评优评先、职称评聘、工作岗位调整等的基本依据，也可作为人事部门年度考核的参考，但等级和比例不与人事部门的年度考核对等。

附：坪山区教科院教研员学年工作考核参考指标（表4.1）。

表 4.1 坪山区教科院教研员学年工作考核参考指标

项目		考核内容和细目	自评	他评	总评
政治思想品行（20分）	1	忠诚党的教育事业，具有事业心和时代使命感，积极参加政治理论学习			
	2	全面贯彻党的教育方针，德智体美劳全面抓，面向所有学校，面向全体师生			
	3	热爱教研工作，认真负责，为人师表			
	4	遵纪守法，品行端正，服从安排，团结协作，公正廉洁			
教研教学能力（20分）	1	教育教学理念新，掌握国家课程教学政策和标准，掌握教育教学规律，准确把握课程教学			
	2	善于总结，文字及口头表达能力强			
	3	在本职工作领域中能力突出，在市级或以上同行中有影响力			
	4	具有创新意识，善于运用现代教研方法和手段			
履行岗位职责（30分）	1	关注教育及学科教改动向，阅读专业书籍、专业杂志，参加专业培训、学术交流			
	2	制定学科发展规划和学年工作计划，撰写阶段性总结和专题调研报告			
	3	举办学科教研、课题研讨、学术交流、专题培训等主题活动，组织师生业务竞赛、展示评比等			
	4	搭建教师专业发展平台，组织、指导师生参加各级公开课及各类业务活动；指导、推荐教师在各级学术活动中上课、讲座、展示；指导教师撰写论文发表或获奖			
	5	组织、参加各级质量监测、评估工作，撰写各类质量分析和整改报告，有效实施整改工作；指导学校科组建设、指导教师开发课程、组织社团活动			
	6	按质按量按时完成上级和教科院布置的各项工作；参加规定的集体活动、会议等			

(续表4.1)

项目		考核内容和细目	自评	他评	总评
教研工作实绩（30分）	1	主持或作为核心成员参与学科教研或相关工作领域的课题研究或教育改革实验；撰写教育教学论文并公开发表、大会宣读或获奖；课题研究或教改实验取得实际成果或效果；主编（著）或参编（著）教育教学专著并公开出版			
	2	面向老师的专题报告、示范课、继续教育课程，面向学生的公开课或学法指导课等			
	3	下校指导，听课、评课、磨课、观摩活动等的数量和质量；组织中、高考备考或与本岗位相关的专题研讨活动的数量和质量			
	4	抓好本学科或本领域的教育教学质量，总结经验，提出存在的问题及改进建议，切实整改有实效，教育教学质量显著提升			
	5	区域学科建设成绩显著，指导相关领域的学校、部门、教师、课题在市级或以上的评比中立项或获奖，相关学科教师队伍成长迅速			
	6	工作方法得当，与服务对象关系和谐，受支持率和认可度高			
特别加分	1	项目或学科建设在区内外的重大影响力			
	2	个人在部门或团队中的突出贡献			

【案例点评】教研员是把教师们引上教育研究幸福之路的"引路人"。《坪山区教研员工作职责与行为规范》简称教科院"双八条"，是对教研员的德行、专业、做事、为人的基本要求，是坪山区教科院对教研员心智模式和行为方式的基本指引。"双八条"印在了《坪山区教科院教研员工作手册》的扉页上，时时提醒所有教研员做明白的"教头"，方向明、思路清、措施实，争当立德树人的示范者、课程建设的排头兵、教学改革的引路者、教育科研的带头者、专业发展的引领者；做专业的"教头"，争当课程、教学、课堂、评价的专业研究、指导与服务者；做勤劳的"教头"，争当研究、教学、实践、反思、总结、改进的示范者；做智慧的"教头"，争当理论与实践结合的实践

型、运用型、反思型教学研究者。为更好地落实"双八条",还配套了《教研员考核办法》,使教研员管理有章可循,评价有法可依。

五、主题教研

教研工作无固定模式,听课、评课、业务竞赛、培训、研讨会、命题等是多数教研员的常态工作和基本套路。基层教研员不是专职研究人员,还兼有许多教育行政和事务性工作,有的跨多学科、多领域工作,时间、精力有限。坪山区教科院大力倡导教研员在做好常规教研工作的基础上,集中有限资源,聚焦关键问题,开展"主题教研"。

"主题教研"是一种专题教研范式或教研模式,是指教研活动主体和对象在一段时间内,聚焦某个教育教学工作中的共性问题或重点项目,有目的、有计划、有步骤地开展学习、实践、研究、总结,形成问题解决方案或项目成果,以改进教学、促进发展、提高质量。

"主题"教研实施的一般流程是:开展调查研究—确定教研主题—制定主题教研方案—开展主题教研—总结主题教研—评价主题教研。

【案例4.5】

"六议参与式"初中地理区域主题研修
坪山区教育科学研究院　李显明　王琦

针对学科教研活动普遍存在的缺乏研究气息、缺乏技术工具、缺乏研究主题、缺乏共享意识、缺乏主体参与、教研培训分离等问题,坪山区教科院组织全区初中地理教师开展"六议参与式"主题教研。该活动持续近一学期,以地理教师"讨论+票决"的方式确定主题,以设计课堂观察量表和开展课堂观察的为主要活动内容,以过程性实践、研讨、对话、改进为主要形式,先后开展"议规""议题""议学""议课""议文""议言"等环节,教师们在研中思、做中试、观中评、行中改,教师成为集体研修的主动策划者、参与者、组织者、协作者、分享者与反思者,结成真正意义上的"成长共同体"。

1. "议题":聚焦真实问题,提炼研修主题

主题教研的根本目的在于发现和解决真实的教育教学问题,揭示充满变数的教育现象中隐藏的规律,修正教师的教育教学行为。主题研修的第一个环节是"议题",即确定"主题"。首先,教师们围绕课堂教学提出自己的关注点、困惑点、疑难点,将问题进行例举排序,提炼有研究价值的疑难问题;其次,分组汇总问题,小组讨论再选择、再聚焦;最后,全体教师以"讨论+投票"

的方式，确定关注度最高的主题——课堂教学组织形式的有效性。此环节持续两周，通过头脑风暴，激发参与教师对地理教学的反思、地理问题的聚焦和专业发展的关注。研修活动以问题为中心，以课堂为枢纽，从设想到实施，从问题到主题，从教研到科研，从根本上改变了零敲碎打、粗放随意的传统教研局面。

2. "议学"：文献研究、定向阅读、微型论坛、量表研制

阅读研究是教师自我发展、自我培养和自我教育最有效的渠道，全体成员围绕研修主题，开展以"文献研究"为导向的深度阅读。通过两周的自主学习、文献梳理，教师聚焦"课堂教学组织形式"，以微论坛的形式进行"文献研究"学习成果交流。在此基础上，用三周时间，以"课堂教学组织形式"为重点，各学员确定课堂观察的维度与要素，设计观察量表，并进行深度交流。此环节深化了研修成员对"课堂观察"和"教学组织形式"的理解，激活了思维，围绕"教学组织形式"大主题，确定了不同的观察视角，如教学目标的达成、教师的教学行为、学生的学习行为等等。教研员把相同观察视角的成员自然分组，每组以项目任务的形式进行观察量表的要素分析，设计观察路径和观察方法，形成各组使用的课堂观察工具和观察量表。

3. "议课"：随堂研究课，"项目式"观课议课

课堂观察的是观课者根据自身的关注领域，在课堂现场采集教与学的信息，并进行现象解释、寻找策略、发现规律的一种科学分析与认识的过程。在此过程中，教师必须根据自身观课的角度和量表，对研究问题的思考、问题解决方式的预设带进课堂，进而开展一系列逻辑严密、程序递进的研究行动。

本环节用4周时间，分别在坪山实验学校和坪山中学七、八年级开设随堂"研究课"4节，研修成员以小组为单位，各组围绕观察目标，通过上一轮制定的观课量表进行"项目式"课堂观察，通过观课数据、证据，分析教学行为的合理性、教学目标的达成度、学习方式的有效性等。听课完毕，先小组讨论，再集体议课，小组代表先发言，小组成员再补充，围绕核心问题进行对话、讨论，线上线下持续进行。在大量的交流中，围绕任务主题，对话不断深入，教师的思维彻底打开，提出了许多生成性的新问题。这个阶段进行两轮集体研修，量表的完善与课堂的改进得到实现和深化。在研修过程中，每个教师既积累了大量的现场观察的原始材料，又有亲身实践来验证研究假设，执教者通过自我观察，同侪对话，反思改进，获得成长。这一环节，是思维的碰撞、智慧的激荡、行动的升华。

4. "议文"：过程反思，系列写作，交流表达

实践反思是主题研修的重要元素，主题研修只有转化为教师个人的自觉行为才能真正有效。通过"基于现状的调查分析""基于文献的阅读研究""基

于课堂的观课议课""基于策略的行动改进"等研修环节,执教者以自己的教学对象和教学活动为思考重点,对自己的教学观念、组织行为、教学效果进行审视与分析,全体教师通过确立主题、研制观课量表、观课议课等环节发现问题、思考问题、解决问题,这一研修过程是鲜活的、丰实的、深刻的。这一过程积累了大量的量表、问卷、课例、观课议课笔记、访谈实录、研修笔记等一手素材,教师用两周时间将这些鲜活的、丰富的素材进行理性梳理,总结提炼,回忆精彩过程,追问教学问题,表达心路历程,回应学生关切,形成一系列成果(论文、总结、案例),在研修群里交流,择优公开发表。切实将"感动"变为"行动",将感悟转为成果。

5."议言":研修总结,成果分享,专家述评

经过近一学期的系列研修活动,迎来了主题研修的最后环节——"议言",即全面总结。在研修全过程中,研修成员随时把案例、反思、随笔、量表、教学设计、课例、调研数据、微讲座、学生作品、论文等生成性成果共享到"坪山地理教研群"。每一个环节都集中开展一次"小话题,大讨论"的现场交流,实现过程性成果人人分享、全体共享。在此基础上,举行"六议参与式初中地理主题研修"专场总结会,全体研修教师参加。主题研修总主持人、区中学地理教研员李显明作全面的总结报告,各小组负责人围绕大主题,分别从"教学目标的设计与达成""课堂中的教师行为""课堂中的学生行为""观课量表的设计应用与改进""课堂学习活动的设计与运用"等角度,作专题总结发言。教师讲自己的研究故事、研究经验、研究历程、研究成果、研修体会,个个胸有成竹、娓娓道来、亮点频频、精彩不断,又是一次深刻理解地理学科本质、触及教师灵魂的头脑风暴。

深圳市教科院中学地理教研员龚湘玲全程参与总结会,高度评价本轮主题研修的立意与效果。她指出,新一轮课改将真正转变到教与学行为的改变上来,区域教研应转型升级,以适应"教研培一体化"的新形势。坪山区的"主题教研",就是针对地理教学的真问题、实课题,以研修共同体的组织形式,教研员充分发挥引领、组织作用,教师人人参与,创造了民主、协商、共享的区域教研新生态,是一种全新而成功的教研模式。研修活动全员参与,持续四个月多,围绕研修大主题"课堂教学组织形式的有效性",分解小主题,既有理论学习与分享,又有实践探索与行为改进,每一个环节精心设计,每一个细节用心组织,区域教研活动从粗放到精致,从经验到科学,从零碎到系统,是一种可以推广的区域教研模式。经验是感觉,数据是科学,运用观察量表,说理由、讲依据,有事实、有理念,实现了从经验型教研转向科学型教研。许多传统的教研活动往往只有专家、名师唱主角,多数教师是"听众""看客",而主题研修,参与老师人人是主角,个个是主人,大家都是主动参

与者、积极践行者、行动研究者、反思改进者。坪山区的地理主题研修,无疑走在了区域教研方式转型的最前列。

【案例4.6】

小学英语区域主题教研的整体推进

坪山区教育科学研究院　梁卡娜

坪山区小学英语主题教研形式多样。有基于课题研究的主题研讨,有教学、研究、培训一体化的主题教研,有"教师技能+学生才艺"师生同台展示,有读书分享,有"集体备课+课堂观摩",有"互联网+"主题教研等。根据"小学英语学科建设五年发展规划"和"小学英语学科名师培养三年规划",确定和实施区域"主题教研"。各校英语科组根据区的"大主题",结合本校实际,确定"小主题"。区、校大小主题构成区域学科"主题教研群"。

小学英语主题教研由区教科院统筹规划,各校教研组分工合作实施。每一个主题做到"六个一",确保实效:一份实施计划、一个牵头教研组、一批小专题研究项目、一系列主题研究展示课、一组教研培活动、一批高质量教学成果(表4.2)。

表4.2　坪山区小学英语"主题教研"系列

时　间	上学期主题	下学期主题
2013学年	愉快教学法	单元整体教学
2014学年	小组合作学习	低、中、高年级有效衔接
2015学年	小学、初中有效衔接	基于单元整体推进的教学设计
2016学年	阅读教学	基于单元整体推进的学法指导
2017学年	phonics语音教学	phonics语音教学

【案例4.7】

"核心问题片段讲授"初中数学校本主题教研

坪山实验学校　郑王炜

活动背景。课程改革的大方向是培养学生的核心素养。教师要在庞杂的数学知识体系中,聚焦最能体现学科价值和核心素养的关键知识,并在教学中实现有效突破,达到减负增效的目的。为此,我校开展了初中数学"核心问题片段讲授"主题校本教研。

活动组织。由数学教研组长主持，学校全体数学老师参加。特邀特级教师、省市名师工作室主持人、坪山区中学数学教研员袁虹为指导专家。

活动内容。以"圆周角与圆心角关系"一课为课例，以"核心片段讲授"为重点，切实落实新课程理念，提高教师对新课程的实践能力。

活动过程。①组内推举李莹老师进行课例展示，其他教师参与备课、观课、评课，要求人人发言；②上课教师汇总各成员建议，结合自己的反思，进行二次备课，再上课展示，其他教师参与二次观课与评课；③李莹老师写出教学反思、案例、论文，其他教师撰写观课意见、活动建议与活动体会，在科组交流。

活动实施。活动持续4周时间（略）。

活动小结。这是一次别开生面的主题教研，我们试图针对中学数学某个核心问题（如概念诠释、定理证明与运用、思维培养、项目式问题解决等），进行教学设计、现场讲课、同行研讨、教学改进。讲授教师、观摩教师、特邀嘉宾围绕如何截选教学片断、突出核心问题、定位教师角色、凸显学生主体等问题进行深入研讨，融集体备课、教学比赛、展示观摩、交流总结于一体，效果良好。

【案例点评】一线教师工作庞杂，活动繁多，许多教师不愿参加泛泛的教研活动，不少学科研训活动甚至成了教师的负担，如果不是为了攒够继续教育学分或获得一些证书之类的现实需要，教研活动的吸引力会大大下降。坪山区教科院在抓好常规教研管理的基础上，"伤其十指不如断其一指"，院长带头，科研人员参与，带领学科教师聚焦学科重点、难点问题，精心设计，严密组织，扎实落实，及时总结，形成解决核心问题的策略、思路或模式。无论是区教科院层面的初中地理"六议参与式"主题研修、小学英语系列主题研修，还是学校层面的初中数学科组的"核心问题片段讲授"主题教研，都体现了"聚焦主题，团队合作，人人参与，研训一体，促进发展"的目的。主题教研，好！

六、学科建设

我们所说的学科建设中的"学科"，是指基础教育课程体系中的基本教学组织单元，一般是指构成基础教育知识体系的相关科目，也是区域基础教育教研组织的功能单位，是对教研员及教师的教学、教研业务隶属范围的相对界定。学科既包括国家规定的分科课程，如语文、数学、英语、音乐等，又包括国家综合课程，如综合实践活动、科学、艺术等，也包括综合教育或专门教育,如德育、心理、卫生、劳动等,还包括特定学段、领域教育,如学前、特殊、职业教育、家长教育等。

学科建设指学科建设主体根据区域学科发展需要,从学科特点出发,整合多方资源,凝聚各方力量,采取系列措施、手段,促进学科发展和学科水平提高的一种行动研究与实践活动。区域学科建设是以坪山区教科院为统领,以学科教研员及区学科中心教研组为核心,通过学科现状分析、学科发展规划、学科重点项目(如组织建设、机构建设、课程建设、资源建设、教学改革、教师发展、学生发展、学科评价)等手段,促进区域学科发展和教师成长的一项战略性、整体性、综合性教研管理行动。

《坪山区中小幼学科建设五年报告》覆盖基础教育各学科和相关专门教育领域,全面、系统地反映了区域学科建设的思考、探索与成效。①

【案例4.8】

学前教研五年发展报告

坪山区教育科学研究院　肖美凤

在幼儿教育探索的漫漫征途中,我们不断播种着希望的种子,体验着诗意行走的日子,享受着收获与成长的快乐。

1. 教研管理:理念领航,制度护航

(1) 理念领航。以国家层面的《幼儿园工作规程》《幼儿园教育指导纲要》《3~6岁儿童学习与发展指南》(以下简称《指南》)和区教科研中心层面的《坪山区教育改革发展综合报告》和《坪山区深化课程改革总体方案》为指引,确定了"科学、均衡、健康、持续发展"的区域学前教研目标,教研、科研、培训共进,实施科学的保育和教育,促进幼儿全面、协调发展,提升幼儿师资专业化水平,促进区域学前教育内涵发展。

(2) 制度护航。2013年起,先后制定《坪山新区幼儿园园本教研工作基本要求(试行)》《坪山新区幼儿园教育教学常规管理细则》(以下简称《常规》)《坪山新区幼教中心教研组工作规则》等规范性制度。构建了扁平化、项目式区域学前教研5个工作小组(课程研究组、学习环境组、一日生活组、师资培训组、活动组织组等),分工合作、协同推进。

(3) 督导引航。为加强对学前教育质量的监控和评价,区教科研中心与教育督导室、教育科密切配合,对幼儿园开展联合督导检查。如根据《坪山

---

① 深圳市坪山区教育科学研究院:《坪山区中小幼学科建设5年报告》(2017-3-1)。

新区幼儿园教育教学常规检查方案》，对全区幼儿园进行教育教学常规检查；根据《坪山新区普惠性幼儿园建设实施方案》《坪山新区幼儿园活动区配备标准》等，开展教育教学环境创设及区域活动组织专项督查。

2. 教研实施：统筹全区，提升品质

（1）深入调研。以《指南》为标准，以《常规》为依据，教科研中心组织对全区幼儿教育教学全面调研，包括教师的活动组织、区域设置、环境创设、课程安排、一日活动等。通过查阅材料、跟班观察、座谈访谈、问卷调查等方式，形成调研报告，把脉定向。

（2）全面帮扶。本着"协作互助、共同发展"的原则，教科研中心制定《坪山新区市级普惠性幼儿园教育教学帮扶方案》，以市一级普惠性幼儿园为帮扶带头园，组建"中心教研组—帮扶带头园—伙伴幼儿园"三级教研指导服务联动网络。通过"1+N联盟"的联合教研、跟班听课研讨、专题讲座、项目研修等活动，帮扶园与被帮扶园相互促进，共同发展。

（3）主题教研。围绕学前教育的重点、难点问题，组织一系列主题教研。以"半日活动"为例，每学期分层次开展"半日活动"主题教研。基本程序：一是由市、区教研员、区中心教研组及相关专家分片区对各园"半日活动"开展调研与视导，发现问题并提出合理化建议；二是各幼儿园全体教师分组进行"半日活动"设计，园内评选出优秀"半日活动方案"；三是各幼儿园自主开展"半日活动"的实践探索；四是全区、片区组织"半日活动"观摩与评比；五是"半日活动"总结，邀请专家现场指导。几年来，区、片、园组织了100多场"半日活动""一日活动"开放观摩，涌现出许多优秀主题和成果，如"室内环境创设""室外环境创设""语言与交往""科技与动手""艺术与涂鸦""生活我自理"等等。

（4）课程建设。为落实《指南》，鼓励幼儿园开发适合自己的园本课程，制定《坪山新区幼儿园园本课程建设指引》。各幼儿园在专家的指导下，汇聚教师智慧，整合园内外资源，从孩子的发展需要出发，从环境设施、游戏区域、活动组织、生活起居等方面着手，通过观察、记录、反思、研训等，对现有的课程进行梳理，完善园本课程。全区涌现出涵盖幼儿发展各领域的幼儿优质特色课程180多项。

3. 培训组织：搭建平台，提升能力

为了增强教师培训的针对性和实效性，区教科研中心组织专家深入各幼儿园开展问卷调查、访谈，并在QQ群和微信群征求意见等，充分了解教师对培训的需求，制定各阶段、各层次的区域培训规划与计划，并指导各片区、各幼儿园组织园本培训。每年组织全区幼儿教师全员网络培训、保育员全员现场培训、新教师和新保育员上岗培训、园长（管理、业务）专题培训、骨干教师专题培训、继续教育管理员专题培训等等。根据幼儿园工作进度，每月组织相应的专题培训。

4. 科研推进：营造氛围，深化研究

针对全区幼儿园教育科研相对薄弱的现实，为满足园长、老师们的迫切需求，区教科研中心制定了鼓励、扶持幼儿园开展课题研究的制度与机制，每学期组织多场教育科研专项培训。通过区、园的共同努力，全区幼儿园在区级以上的立项课题由新区成立之初的2项增加到50多项，区域幼儿教育形成了以科研带动教研的新局面。

5. 特色活动：师生主角，尽显风采

教师专业能力大赛：每年举行一次"新教育杯"幼儿园教师基本功比赛，每两年举办一次"新锐杯"幼儿青年教师风采大赛。每届都有明确的比赛项目，如园本课程展示、教学设计、半日活动设计、教学技能技巧、语言表达、编讲故事、情境答辩、教育叙事、微型讲座等等。幼儿教师专业能力比赛推动了幼儿教师岗位大练兵、大展示、大交流，促进了教师专业能力的整体提升。

幼儿综合素质展演：每年举办"多彩六一，缤纷童年"幼儿综合素质展演，全区幼儿园积极参与，充分展示了区域幼儿教育成果，赢得了区内外教师、孩子、家长、同行和社会人士的高度肯定。

专题学术交流：如"幼儿教育经典读书交流"沙龙、"读书心得"评比、"教育随笔"征文、教育论文比赛、课题成果展示、"教育故事"分享等。优秀作品优先在《坪山教育新视野》上发表。

【案例点评】以学科建设促进区域教科研跨越发展，是坪山区各学科教科研工作的一大经验。以"幼儿教育"学科建设为例，坪山新区成立后，幼儿园的规模和数量扩张迅速，而区域学前教研基础薄弱，为此，教科研中心制定了"学前教研5年规划"。通过整体设计，系统实施，建章立制，区园联动，狠抓常规，突出重点，实现了区域学前教研的跨越式发展。在深圳市人民政府教育督导室组织的"学前教育三年行动计划"实施情况专项督导评估中，坪山区教科研各项指标获得了"满分"评价。

【案例4.9】

构建创新型团队，培养高素质学生，成就高素养教师

坪山区汤坑小学英语科组　谢锦花　林惠英　李祎薇　等

汤坑小学英语科组是一支由14位"铿锵玫瑰"组成的队伍，团队拥有2

名区级名教师、2名区骨干教师、1名区教坛新秀，荣获深圳市"工人先锋号"（全市教育系统唯一获此殊荣）、深圳市巾帼文明标兵岗、坪山区优秀教研组、坪山区终身学习品牌项目、坪山区"青年文明号"等荣誉，科组建设经验多次在市、区业界同行展示。教师共建"高效、有趣"的幸福课堂让学生沉醉，在历次全区质量监测中名列前茅，在各级各类比赛中成绩斐然。英语科组科研能力强，承担国家、市、区级以上的重点课题达8个，近五年来有130人次获得国家、市、区级以上奖励。近三年，教师承担15次国家、市、区级现场课、研讨课、专题讲座，"友善用脑理念下的英语课堂""iPad英语课堂教学""绘本教学""PRT（玩中学、读中学、学中思）理念下的英语阅读教学"等教学改革如火如荼。

1. 模式创新，打造优秀集体

汤坑小学英语科组高度重视校本教研，坚持"学科建设有课题，课堂改革有专题"。每周教研活动有主题、有目标、有方法、有效率，人人有任务，人人有收获。我们提炼了"三案定教""承办式教研""点图式围桌研讨""1+1听评课"四种基本教研模式，塑造了"智慧共生、资源共享、共同成长"的团队文化。

2. 榜样示范，带动团队发展

汤坑小学英语团队在全区乃至全市英语同行中有影响力，这离不开科组核心人物谢锦花副校长、林惠英科组长、李祎薇主任等的榜样引领，她们"积极进取，求实创新"的精神力和行动力影响着每一位教师。大到国家级展示，小到教师个人的常规课，核心团队都与老师们一起努力，榜样对教育事业的爱和辛勤付出，潜移默化地影响着大家。在"五课一体化"（备课—研课—磨课—优课—思课）活动中，在"示范课"的传帮带中，在专题活动引领中，团队成员日渐精进，年轻教师屡获佳绩。科组成员先后承担"全国友善用脑幸福课堂现场会"展示课6节；肖蕾、谭虹老师获全国"友善用脑"教学大赛一等奖；李祎薇执教的全国友善用脑现场研讨会（深圳）展示课获近500名与会代表的高度评价；余洁俞、叶小凤老师先后承担北京、南京、深圳三地"友善用脑"研讨会展示课；李祎薇、谭虹老师分获区教学技能大赛一等奖。

3. 迎难而上，转变教学方式

汤坑小学英语科组迎难而上，积极践行先进的教育理念。"一直学"是她们的学习风格，"马上用"是她们的行为方式，"乐分享"是她们专业成长的价值观。哪里有好的改革经验和活动，哪里就会出现她们的身影。2014年，学校承担全区首次中小学绘本阅读研讨会，引领全区的阅读教学方向；2017年推出一套Phonics韵律操，为孩子传授最好的学习方法；2017年入选深圳市"数字教材建设与教学应用项目"，是坪山区入选该项目唯一的实验学校、唯一的英语科组,先后组织9次市、区级研讨、示范活动,得到了市教研员郑民军及全市同行的好评。目前,由林惠英、李祎薇领衔的"小学英语信息技术与教学无痕融合的教学模式"已经成熟,多次在区内外、市内外公开展示。

4. 课题研究,开发特色课程

英语科组是一支实践型、研究性、成长型的团队,研究与改革是老师们激情不减的根本原因。课题的研究丰富了教育的内涵,改变了教师的生活方式,优化了教师的生命状态,使教师不断走上事业的高峰。他们重视课题研究,把现实问题转化成课题,主动寻找最佳的解决方案。每到课题申报季,每位组员都积极申报,科组带头人会手把手地指导首次申报的教师。课题的研究成长了教师,成就了学科特色。iPad教学、绘本教学、Phonics韵律操等都是科组集体研究与大胆改革的成果结晶。

5. 搭建平台,提高学生素养

强校必有强师,优师必有优生。汤坑小学英语科组的学科特色活动丰富,全校学子英语素养高,英语兴趣浓。课外绘本阅读、每日英语广播社团、周二英语日、Phonics韵律操、英语节、英语剧社等等,都拓宽了学生英语学习的渠道,丰富了校园生活,提升了学生的英语综合素养。

汤坑小学英语人自信、自强、低调、踏实,用心做教育,潜心做教研,真心求合作。十几年如一日,十几人如一人,她们将沿着科组建设的幸福之路持续走下去。

【案例4.10】

新科组建设的"六化"管理

坪山区同心外国语学校　谢莉

科组建设是学校团队建设的核心内容,是一个长期而系统的工程。作为新办学校、新建科组,老师们来自五湖四海,一切都是新的,有待我们去开拓、去创造。"一花独放不是春",只有科组成员共进步,科组建设才能大跨步;只有各学科携手共进,学校才能"万紫千红春满园"。

1. 集思广益——科组工作导向化

凡事预则立,不预则废。学校成立之初,数学科组全体成员各抒己见,凝练出科组建设总方向和人人认可的价值观。团队奋斗目标:"营造和睦共处、锐意进取、团结向上的数学教研团队。"工作指导思想:"将常规的事情坚持做好,就能形成传统;将传统的事情用创新的方式做好,就能形成特色。"工作总要求:"教学常规规范管理,常规教学精细落实,教学工作务求实效。"

2. 稳扎稳打——教学常规精细化

每学期开学伊始，经民主讨论，制定科组工作计划，再将其细化落实到个人的学期工作计划中，形成科组及个人的教学、教研工作"行事历"。科组明确要求，各年级备课组至少提前一周完成集体备课。要求各中心发言人根据分工提前把下周的授课内容、课时安排、教学策略、教案学案、教学课件等准备好，并在每周三的科组集体备课时间进行充分讨论，修改教学设计及相关材料，并上传备课群共享。在此基础上，每一位教师形成自己的教学设计，对下一周的教学"心中有数"。每一位教师做到"凡上课必有教案，凡上课必有课件，凡上课必有反思，凡作业必有批改反馈，凡听课必有记录评价"的"五个凡是"。每周检查教师个人备课、听课和集体备课记录。全学期常态化坚持不放松，使全体成员教学常规记心间，教学常规必落实。

3. 实践研究——教研活动多元化

参加各级教研活动，是教师开阔视野、锻炼能力的好机会。数学科组开展的教研活动有声有色，既"请进来"，又"走出去"，还"秀出来"。我们多次邀请市、区教研员和校外名师来校指导校本教研，收获满满。正所谓"师傅领进门，修行在个人"，科组成员之间的互学、互助成常态化，每周都有成员自告奋勇开放常态课，骨干教师开设研究课，优秀教师开设小讲座。

常规教研立足落实基本规范，解决一般性问题，但科组想要更长远、更快速地提升，教育科研引领和凝聚必不可少。开学前的暑假全员培训，在我校邀请区科研专家作了"教师如何做科研"的专题辅导后，数学科组马上行动起来，利用假期讨论、设计课题，填写课题申报书、撰写研究报告等，成功申报了一项区级课题。课题开题后，立即组织了理论学习、文献检索、确定子课题、编制调查问卷等，使课题研究各项工作顺利开展。经过一个多学期的研究和实践，科组老师逐步摸到了科研的"门道"，开始"登堂入室"，走上了学习、研究、实践、反思、改进的教育行动研究之路。

4. 口述笔耕——学术交流常态化

科组成员都很好学，不放过每次学习、交流机会。按照科组要求，每次学习观摩之后，参与教师要上交学习心得体会，附上活动资料，组织集体分享，做到"有学习，勤交流，同进步"，提升教、学、研能力。科组成员细心收集活动素材、认真总结，撰写的多篇活动设计、通讯稿、论文、案例分析、观课点评、随笔等获得了各类奖励或发表。实践证明，老师们的口头说得越多，思维越活跃，也更有信心；笔头练得越多，对教学的认识越深刻，专业素养提高越快，教学技能进步就越大。

5. 比学赶帮——活动竞赛全员化

科组是团队，是成员们展现才能的舞台，更是集体锻造人才的阵地。创新，是科组活动成功开展的不竭动力。数学科组敢为人先，成功举办学校首届

"数学周"游园系列活动，深受学生的喜爱和好评。为展现数学文化的魅力，丰富校园文化生活，我们结合科组特色和学生的需要，开设了"奥数社团""生活趣味数学"等5个社团，老师们精心筹划、细心组织，孩子们在活动中体会到了数学好玩，"玩中学，学中用，用中悟"。无论是"活动周"、数学社团，还是数学研究性学习项目，从教师提出创意，到科组集体研讨、制定详细方案，从组织动员学生、家长，到教师的分工协作，都凝聚了科组成员的智慧与心血。每次开展活动，大家都齐心协力、苦中有乐，既锻炼了教师的各项能力，又提升了学生的学习兴趣，还为后续开展更多、更好的活动作了铺垫，有利于和谐科组建设。

指导和参加各类师生竞赛，是展现教师学科素养、有效提升科组成员业务水平的大竞技场。我们十分珍惜每一次业务大赛机会，群策群力，集思广益。在比赛前的校内初选中，我们都是竞争对手，各自充分备战，展现自己的实力；一旦选定了参加决赛的选手，我们又都成为团队中一员，共同携手合作，积极认真的为参赛老师出谋划策，挑刺打磨，帮助选手以最佳的状态代表科组的实力迎战。正是背后有强大的团队支撑，在各项比赛中，科组选手们都能不负众望，屡获佳绩。

6. 点滴积累——整理归档及时化

不积跬步，无以至千里。每次集体备课，都有专人记录；每次研训活动及科组集体活动，对各类原始材料如报告、报道、体会、图片、影像、PPT、教学随笔、听评课记录、课堂实录、教学论文、测试试卷、考试分析等，我们都有明确分工，标明日期、主题，分门别类地留底备份、建档收集、汇总管理。点滴积累，一举多得，既引领了科组成员，尤其是帮助年轻教师树立资料整理归档的意识，养成资料整理归档的习惯，又为今后科组开展教学研究备好一手资料，更好地促进科组整体教研能力再提升。

数学科组建设的"六化"管理模式，说起来很简单，做起来不容易。我们的工作没有高深的管理理论指导，关键是落实、落实、再落实。正是因为团结、坚持，我们这个"小家庭"才在科组建设方面取得了一些成绩。诚然，在科组建设过程中，我们刚刚走上正轨，没有很成熟，有很多不足和问题，但"踏实数学人"坚信，有缘才会相聚，有福才会共事，惜缘惜福，分担分享。

用心行动起来，让我们在追求优秀的征程上昂首阔步、奋勇向前！

【案例点评】学科组、年级组、项目组是开展校本教研的最基层组织，能否搞好科组建设是直接影响学校办学品质的一个重大问题。本部分选择了坪山区两个有代表性的学科组，一个是成熟大气的市、区优秀教研组——汤坑小学英语科组，另一个是新办学校充满朝气的坪山外语学校数学科组。他们科组建设的经验值得学习、推广。汤坑小学英语科组的"模式创新、榜样示范、教学改革、课题研究、平台搭建"等 5 条举措，同心外国语学校数学科组的科组工作导向化、教学常规精细化、教研活动多元化、学术交流常态化、活动竞赛全员化、整理归档及时化的"六化"管理模式，都非常实用、管用。

第三节　区域教研管理再思考

区域教研管理，是我国基础教育教科研机构的一项重要的常规工作，看起来平凡，但做起来不简单。区域教研管理水平的高低，直接影响到区域教研品质、学科建设水平、学科教师成长、学生素养发展和学科教学质量。

一、科学的指导思想

区域教研管理要遵循国家教育方针、遵循各级法律法规、教育政策；要研究区域教育大方向，如深圳"双区驱动，先行示范"大背景、"新坪山，新教育"发展定位，结合区情、校情、教情、学情，确定阶段性教研工作重点。

区域教研管理，应树立正确的教研管理观。如"专业、协作、进取、奉献、品质"的教研文化，"学为根本，教为支持，学教融合，教学相长"的教学观，"全面、多元、综合、个性、发展"的教学评价观，"全面、全员、全程、绿色"的教学质量观等等。

区域教研管理思路要因时而进，因势而变。进入行政区时代，随着坪山教育的主要矛盾和发展定位的变化，我们提出了区域教研管理的"六个转型"：在育人方式上，由主要关注学业素养向更加关注综合素养转型；在教研管理机制上，由区域整体推进为主向区域引领下的学校自主发展转型；在学科建设上，由教研员引领为主向"学科团队"合力推动转型；在教师专业发展动力上，由外力推动牵引为主向内外力联动转型；在教研活动内容上，由抓好常规教研向突出主题教研、项目研修转型；在教育技术手段上，由技术辅助教研向技术融入教研转型。

二、合理的组织结构

基层的教科研机构人、财、物等条件有限，资源不足，限制因素多，除完善教研制度、优化教研机制、整合教研资源、协调各种因素外，构建一个科学、合理、顺畅的教研管理组织结构，也是发挥区域教研管理整体效益的重要方面。"区域教研组织"是落实各类教研行动的主体，必须把有限的教研管理人员通过一定的组织结构连接起来，构建区域"教研管理架构"。以核心团队引领，再通过一定的平台、项目、活动等，把学校、学科教师、团队组织起来，开展有计划、有目的、有成效的教研活动。我们提炼了区域"教研管理架构"的10种基本组织形态："教研顾问+专职教研员+学科中心组""教研顾问+学科联络员+学科中心组""教研顾问+兼职教研员+学科中心组""专职教研员+名师工作室""专职教研员+项目组""专职教研员+学科组+备课组""名师管理教研员+名师工作室主持人+工作室成员""科研教研员+科研工作室主持人+工作室成员""教科研部门+部门""教研员团队+项目组团队"。上述基本组织结构是相对的，可根据教研活动的实际需要进行调整、组合。

三、重过程，贵落实

基层教研机构及教研员从事的不是纯粹的教育研究工作，更多的是实践教学理论、探索教学改革、总结教学经验、推广教学成果等实操性工作。教研员的常规工作如听评课、组织教研活动、命题考试、教师培训、教学视导、教学检查、业务比赛、学科建设等，既具体，又烦琐，有一定的周期性和重复性。因此，教研管理应做到务实、落实、扎实。每一个项目，每一项活动，都要明确主题、目标、人员、时间、地点、内容、程序、方式、结果等各要素，含糊不得。教研管理还要重视过程性材料的收集、整理和保存，可通过创建教研档案、教研网站、教研微博、教研群、教研公众号，创办教研刊物、教研日志、教研月报、教研年报、教研制度汇编、教研成果汇编等方式，做好教研工作的记录、储存与整理。要特别注意保留原始资料，如方案、计划、文件、报告、论文、专著、课件、案例、试卷等，不要忽视数据、表格、图片、音像等多形态资料。对教研过程资料的保存与整理，是教研员需养成的一个好习惯。

四、统筹兼顾，突出重点

基层教研工作点多、线长、面广、体大，行政、管理、事务性工作繁多。区域教研管理工作，要处理好六方面的关系：一是常规工作与重点工作的关系；二是全局工作与局部工作的关系；三是长期工作与短期工作的关系；四是紧急工作与常态工作的关系；五是集体工作与个人工作的关系；六是显性工作与隐性工作的关系。区域教研管理，既要兼顾全面，更要突出重点。区域教研机构承担着区域教育教学的研究、引领、管理和服务等职能，需要全面、整体、长远、系统地来谋划和布局，但一定要明确阶段性的工作重心。我们认为，区域教研的关键目标是学科建设、队伍培养和质量提升，工作重心是课程建设、教学实施和教学评价。区域教研机构或教研员在落实常规、完成临时任务的前提下，要围绕上述关键目标和核心领域分阶段确定重点工作项目，集中优势资源，以课题研究或项目实施为主要手段，以主题教研和专题教研为主要方式，突出重点，突破难点，提升品质，提炼品牌。

五、通过有效评价改进区域教研管理

区域教研管理是一项科学性、实践性、针对性很强的教育管理活动。教研管理的针对性、合理性、有效性需要由教研管理的评价来检验，教研管理的改进与提高需要由教研管理的评价来推动。区域教研管理评价一般包括对区域教研机构及其部门、对教研员及其团队、对教研活动项目设计与实施、对教研成果的总结与推广等方面的评价，当然也包括对学校、学校教研部门及具体教研项目与活动的评价。区域教研管理评价应遵循教育评价的基本原理和一般原则，符合教研管理的具体特点和实际需要。区域教科研部门要制定合理的评价方案，科学地组织评价，尤其要把教研管理的服务对象作为评价的重要主体，把解决教研实际问题、促进师生发展和学校发展作为评价的重要指标。通过教研评价，总结区域教研经验，发现突出问题，提出改进建议，不断提高区域教研管理的水准。

第五章
科研管理：原理、行动与成果

本章所述的科研指狭义的教育科学研究，即课题研究。对于中小学教师做科研，有人认为是教师专业工作的必要组成部分；也有人认为是勉为其难，是形式主义。对于这个问题，苏联著名教育家苏霍姆林斯基给出了答案，他说："如果你想使教育工作给教师带来欢乐，使每天的工作不至于变成单调乏味的苦差，那就请你把每一位教师引上研究的幸福之路吧"。①

第一节 科研管理概述

一、科研管理的含义

（一）教育科研

在《远距离开放教育词典》中，教育科学研究指运用科学的方法，有目的、有计划地对教育领域中的宏观和微观现象与问题进行研究，旨在揭示教育规律，指导教育事业的发展和教育工作的开展，它是衡量一个国家或区域教育发展水平的重要标志。教育科学研究可分为宏观研究与微观研究、理论研究与应用研究、历史研究与发展研究等。教育科学研究具有继承性、创造性、探索性、复杂性，它必须遵循客观性、理论联系实际等原则。教育科学研究的基本步骤是：①确定研究课题；②查阅文献，初步调查了解；③制定研究工作计划；④搜集并整理资料；⑤分析研究；⑥撰写研究报告或学术论文。②

在《中国中学教学百科全书·教育卷》中，教育科学研究指从教育实践中探讨教育理论，以符合教育发展的客观规律，指导教育实践，促进教育事业发展。教育科学研究属于软科学范畴。③

（二）科研管理

在《管理学词典》中，科研管理大致可分为技术预测、规划制定、计划

---

① 《苏霍姆林斯基选集·第四卷》，教育科学出版社2001年版。
② 谢新观：《远距离开放教育词典》，中央广播电视大学出版社1999年版。
③ 林崇德：《中国中学教学百科全书·教育卷》，沈阳出版社1990年版。

管理、条件管理、情报信息管理和成果管理等方面。① 在《教育词典》中,科研管理是学校对各种科研课题、人员、设备、经费等的计划、组织、控制和反馈的管理活动。具体包括科研计划管理、科研组织实施、科研成果鉴定、科研成果应用、科研设备管理、科研经费管理、科研统计、科研奖励等方面。②

（三）教育科研管理

《管理学大辞典》解释教育科研管理为：遵循科学研究的自身特点和规律,规划、指导和组织教育科学研究、推广教育科研成果的管理活动,包括教育科研计划管理、教育科研经费管理、教育科研的情报与档案管理、教育科研成果管理等内容。③

学者们还从不同角度对教育科研管理进行了定义。程斯辉认为,"教育科研管理是教育科研管理者与作为教育科研管理对象的教育科研工作者之间的一种互动互助、互相合作的活动。"④ 李倡平认为,教育科研管理是管理者遵循教育科研规律,运用决策、计划、组织、控制等现代管理方式和方法,通过组织、协调、指挥和控制,有效地发挥人、财、物等诸多要素的效应,实现教育科研全部目标的过程。⑤ 杜亚丽认为,教育科研管理是教育科研管理者对教育科研人员从项目申请到项目实施、完成的全过程管理。教育科研管理的目的就是要遵循科研活动的规律,通过对众多变量关系的协调、服务,积极创造一个适合科研发展的环境,使教育科研人员的智慧能在适宜的环境中得到最充分的发挥,使教育科研活动得以顺利完成。⑥ 朱小琥认为：教育科研管理是管理者为促进各级各类学校教育科研的规范化和科学化,提高各级各类学校教育科研的质量和水平,调动教育工作者开展教育科研的积极性,通过管理者的协调和服务,对教育科研活动进行计划、组织、领导和控制的过程。⑦

（四）教育科学研究与教学研究

姜树卿认为,教育科学研究主要是开展对教育改革和发展的中、宏观问题

---

① 邓明,向洪,张来培：《管理学辞典》,西南交通大学出版社1992年版。
② 张焕庭：《教育辞典》,江苏教育出版社1989年版。
③ 陆雄文：《管理学大辞典》,上海辞书出版社2013年版。
④ 程斯辉：《关于教育科研管理若干问题的思考》,载《教育理论与实践》2004年第13期,第17页。
⑤ 李倡平：《教育科研的理论和实践》,上海交通大学出版社2010年版。
⑥ 杜亚丽：《教育科研管理的特点及发展趋势》,载《教育探索》2006年第3期,第67页。
⑦ 朱小琥：《教育科研管理研究综述》,载《江苏教育研究》2011年第34期,第61-64页。

的研究，是对问题的原因和效果关系的研究；教学研究（简称"教研"）主要是对课程特别是学科课程的教材、教法等微观问题的研究，是对解决问题的方法和效果关系的研究。具体区别表现在以下四方面。

（1）研究范围不同。教育科研包括一切教育现象和教育过程；而教研的主要研究内容是教学的内容、方法、过程、手段以及教学管理的微观领域的问题。

（2）研究目的不同。教育科研的目的是探索教育的客观规律，包括三大要素（科学的方法、严格的程序、全新的成果）、三大功能（理论解释、指导实践、预测未来）；教研的目的是做好教学工作，提高教学质量，教研的主要途径是通过开展多种形式的教研活动进行的，教研工作还包含学科教学管理的任务。

（3）研究过程不同。教育科研过程是一个探索的过程，强调创新与开拓；教研的过程是一种教学实践，重视教学的实施与改进。

（4）研究成果及表现形式不同。教育科研的成果是新的科学知识，表现形式是科研论文、专著、研究报告、调研报告、操作方案等；教研成果是教学管理的优化、教学方法的改进、教学质量的提高、学生学业的进步等。

教育科研与教研虽有不同，但在实践中，绝不能把二者割裂开来。教育科研是以探索教育规律为目的的创造性认识活动，是教研的延伸和提高，应围绕教研中突出的问题作为课题，通过研究推动教研问题的解决；而教研是应用教育规律的实践活动，是开展教育科研的前提与基础，也是对教育科研成果的验证与运用。

（五）教育科研管理与教研管理

教育科研管理，是区域教育科研部门及其研究人员服务学校教育科研的一种管理活动，是遵循教育科研规律并利用管理理念、手段等，促进教育科研的质量和效益提高的管理实践活动。教研管理，是区域教研部门及其教研人员对学校或教师的教研工作进行的科学、规范的指导、监督和评价等活动。[1]

以科研带动教研，以教研促进科研，向教育科研要质量，向教育科研要效益，应成为区域教育科研管理的基本思路。

二、科研管理的特点

教育科研管理具有以下 5 个显著特点。

---

[1] 袁博：《初中教研管理问题研究》（博士学位论文），哈尔滨师范大学，2019 年。

(一) 复杂层次性

分级管理的教育行政体制使教育科研的管理具有一定的层次性和复杂性。一方面,直属于教育行政部门的教育科研管理部门,拥有充分行使教育科研活动的管理职能的独立性和自主性,包括对所辖区域教育科研工作的领导、计划、协调、监督;另一方面,教育科研管理部门要抓好参与教育科研活动中来的各部门、各组织之间的协调配合工作。只有建立分层、分类、分级、分工协作的区域教育科研管理层次性网络,面广、量大的区域基础教育领域的教育科管理才能发挥最好的效率和效益。

(二) 周期渐进性

教育科研管理是一个周期性渐进、逐步升级的过程。在不同发展阶段,教育科研管理的强度、进度、侧重点不同,要合理制定科研管理工作的实施方案,提高管理的效能。[①] 对从事教育科研以及管理的对象来说,科研活动是一个自主激励的过程,科研管理人员需要不断强化教育科研管理,促使教育科研管理由外部推动转向内部提升,呈现周期性渐进过程。教育科研项目及其活动,有自身的阶段性与周期性,如课题申报、立项、开题、实施、结题、推广等环节呈现不同的特点,需要实施不同的管理策略。

(三) 规范灵活性

教育科研活动既是一种科学的学术研究活动,教育科研管理要科学规范,实事求是,又是一项复杂的创造性活动,教育科研的管理需要较强的灵活性。教育科研管理的规范性要求有一定的规范、标准、程序、原则,教育科研管理的灵活多样需要一定的针对性、变通性、个性化。可通过目标导向、宏观调控、激励诱导等方式协调教育科研的目标,针对不同情况采取不同的管理手段和要求,实行弹性管理,从而达到最佳的效果。[②]

(四) 时代创新性

教育科研的管理须跟上教育事业和教育科研发展的时代步伐。当今社会,随着信息化、智能化加速发展,参与知识生产过程的科研管理更凸显其地位,科研理念、方法和手段应随之变化,教育科研管理须不断创新。教育科研管理应超越传统的静态科研管理,如上传下达、项目申请、课题开题、统计报表、经费下拨、填表结项等日常程序化管理,强调管理的主动性和能动性,体现管

---

① 李娜:《中小学教育科研管理的问题及对策研究》(博士学位论文),东北师范大学,2011 年。

② 朱小琥:《教育科研管理研究综述》,载《江苏教育研究》2011 年第 34 期,第 61 – 64 页。

理者明确的目的性、导向性、策划性,并与管理对象之间保持良好互动,强调以人为本,更加强调个性化精准服务。

(五) 实践开放性

实践性是教育科研管理的本质特点,教育科研管理要依靠教育实践,为促进教育实践发展服务。无论是项目申请、项目中检、项目完成等阶段性重要静态节点的管理,还是有着众多变量关系的过程性动态管理,都需要通过教育实践来协调和完成。

三、科研管理的范围

(一) 内容视角

教育科研管理应该管什么?魏长江认为,教育科研管理主要包括以下内容:对教育科研工作的过程管理,检查课题开展情况;抓课题成果管理,重视课题鉴定和成果推广;健全管理制度,加强导向管理,序化学校科研,促进互相协作。[①] 张学军将教育科研管理内容分为科研计划管理、科研组织管理、科研队伍管理、科研课题管理、科研制度管理和科研档案管理。[②] 徐桐等认为,教育科研管理的内容包括对科研目标的管理、对科研工作制度的管理、对科研队伍的管理、对实验过程的管理、对实验资料及科研成果的管理、对科研档案的管理[③]。李倡平将教育科研管理的内容理解为管理的基本对象和任务,他认为教育科研的管理应该涵盖:编制科学的学科发展规划与指南、对立项课题实施全过程管理、对科研专项经费的有效管理、为科研提供必要的条件保障、组织开展学术交流与合作、培训教育科研队伍以及推广表彰科研成果。[④] 朱小琥认为,教育科研管理的内容大致包括规划(计划)管理、制度管理、组织管理(队伍建设)、经费管理、成果管理、档案(信息)管理和课题管理。[⑤]

(二) 对象视角

一些学者从管理对象、课题、任务等方面研究教育科研管理的范围。陈斯辉用教育科研管理的客体一词表述教育科研管理活动所涉及的范围,具体包括教育科研管理对象的"人"和教育科研管理对象的"物"。"人"主要指从事

---

① 魏长江:《教育科研管理浅见》,载《内蒙古教育》2007年第5期,第27页。
② 张学军:《地方教育科研导论》,教育科学出版社2008年版。
③ 徐桐,张晓军,刘若智:《加强教育科研管理提高学校科研效益》,载《辽宁教育研究》2003年第10期,第47-48页。
④ 李倡平:《教育科研的理论和实践》,上海交通大学出版社2010年版。
⑤ 朱小琥:《教育科研管理研究综述》,载《江苏教育研究》2011年第34期,第61-64页。

教育科研的人员，包括专职与兼职人员；"物"主要指教育科研课题、项目及与之相配套的教育科研经费、时间、信息、环境等。①

《学校教育科研全书》中，教育科研管理的对象和任务包括：制定教育科研政策、确定教育科研体制与机构的设置、编制教育科研发展规划与计划、确定教育科研重点与主攻方向、组织科研运作、管理教育科研经费、提供科研物质条件与信息资料、组织学术交流与合作、指导与培训教育科研队伍、推广与表彰教育科研成果。②朱小琥从不同层级界定教育科研管理的内容：包括宏观层面的国家教育科研管理，中观层面的省、市、区教育科研管理，微观层面的中小学教育科研管理。③

（三）其他视角

杜丽亚提出教育科研管理的关系视角，教育科研管理是一个有着众多变量关系的动态管理，包括管理者和被管理者的关系，项目实施和学科建设的关系，科研管理部门和其他管理部门的关系，科研成果数量与质量的关系等，这些矛盾关系需要不断地协调和服务才能解决。④张茂宇认为：教育科研的运作应以校为本，以人为本。以校为本，要求校本教育科研要以课堂教学为核心；以教师为本，要求校本教育科研要针对教师成长不同阶段的特点分别进行；以学生为本，要求校本教育科研要以遵循学生的心理发展规律为前提，以促进学生的可持续发展为目的。⑤

四、科研管理的方法

一般而言，教育科研管理方法是在教育科研管理活动中为实现管理目标、保证管理活动顺利进行所采取的工作方式。相比宏观的战略、多维度的策略而言，教育科研管理的方法更具体，具有实践特色、经验色彩。教育科研管理方法是管理理论和原则的具体化、应用化和自然延伸，是管理原则指导管理活动的必要中介和桥梁，是实现管理目标的途径和手段。具体方法有行政管理法、学术管理法、法规管理法、经济管理法等等。程斯辉认为，从教育科研管理主

---

① 程斯辉：《关于教育科研管理若干问题的思考》，载《教育理论与实践》2004年第13期，第15页。
② 柳斌总，柳斌，周宏：《学校教育科研全书》，九洲图书出版社1998年版。
③ 朱小琥：《教育科研管理研究综述》，载《江苏教育研究》2011年第34期，第61－64页。
④ 杜亚丽：《教育科研管理的特点及发展趋势》，载《教育探索》2006年第3期，第67页。
⑤ 张茂宇：《谈教师校本教育研究能力的开发与培养》，载《龙岩师专学报》2003年第1期，第88－91页。

体与教育科研管理客体之间的沟通方式上理解,可以将教育科研管理方法分为权威沟通、利益沟通、精神沟通等;从教育管理主体对教育科研项目、课题的决定方式上理解,可以将教育科研管理方法分为民主决定式、民主集中决定式和直接审批式管理;从教育科研管理过程上理解,可以将教育科研管理方法分为事前管理、事中管理与事后管理;从教育科研管理的精确程度上理解,可以把教育科研管理分为定性管理、定量管理与模糊管理。① 以下简要介绍4种教育科研管理的基本方法。

(一) 行政管理法

行政管理法是指依靠行政权力,通过行政命令、指令和规定等,通过建立纵向层次的权力机构对管理对象施加影响的一种管理方法。我国基础教育管理具有明显的层级性,区域教育行政主管部门对学校、学校管理部门对科研对象负有直接的领导与指导职责。对课题立项、成果推广等环节,运用行政管理手段可克服随意、无序、分散、低效的弊端,提高科研工作的严肃性、规范性与实效性。当然,教育科研的行政管理不等于搞"一刀切",而是要把握好指令与指导的关系,做到规范性与灵活性的有机统一。

(二) 法规管理法

法规管理法是指运用法规手段执行管理职能的一种方法。它具有强制性与规范性,是各项管理的基础。在中小学教育科研管理中,运用法规管理的方法,首先要依据国家教育政策法规和教育科研管理的客观规律,根据区、校教育改革与发展需要,制定教育科研管理法规与制度。另外要加大对法规与制度实施情况的检查,以维护法规的规范性和严肃性,为教育科研的开展提供制度保障。

(三) 学术管理法

学术管理法,是指通过学术交流活动来达到教育科研管理目的的方法和手段,是基础教育科研管理的最主要的手段。学术管理法的优势是尊重科学,专家引领,发扬民主,学术自由,符合教育科研的本质特征。通过课题设计指导,选择合适课题,规划研究方向,明确研究思路;通过开题论证,把握研究目标、研究重点和研究策略;通过过程指导,诊断研究问题,指引研究方向;通过成果鉴定,把握研究成果价值;通过学术交流,推广研究成果。

(四) 经济管理法

经济管理法是遵循经济规律,运用经济手段和经济方式协调各方面利益关

---

① 程斯辉:《关于教育科研管理若干问题的思考》,载《教育理论与实践》2004年第13期,第15–18页。

系、调动各种积极因素来履行管理职能的一种方法。运用经济管理法，首先要制定教育科研经济政策，保障科研经费，运用经济杠杆协调教育科研与教育事业发展的关系，引导广大教师积极投身教育科研事业；其次，要建立科研成果的评奖机制，激励学校、教师大胆改革创新；再次，要加强科研经费的管理，提高教育科研效益。

第二节　区域科研管理实践

一、区域科研管理机制

坪山区努力探索"以区教育科研机构为主导，以学校为科研管理主体，以教师为科研行动主角"的项目式、立体式区域教育科研管理机制。围绕区域教育科研规划、课题研究管理、重点项目推进、科研评价激励、科研成果培育、科研成果运用等重点环节，以区域教育科研管理研究、区域教育改革实践研究为发力点，发挥教育科研的创新功能，提升区域教育品质。在研究价值取向上，追求人文情怀与科学理性和谐统一；在研究方式上，采取多对象、多内容、多方式的优势互补、融合创新；在研究成果上，注重质量效益，既看重成果的草根性、实践性和所包含的研究者自身成长意义，又讲求成果的理性提炼和精心总结，注重成果的应用性、实效性与辐射力。

（一）行政推动与专业引领相互促进

1. 健全区域科研管理组织架构

区教科研院内设教育科研管理机构——教育科研部，配备专职科研员，负责全区中小学、幼儿园的科研管理工作。科研管理的基本职责包括：区域教育科研规划、学校教育科研工作管理、教科研课题管理、教师科研能力提升、学生研究性小课题管理、区域课程建设统筹、《坪山教育新视野》编辑，以及配合各级教育学会等学术机构的工作等等。

区教科研院持续完善区域科研管理的组织架构，促进区、校科研管理联动，提高区域教育科研管理、指导与服务水平。如成立区教育科研学术委员会，建立区学术专家库，负责对区域教育科研的决策、指导及重大项目的推进；成立区教育科研中心研究组，中心组成员10～15人，在专职科研员带领下，对科研项目及活动进行具体指导与组织；设立区科研通讯员和兼职编辑队伍，提升区域科研工作和《坪山教育新视野》的办刊水平；设立学科教研员为核心的学科科研骨干研究小组，聚焦学科问题，开展课题研究，促进学科建设。学校层面设立教科室，履行学校教育科学规划编制、科研工作计划与总结、课题申报、检查指导、结题验收、总结表彰、成果推广等职能。

2. 以课题攻关提升区域科研管理能力

（1）教研管理类攻关课题。由区教科院院长李显明主持的《城市化进程中区域教科研管理的实践研究》，获广东省教育科学"十二五"规划课题立项。该项目为典型的实践研究，针对县区层级的教科研机构人少事多、资源不足、条件有限、业务事务庞杂、行政干预严重、管理相对粗放等区域教科研管理实践中的普遍问题或突出矛盾，通过对教科研管理问题的再梳理、管理目标的再修正、管理内容的再整合、管理方法的再改进、管理机制的再优化、管理手段的再提升，达到管理模式重建和管理水平跃升，构建区域教科研管理的新范式。

（2）强师工程类攻关课题。由区教科院教育科研部部长王琦主持的《依托"未来教育家"平台推进区域教师专业发展的实践研究》，获广东省"十二五"教育科研规划重点课题立项。主要探寻依托高端平台和优质资源，建立整体促进教育后发地区教师专业发展的有效机制。借助中国教育学会、《未来教育家》杂志社等优质的教育资源、丰富的研训课程，培养坪山教育"优师"群，建立区域教师专业发展管理的新机制。

（3）科研管理类攻关课题。由王琦主持的《以项目分类推进为路径的区域科研管理机制研究》，获深圳市教育科学规划重大招标重点课题立项。以坪山区的区域科研管理整体推动为典型案例，以项目分类管理为基本策略，建立分级、分类、分项、立体的区域教育科研管理新机制，解决管理资源不足与管理工作繁杂、管理主体与客体割裂、管理方式方法不科学、管理手段传统等区域科研管理难题，为区域科研管理运作提供实践范例。

3. 实施项目式、立体化区域课题立项策略

区教科院根据各级政策，结合本区教育改革和发展需要，分级、分类、分项进行课题设计与指导。分级指课题立项的级别，一般包括国家、省、市、区、校 5 级；分类指课题的重要性或影响面，如"区重大教学改革课题""区域合作课题""区教育科学规划课题""学校特色发展课题"等；分项指课题涉及的领域，如"思政教育专项课题""质量提升专项课题""课程建设专项课题""课堂改革专项课题""教育评价专项课题""教师发展专项课题"等。区域课题立项稳定性与灵活性相结合，实行"双轨"制：一是对于相对稳定的区教育科学规划研究课题，每两年立项一批；二是因区域教育发展需要确立的专项课题，实施不定期立项。

（1）区教育科学规划课题。区教育科学规划课题是在国家、省、市教育科学规划部门指导下，结合区域教育发展需要，制定《坪山区教育科学规划课题指南》（以下简称《指南》），一般设置学校发展、课程建设、德育探索、教学实践、学习变革、教师发展、家校共育等版块，申报单位和个人可选择

《指南》的主题或方向确定具体的申报课题，课题申报有明确的条件和资质要求。

（2）区重大教学改革课题。2016年，为促进学校内涵品质发展，落实"一校一特色，一校一品牌"的区域科研发展突破思路，设置基于"一校一重大改革项目"的专项课题立项。明确要求校长为课题实际主持人，从课程建设、课堂改革、教师发展、学生发展、教学评价、学校发展六大领域中，设计和申报一项区"重大教学改革"项目，在全区进行竞争性评审，择优进行立项资助，分批集中开题，专业诊断视导。连续3年每年平均资助专项资金约500万元，以重大课题促进学校特色发展。

（3）区质量提升专项课题。2019年，为配合"坪山区义务教育质量提升三年行动计划"（以下简称"行动计划"）的实施，设置"区教育质量提升专项课题"。围绕《行动计划》中"优化教学管理、变革教与学方式"等"六大行动"，面向全区各校和全体教师，立足解决教学问题，开放"零门槛"申报，掀起了区域教育质量提升行动研究的热潮。

（4）"未来教育家成长基地"合作项目。2013年，新区公共事业局与中国教育学会《未来教育家》杂志社合作，建设"未来教育家成长研究基地"。该项目聚焦教师专业成长，以"基地"为高端平台，开展"大家讲坛"、名家进校园、科研基地校指导、骨干教师专项研修、省外名校跟岗等系列活动，通过专家引领、教育实践、自主学习、课题研究、成果提炼，构建"教、学、研、评"一体化的名师成长研训机制，区域名师专业发展大大提速。

（5）"基于课堂有效学习的区域研究共同体集群研究"合作项目。2014年，区教科研中心与深圳大学师范学院合作，共同推进"基于课堂有效学习的区域研究共同体集群研究"。该项目由李臣之教授领衔，深圳大学师范学院团队和光祖中学、坪山二小、金田小学等我区3所实验校、10个"研究共同体集群"的一线教师聚焦"课堂有效学习"，开展理论研习、课例实践、案例提炼、成果梳理，积累了丰富的过程性材料，课堂教学改革取得有效突破，教与学方式转变取得显著成效。

（6）"自主识字同步读写"合作项目。2012年起，区教科研中心引进全国教育科学"十二五"规划课题——"小学生自主识字同步读写"成果推广项目。该课题由李虎老师主持，经多年的扎实研究和全国30多所学校的验证、推广，成为全国小学识字教学的一个知名流派，受崔峦等识字教育专家的高度认可，被列入"深圳市教育科学研究成果推广项目"在全市推广。全区两批共10所学校参与该成果的推广实践，识字教学整体获得突破。多场随堂展示课的专家现场测试表明，在不增加语文课时总量的前提下，经过一年"自主识字"训练的本区各实验校一年级的孩子可随机阅读相当于六年级水平的课外读物，令专家和同行惊叹。

（7）"语文主题学习"合作项目。2014年起，坪山新区先后有8所学校自主引进全国教育科学研究重大成果"语文主题学习"项目。该项目以国家课程标准为依据，在不增加语文课时的前提下，运用"单元整合教学"的方式，高效学习国家课程，同时以课堂为主要渠道，以与单元密切联系的精选的课外阅读材料为素材，开展精读、范读、研读、读写训练等。学生的课内外阅读量增加数倍，语文综合素养得到极大提升。

（8）"学校+机构"合作项目。坪山高中与华南师范大学钱杨义教授团队合作，以"理论导师+实践导师+学校骨干+学科团队"为基本策略，探索"1+1+3+N"教师专业成长模式；坪山实验学校与华南师范大学张俊洪教授团队合作开展"小组合作学习"课堂改革研究，与郭思乐教授团队合作开展"平实课堂研究"；光祖中学与深圳大学张兆芹教授团队合作的"PCM"（教授+教练+学员）教师专业成长项目等等，都获得了很好的效果。

（9）校本研究课题。全区广大一线教师结合工作实际，开展基于问题解决与行为改进的"微题研究"。研究性教学、实践性研究，成了区域教师专业生活的常态。

（二）统筹管理与精准服务有机结合

1. 制定教育科研管理制度

《坪山区教育科学研究工作管理办法》对区、校的教育科研及其管理工作指明了方向；《坪山区教育科学研究课题管理及经费资助办法》对课题的选题、申报、管理、成果鉴定、经费开支等作出了具体要求。此外，《坪山新区教学改革重大项目管理办法》《坪山新区重大合作项目推进意见》《坪山区专项课题管理办法》等使区域教育科研管理有据可依，有章可循。

2. 规范课题评审及过程管理

（1）课题评审匿名制。课题立项申报时，课题组在线提交电子版"设计论证"活页（匿名申报材料），评审专家对"论证活页"进行匿名评审，择优立项，确保立项评审的公平公正。

（2）重点课题中期检查制。区级重点项目须接受中期检查，区教育科学规划办根据专家意见择优调整区重点立项课题。

（3）重大课题"专家视导+学术开放"制。对区重大教学改革项目，每年至少组织一轮专家视导。围绕"重大课题"阶段性进展，区教科院组织系列"区域重大学术开放活动"，向区内外同行开放。

（4）评审专家随机抽签制。区课题立项评审和结题验收，一般委托区外专家或从"区学术委员专家库"中随机抽取专家，保证立项和结题的高质量。

3. 教育科研工作年度报告

区、校制定年度科研工作计划，并进行任务分解，每学期初召开全区教育科研工作总结和部署会。学期结束，学校提交"学校科研工作报告"，总结学校科研工作，梳理学校在研课题，落实课题过程管理。区科研管理部门全面掌握情况，便于跟踪管理。

4. 科学评价课题成果

对课题研究成果的评价，采取"研究过程与研究成果并重""实践探索与理论提升并重""经验成果与师生发展并重"多元评价标准，既重视论文著作、结题材料、师生获奖等情况，又注重对研究过程的审视。结题时通过研究档案、活动简报、研究手册等，复盘研究过程。必要时对课题实施对象尤其是学生开展调查，检验课题研究对教与学的改进是否有效。

5. 课题"三段式"研训

一是开题研训，每一轮课题立项后，集中组织课题主持人对课题的开题论证、组织实施、活动开展等进行具体指导；二是中检反馈研训，中期检查结束后，组织课题主要参与者通报检查情况，反馈存在的问题，指导后期研究策略；三是成果提炼研训，每年组织一次，以本区课题项目为案例和样本，邀请专家与课题主持人面对面，开展学术成果交流，表彰优秀成果，剖析存在的问题。"三段式"培训的形式多样，有合作研习、课题模拟、实践性作业、专家辅导等形式，注重案例剖析与实操训练，这种多层次、多样式培训，提升了课题参与者的科研实操能力。

6. 课题活动跟踪指导

"坪山区教育科研学术委员会"专家库定期更新，"教育科研中心教研组"由全区科研核心骨干组成，成了区域课题研究的强有力学术专业保障力量。根据区域项目式管理的总体思路，对于区级以上立项课题，区教科院配合立项管理部门做好跟踪、协调与督促；对于区级立项课题，区教科院实施全周期管理，在开题、中期评估、结题等重要节点，组织专家进行全面指导；对于校级立项课题，区教科院实行整体指导、备案式管理，并根据学校需要组织专家进行在线或现场的集体或个别指导。课题活动跟踪指导制，保障了每项课题都有人管，每项活动都有过程，实现课题的指导融通、研究融通、管理融通。

7. 科研管理骨干培训

区教育科研中心教研组成员、学校教科室负责人、教育科研基地学校负责人、区教育科研工作室主持人、区重点（重大）课题主持人等是区域教育科研管理和指导的关键力量，直接关系到区域教育科研工作的整体水平。我区建立了科研管理骨干常态化培训机制，有计划、有步骤、分层次地培养科研骨干力量，持续提升其专业能力和管理水平。2010年以来，共组织区科研管理骨干赴杭州、成都、上海等地开展专题培训9场,区内本地培训每学期至少开展一次,采取封闭式管理,进行沉浸式研学。

8. 科研基地校与名师工作室

市、区科研基地学校和名师工作室,是培育优秀科研项目、培养优秀科研力量的重要平台。科研基地校和名师工作室一般采用项目式引领、团队式合作的科研管理模式,基地学校发挥其科研引领力,名师工作室发挥其科研领导力,以项目为抓手,凝聚一批教育名师,带动一批科研骨干,培养一批青年教师,推动一方科研工作。

9. 科研"开放日"

线上与线下相结合的科研"开放日"是本区科研管理的又一特色,专题科研活动全程向全区开放。借助开题论证会、成果培育会、主题研讨会、课改现场会等,提升科研管理过程的"现场感";通过项目介绍、经验分享、成果展示、科研公开课等课题实施者的过程性展示,结合专题报告、专家点评等专业性指导,促进了课题研究者之间、研究者与专家之间的深度对话,让教师对教育科研的认知由浅入深,由表及里。

(三) 分类管理与"三单一册"相互协同

1. 课题分类立体式管理制

随着科研项目数量快速增长,项目来源层级增多,项目规模扩大,参与研究者众多,加之区域科研管理人员少,资源不足,项目管理难度加大。大一统、全覆盖、全周期、全要素的课题管理模式已不适应新形势,需结合各课题类型特点及管理要求对项目分级、分类管理。目前,主要分为"上级规划立项项目""区级规划立项项目""区域专项项目""区域合作项目""校本科研项目"五大类,实行分级、分类差异化管理。对"上级规划立项项目"区教科院配合上级立项部门进行"协同管理",对"区级规划立项项目"实行"直接管理",对区重大教学改革课题实行"强化管理",对"区域合作项目"实行"委托管理",对"校本科研项目"实行"指导性自主管理"。

对上级立项课题的"协同管理"。对于国家、省、市教育科学规划立项课题,区教科院配合上级立项部门实施课题的过程管理。对该类课题的管理,要特别注重上下协同、管理与指导兼顾,确保课题研究的高水平实施。

对区级立项课题的"综合管理"。区级课题立项体现规划性和灵活性,形成了多元、立体的区级课题管理格局。对于两年一度的区教育科研规划课题,采取区科研机构直接管理为主的方式进行有效管理。对于"区域专项课题",按照《区域专项课题管理办法》,采取区科研机构直接管理与购买社会化专业服务相结合的模式进行跟踪管理。如对"教育质量提升专项课题",采用"自主申报、评审立项、整体指导、区校联管"的模式(图5.1)。

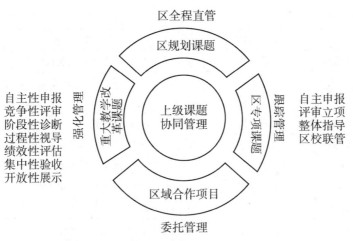

图 5.1　坪山区教育科研课题"立体管理"

对区重大教学改革课题的"强化管理"。为推动学校内涵品质发展，设立"坪山新区重大教学改革项目"。按照《坪山新区重大教学改革课题管理办法》，实行"自主性申报、竞争性评审、阶段性诊断、过程性视导、绩效性评估、集中性验收、开放性展示"的强化管理模式。以首批"教学改革重大项目"为例，2015 年 9 月，学校自主申报；2015 年 10 月，校长现场答辩竞争性立项评审；2016 年 3 月，全区集中开题，校长依次报告，专家现场点评；2016 年 10 月，专家入校第一轮视导；2017 年 3 月，专家入校第二轮视导；2017 年 11 月，委托第三方进行第一次绩效评估，形成评估报告；2018 年 6 月，课题集中中期检查，校长登台汇报，专家现场评分，依名次调整后期资助项目及经费；2018 年 10 月，专家入校第三轮视导；2019 年，分期、分项结题，并组织第二次绩效评估。3 年期间，区教科院围绕"重大教学改革"阶段性进展，组织一系列"重大教学改革学术开放活动"。每一次开题论证、现场展示、专家诊断、过程指导、绩效评估、结题验收，都是对各校科研生产力的洗礼和升华，都是对坪山教育科研品牌的检阅和展示（表 5.1）。

表 5.1　坪山区重大教学改革项目（2016—2018 年）

序号	学校名称	项目名称
PJZDXM201601	坪山高级中学	基于生命哲学的阳光教育实践研究
PJZDXM201602	坪山中学	构建"四三"智慧课堂的实践研究
PJZDXM201603	光祖中学	核心素养背景下"自主互助"课堂文化建设
PJZDXM201604	坪山实验学校	九年一贯制学校课程整体建构
PJZDXM201605	坪山中心小学	数字化校园的实践探索

(续表 5.1)

序号	学校名称	项目名称
PJZDXM201606	坪山第二小学	基于学生综合素养的活动课程建设
PJZDXM201607	六联小学	以"两实践两反思"提升教师专业素养的行动研究
PJZDXM201608	碧岭小学	生动教育的实践探索
PJZDXM201609	汤坑小学	基于"友善用脑"的生需幸福课堂实践
PJZDXM201610	坑梓中心小学	基于生态课程的教学整体改革
PJZDXM201611	龙田小学	全纳教育理念下的小学课堂改革
PJZDXM201612	金田小学	精致化教育办学实践
PJZDXM201613	中山小学	习性教育学校课程建设研究
PJZDXM201614	中山中学	大数据课堂观察的实践研究
PJZDXM201615	同心外国语学校	基于立德树人的 FSPW 评价系统实践研究
PJZDXM201616	坪山学院	关于整合坪山社区教育资源的对策研究
PJZDXM201617	坪山中心幼儿园	幼儿音乐教学模式研究
PJZDXM201618	龙山学校	本真课堂教学实践研究
PJZDXM201619	博明学校	武术特色学校课程开发与实践
PJZDXM201620	龙翔学校	让"学困生"乐于参与小组合作学习的研究
PJZDXM201621	龙翔高中	精致教育课程设计与实施
PJZDXM201622	东门小学	阳光课堂教学研究与实践
PJZDXM201623	龙背小学	小学阶段"四合一"课程建设研究
PJZDXM201624	向阳小学	小学生课堂合作学习方法指导研究
PJZDXM201625	飞东小学	"5+30+5"高效课堂改革
PJZDXM201626	秀新学校	多媒体在课堂教学中的应用研究

【案例 5.1】

2016—2017 年坪山区教学改革项目资助经费绩效评价[①]

…………

4. 主要成效

(1) 落实教改政策,项目保障有效。一是区教育局根据市级主管部门政

---

① 案例来源:坪山区教育科学研究院　王琦。

策要求，结合坪山区教育资源和教改环境，制定了《坪山新区教学改革重大项目管理办法》、《坪山区 STEAM 课程项目经费管理办法》，为教改政策落实和教改项目落地提供了有效保障。二是区教育局向区财政局申报安排财政资金用于资助教改项目，并依据区财政局批复意见拨付教改项目资助经费，有效地保障了教改项目的实施。

（2）引入专业机构，弥补区域教改资源不足。教改项目资助经费的投入，为各学校教改项目的实施提供了有力的支撑，同时也为引入专业机构参与或者承担坪山区教改任务提供了资金保障，有效弥补和改善了坪山区优质教育资源不足的问题，为探索建立坪山区特色教育发展路径打下了良好基础。坪山高级中学与华南师范大学签订《关于坪山区高级中学"骨干教师提升"工程之"专家、名师进课堂"项目》协议，通过建立"1+1+3+N"的模式，对全校 9 门基础学科的教师进行培训（共计 27 名骨干教师，100 多名年轻教师）。引入深圳中科创客学院团队开展科创教育实验，引进师资和课程，并外聘名师指导教学，同时为各实验校培养 1~3 名科创教师。引入"集思堂教育集团"，利用以色列等高校专家设计的课程对学生开展 STEAM 教育，实现与国际接轨。

（3）带动教师发展，有效促进教学水平提升。一是通过教改项目的实施为项目团队教师带来更多的培训学习机会。问卷调查结果显示，参与教改项目的 432 名教师相对于未参与教改项目的 112 名教师，接受教学理念培训、教学方式培训、教学技巧培训方面的人员比例分别高出 21.99%、7.01% 和 11.61%。二是教改项目体系化的培训有利于帮助教师系统化提升教学水平和教学研究能力。问卷调查显示，参与教改项目的 432 名教师中，有 80.55% 的教师认为培训对其教学水平的提升帮助较大。自教改重大项目实施以来，参与项目的教师累计在国家级核心期刊发表学术研究论文 61 篇，省级期刊发表 81 篇，其他正规刊物发表 193 篇。

（4）打造学校特色，促进学生综合发展。一是各校根据学校条件，打造具有自身特色的课程，包括科技创新、安全教育、中国传统文化、艺术、体育特长等多个领域，为学生创造多元化教育环境，有利于开阔学生的视野和知识面。二是借鉴国际化教学理念和方式，通过以团队协作、分工合作的体验式课堂教学，培养学生团队协作能力、动手能力、跨学科学习能力、解决问题能力等多方面的能力，促进学生全面发展。自教改项目实施以来，各个项目的学生累计获国家级奖项 156 人次，省级奖项 80 人次，市级项目 986 人次。

（5）教改效果显现，利益相关方满意度高。由于部分教改重大项目为各校以前年度研究课题的延续，具备良好的项目开展基础和条件。教改重大项目在财政资金的资助下进一步深入开展研究,将成果体系化、标准化,教改成果逐步强化并得到有效应用。

一是部分项目质量较高。教改成果得到了上级主管部门的肯定和同行业的广泛认可。如中山小学的"习性教育"课程体系得到了省主管部门的认可,在 2018 年度被认定为广东省基础教育研究实验基地学校,同时中山小学与龙川县岩镇中心小学、江西省宁都市大沽中心小学、河南省宜阳县等多个省市 50 多所学校开展合作,积极推广和输出"习性教育"理念及课程,共同研究探讨习性教育模式,成效良好。二是教改项目利益相关方满意度高。问卷调查的结果显示,参与教改项目的 432 名教师中,认为教改项目的相关培训对其教学能力提升"帮助很大"的有 131 名,占比 30.32%;认为"帮助较大"的有 217 名,占比 50.23%;认为"有一定帮助"的有 73 名,占比 16.90%,合计 97.45%。接受问卷调查的 6561 名学生中,有 2119 名学生明确表示参加过教改项目个性化课程的学习,其中对课程表示"非常喜欢"和"喜欢"的学生比例分别为 57.86%和 35.44%,合计 93.3%。接受问卷调查的 984 名家长中,对子女就读学校的教改项目非常清楚的占 61.2%,其中有 676 名家长对教改项目实施效果非常满意,占比 68.70%;274 名家长较为满意,占比 27.85%,合计达 96.55%。

【案例点评】此案例摘自由坪山区财政局委托第三方评价机构出具的《2016—2017 年坪山区教学改革项目资助经费绩效评价报告》。重大教学改革项目是坪山教育品牌建设的重点项目之一,该项目实行"自主性申报、竞争性评审、阶段性诊断、过程性视导、绩效性评估、集中性验收、开放性展示"的管理模式。项目的成功实施,显示了区域教育管理者充分尊重学校的办学自主权,调动广大校长、教师自觉投入改革,积极开拓创新,对区域教育内涵发展、品牌建设提供了有力的支撑。

对区域合作项目的"委托管理"。基于区域教育跨越式发展需要,引入优质教育资源,借助高校、科研机构的引领,实现区外高层次优秀科研成果辐射到坪山,"合作共研,接力助跑"成了区域科研管理的重要举措。这类合作项目的管理与指导,一般以合作的引领方为主体,区域科研管理机构做好必要的协调与服务。

2. 课题"三单一册"制

为进一步优化区域科研管理,提高管理效能,在分级、分类、分项管理和"开题—中检—结题"三段式过程管理的基础上,引入"三单一册"管理工具。设计和运用"三单一册"（科研指导需求单、主题活动告知单、重大活动申报单、课题研究手册），加强区域统筹，促进区校互动、管理与服务结合、指令性与指导性结合、区域联动与学校互动结合、助力发展与主动发展结合，构建开放、合作、高效、共享的区域科研管理新生态。

（四）成果培育与推广辐射双向驱动

1. 科研成果培育

（1）体系推动科研成果培育。《坪山区教育科学研究工作管理办法》中"成果推广"部分明确规定：每年进行一次区级教育科研成果评审、"新教育杯"论文及案例评比；每年召开一次区教育科研学术年会；每两年进行一次全区科研管理经验报告评奖；每年评选一次优秀课题组、优秀科研工作者。各校也建立了相关的激励机制。

（2）重点提炼科研品牌成果。科学的科研管理与严格的过程管理，确保所有在研项目按质按量完成。在此基础上，区教科院根据学校意愿、专家意见等，制定"优秀教育科研成果重点提升项目清单"。通过邀请专家一对一指导、专家集体视导、科研中心组分类指导、科研协作组相互指导、购买服务专项指导等方式，培育区、校重大品牌性科研成果。几年来，从本土培育了广东省教学成果一等奖 2 项、二等奖 4 项，深圳市教育科研成果奖 24 项。

2. 优秀成果推广

加大对区域教育实践有重大示范作用、有较大影响的研究成果的传播推广力度，发挥其增值和辐射作用，使教育科研成果转化为促进区域教育进步的"生产力"。具体有 6 种方式：一是召开成果推广会；二是组织"重大教学改革成果学术开放"；三是建立"区域教育改革成果推广联盟"，合作成员辐射区内外、市内外、省内外、国内外；四是在《坪山教育新视野》"坪山教育科研网"、"坪山教科院微信公众号"等开辟"成果推广"专栏；五是在教育报刊、专业杂志组织成果与经验系列报道；六是召开区域教育科研重大学术专题发布会。坪山区教科院的"中学生物实验教学改革""中小学 STEM 课程精编"系列专著、"初中新课程配套微课程的开发与应用"、中山小学的《习性教育研究》、坑梓中心小学的《幸福百花园课程建设》、坪山中学的《和实校园文化建设》、汤坑小学的《友善用脑幸福课堂实践研究》等成果都得到了很好的推广。

二、区域科研管理行动

为区域教育改革服务，为学校师生发展服务，是区域教育科研管理的主要目的；以应用研究为主，以中微观研究为主，以教学研究为主，以问题解决为主，以促进发展为主，是区域教育科研管理的基本原则。

（一）项目进程管理

项目分类管理：按省、市、区、校4个层级，每个层级课题分为区域研究课题、学校发展课题、教师研究课题3个领域，再按照课题性质进行细分，实行差异化管理。

协作研究路径：同类课题的研究活动建立协作研讨机制。通过研讨、观摩、沙龙等方式，互相借鉴、启发；通过研究交流，开拓研究思路，形成问题对策，使课题得到高质量落实。

项目管理平台：以信息技术手段，建立区域科研课题与改革项目管理平台；强化过程性管理，建立"一校一板块，一题一档案"，使管理规范有序。

【案例5.2】

坪山区教育科研规划课题管理办法

坪山区教育科学研究院

第二章　组织管理

第三条　坪山区教育科学研究院（以下简称"教研院"）负责制定区教育科研课题管理办法、教育科学研究计划及课题指南、项目的发布、申报受理、组织评审、立项批准、指导监督、中期检查、结题验收以及成果推广等工作。

第四条　教研院协调落实项目配套经费，负责立项项目的经费使用指导；为项目实施提供必要的条件，并对项目产生的知识产权进行管理和保护。

第五条　学校负责立项课题的常规管理（如建档、跟踪指导和督促等），并向教研院提交课题开题、进展和结题等相关材料。

第三章　申报立项

第六条　课题项目实行"个人申报、学校推荐、专家评审"，申报限额由教研院根据具体情况确定。

第七条　申报条件

（1）重点项目的申请人一般应具有高级专业技术职称，只有中级职称的申请人，应在申报课题的研究领域内有较突出的成就；一般项目申请人应具有初级以上职称，如不具有初级以上职称的，至少需要一名具有高级以上职称的人士推荐方可申报。

（2）申请的项目研究目标明确，立项依据充分，拟采取的研究方法、研究方案科学可行；国内外研究现状及发展趋势清楚，研究内容具有创新之处；

已有一定的研究基础和实验条件；预期成果切合实际；经费预算合理；项目组成员专业、年龄、学历、职称等结构合理，研究时间有充分保证。

（3）每人主持的科研项目不得超过1项。凡已承担区立项课题尚未结题的项目负责人，不得申请区级立项课题。

第八条　申报程序

（1）项目申请人根据《坪山区教育科研规划课题指南》确定研究方向和课题，填写《课题评审书》（以下简称《评审书》）。

（2）学校科研管理部门对《评审书》内容的真实性、可行性和先进性等进行甄别筛选，择优向区推荐，并在《评审书》上签署推荐意见，按规定上交有关材料。

第九条　项目立项

（1）立项坚持"科学、公正、公开、合理、择优"的原则。

（2）各类申报项目由教研院再审查，进行分类汇总，并组织专家评审。

（3）根据专家评审意见，择优确定支持的项目，经公示、批准后下发科研立项通知和项目立项证书，即属正式立项。

【案例点评】此案例节选自《坪山区教育科研规划课题管理办法》。该办法科学、规范、严谨、细致，对从事区级规划课题研究和管理的各主体，在课题申报、评审、实施、管理、评价等环节须遵循的基本准则与具体要求都一一明确。规范管理是课题管理的基本要求，它可以实现资源优化配置，落实研究过程，培育研究成果，确保研究质量。

（二）项目评价管理

在明确科研目标、规范科研行为基础上，注重科研评价的激励作用。评价侧重课改实效、问题解决、学生素养、教师发展等方面。已完成的四届坪山区优秀教育科研成果评选，分课题（专题）、课程、课改、教育技术运用等类别，共评出184项区级优秀成果奖项，择优推荐参加上级优秀科研成果评选；开展了四届"新教育杯"论文大赛，近400篇论文获奖；开展学校办学发展规划评审、学校特色项目评审、学校素质教育发展报告评审、学校课程整体规划评审、重大教学改革项目评审等，极大地激发了学校教师的科研热情，从学校发展到教师发展，科研激励评价机制效果明显（表5.2）。

表 5.2　2013—2017 年坪山区教育教学优秀科研成果获奖情况（单位：项）

类别	校本课程类	专题研究类	课改实验类	技术教辅类	微创新类
2013—2014 年度	14	12	3	1	—
2014—2015 年度	7	27	2	1	—
2015—2016 年度	18	6	3	10	10
2016—2017 年度	21	26	3	2	18
合计	60	71	11	14	28

数据来源：坪山区教育科学研究院　王琦

（三）科研管理促学校发展

坚持高位引领，围绕区域教育发展的重点，设计阶段性区域科研管理品牌项目，推动区域教育转型，促进学校跨越式发展。2011 年起，全区组织两轮"学校素质教育特色项目创建与验收"；2014 年，组织"学校课程整体规划评审"；2015 年，组织"学生综合素养发展报告评审"；2016 年，组织"区重大教学改革项目"评审。共有 26 个重大项目立项，由校长做主持人，围绕学校工作重心，以项目研究引领学校教育教学改革。依托区重大教学改革项目和其他重点项目，围绕教师发展、课程建设、课堂变革、素养培育等主题，开展区内外"学术开放"活动 50 多场，活跃科研氛围，拓宽学术视野。以 2016—2017 学年为例：聚焦学校重大教学改革项目，由学校主动申报，面向区内外进行了 9 场"学术开放"活动，反响很好。如坪山实验学校的"核心素养背景下学校课程体系建设研讨会"、坪山中学的"'四三'智慧课堂观摩研讨活动"、光祖中学的"自主互助课堂教学观摩研讨活动"、汤坑小学的"全国友善用脑研究实践研讨会"、中山小学的"习性教育成果推广会"、坑梓中心小学的"百花园课程建设阶段成果展示活动"、坪山高级中学的"'1+1+3+N'骨干教师提升合作项目研讨会"等，活动反响良好。

（四）科研管理促教学改革

区域科研整体推进，教育科研与教学教研"无缝衔接"。基础教育科研的真正意义在于推动教育改革，解决实际问题，促进教师发展。对于基层中小学而言，以提升实践智慧和职业幸福感为驱动，以教育教学一线为主场，以教育科研为基本手段，开展实践性、实用性、实效性课题研究，促进师生发展，是基层教育科研管理的基本取向。如在跨区域合作层面，与深圳大学合作"基于课堂有效学习的研究共同体集群研究"，参与国家教育科学规划课题"自主识字，同步读写"的实验与成果推广。区级层面的立项课题指南一般指向课程、教学、学习、评价、德育、班级管理等与实际工作紧密联系的领域，倡导教师在行动中研究，在研究中改进，在改进中发展。学校层面的校本研究聚焦教育教学真问题、实问题、小问题。

区域科研管理充分考虑教学的需求和教师的需要，科研指导活动形式多样，教师可以按需选择。如"请进来，走出去"科研培训、"做自己的研究"科研选题、"我的教学问题"学术微演讲、"我的教学改革"微成果展示、名师骨干引领性课题交流、新课程课堂研究性观摩等等。科研管理做到管用、有效、贴地气，教师由"要我研"到"我要研"。广大教师通过做中研、研中学、学中改、改中进，其科研意识的树立、科研素养的提高、教学能力的提升，在一次次、一项项科研活动中得以实现。科研管理与教学管理相结合，教研与科研相融合，研究与实践相统整。以研究推动教学实践，让基础教育科研回归本真。

（五）科研管理促教师发展

后发区域的教育发展，人才是最紧迫、最关键的。广大教师尤其是青年教师在研究中成长的程度和速度，是衡量区域教育科研管理成效的重要标志之一。

（1）学术骨干引领。2010年，坪山新区评选、确认首批区级名师64名；2013年，新区评选"三线名师"100名。《坪山新区"三线名师"管理暂行办法》中，对名师、学科带头人、骨干教师、教坛新秀的责、权、利规定得十分明确，名师的科研活力、创新能力和引领作用被充分激发。通过一个工作室带动一个团队，一个团队引领一个学科，一个改革项目激活一个领域，一个研究专题解决一个问题。以名师为"种子"，以项目为载体，教研训一体，教师们互学共进，比学赶班超。

（2）成长基地孵化。坪山新区与中国教育学会《未来教育家》杂志社合作，建设"未来教育家成长研究基地"。坪山的老师们在追求"未来教育家"的梦想之路上，论坛磨剑、基地研修、专题培训、项目实践；"未来教育家"培养对象赴北京、上海、杭州等地专题研修、跟岗锻炼；知名教育家到坪山、进学校开展"项目一对一""名师面对面"等培训。人人争做研究型教师，个个力行开创性改革。

（3）项目合作培育。区域重大教学改革26个项目，大多数与研究机构、高等院校合作，"借船出海""乘船渡海"。如坪山高级中学与华南师范大学合作，坪山实验学校与北京教育学院合作，光祖中学、金田小学、坪山二小等与深圳大学合作，汤坑小学与"友善用脑"国家级重点课题组合作，龙山学校与洋思中学合作，等等。以重大项目为依托，以合作研究为手段，校长、教师站得更高，研究能力提升更快。

(4) 研究平台展示。坪山教育学术刊物《坪山教育新视野》目前已发行 42 期，发表各类文章共 2000 余篇；《坪山课改简报》采取纸质版与电子版结合，报道课改活动、课改进展文章 600 多篇；"坪山教科院微公众号"的推文形式新颖生动，报道鲜活热辣，每周平均推送 20 多篇。全区各类学术研讨活动生动活泼，丰富多彩。这些交流园地与科研阵地成了最具学术力量的平台，成了展示区域教育改革、学校办学特色、校长管理智慧、教师教改经验、学生素质发展的"百花园"。

总体而言，通过创新区域科研管理体系、实施科研整体推进、聚焦重大课题解决重点问题、促进教学改进的科研融合、加强科研协作与指导交流等"五大策略"，以及服务基础教育改革的科研行动、创新科研组织的网络建设、夯实区域人才储备的科研骨干培养工程等"三大举措"，构建了区域教育科研管理的"路线图""施工图"，为坪山教育"四优工程"增添了强劲动力。

三、学校科研管理行动

在坪山，绝大多数学校都把教育科研作为真正推动学校内涵发展、品质提升的"第一生产力"。科研先导、科研兴校、科研促教、科研提质等观念深入人心。各校围绕学校管理、课程建设、课堂改革、教学评价、教师发展、学生发展等重点，立足学校现实，针对实际问题，强化科研管理，开展行动研究，推动教育变革。

【案例5.3】

坪山高级中学：科研管理"光计划"[①]

"光计划"主题词：科研之光，点亮生命价值，照亮教育迷途。

…………

4. 主要措施

（1）优良体制促进有效管理。学校制订《坪山高级中学教育科研发展规划》《课题管理办法》《教科研成果奖励办法》等，用制度、机制引领教师主动投身于教育改革，发现有价值的问题，开展以行动研究为主导的教育科研活动。

（2）龙头课题带动整体改革。以区"重大教学改革项目"——《生命哲学基础上的阳光教育实践研究》主导性课题统领全校整体改革，推进各领域重点工作，优化原有教科研管理系统，使学校各项工作走上科研化的轨道，创

[①] 案例来源：《坪山区教育科研管理经验汇编》。

建"阳光教育"品牌。以"阳光教育"主导性课题为龙头，形成国家、省、市、区、校五级课题体系，完成区级以上课题21个，新立项各级课题30个以上。

（3）课程开发建设示范学科。建设示范学科部评选机制，以各学科部为基本单元，在研究中工作，在工作中研究，营造团队合作研修氛围，引领学科高端发展。以课程开发作为学科部建设的突破口，开发体现学校理念、符合学科实际的校本课程，每个学科部推出1门以上精品课程、5门以上特色课程，全体教师都参与到课程建设中来。

（4）名校长名师引领教师发展。以挂牌坪山高中的广东省"校长工作室"（廖翠华工作室）和市、区名师工作室为引领，实施"卓越工程""俊杰工程""雏鹰工程"，引进学术水平高、实践经验足的名师、名家担任工作室导师，吸收骨干教师、青年教师进入工作室，专家带领、项目推动、岗位磨砺，促进每一位学员的成长，培育更多的名师。

（5）平台建设促进学术交流。依托学校教师专业发展专刊《成长》，引导教师重视写作与积累，展示教科研成果，交流教改经验；组织"曾子论坛"，召开"学术年会"，组织各类专题研讨会；加强校园网建设，建立数字化研修平台。通过平台建设促进学术交流，加快教师成才。

【案例点评】出"优师"，是坪山教育"四优工程"的核心，也是学校教育科研的重要指向。坪山高中校本科研管理"光计划"有主线、有条理、有特色。"科研之光，点亮生命价值，照亮教育迷途。"揭示了教育科研是教师专业成长的必由之路。制度机制规范、龙头课题带动、学科部建设凝聚、工作室高位引领、平台交流提升，指向教师发展的教育科研真正成了学校发展的核心动力。

【案例5.4】

坪山中学：成长始于足下，发展成于点滴[①]

....

3. 确定教师发展工作重点

（1）坚持分类管理，推动全员成长。为改变"新教师不会搞科研，中年

---

① 案例来源：《坪山区教育科研管理经验汇编》。

教师不屑搞科研，老教师不愿搞科研"的状态，学校教师发展中心把全体教师分为老、中、青3个层次，要求人人制定成长计划，个个参与课题研究。通过制度规范、评价激励等，引导教师差异化、分层次、个性化发展。老年教师重在发挥引领作用，中年教师重在提供展示平台，青年教师重在锤炼过硬本领，新老教师各扬其长，各展风采。

(2) 坚持名师引领，鼓励协作共进。充分发挥名师、骨干和科研积极分子的作用，鼓励教师敢于亮相。全校29人参加坪山区第三批名师评审，创历史新高。在学校"教师发展论坛"上，名师骨干与青年教师同台展示；在"青年教师成长沙龙"上，青年教师人人登台，名师、骨干个个点评。名师与青年教师结成"学习成长对子"，使教师互学互帮，共研共进制度化、机制化。

(3) 坚持关注重点，促进青年成长。青年教师在研究中成长是最重要的途径之一。如围绕区科研阶段性重点主题，开展"质量提升"专项课题申报，申报教师达34人，成功立项区级8项、校级19项。青年班主任能力的提升也是学校管理工作的重点。学校重大学术展示平台——"教师发展论坛"每年至少开展两期"班主任工作艺术"主题，年轻的班主任们就"社会主义核心价值观""中华传统优秀文化""红色教育""班级管理中的工作统筹""新生的习性养成""与青春期学生相处"等话题，谈体会、谈困惑、谈思路，在思想交流和智慧碰撞中成长。

(4) 坚持学写结合，提高专业素养。学习是科研的基础，是实践的源头活水。教师发展中心组织教师开展"教育名著精读""学科教学改革书目泛读""著名教育家思想研究"等各类读书活动，以提升教师理论素养。大力推动"人人学、个个写、时时思"活动。实践促进教学改革，写作促进教师思考，思考促发教师成长。本学期，教师发展中心以坪山区"新教育杯"论文评选为契机，共评选出35篇高质量教师论文。学校教师教研园地——《雅榕园》期刊的学术含量不断提高。

4. 创新科研管理机制

(1) 打造科研交流平台。教师发展学术期刊《雅榕园》：理论学习，实践探索，课题研究，论文呈现；教师专业发展"和实论坛"：名师引领，骨干带动，教师主体，成果分享；青年教师成长沙龙：成长规划，成长目标，成长故事，成长幸福；班主任经验分享会：做得好，管得好，研得好，说得好。

(2) 推动课题管理创新。为推动与区级课题的有效连接，解决教师普遍反映的课题"申报易、立项难"问题，2019年，区级课题申报按以下程序进行：一是邀请深圳大学专家作"教师如何申报课题"专题辅导；二是广泛发动，积极组织申报，收到31份课题立项报告；三是请市教科院专家对31份报告逐一修改；四是组织"如何修改课题申报书"专题培训，由市教科院专家对教师的课题申报书逐一进行"问题会诊"；五是课题主持人会同课题组成员修改申报书；六是由学校教师发展中心审核；七是邀请校外专家进行评审，最后确定19项课题为校级立项课题，并上报申请区级立项。

（3）实施科研绩效评价。学校把教研组和教师的科研评价作为工作绩效评价的重要组成部分，科研绩效评价的主要指标有科研项目及级别、成果、论文论著、科研对工作的改进等（略）。

【案例点评】为落实坪山区"教师专业发展行动""教育科研行动"，坪山中学特别注重科研管理和教师成长。该校明确，教育科研要适应师生发展、学校发展、岗位特点与校本特色，要把科研摆在重要地位。学校严谨的课题申报程序、科学的科研指导、正向的科研绩效评价、务实的教师分类培养等举措，都有效提升了学校科研管理水平，促进了教师专业发展。

【案例5.5】

坪山实验学校：扬起科研风帆　助力教师成长[①]

坪山实验学校现有国家级立项课题2项、省级10项、市级25项、区级48项（2018年数据）。先后获评全国教育科研工作先进单位、移动终端推动课堂教学改革全国联盟学校、广东省教育国际化实验学校、深圳市"智慧校园"示范学校、深圳市最具变革力学校、深圳市中小学教师专业发展基地学校、深圳市中小学生探究性小课题优秀示范校、深圳市科研基地学校等。学校创建短短8年时间就获得如此飞跃发展，得益于教育科研工作的有效开展。

1. 以管理网络为动力，激发管理效能

教育科研是一个多结构、多层次、多序列的复杂系统，有效的学校科研管理网络有利于整合研究资源，形成研究合力，确保科研活动有效进行。

成立科研管理组织。学校建立"科研领导小组→课程建设与科研中心→学术委员会→课题研究小组"的层级化科研工作组织网络。

明确科研管理组织职责。科研领导小组以校长为核心，由分管副校长、课程建设与科研中心负责人、科研骨干教师组成，主要负责制定学校教育科研制度，审定课题研究方案，进行宏观指导和监督，为课题研究提供支持；课程建

---

① 案例来源：《坪山区教育科研管理经验汇编》。

设与科研中心负责对课题进行全程指导与全面管理；课题研究小组实行组长负责制，带领研究小组成员开展研究。各管理组织均围绕"研究"这个中心，进行机制性沟通、建设性合作。

过程化管理确保研究信度与效度。过程化管理使课题研究真正做实、做好、有效。科研领导小组切实对每一项课题的实施过程做好检查、评估、反馈，每学期至少两次。科研中心对选题论证、立项申请、课题实施、成果总结、推广应用等实行全流程管理与指导。

2. 以制度推动为保障，完善运行机制

制度是教育科研正常化、科学化的关键。良好的教育科研制度包括规划制度、立项制度、学习制度、检查指导制度、经费使用制度、成果培育制度、目标考核制度、评价激励制度等等。学校制定《教育科研课题管理办法》，对课题申报、研究实施、课题结题、课题评估、成果总结、奖励与推广等进行务实管理；制定《先进教科研课题组和教改积极分子评选方案》，鼓励教师创优争先；建立教师教育科研电子档案，对课题研究全周期进行量化和质性评价。确保科研经费的足额、按时投入，在培训学习、购买资料、组织调查、增添设备、编印资料、奖励表彰等各方面提供保障。

3. 以全员培训为基点，扬起理念风帆

理论武装是教育科研的先导。我们通过专题培训和理论学习实现3个目标。

（1）更新观念。一是认清科研的意义，树立"教育要改革，科研需先行"的观念；二是明确开展教科研的目的，树立"科研促教，科研兴校""向科研要发展，向科研要质量"的观念；三是明确开展科研的主体，树立"教师是教育科研主力军"的观念。

（2）明确目标。理论研究不是我们的重点，验证性研究也不是我们的目的，学校进行科研工作，根本目的是深化教育教学改革，优化育人方式。因此，我校把科研的重点放在应用上，以课程建设和课堂教学为突破口，大力推进素质教育。

（3）用好理论。用科学理论诊断教育实践，以发现问题；用科学理论指导问题解决，并加以推广。

4. 以典型带动为先导，营造科研氛围

科研需要榜样示范和经验辐射。我们采取"领导带头，全员参与；树立典型，系统培养；经验启发，实践锻炼"的策略，用身边的人和事影响人、教育人，培养一批科研能手，营造浓厚科研氛围，推动群体性科研走向深入。

领导干部率先在科研中"沉下去"。"校长不搞科研，就没有学校的科研"。校长应做科研的"领头羊"，带领中层干部率先"沉入"教育科研，以身作则，在教师中起到良好的引领、示范和激励的作用。

发挥好科研骨干、名师的引领作用。一是把具有奉献、创新、协作、实干精神和综合素质的教师作为培养对象，承担或参与重点课题研究，在研究中成长；二是以科研骨干带动学科组、备课组课题研究，实现"以点带面""共同成长"；三是花大力气培养青年科研骨干，关注各学科的梯队建设。学校现有市名师工作室1个、特级教师1名、正高级教师1名、市年度教师1名、市骨干教师2名、区名师40多人。

协调好全员参与和骨干引领的关系。我们采取"全员练兵，骨干攻关，以点带面，全面提高"的方式，一方面设立了一批校级课题，保证全员参与；另一方面在国家、省、市级重点课题中配备科研骨干，重点攻关，保证科研质量。

5. 以龙头课题为抓手，引领教育变革

重大课题研究有利于聚集学校资源，增强科研引力，凝聚全体教师，促进学校变革。学校从课堂、德育、管理3个领域确定阶段性重大课题。

（1）教学类龙头课题。学校通过近5年的"小组合作学习"研究，随着新课程理念持续深入，课程建设取得阶段性进展。广东省教育科学规划立项课题"生本教育理念下'平实课堂'的路径研究"就是为进一步优化课堂的教与学，使课堂更真实有效，回归教育本真，推进学校课堂改革的"升级版"——"平实课堂"。

（2）德育类龙头课题。为与"平实课堂"相协调，市级重点课题"班级小组自主合作管理的操作策略研究"注重在课堂中让学生自主、合作、互助管理，培养良好的学习习惯；实施"星级班级评比"，强化集体观念。

（3）管理类龙头课题。本校拥有3个校区、150多个班、近8000名师生，属于超大规模学校，学校管理面临新挑战。区重大专项课题"基础教育集团化办学的坪山路径"从学校理念、学校管理、课程建设、课堂教学、德育工作、后勤服务、评价体系等方向研究、探索与创新，以构建符合超大规模学校实际的科学的办学路径。

6. 以校际合作为平台，推动共同发展

加强校际合作，共享教育优质资源。2009年起，我校先后与深圳实验学校、桂园中学、培英学校、龙翔学校结成教研合作学校；先后与香港姊妹学校、救恩书院结为联谊学校。以"开放周""共享月""合作研究"等形式搭建交流平台，互相合作，共同进步。

提炼典型个案，总结推广教研成果。学校组织各类学术推广交流活动，如课题研究进展交流会、科研论文宣讲会、业务竞赛表彰会、"坪实名师"推介会、科研成果发布会等等。

【案例点评】 教育科研的发展和繁荣，需要科学管理与体系推动。科研管理既包括静态的机构设置、制度设计等，又包括动态的过程管理，如人员配备、课题实施、部门协调联动等。服务是过程管理的核心，贯穿科研活动的全过程。坪山实验学校的科研管理有5个突出特点：一是以人为本，始终以教师发展为第一要务；二是制度保障，完善管理网络，形成研究合力；三是全员覆盖，形成科研梯队；四是研教融合，科研与教学相互促进；五是多元评价，凸显科研价值。

【案例5.6】

坑梓中心小学：加强项目管理，创立品质科研①

近5年，我校独立主持区级以上立项课题65项、校级课题37项。其中，坪山区重大教改项目2项、省级课题3项、市级课题14项、区重点课题18项、区一般课题28项、省市中小学教师继续教育基地项目4个、区级以上名师14人、市名师工作室3个、区年度教师3人。

1. "一个目标"彰显科研管理宗旨

树立"锤炼幸福之师，培育种子之师，历练领头之师"的科研管理总目标。构建学校科研管理体系，培育科研品牌；加强实践研究，强化科组建设；提升科研素养，促进师生成长。

2. "三基架构"体现科研管理思路

（1）以促进教师专业发展为基点，团队共进，梯度生长。作为广东省教师专业培训基地、深圳市中小学教师继续教育基地学校，辐射全省，联通全市，必须强化本校教师的科研能力。"1+N"团队建设、"一三五青年教师成长规划"是我校科研团队建设的基本组织形式。学校每一名教师都必须制订"5年成长规划""年度发展计划"，采取专家"跟踪式"指导、名师"行动式"帮带、集体"专题式"学习、同行"展示式"交流、项目"问题式"研究，美美与共，人人成长。

（2）以探究教育教学问题为基础，研教融合，教研相长。坚持科研与教研相结合，细化科研常规管理。以科研的思路开展常规教研，采取"问题式"课题研究思路，集中名师、骨干、教研组成员在教研中查找问题，形成"问

---

① 案例来源：《坪山区教育科研管理经验汇编》。

题链""问题群",以此设计课题,寻求解决之道。强调"用自己的眼睛去发现",抓细节,找问题,促行动,改变教、研两张皮的"老毛病"。从"找问题"到"解问题",将"真问题"变"实成果"。

(3)以提升科研能力为基石,品质研究,创新实践。坚持理论与实践相结合,加强理论"专题式"学习、课题"实战性"探索;开展名著共读、名师讲座、教育论坛、专家讲学、师长传经;参与重大课题、规划课题、小课题研究,在研究中实践,在实践中提升。

3."五项措施"夯实科研管理过程

狠抓过程管理,做有价值的科研,实现真研究、实研究,杜绝伪研究、不研究。

(1)集思广益,重视文件解读。科研部门组织教师学习科研管理办法,研究各类"课题指南",组建科研团队,确定选题意向。

(2)扩大领域,促进团队互动。借助团队合力,结合专家引领,研讨项目计划与思路,做好文献分析,提炼观点、理清思路,积极组织申报,争取各级立项。

(3)协调跟踪,保证项目实施。加强对各级立项课题研究过程的跟踪管理。将项目的执行过程分成若干阶段,每段都有相应的研究目标和质量要求。科研管理部门重点关注项目研究计划与实施方案的落实、课题组成员的参与深度与广度、经费的合理使用、阶段性成效与影响等方面。

(4)机制激励,强化过程评价。坚持"项目主体""过程跟踪""部门指导""交流展示",建立"周反馈、月汇报、期考核、年总结"制度。以目标考核为引导,发挥科研项目考核激励机制作用。

(5)提升内涵,提炼先进经验。大力提炼优秀的应用型成果,改进教育教学实践。

4."三段评价"优化科研评价管理

加强对科研项目的评价,完善科研管理,提升科研水平。

(1)申报评价:课题组确定选题、填写申请书,校内外专家诊断、评价、修正;学校教科室组织遴选、申报。

(2)实施评价:对于立项项目,严格按照项目设计和各级课题管理要求进行过程跟进与评价。

(3)验收评价:项目完成研究任务后,由项目组提出验收申请,分管部门提出验收建议,学校教科室审核,向立项部门提交验收申请。学校及项目组配合立项部门,组织结题验收评价。

评价导向:坚守科研初心,弘扬科学精神,恪守诚信规范。评价内容包括与课题或项目有关的报告、教学设计、教学实录、教学案例、论文、论著、校本课程及其他教育资源等。评价等级分为"合格""优秀""品牌"三级。

【案例点评】科研项目管理是坪山区科研管理的突出亮点。坑梓中心小学落实项目管理有计划、讲策略、重实效，具有典型意义。一个目标、三基架构、五项措施、三段评价，校本科研管理模式有特色，科研管理与科研活动、教育科研与教学教研相辅相成，科研梯队建设与科研项目管理为学校的内涵发展增添了强劲动力。

【案例5.7】

中山小学：优化科研管理，促进教师发展[①]

············

5. 优化科研管理评价机制

（1）健全评价机制，将科研能力作为重要的评价指标。树立以教育科研促进学校发展、师生进步的理念。在《加强学校教育科研工作的意见》《绩效工资制度实施方案》《教学质量评价方案》《职称评聘方案》《导师团建设方案》《名师工程方案》等系列制度中，加大教育科研指标的权重和比例，让全校教师对教育科研思想上认可、在行动上重视。在《教师专业发展评价》《教师工作绩效考核》中引入个人自评、教师互评、团队群评、学校综评等多元评价方式，健全教师发展性评价机制。各项考核、评价制度将课题研究、论文论著、课程建设、教学改革、科研成果等作为重要的评价指标，激发了教师参与教育科研的积极性，保持教育科研促进教师发展的持续动力。

（2）建立成长档案，将科研过程作为重要的成长足迹。建立"教师专业成长档案电子数据库"，包括教师个人、教研组、年级组、项目组、学校管理部门等档案。根据权限上传教师专业成长资料，除对教师个人专业发展规划、公开课教案及反思、个人获奖情况、指导学生获奖、教学质量等教学类成果的成长记录，还包含论文撰写、课题研究、课程开发、教改项目、辐射引领等科研类成果。教师发展中心进行阶段性的检查与反馈，并根据综合评价结果，挂钩绩效考核。

（3）完善名师工程，建立科研促进教师发展的引导机制。以区、校名师工程为依托，建立以科研促名师发展的引导机制。名师培育、评审、考核都

---

① 案例来源：《坪山区教育科研管理经验汇编》。

把教师的科研能力和科研团队引领力作为重要指标。此外，学校对青年教师、骨干教师、老教师、名师等，在科研工作上实行分层、分类要求，确保每一名教师都愿意参与科研，做适合自己的研究，提升教师队伍的整体科研水平。

【案例点评】中山小学以"习性教育"办学理念为引领，以"六习课程""习性课堂"为研究重点，坚持科研兴校、科研促教。通过有效的科研管理，努力建设一支师德高尚、教研皆优的高素质、专业化、科研型教师队伍。

第三节　区域科研管理再思考

中小学教师做科研，到底该不该做，需要怎样做，如何管理与指导……这些问题一直是基层教育科研管理者和教师思考的问题。教师做科研，目前确实面临不少困难和挑战，如行政干预较强、工作负担过重、考试压力巨大、科研条件不足、科研资源有限、指导力量不够、教研科研脱节、评价机制滞后、形式主义严重、开展活动困难等。对于课题研究，普遍存在"年轻教师不会做，骨干教师不屑做，老年教师不愿做"的局面。坪山新区成立之初，教育科研管理薄弱，教师科研能力不足，科研水平整体不高。我们坚持"科研促教，科研兴校，科研强区"思路毫不动摇，通过几年的不懈努力，教育科研局面大为改善，科研意识深入广大教师心中，科研成果不断涌现，教育改革生机勃勃，区域教育科研面貌为之一新。

一、制度管理，优化区域科研机制

区域教育科研管理，首先需优化运行机制。坪山区坚持"以区教育科研机构为主导，以学校为科研管理主体，以教师为科研行动主角"的区域教育科研"三主"运行机制。针对科研基础薄弱，管理先天不足等问题，先后制定《坪山区教育科研课题管理暂行办法》《重大教学改革项目管理办法》《教育改革专项课题管理办法》《优秀科研成果评选与奖励制度》等系列科研管理制度，以及"学校发展规划""学校课程规划""重大教学改革项目""区域学术开放""科研基地学校""科研名师工作室""科研优秀项目""科研积极分子""科研成果孵化行动""科研成果推广行动"等系列机制，规范区域教育科研工作；针对科研管理人员不足、管理资源有限等情况，采取"专职科研员＋学术委员会＋中心科研组""名师工作室＋骨干成员""项目工作组＋骨干成员"等机制，扩大区域教育科研管理力量；针对区域管理力量有限而立项课题快速增多的矛盾，建立分层、分类、分项立体化管理机制，确保课题研究有序、有效；针对区域教师教育科研能力不强的现实，采取多形式、多渠道的"教师科研能力提升工程"，组织一系列参与式研训活动；针对区域科研学术氛围不浓的状况，开辟"未来教育家成长基地"，引入知名高校和科研专家团队，引进成熟的品牌成果等一系列科研平台、项目；针对区域科研品牌不足的问题，以国家、省、市、区重大项目为龙头，区教科研机构负责人和校长亲自主持课题，专家带动、上下联动、区际互动，优秀的教育科研成果不断涌现。总之，狠抓制度建设，优化体制机制，协调科研管理各系统、各要素，优化课题管理、队伍管理、信息管理、活动管理、成果管理各环节，形成区域科研管理良性运行状态，起到"事半功倍"的效果。

二、分类管理，提升区域科研品质

区域教育科研管理工作点多、面广、量大，采取平均用力、"眉毛胡子一把抓""一竿子插到底"等简单管理方式很难高效运作，分类管理是一条很有效的途径。我区的"课题谱系"包含5个层次，即"上级立项项目""区重大改革项目""区域合作项目""区级规划、专项项目""校本科研项目"等。区教科院在充分研究、论证、实践的基础上，总结提炼了一套适合本区区情的"项目分类管理策略"，即"上级立项项目"的协同管理，"区重大改革项目"的强化管理，"区域合作项目"的委托管理，"区级规划项目和专项项目"的立体管理，"校本科研项目"的"自主管理"。以分类管理思路为指导，配套"三单一册"等管理工具、信息化网络手段、多样化学术交流平台、激励性科研评价体系等，构成了区域教育科研管理的"立交桥"，从而使区域科研管理繁忙而有序，充实而高效。

三、过程管理，增强区域科研实效

基层教育科研管理，一定程度上存在管理人员不足、管理方式单一、过程监控薄弱，以及重立项轻研究、重级别轻成效、重数量轻质量、重形式轻内容等现象。区域教育科研管理必须直面问题，苦练内功，注重总结，强化过程管理是关键。通过过程管理，真正把基层教育科研落实在"做"字上，人人做研究，研究真问题，解决实问题。坚持教研与科研相融合、教学与研究相统一，发挥教育科研的"增值"和"辐射"功能，解放教育发展"生产力"。在实际管理过程中，要特别注意以下4点。

一是强调3个作用。区域教育科研管理，应重点指向3个方面，即教育科研对实际问题的解决程度、对教育教学工作的改进力度、对师生和学校发展的促进效度。

二是紧抓3大环节。在项目设计环节，要组织申报培训，提供选题指南，指导课题论证，组织课题申报，严格专业评审，精选优选立项；在项目展开环节，要组织开题培训，提供实施指引，制定实施计划，合理分解课题，确定工作重点，选择工作策略，预设阶段性成果，建立项目运行常态化检查指导机制，设计过程性交流学术平台；在项目收尾环节，要组织结题培训，开展结项指导，收集结题材料，组织专家验收，指明深化方向，择优推广成果。

三是关注3类主体。对于课题主持人，主要关注其在课题实施的全过程的引领、核心、协调和攻坚克难的作用；对于课题参与者，主要关注其参与课题研究活动的数量与质量、完成本职研究工作情况、研究活动的协调配合情况、研究对自身发展的促进情况等；对于课题管理者，主要关注其为本单位项目研究顺利推进所提供的制度、体制、机制、资源、协调、指导与服务的质量与效果。

四是区分3类课题。对于理论运用型课题，重点关注其对相关教育理论的理解与诠释，在实践中对理论的验证与补充，对教育教学工作的实际推动；对于经验推广型课题，重点关注经验用于自己和他人的教育教学实践的适应性、迁移性与发展性；对于问题解决型课题，重点关注其对问题解决、行动改进的实际效果和可推广的实践性成果。

四、人本管理，科研促进师生发展

教育科研之所以受各级教育部门和一线教师的重视，主要在于教育科研所具有的独特价值。加强和改进教育科研工作，有利于推进科教兴国战略，有利于推动地区教育改革，有利于提升区域教育质量，有利于促进学校特色发展，有利于促进教师专业发展，有利于学生健康成长。其中，促进师生发展是教育科研价值的终极指向。

教师专业成长作为一个动态过程需要教育科研的引领和推动，科研已成为我区教师工作的常态与生活方式。越来越多的教师自发地运用教育科研手段，学习教育理论，借鉴教改成果，思考教育问题，沉醉教育改革，领悟教育真谛，深化教育理解，加速专业发展。区域教育科研管理，应该基于教师、依靠教师、发展教师。我区大力提倡教师参与"群众性"科研，并不希望人人成为教育家，而是力图使每一位教师都走在由"教书匠"向"研究型教师"、由"经验型教师"向"科研型教师"转变的路上，让教师生涯充满激情、拥有惊喜，让教育人生充满幸福、富有诗意。

教育是一门育人的事业，致力于培养德、智、体、美、劳等方面全面发展，健康、和谐、个性、可持续发展的新一代，必须有正确的方向、卓越的课程、合理的方法、科学的手段，都需要用教育科研来引领，去深化。基层教育科研的任务，主要不是突破理论，而是聚焦应用，改进实践，促进发展。因此，以师生为本，以教学为本，以师生发展为本，应该成为区域教育科研管理的核心追求。

第六章
教师专业发展管理：标准、体系与策略

教师是从事教书育人工作的专业人员，其专业发展程度直接影响其教育教学能力和成效。教师专业发展是一个持续性、阶段性、长期性的职业生涯成长过程，教师专业发展管理是区域教科研部门的一项重要职责。

第一节 教师专业发展概述

从广义来说，"教师专业发展"与"教师专业化"均用以指教师专业水平的提升过程。从狭义看，二者有一定的区别："教师专业化"更多的是从社会学角度考虑，主要强调教师群体的、外在的专业性提升；"教师专业发展"更多地从教育学维度加以界定，主要指教师个体的、内在的专业性提高①。从发展历程上看，教师专业发展融于对教师专业化追求的过程中。

在20世纪五六十年代，英、美等国的师范教育界提出了"教师专业化"的概念。1966年，联合国教科文组织和国际劳工组织在 *Concerning the Status of Teachers* 一书中指出，"应把教育工作视为专门的职业"。这是"教师专业化"在官方文件中的首次明确提出，也是关于教师专业化最早的阐述。由于它反映了教师职业的重要性、教师工作的复杂性、教师职能的特殊性、教师地位的发展性等社会现实，适应教育发展的必然要求，赢得了广大教育工作者的支持，使"教师专业化"这一术语在教育界迅速传播。虽然教师职业的专业性受到许多人质疑或反对，但教师专业化是大势所趋，这对师范教育发展和教师队伍建设产生了深刻的影响。

1993年，《中华人民共和国教师法》颁布，教师被定义为"履行教育教学职责的专业人员"，这是我国第一次从法律层面确认教师的专业地位。教师专业技术职称评审和教师资格认证等制度的确立，则为教师专业发展提供了制度保障。

---

① 杨翠娥：《走向生命关怀的教师专业发展》，知识产权出版社2015年版。

一、教师专业发展的理解

(一) 教师专业发展的概念

20世纪90年代以来,国内外研究者对教师专业发展的内涵做了多种界定。例如,戴伊(Day)认为,教师专业发展是一个以教师为变革主体,审视、更新、延续其对教学的心理承诺,并且在职业生涯的各个阶段向儿童、青少年和同事批判地获取和发展知识、技能、规划与实践的过程。[1] 我国学者把教师专业发展界定为"教师作为专业人员,在专业思想、专业知识、专业能力等方面不断发展和完善的过程,即专业新手发展到专家型教师的过程"[2]。

总的来说,教师专业发展固然与时间有关,但又不仅仅是时间的累积,更是教师专业素养的不断提高、专业理想的逐渐明晰、专业自我的逐步形成,直至成为教育创造者的过程。

关于教师专业发展的具体内容,不同学者有不同的看法。例如,哈格里夫斯等(Hargreaves)认为教师专业发展应包括4个因素:教师的目标(即知识和技能的发展)、教师的自我理解、教师工作情境的生态变化以及教师之间的工作关系[3]。

从中小学教师的工作职责与发展成长的具体实际来看,教师专业发展主要包含以下要素:遵守职业道德、拓展专业知识、提升专业能力、建构专业人格、形成专业思想、发展专业自我。

(二) 教师专业发展的指标

长期以来,人们对教师的专业素质给予了广泛关注,大量专家和学者开展了长期的研究,一线实践者进行了丰富的实践。相关学者对教师素质结构的研究诸多,当前比较有代表性的观点见表6.1。

表6.1 关于教师素质结构的代表性观点

代表学者	教师专业发展要素构成
叶澜	1. 专业理念　2. 知识结构　3. 能力结构
艾伦	1. 学科知识　2. 行为技能　3. 人格技能

---

[1] DAY C. School reform and transitions in teacher professionalism and identity. *International Journal of Educational Research*, 2002 (8): 67-69.

[2] 何声钟:《教师专业发展的概念、历程与目标取向》,载《江西教育学院学报》2012年第1期,第39-44页。

[3] HARGREAVES F M. *Understanding Teacher Development*. Teachers College Press, 1992.

(续表6.1)

代表学者	教师专业发展要素构成
唐松林	1. 认知结构　2. 专业精神　3. 教育能力
林瑞钦	1. 所教学科知识　2. 教育专业知识　3. 教育专业精神
饶见维	1. 教师通用知识　2. 学科智能　3. 教育专业知识　4. 教育专业精神

上述研究表明，教师应该具备多方面的专业能力，共同强调的有3个部分，即专业知识、专业技能和专业精神。

2012年2月，教育部发布"关于印发《幼儿园教师专业标准（试行）》、《小学教师专业标准（试行）》和《中学教师专业标准（试行）》的通知（教师〔2012〕1号）"，第一次从国家层面对幼儿园、小学和中学教师提出了合格教师专业素质的基本要求，确立了教师实施教育教学行为的基本规范，是引领教师专业发展的基本准则，为教师培养、准入、培训、考核等工作提供了重要依据。2013年，教育部发布了《教师专业标准》的解读，对教师专业发展的维度、指标、标准要求进行了明确而具体的说明。其基本理念是"师德为先，学生为本，能力为重，终身学习"；其基本内容包括"专业理念与师德""专业知识""专业能力"3个一级指标、14个二级指标、64个三级指标或要点。

《教师专业标准》作为基础教育教师队伍建设的基本依据，为深化教师教育改革、建立教师教育质量保障体系、提高教师培养培训质量，提供了专业化的国家标准，起到了引领和导向作用。

二、教师专业发展的意义

对社会发展而言，教师专业发展是科教兴国战略的重要实现方式和坚实保障，也是凸显文化资本价值的重要条件，更是基础教育发展的重要基础[①]。对教师个体发展而言，注重专业发展是对教师的必然要求，它可以促进教师个人素质的不断提高，激发和坚定教师的职业道德和专业精神，有助于实现教师的生命价值。

（一）教师专业发展是对教师的必然要求

有关教师专业发展过程的研究表明，虽然师范教育对教师专业发展是一个不可忽视的启蒙阶段，但许多中小学教师的优秀品质和能力主要是在教育教学

---

① 钟海青，卢辉炬：《教师专业发展的意义探寻》，载《广西师范学院学报》2003年第4期，第1-6页。

实践过程中逐步积累和发展起来的。由此可见，取得大学学历和教师资格证书并不表明就成了一名合格的教师，教育教学工作所需要的专业能力更多的是通过职后教育和自我学习而积累的。大量研究表明，专业能力的发展提高与从教时间并不呈正比例关系，更关键的是取决于教师能否勤于学习、勇于实践、潜心揣摩、不断总结、善于反思①。因此，教师的专业发展既是教师职业对教师所提出的要求，又是教师自身成长所必需的生命要素。

（二）激发和坚定教师的职业道德和专业精神

教师专业发展，是国家对教师从"量"的急需到"质"的追求的必然反应。在引领教师专业发展的过程中，在"要我发展"和"我要发展"之间存在着深层的矛盾。为解决这个矛盾，不仅要把功夫下在开展培训等活动上，更重要的是关注对教师专业精神引领，从高位上采取行动，激发和坚定教师的职业道德和专业精神。

"要我发展"是教育事业的发展需要，"我要发展"是优秀教师自我实现的精神需求，二者为客体与主体、外在与内在的关系。在引领教师专业发展时，如能尊重和满足教师自我实现的精神需求，更符合马斯洛的心理需求层次理论。在马斯洛看来，人的存在和发展从低到高有生理、安全、社交、尊重和自我实现5种基本需求。一个人在获得低层次的需求之后，就会寻求更高层次的需求，如果得不到满足，就会感觉心理压抑和精神痛苦。所以，各级教育行政和专业管理人员必须始终关爱教师，充分考虑他们的需要，把工作做到教师的心坎上，让教师感受到被重视、被尊重，才能最大限度地赢得教师的支持，进而使教师迸发出主动性和创造性，变"要我发展"为"我要发展"。

（三）教师专业发展有助于实现教师的生命价值

人的价值包含人生价值和人格价值两方面，前者是指个人对他人、社会的价值，后者是指人自身的价值。教师的人生价值是指教师对他人、社会的价值，强调的是教师如何使自己的一生有益于他人和社会；教师的人格价值是指教师行为对维持其需要、尊严、自我实现等的价值。教师的人生价值和人格价值是统一的，教师作为价值客体和活动主体，是其在价值关系和活动关系两个参照系中的两种身份，而不是两个人或两个群体。

每个教师都有两个重要的世界——情感世界与智慧世界。教师在工作中是否经常感到幸福与快乐，往往取决于他对这两个世界的满足程度。其实，这两个世界也是互相影响的：在情感世界，如果教师能够真正把爱心献给所有的学生，用心讲好每一堂课，做好每一次教育活动，他一定会不断感受到教育的乐

---

① 张哲华，马艳玲：《英语师范生学习导论》，北京理工大学出版社2018年版。

趣，体验到教育的幸福；在智慧世界，他也一定会找到能把发现和探索机会留给学生的办法，让学生每一天都在期待和惊喜中度过。

三、教师专业发展的管理

随着第八次基础教育课程改革的深入推进，国家把教师的专业发展问题提到了前所未有的高度，如何构建新型的教师专业发展机制、促进教师专业发展，成了摆在教育系统面前的一项重要任务。实践一再证明，课程改革的效果如何，关键取决于教师的专业能力。因此，研究并确定一套科学可行的教师专业发展机制至关重要。

（一）教师专业发展管理的基本理念

教师专业发展管理是以促进教师发展为主要目的的管理活动，是学校管理的重要组成部分。教师专业发展管理需遵循以下基本理念。

1. 教师为本

百年大计，教育为本；教育大计，教师为本。教师专业发展管理首先必须坚持以教师为本。党的十九大报告指出："建设教育强国是中华民族伟大复兴的基础工程，必须把教育事业放在优先位置，加快教育现代化，办好人民满意的教育"。《中共中央国务院关于全面深化新时代教师队伍建设改革的意见》（以下简称《意见》）强调，兴国必先强师，经过 5 年左右的努力，教师培养培训体系基本健全，职业发展通道较为畅通，事权、人权、财权相统一的教师管理体制普遍建立，待遇提升保障机制更加完善，教师职业吸引力明显增强，教师队伍规模、结构、素质、能力基本满足各级各类教育发展的需要。到 2035 年，教师综合素质、专业化水平和创新能力将大幅提升，教育系统将培养造就数以百万计的骨干教师、数以十万计的卓越教师、数以万计的教育家型教师。《意见》要求，教育部门需建立科学高效的教师管理体制机制，实现教师队伍治理体系和治理能力现代化；教师要主动适应信息化、人工智能等新技术变革，积极有效地开展现代化教育教学；要形成尊师重教的社会风气，要让广大教师在工作岗位上有幸福感，在事业上有成就感，在社会上有荣誉感，要让教师成为让人羡慕的职业。

至此，"教师为本"以法定文件的形式被确立为国家教育发展的重大方略。

2. 育人为先

切实加强师德师风建设。教育部门要抓好党建，加强教师党支部和党员队伍建设；要提高全体教师的思想政治素质，加强理想信念教育；要弘扬高尚师德，健全师德建设长效机制，推动师德建设常态化、长效化。引导广大教师以德立身、以德立学、以德施教、以德育德，坚持教书与育人相统一、言传与身教相统一、潜心问道与关注社会相统一、学术自由与学术规范相统一，争做"四有"好教师，全心全意做学生锤炼品格、学习知识、创新思维、奉献祖国的引路人。

3. 能力为重

高效提升中小幼教师专业素质。教育部门要转变培训方式，推动信息技术与教师培训的有机融合，实行线上线下相结合的混合式研修；要改进培训内容，紧密结合教育教学一线实际，组织高质量培训，使教师静心钻研教学方法，切实提升教学水平；要推行培训自主选学，实行培训学分管理，建立培训学分银行，搭建教师培训与学历教育衔接的"立交桥"；要建立健全地方教师发展机构和专业培训者队伍，推进县级教师发展机构改革，实现培训、教研、电教、科研部门的有机整合；要鼓励教师赴海外研修访学；要加强中小学校长队伍建设，努力造就一支政治过硬、品德高尚、业务精湛、治校有方的校（园）长队伍；要支持教师和校（园）长大胆探索，营造能让教育家脱颖而出的制度环境。

4. 质量为要

教师专业发展管理，需抓好3个关键环节：计划管理、过程管理和质量监控，以提高管理效能。

计划管理。制订教师专业发展计划，必须遵循教师专业发展的特点和规律，把握提高教师专业素质和能力的方法与途径，服务基础教育改革发展，坚持调研先行、需求导向、专家主导、团队研发、严格论证，创新培训模式，增强培训的针对性和实效性。要在充分调研、深入进行教师专业发展需求分析的基础上，确定培训目标、培训对象、培训内容、培训环节、培训形式、培训作业、授课教师、日程安排、考核评价等。

过程管理。教师发展专业机构必须严格实施教师专业发展计划，参加培训的教师必须严格遵守培训纪律，主管部门须严格管理，实行过程记录与档案管理。

质量监控。各级教师发展专业机构应建立内部质量监督机制，明确质量管理部门和责任人，健全质量管理制度，严把培训质量。中小学应建立校本培训质量保障机制，校长是本校教师培训工作第一责任人，校长需加强教师培训统筹管理，保障教师依法参训的权利。

（二）教师专业发展管理的基本原则

教师专业发展管理，需坚持制度化、组织化、综合化、持续化、系统化等基本原则①。

1. 制度化

教师专业发展管理制度包括自主管理制度、校本研修制度、群体研修制度和区域研修制度等。

（1）自主管理制度。自主管理是指教师自己做主，自觉约束个人行为而达到专业发展的过程。这里所说的自主管理制度专指学校依据"以教师为本"的思想，要求教师本着培养一种"我与集体共发展"的团队意识而制订出自主学习、自主发展计划的一种制度。自主管理制度一般包括自主学习与发展的目标、内容、方式、效果等，管理主体既要充分信任教师，又需要制定相应的监督激励机制。

（2）校本研修制度。校本研修制度是基于学校、发展学校的一种研修制度。通过建立校本研修制度，多角度、多方面地整合力量，创造良好的校本研修生态环境，让教师在专家引领、同伴互助、个体反思、实践改进中实现专业发展，使学校成为有利于教师发展的学习型组织。在制订校本研修制度时，要尊重教师的发展愿望，创设便利条件，发挥教师个体创造力和群体合作力，形成一种学习氛围，并凭借群体间持续不断的互动学习与实践，使个体价值与群体绩效得以最大限度地显现。

（3）群体研修制度。对学校、教师、教学工作中出现的一些问题，可以开展项目式、主题式、问题式的群体研修活动，通过调查研究、集体研讨、实践探索、改进改良、总结提炼等方式方法，解决实际问题，取得研修实效，促进教师专业发展。

（4）区域研修制度。区域研修制度，是指区域教科研管理部门面向本区域教师专业发展的共性问题、重点领域、重点对象、专题专项等，制订区域教师专业发展制度，组织一系列的教师专业发展活动。

2. 组织化

中小幼教师专业发展管理主要有四种组织模式，即行政主导、学校主导、教师主导、专家主导②。

（1）行政主导。教师专业发展由区域教育行政部门领导和主导，并由教育行政部门及相关专业部门具体组织实施。行政主导模式是现阶段我国中小学教师专业发展的主要组织形式，包括中小学教师全员参加的继续教育、新任教师培训、教师岗位培训、骨干教师培训、学历提高培训及其他，如课程改革等专题培训。行政主导模式的优势在于行政推动，指令性强，资源保障，执行

---

① 代蕊华：《教师专业发展与校本培训》，教育科学出版社 2011 年版。
② 孔令钢：《教师专业发展的实施策略》，新疆青少年出版社 2009 年版。

有力。

（2）学校主导。教师专业发展由教师所在学校主导并组织实施。根据学校的实际情况和教师的实际需要，制定有关制度，组织系列教师专业发展项目或活动。当前，广泛推行的校（园）本培训活动，是典型的学校主导的教师专业发展模式。

（3）教师主导。教师专业发展由教师自主设计、自主选择、自主实践、自我反思、自我完善、自我总结。教师主导模式可以实现教师成为专业发展主人的理念，让教师成为专业发展的设计者、组织者、参与者，激发其专业发展的积极性和主动性。

（4）专家主导。教师专业发展由专门学术机构或者专家教授牵头组织和实施。如聘请专家讲学、指导；与专家或专业机构开展教师专业发展项目合作；成立名师、名校长工作室，吸收成员、学员进入工作室研修；等等。

3. 综合化

教师专业发展并不局限于单纯的教育教学能力，还涉及其他方面的发展。

（1）专业与人文素养。专业与人文素养包括思想道德素养、专业能力素养、身体心理素养、艺术审美素养等。教师不但要有通晓所教学科领域的知识能力，还要具备其他相关领域的知识能力；不仅要有科学知识，还要有科学的思想和较高的研究能力；不仅要有教育情怀，还要有社会责任感。

（2）信息技术素养。信息技术的发展，极大地改变着人们的生活方式和工作环境，如何培养能适应未来教育的、具有高超信息素养的教师，是一个重要而紧迫的课题。

（3）外语能力。在国际化的大背景和"人类命运共同体"理念下，教育与国际对话、与世界交流成为大趋势，这对教师的国际交往能力和外语水平提出了更高的要求。

（4）社会交往能力。当代教师与同行、学生、家长、社会等各类人员的交往愈发频繁，教师需要更强的理解能力、沟通能力、协调能力，还需要有融入社会、服务社会的能力。

（5）创新能力。教师承担着培养未来人才的使命，创新意识和创新能力是未来人才的重要特质。只有富有创新精神和创新能力的教师，才能胜任培养创新人才的重任。

4. 持续化

教师个体专业不断发展的过程，本质上是个体成长的历程，是教师不断接受新知识和增长专业能力的过程[①]。联合国教科文组织调查发现，大多数教师

---

① 孟泰，刘建华：《中国名优校长治校方略》，科学普及出版社2009年版。

走上工作岗位的头 5 年，其教龄与教学效果成正比；第 5～8 年，普遍呈平稳发展的趋势；8 年以后，教师群体分化加大：一部分教师的教育能力停滞不前甚至倒退，另一部分教师的教学能力出现第二个上升期，逐步成为优秀教师、骨干教师、卓越教师甚至教育家型教师。研究发现，持续化发展和那些优秀教师的成长呈现正相关。基于此，教师专业发展需持续不断地进行，"半日教研""一场报告解决问题""一锤子买卖"绝不可行。

5. 系统化

系统论认为，要把所研究和处理的对象当作一个系统，分析系统的结构和功能，研究系统、要素、环境三者的相互关系和变动规律，并对系统进行优化。教育部《教师专业标准（试行）》中，教师专业发展包含专业理念与师德、专业知识和专业能力三大领域，每个领域由多个子系统、子要素构成，每个子系统、子要素需要更多的下一级子系统、子要素的支撑。同时，影响教师专业发展的因素很多，且相互联系。因此，运用系统论思想进行系统化管理，是教师专业发展管理的必然。

第二节 区域教师专业发展管理实践

一、区域教师专业发展管理体系建设

根据区域教师专业发展需要，结合本区实际，初步建立了包括组织机制、培训管理、信息管理、档案管理、评价管理"五位一体"的区域教师专业发展管理体系。

（一）组织机制

在坪山区，区域主导、学校主导、教师主导、专家主导 4 种教师专业发展组织模式都有较好的体现。

1. 区域主导机制

区域主导机制的管理主体是区教科研机构。因专职人员少、资源不足、条件有限，我们尽可能整合教研、科研、培训、名师管理的力量，合力推动区域层面的教师专业发展工作。第一，新区教科研中心设立内设机构"教科所"，统筹全区的教师培训、教育科研、名师管理等工作；第二，建立以"教科所"为核心，各学科专、兼职教研员齐抓共管的区域教师专业发展组织网络；第三，建立区级层面教师培训、教育科研、名师管理、学科建设等一系列教师专业发展的管理制度和运行机制；第四，对区域教师专业发展管理进行广泛、持续的调研，不断发现问题，及时改进优化；第五，制定区域教师专业发展 5 年规划和年度工作计划；第六，做好常规工作，突出教师专业发展重点项目，强

化过程管理。

【案例6.1】

2018—2019年度第一学期教师培训计划
坪山区教育科学研究院　唐新华

1. 指导思想

深入贯彻落实《中共中央国务院关于全面深化新时代教师队伍建设改革的意见》《教育部关于深化中小学教师培训模式改革全面提升培训质量的指导意见》《中小学（幼儿园）教师专业标准》《深圳市中小幼继续教育管理办法》等要求，以促进教师专业发展、服务教育教学为着力点，以解决教育教学实际问题、提高教师教育教学能力为切入点，做好培训需求调研，创新培训模式，优化培训内容，细化过程管理，增强培训实效，助力造就师德高尚、业务精湛、充满活力的高素质专业化教师队伍，促进区域教育优质发展。

2. 基本策略

（1）培训管理。系统化、全员化、全程化、多元化、持续性。

（2）培训主题。立足现实，立足问题，立足需要，立足长远。

（3）培训课程。宏观、中观与微观课程结合；公需课程、通用课程与专题课程结合；专项课程与综合课程结合；必修课程与选修课程结合；常态课程与动态课程结合。

（4）培训对象。既全员覆盖，又突出重点；既分层分类，又兼顾全体。

（5）培训形式。现场培训与网络培训结合；集中培训与分散培训结合；专题报告与参与式研修结合；在岗培训与跟岗研修结合；个体学习与合作学习结合；本岗位研训与跨岗位研训结合。

3. 培训思路

（1）一个目标。通过培训促进教师队伍专业化发展，促进区域教育教学水平提升。

（2）两条主线。师训与干训双线并行。师训采取点面结合，在全员全面培训基础上，突出新教师、骨干教师、名师、班主任的培训；干训采取校长、德育、教学、科研"四线并行"协同发展的方式进行。

（3）三个基于。基于需要，顺应现代教育新要求，呼应学校、教师发展新需求，有利于教育教学实践问题解决与行为改进；基于引领，以先进的教育理论武装教师；基于"互联网+"，提升干部、教师的信息能力与专业能力。

（4）四个侧重。①侧重价值引领，激发内在动机。以"忠诚、责任、敬业、奉献、进取"为教师职业价值观，在教师队伍中加强职业精神教育、师德师风教育，解决教师发展动机问题。②侧重需求导向，加强分类研修。将培训分类、分层、分级，提供内容丰富、形式多样的专题培训，提供差异化、选择性、菜单式课程，按需培训。0~3年教龄教师重职业适应与教育教学规范基础；4~10年教龄教师重专业核心能力提升；10年以上教龄教师重专业特长与专业风格锤炼。③侧重教、研、培一体化。加强教师培训的整体规划，形成完整的教、研、培一条龙式的培训方案，开展问题式、主题式、专题式、融合式培训。④侧重动态评价，引导持续发展。转变培训管理观念，进行动态管理。设计动态管理指标，以待进、达标、优秀3个等级，针对教师专业发展水平，从"教育理解、学科专业、基准教学、课堂改革、成长绩效"等层面为教师建立发展档案，通过量化与质性评价指标，探索多元化教师专业成长评价体系。

（5）五种能力。在学习型组织建设中提升学习力，在专题研究中提升研究力，在教、研、训融合中提升指导力，在教学改革与课程建设中提升实践力，在同伴互助中提升引领力。

4. 重点工作

（1）持续完善区域教师培训制度。修订原《坪山新区中小幼继续教育管理办法（暂行）》，出台《坪山区中小学教师继续教育校本培训管理办法》；根据《深圳市教师继续教育办公室关于大力加强中小学教师校本培训的意见》的要求，结合坪山实际，制定《坪山区中小幼校（园）本培训指导意见》。

（2）继续优化教师继续教育管理平台。调整、优化"坪山区教师继续教育管理平台"，全面准确掌握学校、教师参加市、区、校培训的动态数据，准确、及时地审核、记载各种学时学分项目；加强区、校培训项目的调研，总结经验，发现问题，持续改进。

（3）建立区域本土专家课程体系。充分利用区内名师、名校长、学术团队等优秀教师培训资源，推动区域本土培训课程的建设，遴选出一批本土培训专家队伍和优秀培训课程。

（4）加大对民办学校教师培训的支持力度。所有培训实现公民办学校同等对待；加强对民办学校校本培训的指导与帮扶；民办学校教师参加区级以上培训的经费由教科院解决，对民办学校教师免费开放所有培训资源；组织"送教到民办校"等系列活动。

（5）精心组织区级专题专项培训（2018年下半年）。①新教师培训。坚持"先培训，后上岗"，完善新教师岗前教育制度。时间：8月中下旬；对象：新入职教师；内容：师德师风、政策法规、专业技能、班级管理；形式：区培训部门与学校联合培训，区培训部门集中培训、专家引领、团队拓展，学校完成校本培训，并辅以导师制。幼儿园新教师培训于9月上旬完成。②暑期继续教育周专项培训。时间：8月下旬；对象：全体教师；内容：提升育人能力，建设新型教师队伍；形式：自主学习与集中面授相结合，理论学习与实践操作相结合，区级培训与校本培训相结合；组织：由区教科院教师培训组统筹，各学科教研员、各校教师培训部门配合完成。③中小学班主任培训。时间：10～12月；主题：新形势下班主任能力建设；内容：如何构建和谐班级、教育力量与学生成长、自主班级管理、做一名适应新时代的班主任、青年班主任的心理减压、青少年心理辅导与问题学生教育；形式："走出去"与"请进来"相结合。④中小学继续教育管理人员培训。时间：12月；内容：培训管理人员专业素养、校本培训设计、培训政策法规解读、培训管理与服务。⑤教师发展公需课培训。时间：全学期；对象：全体教师；内容：教育局指令性公需课程、教师自主网络选择课程。⑥心理健康C证培训。时间：全学期；计划2期心理健康C证，每期学员300人。

附：重点工作行事历（略）。

【案例点评】基层教科研机构负责教师培训的人员严重不足。以坪山区为例，区教科研院仅有半名教师培训教研员（还兼担任学科教研员）统筹全区培训，加上财力、物力不足，可谓"小马拉大车"，半个人相当于一个"区教师进修学校"。区教科院通过明确指导思想、理清培训思路、完善制度机制、整合各方资源、突出重点项目、用好现代技术等有效手段，系统设计，精准施策，发挥了"区域主导"机制的强大优势。

2. 学校主导机制

学校主导机制的管理主体是学校，校本培训是教师专业发展的重要方式。学校是教师专业发展的主阵地，教师专业发展最好的状态是在岗位中学习，在学习中实践，在实践中改进，在改进中成长。《深圳市中小幼教师继续教育管理办法》规定，每名教师每年继续教育需完成72学分（广东省最新要求90学分），其中，校本培训24学分，分量占1/3。从现实来看，学校之间的校本培训实施水平参差不齐，部分学校"心有余力不足"，个别学校简单敷衍。为此，区教科院制定了《坪山区中小幼校（园）本培训指导意见》，加强对校（园）本培训的指导与管理。校长为学校主导机制的第一责任人，由校长领导，学校教师发展部门牵头，整合校内外资源，建立教师发展研、训一体化网络。学校教师发展部门要经常开展调查研究，科学合理组织"校本研训"，使学校办学理念深入教师心中，让教育理论转化为教师的实践力。

【案例6.2】

光祖中学学校发展规划（2011—2015）①

…………

（六）教师队伍整体提升

1. 指导思想

以造就一支师德高尚、业务精良的师资队伍为目标，实施"教师专业发展行动"。通过建立教师与先进教育思想对话的培养机制，提升教师的教育理论素养和实践能力。鼓励教师参加研究生学历进修，推进"名师工程"建设，搭建优秀骨干教师发展平台，培养优秀教学团队。加强教师培训，提升教师的底气、灵气和大气，打造教师精神生活的"后花园"。持续保持教师专业成长的兴奋点和着力点，让教师工作成为动态的、自觉的、连续的研究和反思过程，不断提升教师学养，提高教学质量，实现团队和个人专业发展目标。

2. 研训重点

重视理论学习，转变教师观念，树立科学的素质教育观；创设和谐的教育氛围，建立民主平等的师生关系；科研、教研、教改活动有机结合；开展"自主互助"课堂研究，探索"轻负担、高质量"的幸福课堂；培养学生创新精神和实践能力，促进学生全面、和谐、持续发展，全面提高教育质量。

3. 四大工程

（1）师表工程。为人师表是中国教育文化的核心，教师是人类灵魂的工程师。教师只有自身具备健全的人格和崇高的精神，才能以人格塑造人格，以心灵培育心灵。确立"惟真而教，爱育学生，尊重个性"为教师的准则，树立"责任、质量、合作、服务"为教师的情怀，不断提升教师的思想和精神境界。

（2）研训工程。一是促进全员发展：校本培训与校外培训相结合；自我学习、自主实践与名师引领相结合；"走出去"与"请进来"相结合。根据教师专业发展需要，每年引进4～5个专家团队，开展理论指导和实践诊断；每年选派约30名骨干教师到区外、市外、省外学习，每年选派约10名行政或骨干教师到名校挂职锻炼。教师编制《个人专业化发展五年规划》，包括专业发展现状自我评价、五年发展目标、实现发展目标的举措、需要解决的困难等，学校每年对教师年度成长进行评价。教师制定《个人年度读书计划》，每年聚

---

① 案例来源：《坪山区学校发展规划汇编》

焦一个主题,精读"三本书":现代教育理论、专业教学实践、经典人文著作;实施"科组五年主题读书计划";每年召开教师读书汇报交流会。二是重视青年教师成长:组织青年教师专题培训,通过报告会、研讨会、研修班等形式,以德育、教学、教研为重点,每学期安排3~5场专题培训;实施"青蓝工程",教龄在5年内的教师与教学经验丰富的教师结对,以2~3年为周期,双方共同制定方案,明确责任、落实措施,每学年进行总结;建立青年教师成长档案,包括个人发展规划、教学工作、德育工作、教研、教育教学业绩、教育教学论文、读书笔记、教育随笔、教育反思、阶段性小结等,作为青年教师成长考核的重要依据。

(3)名师工程。学校制定名师工程实施方案,5年内完成新一期名师培养。坚持"师魂、师识、师能"同铸原则,通过自我发展、机制培养、评价激励等手段,造就一批校内领航、区域知名的专家型名师,为缔造学校品牌、提升办学品质增加砝码。

(4)平台工程。创设教师专业成长起步平台,如成长规划宣讲、青年教师论坛等;创设教师专业成长项目平台,如课题组、项目组、成长共同体、教师工作坊等;创设教师专业成长交流平台,如读书沙龙、业务竞赛、教改分享、教育对话等;创设教师专业成长展示平台,如校刊校报、专题学术会、成果展示会等。实施教师发展性评价,以教师的发展为主要视角,以教师的优点、优势和特色为主要内容,评出导向,评出成功,评出士气。

【案例点评】 光祖中学针对老学校教师流失严重、教师队伍老化、名师骨干偏少、教师专业发展机制不健全等问题,以"学校发展五年规划"为契机,推出学校"教师专业发展行动",从制度建设、机制建构、目标定位、文化引领、项目带动、评价激励等方面,全面推动教师发展。体现了"学校主导"机制促进教师专业发展的针对性和有效性。

【案例6.3】

让青年教师展开教育追梦之旅
坪山区马峦小学

优秀教师成就优质学校,优秀教师培育优秀学生。马峦小学是一所刚办两年的学校,应届毕业生占比78%。青年教师积极向上,可塑性强,但存在诸多短板,如教学常规不熟悉、教案书写不规范、教学技能不熟练、教学组织能力弱、班级管理办法少、人际沟通不顺畅等等。学校通过目标引导、理念领航、专业引领、人文关怀、体系推动，促进青年教师快速成长。

目标引导。学校给新入职教师确立三年发展目标：一是熟悉常规，学会规范；二是站稳讲台，学会上课；三是人生起航，学会做人。制定个人专业发展三年规划，让青年教师有目标、有方向，点燃职业梦想，迈好教育生涯第一步。

理念领航。学校秉承"生态育人，成就梦想"的办学理念，以创建"森林中的童梦学园"为办学愿景，用先进的教育理念引领青年教师，为塑造灵魂、塑造生命、塑造人的崇高使命而不懈追求。

专业引领。一是校内外名师带徒弟，从教学常规、班级管理、课题研究等方面对教师进行面对面、手把手的指导；二是组织系列专题研训，如"后茶馆式"教学、"新任班主任如何起步"、教学常规ABC等等。

人文关怀。一是生活关怀。学校管理干部与青年教师广泛谈话交心，关心其在生活、家庭和成长上的困难，为其排忧解难。二是情感交融。管理干部、师傅前辈等及时为青年教师点拨工作上的疑惑、情感上的困惑、心理上的迷惑，帮他们拨云见雾。三是文化熏陶。"童梦"学校文化鼓励新教师逐梦圆梦、积极向上，团队矛盾少，教师心情好。四是大胆用人。一用人之能，青年教师中有6名被提拔为副主任，8名担任级组长、科组长；二用人之长，让青年教师在经典吟诵课程、英语戏剧课程、体艺科技社团、教育沙龙、教师基本功展示等各种平台尽展才能；三用人之谋，让青年教师"金点子"转化为学校快速发展的好资源。

体系推动。一是搭建青年教师成长六大平台：师德平台、学习平台、教研平台、科研平台、课程平台、展示平台；二是以"师徒结对""青蓝工程""成长共同体""学科工作室""项目推进组""创研微群"等推动教师群组建设；三是组织教师参加各级各类教育教学专业比赛，增长见识，磨砺本领；四是以提升课堂教学和班级管理能力为核心，强化校本研训，提升教育教学实践能力；五是统筹安排教学、科研、课程、评价改革，以学科教学和班主任工作为重点，以教育现场为研究对象，以实际问题为研究课题，教、学、研、做合一，促进教师的全面发展。

短短两年，学校青年教师成长迅速。在省、市、区"同上一堂党史课"录像课比赛中，"长征路漫漫，精神代代传"课例经层层选拔，先后荣获坪山区一等奖、深圳市一等奖和广东省一等奖；荣获深圳市青年教师教学基本功大赛一等奖第一名1个，获深圳市微课大赛一等奖2项、二等奖1项、三等奖2项，获坪山区教师基本功竞赛7个学科一等奖。2021年，学校青年教师有13项课题成功在市、区立项。

今后，学校将继续厚积学校文化，深化课程改革，培养名优骨干，建设"追梦"团队，让更多的优秀青年才俊脱颖而出、建功立业。

【案例点评】马峦小学作为新学校，基于年轻教师多、教师教学实践经验不足等实际，系统设计，综合施策，把体系推动的外动力与教师自觉发展的内动力有机结合起来，全面提升教师的教育智慧和教学能力，为培育"童梦"学子提供有力的人才保障。

3. 教师主导机制

教师专业发展的最大动力是教师的主动发展，教师的专业自主、专业自觉、专业追求至关重要。教师主导机制，是教师个体或群体根据专业发展的需要，自主确定专业发展目标、内容、形式，实现自我和共同成长。教师主导机制没有固定模式，关键是教师有"我要发展"的愿望和决心。目前，我区比较常见的模式有"青年教师成长共同体""特色教学项目工作坊""教师读书会""教改项目组""课题研究组"等。

【案例6.4】

互学互帮互助，团队共同成长

坪山区教育科学研究院　王旭信

…………

3. 青年教师专业发展存在的问题

区教科院小学语文学科的调研表明，我区教龄在3年以内的小学语文青年教师个人学科素养为优良的比例达93%，而随堂听课的优良率仅为37.5%。进一步分析发现，教师们普遍存在专业发展定位不准、专业发展路径不明、教学设计能力不强、课堂教学把握不足等问题。部分青年教师认为相关部门组织的培训针对性不强，实操效果不好；个别青年教师觉得与老教师的沟通存在一些障碍。此外，校际之间青年教师队伍存在较大差异，如规模较小的学校青年教师比例低、民办学校青年教师流动率高等。

4. 组建青年教师成长共同体

宗旨：激活教师专业热情，发挥青年教师专业发展的主动性与积极性，建设区域青年教师成长文化，加快青年教师专业成长。基于青年教师相近的专业发展起点和共同的教育价值追求，自愿组织、自觉参与的具有实践性、研究性、专业性、合作性和开放性的区域青年教师专业成长团队，为青年教师专业发展提供交流平台和精神家园，成为"教学做"三合一的专业生活方式的载体。

对象：全区32名教龄在3年以内小学语文教师。

组织：由区教研员牵头，区小学语文中心教研组参与指导。

活动形式：片区分组，跨校组合，每组青年教师5～8人；按需、灵活选择区内外名师、骨干教师担任片区或小组辅导员；项目式、主题式合作研修，活动主题、项目、时间、方式等由组员讨论民主决定；建立研修工作群；实行轮值组长制；大主题与小主题相结合，长周期与短周期相配套；以课例为主要载体，学习、研究、实践、改进、反思相结合。

活动一览表（略）。

【案例点评】教师专业发展是以专业原创力为生长点，在内、外合力下实现的，这是教师专业发展的动力机制。其中，内力是促使教师自我更新的关键动力，教师专业发展的内力源自教师专业自我超越和价值自我实现的本能需要。因此，教师的专业自主性对其专业发展的效果起关键作用。为此，由区教科院王旭信副院长牵头，区小学语文、数学、英语等学科教研员具体组织的"青年教师成长共同体"，充分发挥了教师专业自主与专业自觉，是区域教师专业发展"教师主导"机制的成功案例。

4. 专家主导机制

专家主导管理机制主要是以名师工作室、名校长工作室、项目合作专业机构等为依托，由担任工作室主持人的名师、名校长或项目合作专家为指导者、管理者，设计和实施教师专业成长研训项目，促进教师团队成长的一种高效率模式。

专家主导管理机制一般包括：①项目管理机制，如成长目标计划管理、项目组织管理、活动运行管理、成员档案管理等；②活动实施机制，如导师培养制、学习交流制、项目研究制、教学改革制、成果辐射制等；③发展评价机制，如外部与内部评价、运行与效益评价、过程与终结评价、个人与团队发展评价等；④成效管理机制，如经验总结、案例积累、成果提炼、辐射推广等；⑤经费管理机制，如经费开源、经费开支、经费管理等。

【案例6.5】

协作进取，励学力行，务实求真，互促共赢
——广东省袁虹名师工作室建设小结

坪山区教育科学研究院　袁虹

"广东省袁虹名师工作室"遵循《广东省中小学名教师、名校（园）长工作室工作指南》，认真履行职责，主动作为。以名师团队为引领，以项目研

究为纽带，以先进教育理念为指导，以课堂教学为主阵地，落实"做教研、建资源、带队伍、出成果、育名师"的工作目标，使工作室成为初中数学教学研究基地、教师协作互动场所、数学课程改革实验窗口、骨干教师引领辐射中心、教研成果展示推广平台，实现师德规范出样板、课堂教学出精品、课题研究出成果、培养教师出经验，建设科研型、实践型、互促共赢的专业发展共同体。

1. 健全机制，搭建平台

工作室制定《袁虹名师工作室三年发展规划》，配套《工作室管理办法》《工作室工作要求与管理细则》《工作室主持人职责》《工作室成员职责》《工作室学员要求》《工作室公约》等制度。成员制定"三年发展规划""年度工作计划与行事历"。工作室公布学期学习计划，要求每位成员自学研读、集中学习、网上学习；要求学员每学年做一项微改革，上一堂观摩课，做一场专题讲座，写一篇研究论文，制作10个微课。工作室创建QQ群、微信群，加强线上线下交流；工作室设计"成员学员年度考核方案"，建立成员、学员专业发展档案。通过制度引导，学员会上课、善交流、能反思、求上进。

2. 组建团队，专业引领

工作室专家顾问团队12人，如国培专家、华南师范大学数学科学学院何小亚教授，广东省教育研究院中学数学教研员吴有昌博士，深圳大学数学与计算科学学院张文俊教授，北师大版初中数学教材副主编章飞教授等。工作室入室学员10人，其中深圳市6人，深圳市对点帮扶的汕尾市2人、河源市2人。工作室助手2人。学员牵头各组织一个网络学员团队，目前网络学员超过100人。工作室采取"实体+网络"工作模式，实行"专家顾问指导、主持人引领、成员学员合作发展"的三级运行机制。充分挖掘区域数学名师、骨干教师资源，以项目研究为主载体，以合作研修为主途径，搭建展示、交流、提升的立体化平台，引导教师丰富专业生活、提升职业素养、体验职业幸福。

3. 分类指导，协作共进

坚持"名师引领、同伴互助、教研结合、推陈出新"的工作方针，奉行"打造团队、培养骨干、影响群体、整体提升"的工作宗旨，确定"研究新课标、实施新课程、构建新课堂"为主攻方向。学习、研究、实践、竞赛等活动都围绕教师专业发展来设计，切实际、重实在、求实效。依据教师个人专业发展需要，分层规划、分类指导、分步实施、分阶段推进，不搞一刀切，不急功近利，使不同层次的教师都有发展。把专业发展落实在每一节课、每一次学习、每一次反思、每一次活动中。要求学员把自己在教学实践中遇到的问题作为小课题来研究，解决自己的问题。在"工作室"实际运作中，根据团队发展与个体需要，结合教育发展新要求，修正工作策略与方法，让研修活动更贴近教师最近发展区,更贴近一线教学实际。

4. 内联外引,深度交流

除常态的线上、线下研修外,工作室还利用各种机会"走出去,请进来"。从西北到东南,跨越大江南北;从名家大师的高屋建瓴,青年教师的磨炼切磋,到经验型教师的示范展示,经历不同文化洗礼;从晨曦下的赶路,到星月下的研训,学员们不断成长。工作室成立不到两年,主持人率领成员赴北京、内蒙古、西安、银川、广州、珠海等地参加"全国名师工作室联盟创新发展特色成果博览会""中小学教学管理转型与创新发展""全国名师工作室主持人高端研修班""卓越教研联盟"等学术活动6场,主持人袁虹与工作室骨干多次在全国研讨会上作主题报告、上公开课、主持研讨活动等。同时,邀请人民教育出版社编审章建跃博士、北师大版教材副主编章飞教授、陕西师范大学出版总社副社长兼《中学数学教学参考》主编马小为、广东省数学教研员吴有昌、深圳大学教授张文俊、深圳市初中数学教研员石永生、光明区教科研中心副主任刘会金、深圳市名师工作室主持人袁智斌等名家大师,细心指导工作室建设与学员成长。

此外,工作室主持人及骨干成员多次组队到百色、汕尾、河源、广州番禺及深圳各区,或送教上门,或邀请同行跟岗研修,或组织学术交流,检验了工作室的建设成果,锻炼了成员学员,扩大了团队影响力。

【案例点评】让最优秀的人培养更优秀的人,是教育事业兴旺发达的必由之路。名师是师德、师能的领先者和示范者,探索名师的成长之道,是名师工作室的重要使命。由坪山区教科院初中教研部部长、中学数学教研员、特级教师、正高级教师袁虹主持的"广东省袁虹名师工作室"以名师团队为引领,以项目研究为纽带,以先进理念为指导,以课堂教学为主阵地,以交流辐射促提高,实现了"做教研、建资源、带队伍、出成果、育名师"的工作室建设目标,达到了"头雁高飞、群雁齐飞"的理想境界。

【案例 6.6】

"1+N"教师专业发展团队建设

坪山区坑梓中心小学 罗建婵

…………

五、"1+N"团队建设具体内容

(一)"1+N"团队组织

"1"指本校的市、区名师、校级骨干、科组长、资深教师等,"N"指本校青年教师。本校名师比例较高,青年教师积极上进,采用分级、分类、项目式"组团"发展,组织校内若干个"教师专业发展团队"。一般一个团队由1~2名领军教师牵头,5~8名青年教师为组员,组建教师学习共同体。团队成员可根据实际需要进行阶段性调整。

(二)"1+N"团队建设策略

1. 确定目标

各团队集体讨论制定团队和个人发展目标。实施青年教师的"135"培养计划(一年站稳,三年成熟,五年骨干),制定科学、合理、可达的发展目标。

2. 落实过程

(1)模范执行学校教学、德育常规要求。

(2)加强理论学习,强化实践反思。围绕主题,读原著、研论文、析案例、听讲座;围绕问题,做课题、做教改、做反思、出成果;撰写学习心得,每人每月至少一篇;"走出去,请进来",专家指导、专题讲座、活动沙龙、教育论坛促提高;通过校园网、校刊、校报、学校学术论坛、交流群促交流。

(3)采取"教、学、研"合一的研修策略,探索"听、评、议、培、学"五式研究模式,建设学习型团队。

(4)做好过程管理和资料收集。每周、每月有小结,有过程评价,有资料汇总。

3. 聚焦课堂

狠抓课堂教学主阵地,开展深度研学。"1+N"团队全员开设名师示范课、骨干教师研讨课、青年教师提高课、新教师汇报课,做到"主动开课""经常听课""有听必评""即听即评",提高处理教材和驾驭课堂的能力。按照"主备—集研—课示—点评—总结"五段模式,强化团队研课,推荐优质课向校内外展示交流,让课堂更精彩,让教学更优质。

4. 强化主题

课题研究或项目推动是团队建设的重要手段。各团队围绕区、校工作重点,结合自身实际,选择阶段性课题或改革项目,积极申报各级立项,扎实开展过程研究,精心提炼研究成果。以研究促改革,以研究促发展。

【案例点评】"'1+N'教师专业发展团队建设"是校内教师专业发展模式的"专家主导"机制。学校充分利用本校为省、市教师专业发展基地和校内名师多等自身优势,针对问题、基于改进、立足发展,团队成员朝夕相处,共同学习、研究、实践、提高,营造积极向上的团队文化。与"零敲碎打"

的一场报告、一次活动、一个项目相比，团队研修是常态化、持续性、效果好、受欢迎的校本教研好形式。

（二）培训管理

制度化、体系化、持续性开展教师培训，是促进区域教师终身学习和专业发展的重要途径。坪山区的教师培训，从培训机构、培训方式、培训内容、学习方式、学分管理、培训队伍等方面进行了系统设计。

（1）健全培训机构。区教科院融培训、教研、电教、科研为一体，努力打通市、区、校三级教师专业发展网络。在区教科院的统领下，建立了区教师专业发展专家库、区教师继续教育管理中心组、区教师继续教育专干队伍、区继续教育网等平台，实现区、校教师专业发展资源的有效组合。

（2）丰富培训方式。既有高端学术报告，又有专题专业讲座；既有理论研学，又有实践体验；既有主题活动，又有专项研修；既有成果推介，又有经验分享；既有必修共学，又有自主选学；既有现场研训，又有线上研修。

（3）开拓培训内容。紧密结合一线实际和教师的个性化需要，改进培训内容，优化培训课程。除刚性执行上级规定的"公需课程"外，还建立线上线下结合的区、校培训资源库；引进优质课程、开发优秀本土课程，拓展自主学习课程，让每一位教师都能选到最适合的培训课程。力争实现"一师一培训课程清单"。

（4）活化学习方式。用好上级培训项目，精选区外培训项目，推进培训合作项目，开发本地培训项目。把集中面授、合作学习、自主学习、访学研讨、师徒传承、岗位进修等各种方式灵活组合起来，让教师们各取所需，务实发展。积极参加国培计划，努力突破海外培训。

（5）落实学分管理。制定《坪山区中小幼教师继续教育学分认定和管理办法》，建立"培训学分银行"，对组织培训、学历提升、专题进修、学科教研、科研成果、专业引领等方面进行合理赋分，搭建教师培训与教学研究、学历提升等有机衔接的教师专业发展积分"立交桥"。

（6）拓展培训队伍。一是建立和完善区、校专业培训者人才库，聘请专家前来讲座、项目研究、成果推广；二是发挥区域名师、名校长工作室和各级名师的引领作用；三是挖掘本区各校的优秀资源，开发线上线下相结合的优秀本土培训课程。

【案例6.7】

县区教师培训的组织与展望

坪山区教育科学研究院　李显明　钟焕斌　唐新华　肖美凤

县区教师培训是指县区教育部门组织的对本区域教师进行的在职培养活动。长期以来，我国的县区教师培训以学历补偿或提升为主，主要依托教师进修学校，形式单一，覆盖面窄。进入21世纪，随着基础教育改革的加速，以提升教师专业能力为目的教师培训得到蓬勃开展。教育部的《基础教育课程改革纲要》中提出："中小学教师继续教育应以基础教育课程改革为核心内容。"《2003—2007教育振兴行动计划》提出"加快推进农村中小学教师队伍建设，加强农村教师和校长的教育培训工作。"《国家中长期教育改革与发展规划纲要（2010—2020）》中提出："完善教师培养培训体系，做好培养培训规划，提高教师专业水平和教学能力。"坪山区教师培训几乎从零起步，进行了一些有益的探索。

1. 回望来路，披荆斩棘，教师培训助力"优师"成长

（1）培训起步：建立组织与落实责任。坪山新区成立之初，区教科研中心在内设机构"教科所"安排1名中学教研员兼职负责中小学教师培训，1名学前教育教研员兼职幼儿教师培训，各校确定1名继续教育联络人，他们成为区教师培训管理的基本力量。

（2）培训保障：设计制度与规范管理。相继制定《坪山新区中小幼继续教育管理办法》《校本培训指导意见》《教学工作常规》《德育工作常规》《幼儿教师工作规范》等制度，规范管理全区的教师培训。

（3）培训支撑：开发平台与完善服务。信息化是后发区域教师培训管理的有力手段。从2014年起，我们开发了区级教师继续教育管理平台，相继推出选课、远程学习、学时认定、基础管理等功能，并与市教师继续教育网对接。据不完全统计，2014—2016年，通过平台系统上传学时申报信息37640条，审核免修233580学时；审核校本培训1680项、184600学时；审核公需课信息1465项、216300学时。

（4）培训重点：落实常规与突出主题。本区教师培训强调"面向全员、突出骨干、倾斜实操"，奉行"专业、质量、实效、服务"。每年完成的常规培训有：全员培训、校园长与教研员业务培训、公需课程培训、网上课程培训、新教师培训、心理健康C证培训、班主任培训等，近年来强化了青年教师培训、骨干教师培训、管理干部培训、新理念新技术培训、教育信息素养培训、学历提升培训等。3年累计培训24580多人次，教师平均每年的学时达标

率为98.6%。

（5）培训优化：系统设计，整体实施，需求导向，服务为本。教育发展日新月异，我区教师培训也在持续创新。如在培训模式上，既有"高校引领""区域组织""部门主导"，又有"校本研训""市场服务"和"混合培训"等类型；在培训对象上，既全员覆盖、兼顾全体，又突出重点、分层分类；在培训目标上，既关注知识、技能，又重视理念、实践；既满足现实需求，又考虑长远需要；在培训内容上，既有理论研修，又有实操实训，既有通识培训，又有专题培训；在培训形式上，既有"供给式"集中培训，又有"菜单式"按需培训，还有个性化"项目研修"；既有请进来、走出去，又有跨区域"项目研学"；既有现场培训，又有网络培训；既有集中培训，又有分散培训；既有讲座分享，又有参与互动；既有在岗培训，又有跟岗研修；既有个体自学，又有群体合学；既有本岗位研训，又有跨岗位锻炼。在培训课程上，既落实公需课程，又满足选修课程；既建设常规课程，又开发动态课程；既完善区级课程，又培育校本课程；既引进区外课程，又挖掘本土课程；既建设现实课程，又谋划未来课程。

……

【案例点评】 县区教师培训机构是我国现代教师教育体系的重要组成部分，在推进教师专业化发展中的作用不可替代。《县区教师培训的组织与展望》全文3万多字，本案例选自该文的第一部分。县区教科研机构承担着教师继续教育和指导教学改革的双重任务，但自身条件和资源有限。因此，基层教师专业发展管理应打破常规，开拓创新，充分发挥组织、协调、指导、管理和服务职能，注重教师培训制度设计和机制建设，结合自身实际，创造性开展培训管理。坪山的教师培训管理者对未来的工作也有理性思考和清晰思路。

（三）信息管理

教师专业发展管理是一项艰巨、复杂、长期、系统的工作，通过建立区、校教师专业发展信息管理系统，对教师专业发展涉及的全要素、全流程、全领域进行科学的计划、组织、控制和协调。教师专业发展信息管理，既有静态管理，又有动态管理；既有即时性与现实性，又有动态性与发展性。教师专业发展管理信息化，既有利于教师本人的学习、研究与发展，又有利于教师专业发展管理者强化过程管理、优化管理手段、提高管理效能，更好地为区域教师专业发展服务。

（四）档案管理

教师专业发展档案管理是优化区域教师发展管理的有效手段。建立教师专业发展档案，能科学、真实地记录教师专业成长历程，有利于教育行政部门和学校管理者精准掌握每一位教师在专业发展中的状态，完善区、校教师评价体系，优化教育教学管理。档案管理信息丰富，包括教师个人基本信息、基本工作量、师德师风、专业发展规划或成长计划、年度培训课程清单、学习活动记录、学习心得体会、学习成果作品、培训课程开发项目、担任培训师情况及主题、骨干教师带徒情况、课题研究情况、论文著作、获奖及荣誉称号、学期专业发展报告、年度专业发展报告、专业发展考核评价情况等等，以及学校、学科、教师的其他个性化材料。

（五）评价管理

对教师的专业发展进行科学评价，直接影响教师专业发展和学校的持续发展。

1. 教师专业发展评价的基本原则

（1）定量与定性相结合。传统的教师专业发展评价比较注重形式、量化，但仅靠量化既不科学，也不现实。事实上，许多用于诊断、改进教师的教育教学行为的功能性评价不需要完全量化，定性评价或质性评价也非常有效。

（2）自评与他评相结合。任何评价如果没有被评价者的参与和回应，很难达到预期目的。当代教师评价已不把教师作为被动接受检查的客体，而是把他们看作参与评价的主体。与自上而下的教师评价相比，自下而上的教师评价、同行评议和自我评价式的教师评价更加有利于改善与促进教师的专业发展。

（3）过程与结果相结合。教师专业发展贯穿教育生涯全过程，教师在不同的成长阶段可能达到不同的发展状态。因此，既要对其发展过程中体现出来的专业态度、专业活动、专业研究、专业改进等进行考查，又要对能反应阶段性发展成果的显性指标如教育教学成就、育人效果、科研成果、教改经验、荣誉奖励等进行考查。

（4）评价与再评价相结合。一般来说，当用一种模式对教师专业发展的评价进行到一定程度时，怀疑评价活动本身价值的问题就开始出现了。评价活动是否科学、可靠、有效，必将引起评价者和被评价者对教师评价进行再评价的重视。注重对教师专业发展评价的持续评估、改进、优化、升级，是当代教师评价发展的基本趋势。

2. 教师专业发展评价的基本模式

教师专业发展评价主要有两种模式：

（1）奖惩性评价。奖惩性评价又称"绩效管理型评价""行政管理型评价"或"责任模式"，通过评价教师专业发展的情况，把评价结论与教师奖惩、评聘考核、评优晋级等挂钩。奖惩性评价主要特征是由评价主体面向教师的专业发展情况，通过收集数据和证据，把教师当成评价客体进行评价管理，评价以奖惩为主要目的。该评价管理模式主要遵循责任原则、竞争原则、激励原则、惩罚原则和公平原则。

（2）发展性评价。发展性评价又称"专业发展模式"，是一种以促进教师专业发展为目的，通过评价，达到教师与学校、个人与组织共同发展的评价管理模式。该评价管理模式要求管理者面向教师的未来发展，通过评价激发教师更加关注个人价值、伦理价值、专业价值；在评价中实行多评价主体的模式，将自评、互评、他评相结合，提高全体教师的参与意识和积极性，以评价促进评价对象的未来发展。该评价管理模式主要遵循发展性原则、诊断性原则、反馈性原则、民主性原则和科学性原则。

【案例6.8】

教师发展性评价的校本探索
——碧岭小学2018—2019学年度教育质量提升工作总结

　　……

（三）重点落实教师队伍专业建设

1. 持续优化队伍结构，构建人才梯队（略）
2. 鼓励学习、研究，建设学习型组织（略）
3. 建立教师发展性评价体系

（1）学习文件，完善制度。组织全体教师学习教育部《中小学教师职业道德规范》《班主任工作规定》《中小学教师专业标准》等，制定《碧岭小学教师行为规范》《碧岭小学教师工作考核方案》《碧岭小学班主任工作考核办法》等制度，完善教师的评价机制，促进教师不断提高思想政治素养和专业能力素养。

（2）制定方案，科学实施。建立多元化评价体系，推进教师发展性评价。改进教师专业评价理念，充分尊重教师专业自主权，大力推进发展性评价；探索适应有利于教师专业发展需要、符合课程改革新理念的教育教学评价和专业素养评价新标准；每学年开展教师自评与互评、学生评教师、家长评教师，将结果记入教师绩效考核内容，构建起教师校本发展性评价体系。

（3）评出个性，评出发展。对于教师的评价，在达到基本工作规范和共同要求的基础上，鼓励教师自主发展、特色发展。把《教师个人专业发展规划》的实现程度、教师自主发展的过程与状态、教师发展对学生发展的促进作用、教师的教育教学风格与特色等纳入评价，用个性化"尺子"衡量个体的教师，评出个性，评出发展。

（4）个人发展，团队进步。如开展学生、家长共同参与的"我最欣赏的碧小老师"评比活动，发掘教师的优点，擦亮教师的闪光点，让教育生活充满幸福。多元化评价使教师评价更客观、全面、科学，更有激励性、个性化与发展性。学年结束，让每一个教研组、项目组都出来"晒一晒"，评出碧岭小学优秀教研组、项目组，让优秀的团队引领老师们变得更优秀。

【案例点评】教师发展性评价，就是通过评价让每一位教师做"最好的自己"。我们常说的"以评价促发展"，既适用于学生，也适用于教师。教师作为发展中的个体，虽有"良莠"之分，但更多的是发展状态和个人特质的差异。通过发展性评价，评出过去一段时间内教师的发展和工作状态，评出教师未来发展的信心和方向。

二、区域教师专业发展管理基本策略

教师专业发展，除教师主观努力外，离不开主管部门的有效管理、科学引导和优质服务。如区域推进策略、主题研修策略、名师引领策略、实践反思策略、评价激励策略、校本培训策略等。

（一）区域推进策略

区域推进策略是整体推动区域教师专业发展的有效途径。坪山区作为教育后发地区，教育面临着规模扩张和内涵提升的"双重压力"，区域规划、整体推动成为区域教师发展的首要策略。关于这一方面，前面已有详细介绍。我区每年组织的"学科教师全员培训""新教师入职培训""年轻教师提升培训""骨干教师发展培训""名师、名校长、教研员高端培训""班主任分层培训""心理健康B、C证培训""教育管理者分类培训""教师信息技术能力提升培训""网上选课按需培训"以及各类项目式、问题式、课题式研训，都是整体提升区域教师专业水平的高效培训方式。

（二）主题研修策略

为提高教师专业发展管理的针对性、实效性，增强研训活动的吸引力，开展主题研修是一个好办法。主题研修是指根据区、校、学科、教师或学生发展的阶段性重难点问题，确定一个或几个主题，围绕主题制定方案、组织实施，以问题解决、行动改进为主要目的，实现研训与教师专业发展过程的统一。

【案例6.9】

"大数据课堂观察"主题研修

坪山区中山中学

中山中学开办6年多来,坚持以"课堂观察"作为改进教学、提升教师、提高质量的重要教研主题。为提高研修效率,增强"课堂观察"的科学性,2018年,学校引进捷视飞通智慧教研云平台的"大数据课堂观察"(LICC)项目,把互联网、大数据、人工智能等先进的信息化手段融入常态化"课堂观察"。该项目的实施,已取得显著成效,受到教师们的欢迎和专家们的肯定。

(1)听课更有针对性。"LICC课堂观察系统"设计了4个维度、21个视角、70个观察点的课堂量表,并配置了相应的硬软件,绝大部分信息可以自动生成。借助该系统,可以更加深入、细致、精准、系统地观察课堂的教与学,改进了传统"课堂观察"参与者工作繁琐、个体差异大、凭经验、碎片化、评课泛泛而谈、缺乏数据和证据支撑等弊端,更有利于施教者与观课者精准分析课堂,准确把握问题,系统改进教学。

(2)线上听课不扰"学"。系统依托校园网,课堂实况可以通过不同角度多屏呈现,教师可以通过平板终端实时在线听课或课后点播,不再受时间和空间限制。改进了传统听评课的大量老师聚集,既需要大量调课,又对学生的学习造成影响等老大难问题。

(3)评课更方便、更真实、更高效。教师观课时就能在平板终端上填写量表,即时点评,随时提交。缺席现场观课的教师观看回放可以延时评课上传。听课教师还可以在网络评课平台上交互、讨论。活动结束,系统运用自身观察自动生成的大数据,加上教师上传的观课记录和评价量表数据,能够科学高效地生成"课堂观察"总报告,实现课堂"复盘",有很强的针对性与指导性。

【案例点评】信息技术融入教育教学和管理是一个大趋势。"课堂观察"是所有学校和教师的常态化工作,传统的听评课组织存在诸多弊端,甚至流于形式。中山中学在课堂评价和教育信息化理论指导下,引进"LICC课堂观察平台",激活了教师对听评课的热情,初步显示了"大数据课堂观察"的优势和生命力。

主题研修一般分为学科主题研修、专项主题研修两大类。

1. 学科主题研修

学科主题研修,指聚焦本学科突出的现实问题,并将问题转化为一定的主题所开展的研修活动。其主要目的有：一是理论与实践相结合，以教学论、课程论、学习论等理论指导学科教学实践，学以致用；二是发现和解决教学中的实际问题，改进教学工作，提高教学质量；三是引领教师投身教科研工作，提高研究能力，促进专业成长。

学科主题研修一般流程如下：①建立研修小组，明确职责分工；②确定共同研修的大主题，分解教师个人的小主题；③结合大、小主题开展个体或群体的学习、培训、研究、实践、反思；④写好"研修日志"，及时收集整理研修过程性材料；⑤总结研修成果，形成论文、案例、总结、教育叙事及其他主题研修成果；⑥组织交流展示，进行研修总结。

2. 专项主题研修

专项主题研修活动既可以在本学科开展，也可以跨学科确定研修主题，活动的目的性、专业性、针对性更强。其流程与学科主题研修基本相似。在专项主题研修中，区域、学校或教研组要有强有力的组织和推动，要加强设计，注重过程，保障资源，提供平台，研修形式可灵活多样，要以解决实际问题、改进教育实践、促进师生发展为最终指向。

【案例 6.10】

立足主题研修，增强教研实效

坪山区教育科学研究院　袁园

课程改革以来，各校校本教研活动频繁，但部分校本教研还是"涛声依旧"或"东挪西凑"。有的形式单一、千篇一律；有的教师参与度低，极少数人唱主角；有的重"研"轻"教"；有的针对本校、本科、本人不足，聚焦"真问题"不够。为此，区教科院小学数学学科以中心教研组为核心，以促进师生发展为宗旨，以优化校本教研为突破口，以省级立项课题"小学数学课堂教学中师生互动的有效策略研究"为统领，以各校子课题为研究主题，发挥教研组自主能动性，研究自己的问题，改进自己的课堂，探索"教研培一体化"的有效教研模式。

…………

二、研修主题

1. 区域教研大主题

小学数学课堂教学中师生互动的有效策略

2. 学校教研组小主题

坪山中心小学：生活化数学的师生互动技巧

龙田小学：师生互动中学生表达能力

金田小学：小学中年级数学有效互动学习策略
外国语学校：在互动中提高小学生数学理解题意能力的方法
龙翔学校：同课异构中师生互动策略的探究
坑梓中心小学：小组合作师生互动的有效策略
龙山学校：当堂互动训练题的设计与指导
东门小学：小学数学互动型复习课研究
坪山二小：小学数学课堂教学互动评价策略
实验学校：概念教学中有效的师生互动策略
六联小学："深化反思，二度设计"教学改进
汤坑小学：小学数学课堂中师生互动常见的问题及对策
…………

【案例点评】小学数学主题研修，以区教科院小学教研部部长、小学数学教研员袁园的省级立项课题为大主题，各校确定小主题。老师们以研究的眼光审视教学全过程，摆脱了指令性教研模式下的消极、被动心态，养成了"主动参与—群体反思—自主实践—剖析问题—改进行动"研习模式，教师真正成为教研活动的主体和主人。主题研修体现了校本教研的3个基本要素——个人反思、同伴互助和专业引领。教师通过与自我对话、与同伴对话、与专家对话、与实践对话，知行结合，促进了每一位教师教育智慧的提升。

（三）名师引领策略

发挥名师引领作用是教师发展的重要策略。主要包括四方面：一是建设名师工程，培养名师队伍；二是组织名师送教送培，传播名师思想、经验，扩大名师影响；三是开设名师讲堂、名师课堂等，为普通教师做出示范；四是建立名师工作室、项目工作室等，师徒结对，合作共进，培养年轻教师。

1. 名师工程

坪山新区成立以来，已实施三届"名师工程"，区域名师队伍不断壮大。

【案例6.11】

愿将金针度与人
——一名名师工作室主持人的思考
坪山区金田小学 廖雁妮

课程改革对教师的挑战是严峻的。在主持"坪山区廖雁妮语文名师工作室"的实践中，我深刻感受到，教育改革的关键在于课程改革，课程改革的

关键在于教师的专业发展。作为主持人，如何当好"头雁"，引领"群雁"，和老师们一起更好、更快地成长？这是我必须回答的问题。

（1）自加压力以求"进"。作为工作室主持人，要有敬业精业的进取之心，只有自己不断追求优秀，才能使团队更加优秀。自觉进行专业化学习，成了我和团队成员的必需。本学年，我在繁忙工作之余，研读或重读了《给教师的建议》《人类简史》《56号教室》《文学回忆录》《论语》《大学》《孟子》等书籍，并撰写了系列读书笔记。我对团队成员开出了必读书目，学员自己确定了选读书目，制定了个人和团队阅读计划，并坚决落实。此外，我带头做课题、写论文、上示范课、作讲座、开发课程、编写案例、制作微课等等。凡要求成员做到的，自己首先做到。

（2）提升素养以求"专"。作为名师和工作室成员，必须保持研究性学习状态，持续提升教育理论修养和学科专业素养。教师的时间、经历有限，我们应实事求是，从实际出发，寻找适合的理论，学习能解决自己面临的问题的理论，此谓"为用而学"。只有不断提升专业素养，教学才会游刃有余。

（3）拓宽知识以求"博"。语文学科综合性、混沌性强，涵盖范围大。语文老师除具有扎实的学科知识外，还要适当关注美学、哲学、经济、历史、社会、自然、科技等领域，努力成为"杂家"。语文教师应该都有比较深厚的文学积淀，但不少人离开大学校门后，很少关注文艺动态和社会发展，较少阅读经典名著尤其是大部头的著作，满足于"吃老本"。新课程强调学生应广泛地进行课外阅读，培养鉴赏、评价文学作品的能力，教师更应该如此。一个老师的知识不专不行，不博也不行。因此，除强化专业知识的学习外，还必须拓展自己的综合视野。

（4）拓展交流以求"宽"。教师要成名师、明师，自主努力很重要，读书、实践、研究、反思是自主发展的主要途径。俗话说，"与君一席话，胜读十年书"。与人交流是一种重要的学习形式。这种学习形式体现出一个"宽"字，因为，它打破了自我与他人的界线、个人与社会的界线、读书与对话的界线。教师之间最常见的对话形式是教研活动，如"听评课"就是一种积极对话的学习状态。在参与的过程中，你既能发表个人见解，而你的见解又引起了别人的共鸣或争议，通过争鸣，使你从更多的角度去思考问题，甚至能明白你原来不曾想或想不明的问题。有人说，"专家是一本会说话的书"，与专家会话，无疑是一种极好的学习形式。与专家面对面的机会不是很多，要珍惜每一次机会，通过网络、社交平台等可以经常与专家交流。知行结合、学思结合，坚持把日常工作的思考撰写成论文、随笔，大胆在公开刊物、学术活动或社交媒体中抛出来，抛砖引玉，求教于人，这种学习形式，就有了更高的层次。

（5）依托团队以求"效"。俗话说，"独行快，众行远"，名师工作室最大的优势就是"组织"的力量。作为主持人，要发挥自己的专长和资源优势，创造更多的集体学习、团队发展的机会。聘请专家进工作室开讲座、搞活动，既能较快地提升成员的理论修养，又能为学员工作中遇到的困惑指点迷津，还可近距离领略专家的人格风采。工作室共同开展课题研究——"集体备课的有效性研究"。伴随课题的申报、开题、实施、结题，把课题研究活动与备课、上课、研讨、培训相结合，老师们在研究和实践过程中得到磨炼、获得成长。定期开设教学论坛，让每位成员都有机会展示自己的经历、经验、思考与成果，可以实现"你有一个思想，我有一个思想，交流后我们都有两个思想"的效果。"套餐式专题研讨"是我们工作室的特色项目。在教学中，老师们会遇到各种疑问和困难，工作室阶段性地选择一个共性问题，开展一系列、分步骤的"套餐式"专题探究："第一道菜"——专家理论讲座，"第二道菜"——随机课堂观察，"第三道菜"——集体评课议课，"第四道菜"——全员课堂实践，"第五道菜"——撰写案例分析、教学反思、专题论文，"第六道菜"——总结、展示与交流。

乐业积淀底气，学习滋养元气，反思造就灵气，团队凝聚人气。作为主持人，在专业化成长的道路上，有积极的心态、扎实的学习、深刻的反思、精诚的合作，相信一定能和老师们一起达到职业有认同感、事业有成就感、人生有幸福感的教育理想境界。

【案例点评】廖雁妮作为"名师工作室"主持人，她提出了名师工作室主持人的两个引领——精神引领与专业引领，提出了团队成长的"进、专、博、宽、效"工作室建设"五字诀"，诠释了名师引领教师发展的现实路径。从"精神引领"来看，工作室主持人要持续、全面地提升个人素养，把自己变成一支愈来愈光亮、尖锐的编织教育美篇的"金针"；从"专业引领"来看，通过优秀的主持人带领成员共同进步，让每一位成员都磨砺成"金针"，达到"职业有认同感，事业有成就感，人生有幸福感"的教育生涯理想境界。

2. 名师送教

名师引领教师参与深度研学、深入实践、深刻反思，是加快教师专业成长的捷径之一。名师送教一般有上示范课、做专题讲座、与教师对话等形式。名师示范课，围绕教学主题，充分展示名师的教育理念和教学艺术，对听课教师尤其是青年教师的教学实践有很强的示范性和启发性；名师讲座，围绕教学主题，阐述支撑其成功课堂的教学思想、教学规律、教学方法、教学艺术，彰显名师的品位、追求与情怀，给参与教师以极大的鼓舞与感染。围绕主题，打开话题，普通教师与名师"零距离交流"，老师们尽情地把自己在实践中遇到的问题和疑惑当面请教名师，名师毫无保留地把自己的所思、所想、所悟告知老师们，对参与教师来说，既是良好的专业引领，又是正向的人生导航。

名师送教无固定模式，可根据实际灵活安排。如名师指导集体备课、名师观课、名师评课、名师指导课改项目、名师指导课题研究等等。

【案例6.12】

观摩袁虹名师送教活动有感

黄小敏

2018年10月20日，本人有幸观摩了"广东省名师工作室"主持人袁虹老师"MOOC背景下初中数学微课开发与应用的实践探索"的"名师送教"活动。袁虹老师首先上了一节"巧用微课，活化课堂"的初中数学精彩的示范课，然后做"初中数学微课设计与运用"专题报告，并与教师现场热烈互动。

在报告中，袁虹老师通过"女大十八变"广告视频风趣幽默地引出微课的内涵——微、精、妙，并从微课的概念、分类、设计原则、设计策略、制作流程等做了深入浅出的讲解。通过与说课、课堂教学、视频课的比较，清晰地阐述微课所具有的教学时间短、教学内容少、容量小、情景化、制作简单等特点。微课让学生有一对一的临场感，有利于学生自主学习，也是教师把教学理念转化为教育资源的实践，有利于教师的专业发展。关于微课的设计与运用策略，袁虹老师通过大量实例进行了详细分析，提出微课设计与运用的5个基本策略：系统设计，避免碎片化；关注过程，凸显交互性；协调一致，确保同步性；追求艺术，注重实效性；精心调试，力求流畅性。袁虹老师还展示了微课的制作流程、设施设备、应用软件，现场传授制作经验。名师与一线教师互动频频，气氛活跃。

在场教师们表示，"名师走校送教"活动非常接地气，其主题明确、内容丰富，趣味性、直观性、实用性强。老师们与名师面对面，既有理论提升，又有实践指导，可学、管用，对今后的教学大有帮助。

【案例点评】为充分发挥名师的辐射、引领、带动作用，坪山区广泛开展"名师送培送教活动"。从"坪山区名师走校送教安排表"中看出，区域名师每学年平均在区内送教送培近200场，区外送教场次也很可观。袁虹老师是"名师送教"活动中最活跃的名师之一，有"广东省名师工作室主持人"的风范和担当。她的"微课专题"曾在德国召开的"全球数学大会上"发言，不但自己乐于送教，还经常带领工作室骨干成员赴全国各地送教，让广大师生领略坪山名师的魅力，起到了很好的示范作用。

3. 名师讲堂

为加强教师队伍建设，创新师资培训模式，提升培训质量，发挥名师的示范引领作用，坪山区组织系列"名师讲堂"，聘请区内外名师对一线教师进行面对面的理论引导、手把手的实践示范，传播先进理念，推广优秀经验。

名师讲堂是名师展示风采的舞台。名师们在教育教学方面都有过硬而全面的素质，有精湛的业务能力，具有自己独特的教育思想和鲜明的教学特色，名师讲堂展示其教育风采，发挥其引领作用，助力中青年教师快速成长。近年来，全区围绕"深化课程改革，发展核心素养，提高教学质量"这个主题，设置"师德建设""班级管理""课堂教学""课程改革""学校管理""课题研究""论文写作"等模块，提供可供教师选择学习的名师系列课程，颇受教师欢迎。"名师讲堂"多采用"现场主题报告＋实践案例＋互动交流"的组织形式，利用"互联网＋微信公众号、视频直播"等传播手段，线上线下，同步现场听课、互动交流，事后回放，扩大交流范围，深入讨论问题，教师们沉浸其中，乐此不疲。

【案例6.13】

"名师大讲堂"：坪山名师工程一张靓丽名片

坪山区教育科学研究院　王琦　余凡金

坪山区的"名师大讲堂"活动从3个层面展开：一是与中国教育学会《未来教育家》杂志社牵手共建"未来教育家成长研究基地"，通过该平台邀请国内众多名师前来开讲，传授最先进的教育思想和最新的教改动态；二是发挥本土名师在全区的辐射引领作用，区教科院组织一系列"名师走校送教"活动；三是发挥本校名师的在校内的"头雁"作用，让名师站在每一位教师的身边。目前，坪山区各中小学的名师引领已遍地开花，各显神通。下面简单介绍部分学校的做法。

坪山高级中学：尊崇学术，追求卓越，个性发展，和谐共进

组织名师集体学习《简明中国哲学史》《国际教育动态》等专业期刊，个人选学各类学术著作，以提升思想深度，拓宽专业视野。名师主持或参与各级课题研究：本校名师拥有3项省级课题，18项市、区级课题，以研究的视角审视教育教学工作。名师牵头开展"微转型·微创新·新常态"活动，使名师整体素质得到提升。名师牵头组建教师专业成长共同体：在已有的3个区级名师工作室的基础上，由校内名师牵头，教师自愿参与，组建"刘志强青年管理人才成长共同体"等8个教师专业成长共同体,组织各类研修活动,探讨真问题、解决实问题、收获好经验。开展一系列名师示范活动,如"名师展示月""名师领航——师徒结对行动""名师课堂——教学示范活动""名师兵法——讲座交流活动""名师诊断——推门听评课活动""名师汇报——分享活动"等,总结名师经验,擦亮名师品牌,推广名师成果,促进团队发展。

光祖中学:立足本校、辐射全区

名师在全区范围展示精品课堂:本学期学校组织9位名师开展"光祖中学名师系列课堂"活动,向全区开放,为兄弟学校、帮扶学校、家长奉献一批有深度的精品课堂。名师广泛吸收成员学员:用好区域名师平台,面向全校和帮扶学校,通过竞聘和评审相结合,选取一批骨干教师作为名师工作室成员、学员,并将其作为"校级名师培养对象"。名师除完成考核要求的任务外,还主动参加郭钰铭、舒军华等市级名师工作室,在区教科院组织的各类培训中担任主讲教师,担任区兼职教研员和学科中心组成员,参加区质量监测命题工作等。

坑梓中心小学:"优师工程"引领学校绿色发展

建立"名师学习共享群",学校随时将相关文件、政策、法规上传,让名师及时学习、了解执行,名师们在群里交流学习心得体会,通报名师工作动态等。学校在校园网、校园专栏设置"名师风采"栏目。召开专门会议,面向全校教师隆重举行名师的颁证仪式,树立标杆和榜样。在市教育局组织的"市民走进身边好学校"活动中,将名师资料整理成彩页,以大幅喷绘形式向广大市民和家长宣传,进一步扩大名师的影响。成立校内名师工作室,组成"1+N+N"的教师成长共同体,以一位名师带N位校内"教坛新秀"或骨干教师,再带N位新老师,共同提高。其中,"教坛新秀"及骨干教师被确定为申报下一批区名师的培养对象,新老师则确定为学校"教坛新秀"的培养对象,促使名师队伍"阶梯式"成长壮大。组建校内名师团队,团队成员听评课、小课题研究常态化,团队成员率先上示范课、做讲座、走校送课等活动,实现校内名师的"学习、培养、成长"三结合。

坪山中心小学:校长带头,名师跟上

校长曾宇宁以名师身份带头为教师上展示课,向师生、家长作讲座,深入课堂、深入师生调研了解教育教学情况,对学习小组建设、学生作业完成、学生课堂表现、学生探究展示等了如指掌。其他名师在校长的影响下,纷纷开设专题讲座、上示范课、开展习性课堂探索,在各项重大教研活动中,主动承担中心发言人、主评人等任务。名师"三领":一领师魂——敬业爱岗,无私奉献;二领师能——教育教学与教育科研的基本技能;三领师德——教书育人,为人师表。制度保障名师发展：学校制定名师成长工作方案，为多出名师、出好名师奠定基础。

碧岭小学：师徒结对，共同成长

名师主动上公开示范课。何银娟校长作为广东省教师工作室主持人，根据自身的学科特点和学术优势，始终站在教育改革前沿，主动参与新课程实验，探索课堂教学新途径、新方法，并以专题报告、示范课等形式，向教师辐射研究成果和改革经验。学校名师主动承担"公民办帮扶"任务，经常开展听课、评课的活动，每位名师平均每周听课不少于3节，每学年不少于100节。只要新教师、年轻教师上课，都能看到名师听课的身影，课后还对上课教师评课，鼓励青年教师积极大胆地说出自己的观点。名师引领科组建设，如英语名师带领科组组织英语活动周；语文名师牵头科组开展"如何教好语文"主题活动；综合科名师与科组研究如何进一步丰富社团活动、优化校本课程；德育名师帮助年轻的班主任探索班级管理艺术。

……………

【案例点评】俗话说，名师出高徒。中青年教师要想尽快成长，自己的努力固然重要，但近距离向名师学习也很有必要。坪山区"未来教育家论坛"让教师直面全国名师，接触最前沿的教育思想，学习最先进的教改经验；"名师走校送教""校内名师讲堂"实现区域名师引领常态化、系列化，让广大教师浸润在名师的团队和氛围中。

4. 名师带徒

"名师带徒"是一项教师专业发展的微观策略，对青年教师站稳讲台、快速成长特别有效，深受青年教师的欢迎。名师带徒一般是"师徒结对"，可以"一对一"，也可以"一对多"，可以是校内结对，也可以跨校结对。徒弟在与师傅的零距离接触中，通过师傅的言传身教、直接指导，在较短时间内由青涩走向成熟。

各校"师徒结对"主要涉及六大板块：为师风范、教育理论、学科知识、教学基本功、实践技能、课题研究。名师首先应该是立德树人的表率，要把自己对教育事业的热爱、对教育人生的追求、对徒弟成长的关怀等渗透到日常的工作中，让徒弟感同身受；名师把个人的教学思想、教育经验及研究成果在教学实践中示范，让徒弟感受到如何把现代教育理论、教育实践与自己的专业发展结合起来；名师对本学科性质的理解、对学科课程标准的解读、对学科领域国内外改革的现状，结合自身的实践和体会，与徒弟一起学习、研究、实践、总结，摸索出适合徒弟的教育教学实践路径；师傅通过日常教学活动，和徒弟一起分析处理教材、研究教育案例、开发教学资源、参与学术活动、开展课题研究、实施教学改革等，让徒弟开阔视野、增强自信、收获成长。

【案例6.14】

内外合力促进青年教师加速成长
坪山区第二外国语学校

为加快新办学校师资队伍建设，缩短青年教师成长周期，学校借助校内外名师资源，助力青年教师快速成长。

聚内力。针对新办学校年轻教师尤其是应届毕业生居多的现实，我们积极争取教育行政部门的支持，适当调配、调入一批经验丰富的骨干教师。充分发挥校内骨干教师的示范、引领作用，以"师徒结对"方式，为青年教师的专业发展搭建平台。开办第一个月，就举行了"青蓝工程"第一批师徒结对仪式，校内结成师徒对子14对，班主任师徒对子7对。

借外力。作为九年一贯制新办学校，各科教师人数参差不齐，骨干教师少而不均。为此，学校出面与规模较大、办学历史较长、地理距离较近的兄弟学校沟通，巧借外力，让外校名师带领本校青年教师。开办第二个月，成功组建"跨校师徒结对"13对，外校名师有坪山中心小学5名、坪山中学6名、坪山高级中学2名，实现了全校青年教师帮带全覆盖。

强管理。学校制定《"青蓝工程"实施细则》，制定目标，明确职责，确定项目，强化过程，细化评价，优化激励，保障资源。争取用3年时间，结对帮扶做实事、见实效、出优师。

【案例点评】新办学校教师队伍的共性问题是骨干教师少、青年教师多、教师普遍缺乏经验，如何在最短时间内整体提升教师团队水平，是校长迫切需要解决的难题。对于这类问题，教师"区管校聘，合理流动"是较好的解决方法，但目前实施还有相当难度。为此，坪山学校各施高招，如返聘优秀退休教师、引进高水平学术团队、项目合作带动教师成长、校际帮扶合作共进等等。坪山二外的基本策略是，用好校内有限的骨干教师资源，引入校外名师资源，以"师徒结对"的方式，做实事、见实效、出优师。

【案例6.15】

微课为我打开另一扇窗

坪山实验学校　郑王炜

2013年11月的一个星期三下午,"袁虹名师工作室"开例会。袁老师介绍了"互联网+"时代教育界最流行的微课,要求大家都上网查阅资料,以便交流。刚开始,我抱着完成任务的态度去上网,略微了解了一下,也没怎么深入。过了两个星期,在工作室例会上,袁老师开始布置任务了,让大家参加深圳市第一届微课大赛,而且确定了微课主题——"探索规律"。

接到任务时,我有点畏难情绪,毕竟微课是一个全新的东西,感觉无从下手。还好,袁老师送来了"及时雨",组织了一次微课讲座,亲自主讲,介绍了微课的来龙去脉、微课的制作与运用等,手把手地教我们如何设计,还把她录制微课需要用到的资源包都发到工作群共享。于是,我广泛收集资料,试做微课,让学生试看,并请袁老师指导,经修改、讨论、再修改……最后,我的微课处女作"探索规律——数的排列及运算"终于问世,在深圳市第一届微课大赛中获一等奖。

袁老师带来的微课,不仅让我有了突破自己的勇气,而且找到了突破自己的路径。如果没有袁老师,我不会认识微课,不会去尝试做微课,不会有后面九年级的一轮复习微课、七八年级的同步微课,不可能有多达6个微课作品获市级奖(一等奖2项、二等奖2项、三等奖2项),不可能有入选北师大版初中数学教材教师用书中供全国使用的微课"平行线的判定",更不可能让我在教学中如鱼得水、运用自如。

对于微课,真是爱不释手。

【案例点评】好一个"爱不释手"!这是袁虹名师工作室学员、坪山实验学校郑王炜老师所写的《三年成长回顾》中的一个小故事。《三年成长回顾》记录了郑老师在工作室的成长经历、收获体会。其中写道:"'使卵石臻于完美的,并非锤的打击,而是水的且歌且舞。'如果我是一块顽石,袁老师就像潺潺流水,她一言一行,'腐蚀'我的思想,激励着我的前行,使我成为一颗日趋完美的'卵石'。"多么真挚的语言呀!郑老师认为,参加袁虹工作室这三年,他过得既辛苦又幸福。如今,刚过而立之年的他已成长为一所150个班规模的九年一贯制学校的教导主任,带领着比他更年轻的老师们继续前行。

（四）实践反思策略

教师专业发展是一个学习、实践、反思、研究、再学习的一个循环往复的过程。

1. 阅读学习

教师职业的特殊性，决定了教师必须养成持续阅读的习惯。众所周知，阅读是从书面语言中获取信息的心理过程，是信息交流和社会文化再创造的过程，是教师获得知识经验和创新能力的重要途径。教师通过阅读，不断拓宽专业视野、夯实专业素养、提高专业水平，走向专业成熟。教师专业发展来自于教师不断的学习，其中，读书必不可少。

一般而言，教师阅读的内容有4类：专业性阅读、日常性阅读、休闲性阅读和公共性阅读。其中，专业性阅读是教师阅读的主要内容，其他阅读是必要补充。坪山区教科院定期开出推荐必读书目，一般分为6类：①习近平新时代中国特色社会主义思想关于教育方面的论述；②教育法规、政策类；③教育学、心理学、课程论、学习论等；④学科理论、学科教学方法、学科教学技能等；⑤科普类、文学艺术类；⑥教育名人传记、教育名家著作等。

【案例6.16】

教育底气来自持续的高品位阅读

坪山区中山小学　岳丽

一位有30多年教龄的教师上了一节示范课，课上表现得非常出色，听课的人都入了迷，竟然连做记录也忘记了。课后，有人问这位教师花了多少时间来备这节课。他回答说："对这节课，我准备了一辈子。而且，总的来说，对每一节课，我都是用终生的时间来备的。"

那么，怎样用终生的时间来进行这种准备呢？在我看来，这就是读书、不间断地读书，终生与书为友。读书不是为了应付明天的课，而是出自内心的需要和对知识的渴求。潺潺小溪，每日不断，注入思想的大河。一个人的成长首先是精神的成长，一个人的阅读史就是他的精神成长史。要想提升生命的厚度和精神高度，唯有读书；要想拥有灵睿的教学智慧，唯有读书；要想带领学生在课堂中享受生命的体验，唯有读书。

工作以来，我坚持阅读大量的、高品位的书籍。如教育类《给教师的建议》《朗读手册》《不跪着教书》《叶圣陶教育名篇》《薛瑞萍班级日志》《爱心与教育》等，人物传记类《我这一生》《走进钱学森》《陈寅恪与傅斯年》等，历史社科类《近距离看美国》《谜一般的犹太人》等，人生主题类《相约星期二》《你在天堂里遇见的五个人》等，心灵鸡汤类《心的菩提》《情的菩提》，儿童读物类《国际大奖小说》等等。

我的休息时间大多花在了读书上，读书带来的是心灵和思想的愉悦。每一则义理深刻的教育箴言，每一个鲜活灵动的教育故事，每一句发人深省的人生感言，都让我收获良多。当指尖滑过书页，伟大的人物伴随美丽的文字进驻心灵，我开始了精神思想的厚实积淀。我能觉察到今天的我在不断超越昨天的我，我能体验到精神成长的喜悦与幸福，我更能感受到读书积淀的精神财富对于我的教学实践的深沉的帮助。

以我执教过的《高尔基和他的儿子》为例。本文围绕一个"爱"字组织材料，先写了儿子到岛上探望休养的父亲，顾不上休息，为父亲栽下各种各样的花草，接着写了儿子离开后岛上春暖花开的美丽情景，最后由高尔基写信称赞儿子留下的鲜花升华到教会儿子要给人们留下美好的东西，揭示"给"永远比"拿"愉快这一生活哲理。

对于本课的主题，教学参考书是这样界定的——课文通过高尔基和他10岁儿子之间发生的"栽花赏花"以及"写信教子"两件生活小事，反映了高尔基父子间的亲情和高尔基育子先育心的拳拳爱心。而我在备课的时候，不仅仅局限于教学参考书给出的建议——着眼于人的教育，我还将目光投向思想更深处。在教参基础上我进行主题升华——引领学生知晓人生主题，懂得大爱，做一个心中有大爱、孜孜奉献的人；理解高尔基会爱儿子、对儿子的真爱；同时告知学生"他们就是未来的父母"，将来也要做一个像高尔基这样"会爱孩子、懂得真爱、教育孩子大爱"的伟大的父母亲，让他们有一种神圣的使命感。

有些人也许觉得，孩子还这么小，有必要对他们进行这样"为人父，为人母"的教育吗？教育大师苏霍姆林斯基在《睿智的父母之爱》中有一个专门的话题就是"从小就培养孩子为人父母的责任感"，在《给教师的建议》中也谈到五至七年级的孩子需接受"母亲、父亲、孩子的义务、责任和公民教育"，以及"女孩子（未来的母亲）的教育"。我国著名教育家陈鹤琴早在19世纪20年代也提出了这一点。他在《家庭教育》中这样写道："未来母亲的教育程度，全看现在女子教育的良否。我们讲儿童教育，归根结底还是先从女子教育说起。""所以，我想照中国现状而论，女子教育最重要的时期，还是在小学五六年级……儿童教育与女子教育，实在是迭相为用，互为表里的。"

正是由于大量的阅读延伸了自己认知的宽度与思维的广度，使我的学问和修养不断丰厚，即苏霍姆林斯基说的"建立自己广阔的智力背景"，所以，我备课时对文本的解读才能站到人的终身发展与生命教育的高度，引领学生"建立自己广阔的智力背景"，最终成为一个精神丰富、思想高贵、人格完善的人。

不间断地读书，积淀厚实的精神财富，用我的一生备课——这就是我专业成长的信条。

【案例点评】此案例选自岳丽老师所写的《一路成长，一脉馨香———名小学语文老师的专业成长故事》中的第二部分，此文很好地印证了"教师职业的特殊性，决定了教师必须终身阅读"这一论断。岳老师对教育的底气，就来自阅读。一般来说，一名优秀教师的素质或知识结构由3个层面构成：核心层面、辅助层面、生活层面。核心层面指所教学科的核心知识；辅助层面指相近或相关学科知识以及像外语、计算机等为所教学科直接服务的知识；生活层面指为教育教学服务的那些看起来与所教学科不相干的知识。从某种意义上说，教师如果停止了阅读，那就是停止了教育生命。

2. 实践反思

教师的专业有多大的发展，归根结底取决于教师的主观能动性。在学习中实践，在实践中思考，在思考中改进，在改进中提升，是教师自主发展最重要的渠道。以下略举几例。

（1）课例研究。课例研究是以教师本人或他人的课堂教学实例为载体，对教与学进行阐释和研究，是最贴近教师发展实际需要的一种实践研究手段。教师进行课例研究，首先要考虑个人的原有经验，关注新课程理念下的课程设计；在此基础上，反思原有经验与新理念的差距，完成向更新理念的飞跃；通过自身和观摩他人的课堂教学实践体验，反思教学设计与课堂实效的差距，完成理念向行为的转移。经过多次往复，螺旋上升，进而推进专业发展。以自身的课堂实践和思考为基础，吸收他人的经验或建议，完成课例研究报告，是课例研究的一个不可缺少的重要环节。课例研究报告的格式不限，一般是"教学设计概述+课堂实录+课后反思+他人评价+改进设想"。

（2）案例研究。教学案例是以教学过程中的某一情境、某一事件为研究对象，对这一对象进行描述、分析、研究、加工的过程。案例是含有"问题或情境"在内的真实发生的典型性事件，包含问题以及解决这些问题的过程、方法、结论和启示。教学案例与教学课例有所差异：课例强调的是对上课事实进行详细的罗列并加上简要的评析和反思；而案例强调对课例或教学事件、情境的后续加工。这种加工至少体现在两方面：一是在叙述形式上，案例有明晰的问题线索；二是在处理课例中错综复杂的事实材料时，案例强调把握事实材料背后的核心问题，然后再根据这一问题对材料进行加工。所以，一般的课例基本上是案例的"毛坯"，要把课例变成案例，必须进行二次加工。

（3）教育叙事。教育叙事是记录教师教育生涯和成长历程的真实故事和真情实感的一种书面表达方式，常见的形式有教师日记、教育随笔等，是教师对教育教学实践反思的一种重要手段。事实证明，伴随其教育职业生涯，坚持多年撰写教育叙事的老师，一定能较好地形成自己的教育哲学、教育体系、教育修养和教育风格。撰写教学叙事时应注意以下三点：第一，叙事一般有一个主题，且"主题"是从某个或几个教学事件中产生，而非从某个理论中产生；第二，教学叙事是一种能引起读者"共鸣"的"教学记叙文"，而非"教学论文"；第三，"教学叙事"以"叙述"为主，"夹叙夹议"，能反映研究的过程和自己的思考。

（4）教学反思。经常反思是优秀教师成长的共同特征。反思的本质是一种实践与认识之间的对话，是二者相互沟通的桥梁。教学反思是教师以教学活动为思考对象，对教学过程中运用的教学方法、教学策略、教学媒体、教学效果等方面进行全面审视的过程，是对教学实践的回顾和再认识，从而产生新的更趋合理的教学方案与行为活动的过程，是教学的反思与反思后教学的有机统一。人们都说，"教师的成长 = 经验 + 反思"，没有经验的反思是空洞的、虚假的；没有反思的经验是狭隘的、肤浅的。教学反思对教师的专业发展具有重要作用。教育是育人实践的艺术，教师的专业发展，学术知识是必须的，但仅有学术知识是不够的，教师在运用理论和知识的同时，要从经验中学习。教师作为专业人员，其专业成长是一个持续不断的过程，由新手到好手，由好手到能手，需要不断反思，不断提高，螺旋上升，没有终点。随着社会的飞速发展，知识更新速度加快，任何一种想通过一次性教育就从事一生的职业的时代已一去不复返，教师这一职业更是如此。唯有不断地学习、实践、反思，才能立于不败之地。

【案例 6.17】

实践加反思，教师在行动
—— "提升教师专业素养的实践研究" 阶段小结

坪山区六联小学

基于群体性教师专业发展的需要，我校开展了"以'两实践两反思'提升教师专业素养的实践研究"项目。该研究的总目标是：立足学校教师的现状，把提升教师专业素养的重点定为提升教师的专业知识和专业能力，并将其作为项目推进的关键点，通过"实践 + 反思"的方式，促使参研教师树立专业发展信念，提高其专业知识和专业能力，培养教科研骨干和教学能手，推动学校教育改革走向深入。

"两实践两反思"，是指以"主题教研"活动为抓手，以课堂教学为载体，搭建教师与研究者的合作平台。其基本形式是：第一轮实践（实践行动）—第一轮反思（评估调整）—第二轮实践（深化实践）—第二轮反思（整体评价）。通过"理论学习、教学实践、反省改进"周而复始，螺旋上升，全面提升教师团队的专业能力和专业素养。

1. 明确教学反思的操作要求

课后即时反刍，撰写"教学后记"。教师每上完一堂课，总会觉得有得有失，这本身就是教学收获的重要内容。如果只是在头脑中简单地回顾一下，再深的体会也会转瞬即逝，错失自我提升的良机。如果及时见诸笔端，哪怕暂时只是简单的片断，集跬步可以至千里。基于此，学校明确要求全体教师撰写教学后记（包括观课后记，对不同的教师具体要求略有差异）。学校把教学后记作为教学"六认真"检查的核心内容之一，由教导处负责，督促教师行动起来，坚持下去。

定期追问实践，撰写"每月一文"。在即时反刍、撰写教学后记的基础上，要求教师进一步树立问题意识，不断追问教学实践，撰写"每月一文"。"每月一文"要主题明确、结构完整、内容详实。学校教科室负责督查统计，并组织学习、交流、评价。

期末总结提炼，撰写"教海探航"。每学期末，要求教师重点结合全学期的"教学后记""每月一文"及参与的其他研究项目，独立完成一篇来自教育教学生活的、理论紧密联系实践的、真实而有意义的"教海探航"专题论文。在学科组内交流的基础上，由教科室组织全校学术研讨会，进行公开交流，优秀作品优先刊登于校刊，向上级部门推荐评奖。

2. 活化教学反思的表达形式

教学反思有别于教学论文，在具体的表达形式上不必太拘泥。学校鼓励教师采用形式多样、生动活泼的表达方式来呈现自己的反思成果。如教师撰写"每月一文"，可以是勤读书刊杂志，写精读笔记；可以是关注学生发展，写教学叙事；可以是追问课堂，写教学后记；可以是审视他人教学，写案例分析；等等。

我们认为，自我反思是教学反思的主要内容，加强自我反思是抓实教学反思的前提和关键。当然，自我反思并非教学反思的全部内容。在教学日趋多元、开放的今天，教学反思的有效性越来越依赖教师之间的协作与交流，也离不开专业研究人员的引领。教离不开学，学是为了更好地教。问卷调查表明，学校教师对此有着明确的共识。因此，我们把"同伴互助"和"专家引领"也作为本项目研究行动的重要内容，不断地付诸行动。我们在校本研究中强调团队合作，促进"同伴互助"，明确"两实践两反思——课例研究"中教师的分工合作，通过"青蓝工程"让教师学会和习惯合作，在校本研究中追寻

"专家引领"。"走出去"，聆听、观摩、参与，"请进来"，示范、指导、引路。清华大学积极心理学研究中心客座教授、深圳城市学院新常态教育研究中心主任徐国斌教授、深圳市教科院教研员李一鸣老师、坪山区教科院王旭信副院长、袁园部长等专家对此项目付出了许多心血。

加强实践反思，促进同伴互助；追求专家引领，适应教学研究生活；养成教学反思习惯，改进教育教学工作。这条专业发展道路，已得到全校干部教师的一致认可。

【案例点评】一位著名教育家说过，一个教师写一辈子教案不一定成为名师，但如果写三年教学反思则可能成为名师。六联小学校长、老师们深知这个道理，他们申报了坪山区教学改革重大项目："以'两实践两反思'提升教师专业素养的实践研究"。该项目把教学反思与教学实践紧密结合，从课后"教学后记"起，到追问实践的"每月一文"，再到提炼成果的"教海探航"，通过"实践反思＋同伴互助＋专家引领"，形成了一个不断发展、螺旋上升的群体性教师专业发展的良性通道。

3. 专题研究

在实践反思的基础上，对教育教学实践中遇到的有价值的问题开展专题研究，也是一项有效的教师专业发展策略。

专题研究所选择的专题可以从"知、情、意、行"4方面来考虑，即专业知识、专业信念、专业能力、专业行动。对于教师小团队或教师个人来说，最好从小专题开始研究，涓涓细流汇聚成海，积少成多，终成大器。但对于学校整体而言，为践行办学理念，实现培养目标，办出特色品牌，可以聚焦某个学校发展一定阶段的重大问题或重大挑战，确定重大教育教学改革课题，集中学校优势资源，群策群力，联合攻关，促进学校品牌发展。

【案例6.18】

坪山区重大教学改革项目阶段性成果示例

坪山区教育科学研究院　王琦

按照坪山区教科院"规范均衡—内涵品质—品牌特色"三步走的区域教育科研发展战略，在区域教育整体取得长足发展的基础上，为进一步激活学校自主发展的动力，引导学校进行重大改革创新，培育区域教科研品牌性成果，促进区域教师队伍高层次发展，区教科院设立了"学校重大教学改革项目"。

"学校重大教学改革项目"，是指以区教科院为引领，学校根据其办学定位，针对学校发展阶段性关键问题和重点领域，以课题研究的组织形式，确定学校阶段性重大攻关项目。"学校重大教学改革项目"明确要求，校长是课题的实际主持人，学校要围绕重大课题集中人力、物力、财力，注重理论与实践结合、自主研究与专家引领结合、整体改革与局部强化结合、实践改进与理论突破结合，通过3年左右的努力，培育出属于坪山自己的教育教学改革特色成果。

中山小学："习性教育"学校整体改革的探索

中山小学以"习性教育"为引领，提出了学校的办学理念——积习成性，知行合一；确立了"顺应天性，培养习性，发展人性，让学生成为最好的自己"的培养目标。经过3年多的探索，学校建构了"习性教育"课程体系；提炼了知行合一、学思结合的"习性课堂"范式；建立了"习性教育综合评价体系"。着眼学生综合素养，聚焦学生核心素养，培养学生良好习性，实现文明、健康、智慧、高雅的育人目标。

"习性教育"整体改革取得了显著的办学成绩和一定的理论突破。该项目获国家教育部基础教育课程与教材中心立项；荣获广东省基础教育教学成果一等奖、广东省特色课程建设一等奖；被深圳市教育局确定为全市教育科研成果重点推广项目之一。由深圳市教科院主办、坪山区教科院和中山小学联合承办的"习性教育成果推广会"，受到包括教育部专家在内的全国同行的高度认可。课题主持人曾宇宁校长被评为第三届深圳市科研专家工作室主持人。

"习性教育"项目产生了广泛的社会影响。教育部相关司长、大学教授、教科研专家及全国教育同行等，都对该项目给予了充分肯定。国家督学廖秀梅认为，"'习性教育'理念先进，研究扎实，效果显著，成果丰富，值得总结推广"。目前，中山小学已与国内外90多所学校建立了"习性教育"合作研究协作体。通过合作研究、专题讲座、送课观课、跟岗研修、联合展示、专题活动等，共谋"习性教育"方略，共话教育改革未来。

坪山实验学校："生命·智慧"学校课程体系的构建

坪山实验学校基于"九年一贯制学校课程整体建设"项目，于2014年启动，经过调研、设计、论证、修正，2016年6月初步完成"系统构建九年一贯制的'生命·智慧'课程体系"的整体设计。当年暑假前后，先后召开3次专家论证会，形成了《"生命·智慧"学校课程纲要》《"生命·智慧"课程标准》《"生命·智慧"课程结构》《"生命·智慧"课程实施细则》《"生命·智慧"课程评价》等系列配套成果。2016年11月25日，面向区内外同行、学校全体教师、学生和家长，成功举办"坪山区重大教学改革项目学术开放"之"坪山实验学校'生命·智慧'课程体系"发布会，产生了较大的社会反响。

"'生命·智慧'学校课程体系"在坪山实验学校的开创性实施，全体教师开展了大量的实践探索，"生命·智慧课程体系"不断成熟，"小组自主合作学习"不断深入，信息技术引入教学改革取得突破，教师队伍加速进步，学习方式切实转变，教学质量跨越发展，"生命·智慧课程"受到了全体师生的热捧和喜爱。坪山实验学校被评为"广东省基础教育研究实验基地学校""深圳市最具创新力学校"。"生命·智慧课程"项目荣获2017年"广东省特色课程建设二等奖"。

…………

【案例点评】该案例摘选于坪山区教科院编制的《坪山区重大教学改革项目进展综述》。该报告主要由6部分组成，包括"重大教学改革项目"的定位、立项、实施、管理、成效、建议等，全景式展现了坪山教科院通过教育科研推动区域教育重大变革、提升区域教育品质的生动实践。在全新的教育科研管理体制引导下，学校办学自主权得以落实、彰显，校长、教师的教育科研潜力、活力、创造力得到充分释放、展现，区域教育呈现出"百花齐放，百家争鸣"的良好生态。

（五）评价激励策略

评价激励也是引领中小学教师专业发展的一项重要的管理策略。《中共中央国务院关于全面深化新时代教师队伍建设改革的意见》指出："建立符合中小学教师岗位特点的考核评价指标体系，坚持德才兼备、全面考核，突出教育教学实绩，引导教师潜心教书育人。"

1. 评职评优

教师是专业技术人员，评职评优是对教师的工作水平和能力的综合肯定，职称和荣誉往往与教师的工资、福利直接相关，关乎教师的职业利益和职业尊严。职称改革权限下放，学校对评优评先有了自主权，就是为了鼓励教师干事创业，破除论资排辈、吃大锅饭等传统评价弊端，激发教师的积极性、主动性和创造性。为此，我区各校积极探索教师发展性评价，以科学评价促进教师专业发展。

【案例6.19】

教师综合素养星级评价

坪山区中山中学

教师综合素养评价体系由师德素养、教学素养、学术素养、合作素养、信息素养、身心素养等六大素养组成，每个素养设置五级成长等次及具体指标，对教师发展水平进行梯度评价。学校把教师的星级达标情况作为年度考核、职称评定、评优评先、名师评审的重要依据。

以学术素养评价为例，学术素养主要考查教师在课题研究、校本研修、专业发展等方面的表现与效果。学校将学术素养设计1至5星达标标准，设立必达指标和个性化目标。教师根据学校的评价指引，在力争达到必达指标基础上，根据自身实际设计个人阶段性目标和项目，纳入科研素养评价。学校建立教师综合评价机制，在过程性评价的基础上，每学期进行一次汇总性评价，并把评价结果反馈到教师个人。学校定期统计公布各等级的整体达标率、专项达标率等，教师对照学校整体达标情况，确定自己的定位，找出优势及不足，便于后续的自我提升或弥补，进一步完善自己。

【案例点评】中山中学注重教师发展的综合性激励评价，通过对教师的多维度分级评价，引导教师找好自我定位，瞄准前进方向，制定发展计划，努力创优争先。教师综合素养星级评价与职称评定、评优评先、名师评审等挂钩，能更好地引导教师呼应学校关切，潜心研究实践，专业成长贯穿教育生涯的全过程。

2. 档案袋评价

档案袋评价法，是20世纪80年代中小学评价改革运动中形成和发展起来的一种新的质性评价方式。它是指教师和学生将各种有关表现材料收集起来，进行合理的分析与解释，以反映教师的教和学生的学的进步或成就。

档案袋评价是对教师专业发展的补充性评价手段。在运用时需要注意以下几点：一是明确评价目的，主要用于教师的表现性评价，反映教师的特点与进步；二是明确评价主体，注重评价过程中教师的参与，学校管理部门做好引导、指导与服务，家长、学生也可以作为评价主体；三是确定评价对象，可以对教职工全覆盖，也可以根据需要确定特定的教师群体；四是确定收集的材料，一般与评价目的相关。总的来说，档案袋评价比较灵活，重在激励，重在发展，档案袋评价具体操作可以个性化、多元化。

【案例 6.20】

追寻教师成长的足迹

坪山区中山小学

"教师成长电子档案"是中山小学对教师绩效评价的内容之一，通过建立教师全员"专业成长档案"，追寻优秀教师的成长足迹，促进教师主动发展。依托大数据手段，建立"教师成长档案电子数据库"，管理部门按照一定的权限将各项评价项目的表现上传到教师的个人账号，如个人专业发展规划、公开课、业务竞赛获奖、指导学生获奖、教学质量、课题研究、论文发表、校本教研参与、课程研发等等。教师个人有更多的自由上传能反映自己专业成长的个性化、过程性材料。如有必要，学生和家长也可以参与评价。学校教师发展中心定期评估与反馈，择优展示与奖励。

....

【案例点评】中山小学通过建立"教师成长档案电子数据库"，对本校教师的专业发展过程予以跟踪记录。一是能让学校管理层实时掌握教师信息，把握教师专业成长的脉搏；二是可以通过了解教师个体差异和具体需求，设计和提供个性化、选择性的校本研训服务；三是教师个人及时记录工作轨迹，可以反思成长过程中的得失，不断完善自我。

3. 学分评价

《坪山区中小学继续教育管理暂行办法》明确规定，"推行培训自主选学，实行培训学分管理，建立培训学分银行"。学分管理从区、校两个层面协同推进，教师可以参加市、区、校组织的各类培训，按规定每年要修满 72 学分（广东省规定从 2022 年起，每年须修 90 学分）。教师还可以自主参加课题研究、教学改革、论文写作、专著编辑、开设讲座等"换取"学分。从一线的实际情况来看，每个教师的专业发展基础不同，发展需求不一，因此选择培训的内容、方式有较大差异，教师发展管理部门应主动适应、积极服务，开出更多的可供教师自由选择的培训项目，鼓励教师"自主选学"，通过建立"学分银行"，激发教师自主发展热情。

【案例6.21】

主动参与研究，争做科研标兵
坪山区龙田小学

评价项目：学校"科研标兵"。

参与对象：学校全体教师。

评选方式：自主申报、学校审核、专家评审、公示发布。

评价内容：主持或参与的各级立项课题，获得的各级各类教育教学科研成果，指导学生研究性学习小课题，参与各类工作室及表现情况，发表或获奖的论文、论著，开设讲座、开发继续教育课程等，其他与科研相关的项目或成绩。

业绩期限：近5年。

评价标准：根据具体指标分类定量评价，以课题为例（表6.2）。

表6.2 龙田小学"科研标兵"评价标准（课题研究指标）

课题类别	参与分值	主持人分值	备注
校级课题	1	3	以结题证书为准，只计算排名前3教师分值
区级规划	5	20	以结题证书为准，只计算排名前6教师分值
市级规划	15	60	
省级规划	25	80	
国家规划	35	100	

结果运用：对总分全校排名前10的教师，评为学校"科研标兵"，在外出学习、购买资料、职称评聘、评优评先方面给予优先考虑，并赋予8～12学时的校本继续教育学分。

【案例点评】针对龙田小学教育科研氛围不浓、科研基础薄弱、名师较少等现实问题，学校管理层推出《龙田小学科研标兵评选办法》。通过对教师参与教育科研的态度、过程、效果等方面进行定量评价，根据评价结果对教师进行奖励，以激发教师参与教育科研的热情，培育学校自己的名师和科研成果，通过科研快速提升教师的专业能力。相信"科研标兵"们，一定会引以为荣，通过更高水平的研究在全校树立榜样、进行示范，其他教师尤其是年轻教师一定会追随榜样，追求优秀，掀起"比、学、赶、帮"的科研新热潮。

4. 荣誉激励

教师承担着传播知识、传播思想、传播真理的历史使命，肩负着塑造灵魂、塑造生命、塑造人的时代重任。教师意味着责任和使命，荣誉激励是一个非常必要的激励策略。

荣誉是精神奖励的基本形式，它属于教师的社会需要，是教师作贡献于教育事业并得到承认的标志。荣誉可分为个人荣誉和集体荣誉，个人激励是基础，集体荣誉是合力。个人激励要与集体激励有效结合，榜样的力量叠加群众的力量，激发最大合力，推进教师队伍整体成长。

【案例6.22】

汲取"根"的营养　成就智慧良师
坪山实验学校　庄泳程

本人庄泳程，小学语文高级教师，坪山区优秀教师、区学科带头人、区名师、深圳市骨干教师，教育部"西部教育资源开发项目组特聘教师""京苏粤浙卓越教师研训班"成员。从教22年，我始终以草根的姿态，在教育的园地里，进行着寻"根"之旅。在追逐教育梦想的路上，成就智慧良师。

1996年我中师毕业，伯父对我说："你就要成为先生了，肚子里的墨水可够？"我一听，猛然一惊，"先生"，那是何等令人敬仰的称谓。我自豪之余却也有点忐忑。为了成为一名合格的先生，我背诵了一整本唐诗宋词、阅读了几十部中外名著，在肚子里装了些孩子们需要的墨水。我坚定了一个信念，只有当教师的知识视野比教学大纲宽广得无可比拟的时候，教师才能成为教育过程的真正能手。

2003年，我只身来到深圳。那时课改之风徐徐吹来。某一天，当我正在看着一本教学杂志时，一个词跃入我的眼帘——专业尊严！我又一惊，专业竟然关乎尊严。于是，我踏上了学科专业探索之路。我撰写教育随笔，每周一篇，每篇千字以上，10年从不间断。2006年起，我成了一个教育的行者，从龙岗到南山、宝安、龙华，最后回到坪山，我在不同区域学校请教名师，不断建构、推翻、再建构自己关于教育、教师、教学的理解。10年写随笔的成果，使我一次性投稿13篇文章就全部发表。而我个人倾注最大热情和精力的是语文教育智慧研究，面对课改层出不穷的观点和理念，我常常在"乱花"中迷失了方向，我认识到必须在实践中去寻找教学智慧。于是，在杭梓中心小学，我和几个同事组成了"智慧教学研究社"。短短几年间，该社团的研究从"语文教学的智慧"提升到"语文教育的智慧",及至最后形成"智慧语文"体系,获得了《语文教学通讯》等媒体的关注和推广。

2011年,我来到坪山实验学校。九年一贯制学校的特点让我对教育教学有了更宏观的思考,学校关于课程建设的一系列探索和实践,让我重新审视基础教育的性质——不仅要突出基础性,更要强调服务性。教育的供给侧一头是孩子未来的发展需要,一头是我们能提供的课程。于是,我开设了各种特色课程:演讲课和朗诵课培养孩子的表达能力,小组合作课培养孩子的合作精神,故事分享课培养孩子的生活情趣……深圳市读书月共举办了十六届现场作文比赛,我的学生曾连续八年获奖。要知道,深圳市一百多万小学生,每年获奖的也就三四十人;坪山区共举办三届现场讲故事及经典诵读比赛,我的学生就获得4个一等奖。这就是素养啊!我觉得:"升学率、优良率都不如回头率,若干年后,当我们回过头看这些孩子发展的后劲,这才是衡量教育成败的标尺。"

【案例点评】该案例节选自庄泳程老师所写的个人成长故事《汲取"根"的营养,成就智慧良师》的第一部分。庄泳程老师原本中师毕业,通过继续教育获得本科学历。从教22年,担任班主任17年,坚持"寻根""扎根""强根",追求教育的智慧和智慧的教育。他出版专著1部、合著3部,发表论文20多篇,获得教学比赛奖项30多次,受邀到北京、苏州、广东等地学校讲座、上示范课数十次。庄泳程老师一步步的成长,离不开他放低身段、潜心研究、醉心改革、勤于反思、笔耕不辍,也离不开专家引领、同伴帮助和体制激励,让他最终成为一名智慧良师。2017年,庄泳程获"深圳市年度教师"光荣称号。

(六)校本培训策略

校本培训是区域培训体系的重要组成部分,是以学校为本的教师专业发展工程。校本培训要以系统论为指导,既满足全体教师的必要发展,又服务于每一个教师的充分发展,系统性设计、差异化实施。

1. 校本培训的需求分析

只有做好校本培训的需求分析,校本培训才能做到有的放矢。校本培训的需求重点关注教师专业发展现状和教师专业发展需求两个方面。

(1)教师专业发展现状。就坪山区而言,各学校的教师专业的发展现状有较大差别或差距,但有几个问题却是共性的:一是教师的专业意识淡薄,成长动力不足。许多教师没有从内心深处把教师当成一种实现自我价值的神圣职业,仅仅是当成一种谋生手段,一些教师随着年纪的增长,愈来愈失去了工作的激情和动力。二是教学观念落后，教学模式单一。新课程实施十多年了，但仍然有不少教师沉浸在应试教育的桎梏中，沉沦在单向灌输、机械训练、疲劳战术、死记硬背等落后低效的教学方式中，教师"越教越累"，学生"越学越死"。三是综合素质偏低，核心素养欠缺。个别教师除课本和教学参考书外，几乎不读其他任何书籍，也很少参加教师培训和教研活动，专业素养长期停留在低水平状态。四是研究意识不足，研究能力欠缺。部分教师简单应付培训和教研活动，或把培训与教研、教学分离，凭经验、感觉、惯性去教学，教学效果及质量低下。即便这样，这些教师还是不乐于、不善于、不敢于把自己教学中面临的现实问题转化为课题去研究、去改变。各校应该在上述4个共性问题基础上，在调研的基础上深入分析本校教师专业发展的现状，摸清脉络，对症下药，优化培训。

（2）教师专业发展需求。一所学校教师人数众多，情况各异，众口难调。因此，校本培训工作多遭诟病，认为"任务布置多，深入研讨少""活动针对性差""听课缺乏明确的研究目标""活动缺乏主题性""理论学习离教学实践差距远"等等。为此，不断进行调查研究，充分理解教师发展状态，深入分析培训需求，开展分层、分类、按需培训成为校本培训必然选择。

我区开展校本培训的指导性策略是"以人为本，适应需求，分层分类，动态调整"。分层分类的标准很多，如按年龄分为新入职教师、青年教师、中老年教师；按教学技能分为新手型教师、经验型教师、骨干型教师、名优型教师；按研修团队分为课题组、教研组、年级组；按内容分为学科素养类、教育理论类、学科技能类、综合素养类等等。

【案例6.23】

按需培养，分类发展
坪山区光祖中学

让教师从单纯的教书匠转变成自觉的研究者、主动的实践者、严肃的反思者，是我校教师专业发展管理的基本宗旨。

弄清真实需求。开学初开展问卷调查，了解老师们最想接受什么培训、最想看哪些书籍、最需要什么资源、最想分享什么经验、最困惑哪些问题、最需要哪些帮助等等。立足一线，收集教师真实的问题。

按需组织培训。创建教师发展论坛，由老师们提项目、定方式、邀专家、开菜单，由学校教师发展中心协调。目前，学校开展的主要培训类型有：学科技能培训、校内名师分享、校际交流互动、专家报告、课例研究等；培训的重点有如何突破课堂，如何做课题、做研究、写论文等。

青年教师成长。发挥骨干教师的引领作用，做好结对帮扶，实行导师负责制。组织"每月一分享"经验交流活动，3年内青年教师自主分享系列化、常态化，本学期开展的分享主题有"初试锋芒""精雕细琢""与时俱进"等。

工作室浸润。鼓励青年教师进入市、区名师工作室；引进各级工作室到学校活动、开公开课。目前加入深圳市专家工作室的有12人，加入区名师工作室的有33人。

公民办帮扶。以学科组（备课组）为基本组织单元，向区内帮扶民办学校送课、送教、送培，与民办教师面对面，有针对性地提供帮助，触动和促进自身发展。

建立教研档案。了解每个教师发展动态，及时跟进和指导。

出版专业期刊。用好校内学术刊物——《视界》，鼓励教师撰写论文、反思、随笔并发表；推荐优秀作品向上级刊物投稿或参加评比。

塑造未来名师。组织青年教师学习名师申报、职称评审等政策、文件，让他们明确努力方向，规划职业生涯，为学校储备未来名师。

落实课题管理。邀请市、区教科研专家进校指导，强化各类课题的过程管理与交流，以课题带动教师、备课组、学科组发展。

构建自学平台。运用技术手段，继续引进自学资源，让教师们通过网络学习、阅读教育教学专著等，促进自我成长。

【案例点评】培训因需而变，这是以教师为本的真正体现。光祖中学在开展校本培训之前，通过问卷和座谈等方式，摸清教师对培训的真实需求，进而按需而培、因需而研、分类发展。辅之以导师制、工作室、课题研究、校际帮扶等配套措施，合力推动教师的整体发展和差异发展，重点支持青年教师的发展。从制度、机制层面确保实现"让教师成为自觉的研究者、主动的实践者、严谨的反思者"的教师专业发展管理理念。

2. 校本培训的组织方式

校本培训的组织方式多种多样，我区比较常用的有3种：师徒式培训、小组式培训、工作室培训。

（1）师徒式培训。师徒式培训也称师徒传承式培训，是一种最为传统的培训方式。这种培训方式强调单个的一对一的现场个别培训，一般包括讲解、示范、操作、纠正4个阶段，徒弟在师傅手把手指导下，能在短时间内大幅度提升自己的专业能力。

师徒式培训有3个特点：一是示范性，通常是师傅给徒弟做示范，师傅怎么教，徒弟就怎么做；二是指导性，师傅批阅徒弟的教学设计，或听徒弟上课，指出问题并提出改进建议；三是持续性，常言道："一日为师，终身为父"，即使在徒弟学成之后，师傅仍然是师傅，徒弟依然可以向师傅请教，师徒之间很容易形成良好的关系。当然，师徒式培训也有不足，要注意克服，如指导教师不是完人，其某些不足可能会影响或限制徒弟的发展；又如，师徒关系处理不好，容易出现小团体、小山头，影响单位团结。

【案例6.24】

"师徒结对"方案

坪山中心小学

师傅的职责：

（1）经常向徒弟介绍教学经验，提供教学信息，推荐学习文章，开阔其视野。

（2）每周听徒弟的课不少于1节。认真记载课堂实录，按一节好课的标准评课，指出问题，提出改进意见，做好评课记录。

（3）每周至少向徒弟开放2节优质课，供徒弟学习，可以是常规课，但要认真对待。

（4）精心指导徒弟备好课，写好教案。每周审阅徒弟的手写教案，悉心指导并做好记录。

（5）认真审查徒弟批改作业是否认真、规范、有针对性，提出改进意见。

（6）每学期，师傅至少开放1节示范课，指导徒弟上1节验收课。均可向科组或学校公开。

（7）学期结束及结对周期结束，完成指导徒弟工作小结或总结，在一定范围交流。

（8）从思想、工作、生活上对徒弟予以关心、引导、帮助。

徒弟的义务：

（1）认真备课，主动请教，每周将自己的手写教案主动交给师傅检查、指导。

（2）每周至少向师傅开课1节以上，请师傅给予指导。

（3）主动听课，每周至少向师傅听课2节，听课要认真记录，并写出体会或个人见解。

（4）徒弟每学期在组内上公开课不少于3节（1节汇报课、1节改进课、1节提高课），虚心听取意见并写好教学反思。

（5）学期结束及结对周期结束，完成工作小结或总结，在一定范围进行交流。

【案例点评】《坪山中心小学"师徒结对"方案》包括指导思想、总体要求、帮带对象、帮带时间、帮带小组、帮带目标、师徒职责、主要工作、管理与考核、奖惩等，共10项内容，详细、明确、操作性强，这里摘选的是第七项"师徒职责"。"师徒职责"具体、明白，如严格执行，定可以起到师傅尽责、徒弟满意的效果。

（2）小组式培训。小组式培训是把教师们分成若干小组，小组成员通过参与活动和互相交流，在认识自我、学习理论、研习技能的过程中，逐步提高小组成员的专业素质的过程。

小组式校本培训的组织应注意以下几点：一是小组人数不要太多，一般为4～6人，鼓励小组成员之间的相互沟通，所有成员要善始善终，不得中途退出；二是按照组内异质、组间同质分组，比如小组内部成员有着不同性格、不同经历、不同层次，小组成员之间可以互助互补；三是小组聚焦某个问题，强调小组的共同目标与责任，每位小组成员都应踊跃地参与、沟通、协作、领悟。培训人员主要起启发、引领、帮助、指导的作用，观察每位小组成员的行为，掌握进度，不能随意打断。

小组式培训的优点是能帮助参培教师树立集体观念和协作意识，自觉地与他人沟通和协作，保证教研目标的实现。小组式培训的缺点：一是小组人数有限，成本较高，规模效益不大；二是要求组员必须在培训主题上有一些经历和体验，对小组培训对象的多样性有一定限制。

【案例6.25】

"三类组团"促进教师团队发展
坪山区东门小学

东门小学根据学校教师人数不多、教师差异显著、学科特点不同等现实情况，采用"组团式"教师专业发展策略，促进教师团队建设。学校建设三类教师发展团队：1个名师工作室、1个"自强团队"、9对"青蓝工程"师徒。以项目式研修为基本活动内容，以小组活动为基本组织形式，以提升教科研能力和教学实战能力为重点，整体提升教师业务素养。"邓艮胜名师工作室"，引入全国重点课题成果——"语文主题学习"，通过专题培训、课堂观察、案例反思等途径引领教师共同进步。英语组建立"自强团队"，以"绘本阅读"

为主题，通过专家指导、自主学习、组员讲座，进行小组主题分享，促进对教学理论的理解和教学问题的解决。9 组"青蓝工程"师徒团队，围绕各自主题，开展系列研训活动。学校要求每一个组团有明确主题，重点结合课堂开展课例研究，撰写教学反思，切实改进教学。同时将问题、主题上升为课题，检验理论，凝练成果，提升教师的科研素养。学校对每一个组团都有资源支持、管理跟进、过程跟踪、结果评价，确保"组团式"研修取得实效。

【案例点评】龙山教育集团重视教育科研，董事长们多出身于教育行业，深知教育科研对教师发展的推动作用。集团成立教研室，这在民办教育集团中并不多见。东门小学是龙山教育集团的一所民办学校，其"组团式"校本研训搞得有声有色，根据不同学科、不同层次、不同特点的教师，组建"三类组团"，围绕主题开展卓有成效的校本研训活动。以教师为中心，结合学科特点，针对教师的专业起点与发展需求，组建研修团队，合理分类分组，很好地促进了教师群体发展和个人成长。

（3）工作室培训。名师造就名校，名校滋润名师。名师，顾名思义，是指那些在教育领域被大家公认的有突出贡献和较大影响的教师，是在某个区域范围内具有一定知名度和影响力的教师。他们具有深厚的教育理论基础、先进的教育理念、极强的教育研究能力、精湛的教育实践智慧，身正学高、为人师表。

"名师工作室"是新课程实施过程中涌现出来的一种新型的教师专业发展模式，全称为"中小学教学名师工作室"。一般以名师姓名及其专业特色命名，以促进教师专业发展为目标，由同一领域的骨干教师共同组成的教师合作发展共同体。"工作室"培训是以名师为引领，以学科为纽带，以先进的教育思想为指导，以教研训相结合为主要途径，促进教师专业成长，形成高层次教师团队的高端平台。名师工作室的成员主要来源于教育教学一线，是一个"自愿组合，双向选择"的成长共同体。

在名师管理部门的指导下，工作室培训要做的工作很多，如确定工作目标、制定培训计划、遴选成员学员、选择研训主题、组织实施研训等等。工作室培训模式有：导师跟踪制、项目领衔制、成果辐射制、博客传播制、QQ 群联系制等等。培训组织一般采用定期例会、专题研讨、课堂观摩、合作学习、档案管理、考核评价等。

【案例6.26】

且行且思，同行追梦
——坪山区袁园工作室三年工作总结
坪山区教育科学研究院　袁园

"袁园工作室"承载着市、区名师工程建设的期望和工作室全体成员的梦想。三年耕耘，我们勤学苦练；引领示范，我们身先士卒；一路成长，我们收获幸福。

……

3. 锤炼成员

为提升成员研备力，组织了工作室成员专题沙龙6次；以"三思"为研讨主题开展听课、评课、品课、辩课等区校联动5次；分层次举行"破冰之旅和世界咖啡"等头脑风暴活动4次；组织工作室成员经验分享25人次；核心成员示范课8人次，青年教师研讨课28人次；成员课堂教学比赛、说课比赛和模拟上课比赛各15人次；成员教学实录评析和论文评比优胜者各16人次；组织教师"走出去请进来"学习6次；组织25位工作室成员进行结对子的拜师学艺活动6次；骨干成员送课深圳市对口帮扶的河源市、陆河县5人次；送课坪山区民办学校20多次；30多位青年教师参加各类比赛获奖。

工作室学员每学期完成10项基本任务：①制定一份研修计划；②承担或参与一项小课题研究；③阅读一部教育名著；④撰写发表一篇教学论文；⑤开展一次学术专题讲座；⑥执教一节高质量的示范课；⑦出一份高质量的期末检测试题；⑧帮带1~2位徒弟；⑨参编一册工作室活动记事；⑩帮带一所学校的数学科组建设。

为发挥名师的引领作用，工作室主持人袁园上公开课6次、讲座8次；受邀参加名师送培送课到河源市2次、汕尾市1次；参加广东省骨干教师培训一期（其中，理论学习10天、跟岗实践15天、在岗实践半年、完成培训总结5000字、研究论文10000字、示范课2节、接受课题论文答辩考核）；参加深圳市组织的赴英海培训3个月；先后参加深圳市李一鸣、张裕、袁智斌名师工作室；参加各级高级研训班4次。

4. 课题引领

为了提升研究、解决问题的能力，成为科研型教师，本工作室积极申报各级立项课题。由主持人袁圆牵头，申报3个课题成功立项：广东省教育科学规划课题"小学数学课堂教学中师生互动的有效策略研究"、深圳市重大招标立项课题"小学数学课堂积累基本活动经验的教学策略研究"、坪山区立项课题

"小学数学绘本功能研究"。

经过3年的扎实实践，务实提炼，结出了可喜成果。《小学生课堂积累基本活动经验的教学策略研究报告》获中国教育学会科研成果一等奖；在坪山区举行的科研成果评比中两次获一等奖；工作团队编印成果推广资料6册，撰写论文获国家级奖励4篇、省级获奖3篇、市级获奖7篇、区级获奖23篇；在各级杂志上发表专业论文18篇。

【案例点评】此案例摘选于《坪山区袁园工作室三年工作总结》第三、第四部分。由坪山区教科院小幼教研部部长、数学教研员袁园主持的名师工作室，共有来自区内各校的25位成员和学员。她们给工作室取了个有趣的名字——"圆梦工作室"，"圆"字为"袁园"谐音，象征着她们是一支有共同梦想、有活力源泉、有开拓勇气的团队。工作室有严密的制度、严谨的计划、主打的课题、聚焦的主题、丰富的活动、丰硕的成果。现在，从袁园工作室成长出来的成员已在全区各重要岗位上带领更多的热血青年教师继续"圆梦"。

3. 校本培训课程

校本培训课程指用来研究学校和教师发展的实际问题和需求而构建起来的一种教师继续教育课程体系。中小学校本培训课程，应超越具有严密知识体系和技能体系的学科界限，以本校教师专业发展的实际需要为核心，以解决本校教师专业发展过程中的实际问题为目的。因此，追求实用、实效是构建校本培训课程的基本思路。

《坪山区中小幼校（园）本培训指导意见》提出，校本培训课程应遵循5个基本原则。

（1）专业性原则。要符合中小幼教师专业发展的标准的3个主要范畴，即专业知识、专业能力、专业精神的要求，满足本校教师专业化发展的需要。

（2）自主性原则。坚持以校为本、以教师为本、以教师发展为本，尊重教师意见，重视教师需求，鼓励教师参与，以高素质、专业化、能创新为主要目标。体现学校特色，反映学科特点，满足教师需要，给予教师选择。

（3）实践性原则。课程内容要打破学科知识的逻辑体系，以教师发展的逻辑体系来设计，以教育生活和教育实践需要为基础来开发；培训方法要超越单纯书本知识、理论对理论的学习，强调丰富多彩的实践性学习活动，在发现、探究、实践中，把直接经验与间接经验结合起来；培训方式强调教师的亲身经历，在实践中学习，在活动中解决问题、发展能力。

（4）兼容性原则。课程目标应充分考虑本校教师的现实需要和教育改革发展的需要，呼应时代对教师发展的挑战和需求；课程内容要面向教师的整个生活世界，适应教师专业水平的动态发展，具有广博性、包容性和发展性。

（5）创造性原则。校本培训课程的价值，只有在教师亲历过程中才能实现。教师在参与培训中获得体验，在过程体验中进行反思，在创造性实践中获得成长。好的校本培训课程，能唤醒教师的自我发展意识，激发教师的创新、创造、创意活力，提高自己的教育教学能力和教育科研能力。

【案例6.27】

教师专业发展的校本选择

坪山高级中学

坪山高级中学自2006年建校以来，教师综合发展始终是教师发展的主线。学校发展"十三五"规划提出了学校教师综合发展新目标，构建了教师综合发展素质结构（图6.1）。

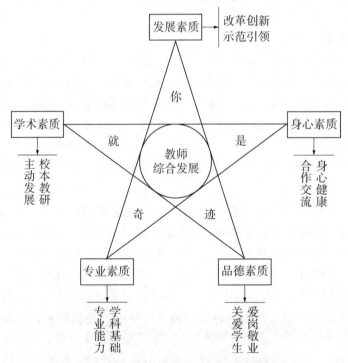

图6.1 坪山高级中学教师综合发展素质结构

"教师综合发展素质结构"解读。

（1）教师的综合发展处于中心位置，象征"教师的综合素质是学校的第一品牌"，体现"以教师发展为本"的学校教师发展理念；学校师生综合发展观"你就是奇迹"环绕四周，寓意每一位师生都有无限的潜力，都可以发展成最好的自己。

（2）教师综合素质5个一级指标，包括品德素质、身心素质、专业素质、学术素质和发展素质，是教师综合发展的总体要求。

（3）10个关键能力二级指标，包括爱岗敬业、关爱学生、身心健康、合作交流、学科基础、专业能力、校本教研、主动发展、改革创新、示范引领，是教师综合素质的具体表达。

（4）教师综合素质分层次发展。品德素质、身心素质处于第一层次，是对所有教师的最低要求，为人师表、身心健康是教师专业发展的基本要求；学术素质、专业素质处于第二层次，对骨干教师的基本要求，对全体教师的较高要求；发展素质处于顶层，是对名师的基本要求，对骨干教师的较高要求，对全体教师的最高要求。图表用渐变颜色标示教师综合素质的发展层级。

（5）从教师职业的生命视角看，品德素质是生命之泉，专业素质是生命之基，身心素质是生命之美，学术素质是生命之道，发展素质是生命之光，"五大素质"共同呵护、滋养教师的职业生命。

【案例点评】此案例摘自坪山高中教师发展中心主任王焱坤写的《教师专业发展的校本选择》一文。该文在"从丹尼森评测体系看校本教师发展的价值""立足校本的教师发展目标指向""构建教师发展的学校制度体系""基于校本的教师专业发展实践路径"四个方面，阐述了教师专业发展的思考与实践。"教师综合发展素质结构图"严谨、清晰、完整、逻辑性强，富有特色。学校构建了一系列适合教师综合发展的机制与策略，通过学校引导、专家引领、团队合作、个人努力、项目突破，立足教书育人实践，努力建设一支"乐教、善教、仁教"的卓越教师队伍，提升学校的核心竞争力。

4. 校本培训的主要方法

我区的校本培训，各校有不同的做法，但也有一些共性、常用的方法。

（1）专题讲座法。该方法最常用，便于操作。针对教育发展和教师需要，学校邀请专家进行专题讲座，就学校教育教学和管理某一个或某几个全局性、共同性、前瞻性问题，介绍相关理论，展示好的经验，提出自己的观点和解决方案，并就教师的疑惑进行现场指导。

（2）课题指导法。以本校教师实际开展的课题为载体，与学校重大课题研究的进程相协调，课题指导专家对课题组负责人、课题组骨干教师的系列指导，抓住课题的设计、开题、实施、结题、推广等关键环节，进行教育科研知识和教育科研方法的学习、实践，教师参与其中，提升其科研素养。这种方法围绕课题研究过程中须解决的教育理念、研究方法及其他实际问题而设计、组织，是一种"科研行动研究"。

（3）名师指点法。聘请校内外的名师、专家等进行教学示范、听评课、指导集体备课及其他教研活动；建立或组织教师参加名师工作室，周期性地培养青年教师。

（4）自主学习法。教师自我学习、自主学习是教师专业发展的重要方法。其最大的优势是解决了教师发展的动力问题，可以随时随地、线上线下不离岗地进行学习，学习内容、形式自主性强、选择性大。当然，既然自主学习是校本培训的一部分，学校也要有基本的要求，重点是提供引导、激励与服务。

（5）合作研修法。合作研修是常态，也是值得大力提倡的。如校内建立"教师成长共同体""特色教学工作室"、教学改革项目组；校际建立"跨校合作教研项目"；与高校、科研部门、专业机构进行"合作研修项目"等等。这种方式有利于用好资源，开阔视野，增进了解，共同发展。

三、区域教师专业发展管理重点项目

区域教师专业发展管理，应建立制度、完善机制、系统设计、整体提升、分类发展，在做实常规的基础上，突出阶段性重点。近年来，我区教师专业发展管理重点项目有名师工程、青年教师培养、教师发展基地、学科建设、继续教育课程建设、教师评价改革等等。下面简要介绍两个重点项目。

（一）名师工程

名师引领教师发展是区域教师专业发展管理的一项重要举措。坪山新区期间实施两届"三线四级"名师工程，"三线"指教学线、德育线、管理线，教学线面向学科教师，德育线面向班主任等德育工作者，管理线面对中层以上教育行政管理人员；"四级"指三线名师由低到高分为4个级别：教坛新秀、骨干教师、学科带头人、名师（名校园长）工作室主持人。目标引领，让每一位教育工作者都朝着"灯塔"前进。

为保证"名师工程"质量，我们设计了完善的政策、制度、机制，对每类名师的评审、管理、使用、培养、评价、激励作出详细规定。以下以"名师工作室"为例：

建立名师工作室，其目的是整合区域名师资源，以教师专业发展为核心，集教、研、训于一体，充分发挥教育领军人才在教师队伍建设中的辐射、引领和示范作用，努力造就一批具有现代教育理念和创新精神、体现区域教育特色、师德高尚、业务精湛、充满活力的高素质教师精英团队。"坪山新区名师（名校园长）工作室"由新区公共事业局批准并授牌，一般设在名师所在校（园），也可以根据需要"跨校挂牌设点"。名师工作室由3部分人员组成，一是工作室主持人，即本区域的省、市、区名师（名校园长）；二是成员，为工作室的骨干研究力量，协助名师开展工作，由相关领域骨干教师或管理人员组成；三是学员，多为中青年教师。成员、学员人数根据需要确定，由个人报名、学校推荐、主持人认可，并向名师管理部门备案。

（1）名师工作室职责。乐于吸收成员、学员，引领成员、学员专业发展；开展重大课题研究，推广重点科研成果；积极开展教学改革，推进项目取得成效；积极参与区域培训，热心指导校本教研；关注区域教育问题，积极主动建言献策；完成各级安排的其他任务。

（2）工作室主持人职责。制定工作室工作计划、学员周期培训计划；指导和审核成员、学员个人专业成长规划；建立工作室工作制度、运行机制；建立工作室网络、刊物等交流平台；建立学员、成员成长档案；确定工作室主导课题；组织工作室系列教研训活动；建立科学评价制度，定期考核学员、成员；撰写阶段性工作报告；及时收集、整理工作室材料，提炼阶段性研究成果；自觉接受名师管理部门考核；完成各级安排的其他任务。

（3）成员学员职责。自觉参与工作室建设工作，完成工作室安排的各项任务；虚心接受名师指导，大力支持团队合作；制定专业成长规划和周期学习计划，确定个人工作方向和重点；保证参与集体活动，积极开拓自选活动；主动承担公开课、业务竞赛、小讲座、小课题研究、送教等学术任务；及时收集整理资料，不断丰富个人档案；撰写阶段性工作总结；自觉接受工作室和名师管理部门考核；完成各级安排的其他任务。

【案例6.28】

坪山新区基础教育"名师工程"发展报告
坪山区教育科学研究院　余凡金

1. 基本情况

2011年，经教师自荐、学校推荐、区级评审等程序，认定坪山新区首届骨干教师30名、教坛新秀28名，对原龙岗区评定的35名骨干教师予以审核确认为新区骨干教师。2013年，新区启动第二届名师工程，共评出区级"三线"名师100名。其中，名师工作室主持人12人、学科带头人18人、名班主任7人、骨干教师34人、教坛新秀29人，任期3年。

实施"名师工程"5年多，新区教师队伍建设成效显著，名师成长加速。到2016年底，除区级名师外，新区还有特级教师7人（本土培养2名）、省校长工作室主持人1名、省教师工作室主持人2名、省骨干校长培养对象2人、省骨干教师培养对象3人、市教科研专家工作室主持人1名、市级名师17人，形成了省、市、区、校四级名师齐全的区域名师梯队。

2. 评审情况

新区第二届"三线名师"评审由区教科研中心具体组织，评审工作历时3个多月，做到了"四好"：组织工作严密、过程公正公平、结果无一例投诉、学校支持配合到位。各类名师申报298人，通过"三轮量化评分"评审、一轮说课、一轮综合答辩，共100名各类名师脱颖而出，总分过优良线者93人（公办中学50人，占53.8%；公办小学39人，占41.9%；民办学校3人，占3.2%；幼儿园1人，占1.1%）。新区领导高度重视，举办隆重的名师评审颁证典礼，新区管委会副主任雷卫华及公共事业局、组织人事局、发展财政局等部门领导为名师颁证，增强了名师的荣誉感和使命感。

3. 名师管理

（1）制度严密，有章可循。先后出台《坪山新区"名师工程"实施办法（试行）》《关于开展坪山新区名师申报与评选工作的通知》《坪山新区名师考核方案（试行）》《关于进一步明确坪山新区基础教育系统名师经费管理使用有关问题的通知》等管理制度。

（2）过程评价，动态管理。公共事业局人事部门会同教科研中心，加强对名师履职的过程管理，细化各项对名师的使用、培养、评价、激励举措，组织中期调研、年度考核等，确保"名师工程"善始善终，保质保量。据不完全统计，仅2014学年度上学期，各类名师上公开课198节、讲座65场、论文获奖或发表89篇、专著3部、指导青年教师385人、听课2885节、在研课题85项、向民办学校送课68节、到区外送教送培45场次。

（3）年度跟进，终期考核。区教科研中心组织区外专家团队，分组、分类到学校现场考核，包括查阅资料、名师汇报答辩、现场考查、问卷访谈等，评出名师管理绩效、名师发展风范、坪山教育实力。2016年完成对所有名师的终期考核，评出优秀40人、良好24人、合格27人。各工作室完成对学员、成员的终期考核，评出优秀42人、良好38人、合格97人。

（4）校级管理，严谨务实。坪山高中提出"尊崇学术，追求卓越，个性发展，和谐共进"的名师发展理念，理念为先、科研引领、团队发展、整体提升；坪山中学着力打造课题研究、教学改革、教师学习共同体；坪山实验学校坚持名师工程与教育教学工作有效整合；光祖中学名师立足本校，辐射全区；坑梓中心小学"四个到位"，优师引领学校发展；坪山中心小学校长带头，名师管理富有成效；金田小学主持人示范，全员发展；碧岭小学师徒结对，青年教师快速成长；汤坑小学发挥"名师效应"，引领科组建设；坪山二小搭台子、结对子，展名师风采；六联小学榜样示范，全员跟随；龙田小学奋起直追，弥补短板；龙山学校龙头引领，生龙活虎；坑梓、坪山2所中心幼儿园名园长、名师挂帅，打通园内外交流渠道。

深圳市教科院原副院长陆飞、市教科院名师管理工作负责人李有阶、原罗湖区教研员王见、原深圳小学特级教师石景章等多位评审专家，充分肯定我区名师管理水平和名师履职能力，专家组评价："坪山新区名师管理科学、规范、严谨、细致，名师管理水平走到了全市前列。"

【案例6.29】

坪山新区名师考核方案[①]

（1）考核对象：由坪山新区公共事业局授予"深圳市坪山新区名师"称号并颁发名师证书的各级各类名师。

（2）考核管理：新区名师工程领导小组负责名师工程的领导；新区名师工程指导小组负责名师业务指导与考核；学校名师工作小组负责名师的日常管理和考核初审。区、校联动，对"名师"实行过程性评价和动态管理。

（3）考核依据：《坪山新区"名师工程"实施办法（试行）》。

（4）考核组织：名师考核分为年度考核和周期考核。区名师考核分两级进行，学校初审，新区教科研中心终评。区名师工作室成员、学员的考核由挂牌名师负责，与名师工作室考核同步在工作室内进行，考核结果一并报公共事业局备案，并通报其所在学校。

分为两个阶段。第一阶段为学校量化评价。名师写好"个人履职报告"，填写"名师履行职责情况登记表"，上交学校名师工作小组；学校名师工作小组按照名师的政治表现、工作表现、履职过程、履职成效、教育教学业绩、经费使用等情况，结合名师档案、名师佐证材料等，依据"坪山新区名师个人考核业绩量化表"进行量化考核。考核结果公示无异议后，学校将考核组成员名单、"学校名师考核结果汇总表""名师个人考核业绩量化表""名师履职报告""名师履行职责情况登记表"等一并报送新区教科研中心。第二阶段为新区名师工程指导小组复评。采取信息化手段与现场考查相结合的方式，具体包括查看原始材料、听取学校评价、名师述职、听取相关教师和学生评价、问卷及访谈等。考核结果报新区公共事业局审核。

（5）结果运用：名师考核结果分为优秀、合格、不合格3个等次。年度考核结果作为周期考核的依据，年度考核"不合格"者，给予3个月整改期，整改后考核仍不合格的，撤销该名师称号，其相关名师待遇自行取消。周期考

---

① 案例来源：坪山区教育科学研究院

核"合格"以上的，可优先申报下一届同类别名师的评选或更高一级类别的名师评选；周期考核"优秀"的，予以表彰和奖励；周期考核为"不合格"的，撤销名师称号，取消相关待遇。名师工作室成员、学员年度考核合格以上的，可作为继续教育学时认定依据。考核不合格的调整出名师工作室。周期考核合格以上的成员、学员，由公共事业局颁发结业证书。

【案例点评】坪山新区的"名师工程"从无到有，短短5年时间，从区域名师"个位数"，到省、市、区名师200多名，教师队伍专业成长处于加速状态，教育改革如火如荼，教育质量快速提升，得益于卓有成效的名师管理。用评审专家组的原话："坪山新区的名师管理工作水平走到了全市前列。"

（二）青年教师培养计划

教师专业发展管理，青年教师的培养应是重中之重。坪山区对青年教师专业发展管理，以区教育行政业务部门为指导，以学校为管理主体。围绕教育思想、工作态度、德行操守、学问修养、业务能力、学生教育等方面，努力开展以理想责任、敬业爱岗、主动发展为主旋律的师德师风教育，通过系统培养，全面提升青年教师的思想境界、心理素质、专业素养、师能水平、科研能力，使青年教师脱颖而出，成为富有团队精神、勇于争创一流的区域教育改革的中坚力量。我区对青年教师专业发展的管理，着力3个方面。

1. 加强组织领导

（1）区教科院制定《坪山区青年教师三年培养计划》，系统设计、区校结合、整体推进。

（2）学校成立以校长为组长的青年教师培养领导小组，制定《学校青年教师培养实施方案》，目标引领、过程跟踪、用养结合、评价激励、促进发展。

2. 落实培养过程

一般来说，青年教师成长经过入门期、胜任期、成才期3个阶段。专业成长管理既要尊重共性规律，又要兼顾个别差异；既要强化体系培养，又要强调自主发展；既要有共同要求，又要有个性化目标。

（1）入门期（入职1~2年）专业发展管理重点：师德教育、教育教学基本功训练。一要突出师德教育。把青年教师思想政治素质和职业道德水平摆在专业发展的首位，自觉把社会主义核心价值观贯穿教师生涯的全过程，争做"四有"好教师，为党育人，为国育才。二要突出教学基本功训练。采用集中与分散相结合、集体与个人学习相结合等方式，强化"三字一话"，突出"两技""三法""六会"。"两技"指板书技能和信息技术；"三法"即精通教法，熟练指导学法，粗通教育科研方法；"六会"指会备课、说课、上课、听课、评课、带班。三要建立读书制度，引导青年教师养成读书、实践、积累、反思等专业发展习惯。

（2）胜任期（入职3～4年）专业发展管理重点：分类发展，实践磨练。根据青年教师的具体情况，进行分类管理和针对性培养，鼓励人尽其才，脱颖而出。在共同发展、共同提高的基础上，择优培养校级"教学新秀"，推荐参加区级"教坛新秀"评选。管理部门或教研组应多组织青年教师参加各种教研和学术活动，尽可能多地安排青年教师发言、上课、教学基本功展示等。延续读书、实践、积累、反思的习惯。

（3）成才期（入职5～6年）专业发展管理重点：培育特色，形成风格。对青年教师的专业发展，应提出更高要求，鼓励教师由成熟迈向成就，培养更多的校级"教学能手""骨干教师"，择优申报区"骨干教师"。管理部门可优先安排教师参与高端研修、课题研究、改革项目，如加入"名师工作室"、主持研究课题、上示范课、做讲座、指导新入职教师、外出研学、参加大赛、跨校送教等等。深化读书、实践、积累、反思的习惯。

3. 搞好考核评价

区、校要建立青年教师专业发展考核评价制度。根据必达指标，结合个人成长规划，考虑个人特点，采取自主评价、同伴评价、导师评价、管理部门评价、学生及家长评价等，进行综合评价。评价结论作为转正、聘任、晋升、评比的重要依据。加大对优秀青年才俊的表彰与奖励，提供更多的专业发展机会。建立对青年教师导师的评价与奖励制度。

【案例6.30】

坪山区青年教师三年培养计划

坪山区教育科学研究院

1. 培养对象

坪山区教龄1～3年的中小学在编教师。

2. 培养目标

（1）总目标。完善区、校青年教师培养、使用、评价和激励机制，畅通青年教师专业成长、成才渠道；帮助青年教师提升政治素质、职业道德、业务能力、专业素养，增强教师执行教育改革和推进发展的能力；构建一支政治素质硬、师德修养好、业务能力强的青年教师队伍。

（2）具体目标。①良好的思想品德和职业道德。坚决拥护共产党的领导，深入贯彻习近平新时代中国特色社会主义思想、党的教育方针和各级教育政策；师德高尚，热爱教育事业，热爱教师职业，具有强烈的责任心和进取心；热爱学生，受学生喜爱；遵守国家法律法规、社会公德；服从大局，团结合作，愿意为集体利益做奉献。②较强的教育教学能力。学科育人和班主任工作能力：能充分挖掘学科的育人价值，发挥学科教学的育人功能；熟练掌握班主任或学生导师的育人能力和管理技巧；具备一定的德育课程开发和实施能力。理解和驾驭课标教材的能力：能深入解读学科课程标准，合理设计教学目标，分析教材，把握教学重难点、关键点，了解教材内容的前后联系，了解学情，科学进行教学设计。有效组织课堂教学的能力：能根据学科特点、学情校情和自身情况，探索课堂教学实施路径，充分体现新课程理念，促进学生自主、合作、探究、主动学习。德育常规与教学常规要求：能按德育常规、教学常规要求，根据学校、班级特点，严要求、高标准完成德育、教学常规工作。③扎实的学识专业素养。学科专业知识过硬，教育教学理论功底扎实；教学基本功扎实，普通话标准（外语老师含口语表达），表达能力强，"三笔"字规范工整，现代教育技术运用能力强；认真学习，大胆实践，通过自身努力和组织帮助持续提升专业素养。④一定的教育科研能力。主动研究教育教学理论，学习优秀教育教学经验，不断改进教育教学实践；能主持或参与小课题研究，运用科研思维、科研方法、科研手段发现和解决教育教学实际问题，有总结教育教学改革成果的意识和行为。

3. 培养措施

（1）开展基础调研。开展专项调研，摸清全区教龄3年以内教师的基本信息，了解青年教师队伍现状、问题及需求，为制定科学有效的培养计划提供依据。

（2）设计培养计划。区、校设计青年教师培养3年计划，并确定每一学年的工作重点和具体工作项目。

（3）制定成长规划。区教科研中心做好青年教师发展规划框架，学校指导教师制定3年发展规划，并为教师建立"专业成长档案"。

（4）加强区级指导。建立由特级教师、学科教研员、学科中心组、各级名师、工作室主持人等区教育教学领军人物组成的导师团队，负责对青年教师的跟踪、指导。

（5）设立校级导师。学校为每位青年教师配备一名教学导师和一名德育导师，也可两者合一，对青年教师"传、帮、带"（可根据需要跨校聘请校级导师）。

（6）优化研训模式。优化学校青年教师研训模式，强化青年教师培训、研修、交流，为青年教师提供多样化成长平台。构建区域"一二三"青年教师研训体系：制定"一个计划（青年教师培养计划）"，搭建"二个平台

（青年教师培训平台、青年教师研修平台），组织"三类活动"（专题培训、专项研究、专业交流）。

（7）促进自我提升。青年教师根据个人3年发展规划，通过自主学习、自主实践、自主总结，提升自身综合素养和专业水平。

（8）加强同伴互助。建立区、校"蓝青工程""名师工作室""项目工作坊""青年教师发展共同体"等平台，通过专业指导、合作研修、同伴互助等形式，促进青年教师相互合作、共同进步。

（9）组织业务竞赛。区、校组织针对青年教师教学基本功、教学专项技能或综合技能等业务竞赛，以赛促练，提升青年教师的专业技能。每位青年教师每年至少承担1节校级以上公开课，包括一年教龄"试水课"、二年教龄"展示课"、三年教龄"验收课"。

（10）强化考核评价。加强青年教师成长过程性考核评价，可采取自评、互评、他评、校评、区评等形式，实行一年一评，3年终评。相关考核结果与评优评先、岗位晋升、职称评聘、名师评选等挂钩。

4. 保障条件

（略）。

【案例6.31】

高中数学"三课"校本教研促进教师专业发展

坪山区教育科学研究院　赵大运

"三课"，是指"常态课""精品课""汇报课"。落实"三课"教研，强化过程管理，促进学科建设，实现教师发展。下面以坪山高山数学科组为例作一简要介绍。

1. 常态课全员参与

学校制定《学科组集体备课指引》，明确集体备课要求。开学初，各备课组制定学期课时精算表，整体把控教学进度。集体备课做到"三定六备三统六有"。"三定"即定时间、定主题、定中心发言人；"六备"即备课标、备教材、备学生、备教法、备学法、备教学内容；"三统"即统进度、统练习、统考试；"六有"即脑中有标、心中有本、目中有人、讲中有导、导中有练、练中有用。

听评课是教师互助提高、改进课堂教学的有效手段，所有教师的"常态课"都可向科组全体教师开放。新入职教师第一学年，对科组教师"常态课"的听课率为100%；入职3年以内的教师对科组教师"常态课"的听课率不低于50%；入职5年以上的教师对科组教师"常态课"的听课率不低于20%。全体教师听课不得少于 20 节/学期，入职一年内教师青年教师须"先听后教"。

数学"常态课"基本要求：以课程标准和学生实际确定学习目标；以现用教材适当结合其他版本为基本资源；以数学知识为载体建立知识网络；以解题为突破口培养数学思维；以学生为主体引导学生会学；精讲精练，重难点突出，提高课堂效率；因材施教，分类指导，促进每一位学生发展；突出问题解决和实践运用，培养数学核心素养。

2. 精品课岗位竞技

区教科院每年组织"新教育杯""新锐杯"数学教师技能大赛；学校每年4月、10月为岗位竞技月。参与4月岗位竞技月的主要对象为入职3年以内教师，竞技内容为"四优联评"（表达与板书、现场教学设计、课堂教学、课后反思），要求全体青年教师参与并评价。参与10月岗位竞技月的主要对象为工作3年以上、年龄45岁以下的教师，竞技内容为"两大核心能力"（生本学堂、师本教研）。

3. 汇报课专题研修

依托"1+1+3+N"教师研修项目（1名理论导师、1名学科名师、3名青年骨干、N名学科教师），以"汇报课"为载体，根据选定的教学研修主题，按照"理论导师专题报告—个人一备—备课组集备—实践导师指导—备课组研讨、学科部研讨—集体二备—个人深度二备—上汇报课与观课评课—全体研修总结"的流程进行。

【案例6.32】

一位新教师的"成长密码"

坪山区光祖中学　张海花

入职的前两年，我是在迷茫中度过的。我性格内敛，参与各类教研活动和业务竞赛不够主动，工作也是顺其自然。到第三年，那种刚入职干一番事业的激情慢慢褪去后，我仿佛将自己的教师职业生涯一眼望到了底，这让我有点惧怕，突然觉得这就是浑浑噩噩。除非改变，别无他法。如何改变呢？

1. 有意识地补弱科，变"单腿跳"为"双足行"

作为物理教师，当学生时偏理科的我，毕业入职后感到在书面表达上捉襟见肘，迫切认识到提升文学修养的必要性。于是，我开始给自己找一些文学作品阅读。2014年秋，我主动请缨撰写了"深圳市特色科组申报书"，后来申报成功了，这是对我整理文字工作的一种肯定。从此，我对文字工作的恐惧感逐渐消失，甚至开始有些喜欢它了。2016年，参与撰写了深圳市"好课程"开发的申报材料，还以主持人的身份成功申报了深圳市教育学会的一个重点课题。为此，我有幸面向全校同行作了一个关于如何撰写申报书的讲座。一回回的磨砺、一次次的肯定，不仅丰富了我的教师职业生涯，也让我开始进行更好地职业发展规划，更给了我继续改变自己的勇气和信心。

2. 转变对待"意外"任务的态度，认真地接受和对待它

当一个"意外"的任务被派发给自己时，我相信，任何人都会有不情愿的情绪。新入职时，学校实行"师徒结对""一带一"新教师成长计划。我的师傅，虽不善言辞，但却是真心将我的成长放在心上的人。因为他清楚，如果刚毕业时没有施加足够的训练任务，以后再施加任务就难了。所以刚开始时，师傅布置的任务很多：参加公开课、进行教学设计、撰写课后反思、撰写申报书、教学实录等等，我虽有些不理解，但还是按部就班地完成。渐渐地，我发现面对"意外"任务从无意识地接受到乐于承担了，因为它们为内敛的我带来"成功感"。后来，我开始认真对待这些任务；再后来，我积极主动要求承担各类"额外任务"。因为它们正在改变我的教师生活，不断地提升我的职业"幸福感"。虽然我到第三年才开始明白这些，但也算为时不晚吧。

3. 善于听取他人的忠告，无论是生活中还是工作上

当你在处理事情或者做决定有些"犹豫不决"时，不妨将想法告知身边的人，他们的忠告也许会给你指明一条正确的道路。我不是一个很健谈的人，甚至有些惜字如金，能不开口绝对不说。而现在我却很享受上下班途中的"闲聊"时光，因为语言交流会慢慢打开人的心扉，烦恼会渐渐地消失不见。尤其是在自己不擅长处理的工作或生活琐事上，偶尔唠唠嗑，既平复了自己的情绪，又能听他人言，仿佛劈开一条直达问题症结的小径。有时候可能是别人不经意的一句话，对于我而言，却有醍醐灌顶的功效。这样，自己处理问题的能力也就一点点提升了，烦恼也渐渐地减少了，取而代之的却是越来越多的"成就感"和不断增强的进取心。

4. "创造"一个挑战自我的机会并乐于承担它

熟悉会增加成功的概率，陌生则挑战与恐惧并存。在处理问题的先后次序上，我相信很多人会先从熟悉的入手，因为这样成功的概率比较大，放在最后的不是棘手的就是不擅长的。我也是如此，曾经很惧怕"未知"和"陌生"。可当我的自信心一点点增强时，我开始期待一些"陌生"的事情发生了，因为它们带来挑战的同时也往往带来了机遇。在中学时，如果说语文是我第一恨的话，英语应该是第二了。我不喜欢二者，源于我不喜欢死记硬背，也可能是没有找到学习它们的办法吧。当申请海外培训的文件下达时，心里有过一丝退却，但更多的却是向往。经过师傅的提点和同事的鼓励，我就越发坚定了信念：给自己一个挑战自我的机会吧。事实证明，我是幸运的，成功入围"海

培班"。这次再深造的经历不仅为我打开了一扇通往国际教育交流的大门，更给我一个机会以"学生的视角"重新定义和诠释"教师"这一职业，让我深深地思考——如何成为一个更优秀的我。

【案例点评】教师的专业发展离不开区域、学校的体系推动，更需要教师自身的执着追求。上述3个案例，分别从区域青年教师的整体培养、校本教研的学科推进和教师个人的自我驱动的角度，反映坪山青年教师的成长状态。"两类目标、十大措施、四项保障"，三年周期培养，区域青年教师成长工程稳步推进；围绕"三课"，区教科研中心副主任、中学数学教研员赵大运以课堂实践和改进为主要手段，引领校本教研，人人参与，共同提高；青年教师张海花由"迷茫""恍惚"，凭借师傅帮助和自身努力，找到了"成长密码"，变成了"更优秀的我"，后来，她成长为坪山区中学物理兼职教研员。

第三节 区域教师专业发展管理再思考

区域教育发展的影响要素很多，其中，教师是关键。教师专业发展问题，上自教育部，下到校长和教师，乃至家长和社会，都在关注、再关注。基层教师专业发展及其管理是一个系统工程，涉及多要素、多系统、多层面，面临诸多矛盾和挑战。在实践中，我们总结了县区教师专业发展管理的8重困境，努力寻求8个突破。

一、区域教师专业发展管理"八重困境"

县区教师研训具有贴近一线、组织方便、针对性强、省时省钱、实效性好等优点，但也存在诸多困难。笔者认为，县区教师专业发展管理存在八大结构性矛盾或困难。

（一）培训管理机构的激情与一线教师动力不足的矛盾

《中共中央国务院关于全面深化新时代教师队伍建设改革的意见》发布后，区域教育行政部门和教师专业发展管理部门热情高涨，动力倍增，投入大量的人力、物力、财力、精力，采用行政指令、整体推进、体系推动等方式，组织大量的群体性、运动式教师培训、研修项目，可谓轰轰烈烈。但客观地来看，基层学校、教师对相关项目、活动的反应、参与热情呈现不对等状况。其中，最关键的原因可能是动力问题和方式方法问题，如果教师专业发展组织的外在动力与教师个人发展的内在动力不相匹配，整体推动的体系力量与教师发展的主观愿望不相协调，这种"一头热，一头冷"的现象可能还会持续。

（二）教师专业发展管理的海量工作与管理资源严重不足的矛盾

截至 2017 年，坪山区有中小学校 41 所，幼儿园 74 所，在校学生 70000 多人，在职教师 5000 多人，规模急剧扩张、教育标准提高对教师专业发展提出了更高要求。每位教师继续教育学时最低要求 72 学时/年，加上公需课、专项培训、专题研修、名师项目、基地课程、校本培训、共同体建设，更有名目繁多的检查、评估、总结、考核等，导致教师培训组织工作呈"海量"级。对于目前只有 1 名学科教研员兼职培训管理的力量来说，坪山区的教师培训几乎是一项不可能完成的任务。此外，区域教育科研、名师管理、学科教研等区域教科研管理人员资源严重不足、力量有限，区域教师专业发展的引领面临严峻挑战。

（三）教师培训管理各自为政与多头管理的矛盾

教育系统部门林立，各部门都有培训项目。除教科研机构外，办公室、基教科、人事科、党办、安全办、督导室、发展科、教育服务中心等部门都组织各类行政、业务、党建、管理等培训，多头培训、多头管理导致部门之间、学校内部的业务与行政工作相互冲突、彼此交叉，培训组织困难，培训质量受限。

（四）教师研训组织与教育教学工作冲突的矛盾

目前，公办学校师生比配备标准是中学 1：13.5、小学 1：19，教师承担的课时量普遍偏多，教育系统内的各类行政、业务与事务的培训、教研、课题、研修、考试、检查、评比、总结等活动繁多，教育系统外的"进校园、进课堂"项目难以控制，加上午托、课后延时服务、"暑托"等名目繁多的"改革"项目无一例外的做"加法"，不断地"加压"在教师身上，教师的身心负荷达到极限。如果参与培训或教研活动，一般回来都要补课，个别以互相代课，甚至停课等方式解决，影响了教学秩序和教学质量。"多胎政策"、行政部门抽调、病事假等导致学校人事安排捉襟见肘。培训时间也很难协调，教师希望在工作日，校长要求在节假日。另外，相关部门对学校的苛刻限制越来越多，如外出集体培训被行政部门严控；许多大规模学校居然连一部校车都没有；教研活动回来繁琐的报账手续也消耗教师极大精力。民办学校问题更突出，据调查，我区民办学校教师平均周课时量为 22.6 节，随校车接送学生每周平均 9.8 次，身心负荷超重，几乎没有时间外出研训。多数民办学校管理者不乐意让老师外出培训，一是人手确实紧张，二是担心优秀教师流失。上述因素不能穷举，最终可能导致如下局面：无论多么有必要、多高水平的培训或教研活动，如果不是行政强制，学校不支持，教师不愿意，客观上都会导致研训效果大打折扣。

（五）教研、科研、培训分离与教育教学工作的整体性之间的矛盾

加强县区教科研机构建设，整合教科研机构的职能，实现教、研、培融合发展，是全国的大趋势。根据坪山区组织人事部门和教育行政部门的安排，原"区教科研中心"被拆分为"区教科院"与"区教师发展中心"两个独立法人事业单位，教研、科研、培训、名师管理、青年教师培养等各自为政，缺乏足够的沟通、协调与合作。另外，区域教育信息化也分属3个独立法人单位管理：信息化建设、运维归"区教育服务中心"，信息化推广应用归"区教师发展中心"，信息技术学科教研归"区教科院"。区层面没有理顺、融合，导致工作交叉、重叠、缺失等。为方便管理，学校层面一般设教学、德育、科研、教师发展、教育信息化等中层内设机构，也存在一定的分工协作问题。经上级部门的督导，近期相关机构正在整合中，但人员配备和相关配套措施远未到位。教育教学工作是一个整体，无论是教研、科研、培训，还是名师工程、信息化等各项工作，最终指向都是教师，因此，如果教师专业发展管理部门协调不够、整合不力，很可能导致基层学校、教师顾此失彼，无所适从，互相推诿，影响教科研管理工作的效益。

（六）部分人员过度培训与多数教师培训不足的矛盾

教育管理人员、骨干教师因为能力强、承担工作多，加上此类人员在学校的比例较低，导致培训过度过频，出现"厌培"情绪；而普通教师被"钉死"在工作岗位，获得培训、学习的机会要少得多。据调查，我区学校中层管理干部外出培训为人均每年1.3次，而普通教师仅有0.2次。

（七）教师培训课程有限性、相对稳定性与教师发展需求多元化、动态性的矛盾

教师培训需求多元化需要课程形态多样化。除上级规定的公需课程和区、校培训管理部门提供的通识课程和专项课程外，不同学校、不同学科、不同领域、不同年龄、不同层次的教师，对继续教育课程都有不同的需求。据我们的调查，2016年坪山新区教师培训的课程结构大致为：网络课程28.2%、区自主开发16.8%、社会提供25.4%、学校开发9.5%、教师开发10.6%、其他9.5%。由于课程开发成本较高、开发主体条件不同、供需方信息不对称、修改调整不及时等原因，导致有限而相对稳定的课程与教师的多元化、动态性需求很难完全匹配。

（八）各级教师继续教育管理不平衡、不协调的矛盾

深圳市教师继续教育管理，高中部分主要由市教育局负责，义务教育学段、幼儿园由各区负责。市级层面有市师资处、市教科院、深圳大学、深圳城市学院等组织，需要统筹协调。事实上，教师培训的日常工作更多地落在了区

级层面，但各区条件差距很大，如坪山区的条件就在全市靠后。市、区、校培训繁多，缺乏有效组织协调机制，加上一些临时性项目，难免出现冲突或空白。区际之间、校际之间教师培训的实际效果极不平衡。以校本培训为例，我区公办学校普遍做得较好，但占教师比例1/3强的民办学校的校本培训多数不尽如人意，校本培训的24个学分质量良莠不齐。

二、区域教师专业发展管理"八个方向"

基于现实问题和发展需要，本着系统、整体、持续、可行原则，优化区域教师专业发展管理机制，开发教师研训精品项目，完善继续教育课程体系，建立人人皆学、时时能学、处处可学、人人爱学的区域教师继续教育体系，成为突破县区教师专业发展管理困境的基本方向。

（一）更新教师专业发展理念

教师专业发展是由教师的专业伦理、专业理念、专业精神、专业知识和专业能力等构成的专业素质结构不断更新、演进、丰富和优化的过程。当代经济、社会、科技发展一日千里，教育需要培养面向世界、面向未来、面向现代化的一代代新人，作为新时代的教育工作者，只有持续不断地学习，才能跟上时代，履行职责。作为区域教师专业发展管理部门，对教师专业发展的制度建设、项目设计与组织，都要以教育学、心理学、学科教学、教师教育、建构主义、学习金字塔、人的全面发展等理论为指导，从3个层面综合考虑：宏观层面，要跳出教育看教育，将教育与社会经济发展结合，打通教育与其他领域的联系；中观层面，要关注国内外教育发展趋势，跟踪教育理论前沿、教改成功实践、育人成熟模式；微观层面，要关注现代教师的专业标准和核心素养，提高专业技能和问题解决能力。

（二）完善教师专业发展机制

理清市、区、校教师专业发展管理机制，实现各方力量的有效整合。区级层面，把"教研室""教师进修学校""电教站"等相对独立、分散的教科研力量整合成一个大机构，成立区域教师发展中心或教育科学研究院，配齐、配足、配强专职、专业人员，优化人员结构，完善运行机制，统筹协调区域教研、科研、培训、名师管理、信息化等领域，同时统筹区域教育系统各级各类培训，减少部门之间的耗损，提高组织效率。学校层面，优化教学、德育、科研、教师发展、信息化等中层机构的分工协作机制，围绕学校办学定位，聚焦学校发展、教师发展和学生发展的重大阶段性问题，以"主题式""项目式""参与式"教师专业发展管理为基本组织形式，真正实现"教研、科研、培训一体化"。

(三) 优化教师专业发展政策

从人事、财政、业务等多方面制定完整的区域教师专业发展的政策制度，激励教师主动发展、自觉成长。在原有教师培训制度基础上，可补充区域教育人才的引进培养、教育人力资源的科学配置、教师专业发展的评价激励、教育管理干部的梯队建设、教师培训顶岗、教师合理流动、名师培养使用与激励、科研成果奖励辐射等制度；继续完善名师成长、项目带动、团队建设、业务竞赛、合作研修、辐射示范等区、校教师专业成长展示平台；采取切实措施，让广大教师放下包袱参加各类培训、研学活动；合理安排教师工作量，严控各类"进校园"项目，大幅度减少教师的非教学任务；通过购买服务等方式，有效减轻教师负担；对民办学校教师设立"最高工作量标准"，减轻教师的身心负担。让每一位教师"想发展""能发展""爱发展"。加强对民办学校的管理和引导，鼓励学校采取切实措施，强化教师培训。

(四) 建设教师专业发展基地

教师发展是一个多方面、多层次的问题，涵盖专业发展、职业发展和事业发展等。区域教师专业发展的资源有限，单靠学校、教师个体的努力远远不够，建立教师发展基地，系统推进教师发展，是区域教师专业发展管理的一项重要举措。一是开发区内优质学校、学科、项目资源，建立本土的分类、分层、分项的教师研训基地；二是依托高校、科研院所、教育发达区域、名校等，建立相对稳定的区外研训基地；三是通过缔结国际友好学校、友好城区等，开发海外研训基地；四是充分运用技术手段，开设"教师在线研训空间""教师研训远程合作"等研训平台。

(五) 推动教研训一体化

基础教育是面对青少年的基础性、普及性教育，中小幼教师的专业发展应该主要在教育教学岗位上发展，在解决实际问题中发展，在行动研究与改进中发展。因此，对中小幼教师而言，教学、教研、培训、科研等都是围绕教学主渠道或一线工作的问题，以学校为主要场所来开展，教、研、培一体化的区校研修应该是教师专业发展的主要形式。一是组织机构一体化，以县区政府主导，按照精简、统一、效能原则，实现培训、教研、科研、电教等部门有机整合，建立由教育行政部门主管、教师发展机构主导、学校主抓、教师主体的"四位一体"的县域教师发展支持系统；二是研修项目整合，梳理各类"工作室""项目组""共同体"等，理顺关系，强化以课堂教学为核心，以提升教师专业能力为目的，以改进教学、提高质量为重点的项目式、参与式、体验式"主题研修"教师专业发展主打形式；三是聚焦教育教学实际问题，提炼教育科研课题，开展教育行动研究，运用教育理论，改进教育实践，提升实践智慧、提炼应用型成果。

（六）缔结多方研训合作联盟

资源整合、知识共享是时代潮流。县区教师培训要善于借力借势，与市内各区结成"合作联盟"，与国内教育强区建立"帮扶关系"，与国内外知名教育智库、师训机构签订合作备忘录，与优质教育服务团队、社会优质教育服务机构进行友好合作等。走出去、引进来，结盟、抱团，推动区域教师专业发展。

（七）动态开发研训课程资源

整合区内外优质课程资源，采取自主开发与购买服务、网络课程与现场课程、通识课程与专业课程、固定课程与可变课程、全员课程与个别课程相结合，开发系列课程，完善区域培训课程资源库。要花大力气建立区域本土"培训师"队伍，开发区域"研训精品课程"。鼓励包括名师在内的有志于教师专业发展事业的所有教育工作者，投身到区域培训课程资源建设上来。

（八）提升教师专业发展管理信息化水平

完善区域教师培训平台，充分利用大数据、互联网、人工智能等新技术，把教师培训管理平台拓展为区域教师专业发展综合平台；依托信息化手段，融教研、科研、培训为一体，兼顾研训管理、课程开发、研训实施、教师专业发展评价等，开展培训项目跟踪式管理、校本研训跟踪指导、教师研训绩效评价，建立"积分银行"；丰富在线培训课程体系和配套资源，培育优秀教师研训团队。创设"人人皆学，处处可学，时时能学，个个爱学"的区域信息化教师专业发展新生态。

参考文献

[1] 蔡世刚,魏曦. 管理学 [M]. 南京：东南大学出版社,2016.

[2] 陈桂生. "教研员专业"辨析 [J]. 课程教材教法,2021 (1)：35 – 36.

[3] 陈国民,祝怀新,范楠楠. 异化与归位：中小学教师教育科研的现状探析 [J]. 教师教育论坛,2020 (8)：16 – 18.

[4] 陈辉. 人本管理在教育科研管理中的应用 [J]. 中南民族大学学报（人文社会科学版）,2005（增1）：298 – 299.

[5] 陈侠. 课程论 [M]. 北京：人民教育出版社,1989.

[6] 程斯辉. 关于教育科研管理若干问题的思考 [J]. 教育理论与实践,2004 (13)：15 – 18.

[7] 戴德锋,窦德强,熊雯. 管理学 [M]. 北京邮电大学出版社,2016.

[8] 邓明,向洪,张来培. 管理学辞典 [M]. 成都：西南交通大学出版社,1992.

[9] 邓婉华. 替代性评价在中职语文综合素养评价中的实践探索 [J]. 电子制作,2014 (10)：188 – 189.

[10] 董屹敏. 区域中小学教育科研管理研究 [D]. 上海：上海师范大学,2010.

[11] 杜亚丽. 教育科研管理的特点及发展趋势 [J]. 教育探索,2006 (3)：67 – 68.

[12] 龚兴英. 中小学教研活动的历史演变与发展走向 [J]. 教师教育学报,2015 (3)：82 – 95.

[13] 国务院. 国务院关于基础教育改革与发展的决定 [EB/OL]. (国发〔2001〕21 号).

[14] 国家教委. 国家教委关于印发《九年义务教育全日制小学、初级中学课程计划（试行）》和二十四个学科教学大纲（试用）的通知 [EO/BL]. (1992 – 08 – 06).

[15] 国家教委. 国家教委关于印发《实行新工时制对全日制小学、初级中学课程（教学）计划进行调整的意见》和《实行新工时制对高中教学计划进行调整的意见》的通知 [EO/BL]（教基〔1994〕14 号）.

[16] 郝时明. 基层教科研机构服务教学的实践与探索 [J]. 中小学教材教学, 2015（3）：75-78.

[17] 何东昌. 中华人民共和国重要教育文献：1949-1975 [M]. 海口：海南出版社, 1998.

[18] 何声钟. 教师专业发展的概念、历程与目标取向 [J]. 江西教育学院学报, 2012, 33（1）：39-44.

[19] 胡江涛, 胡忠于, 尹黎力. 区县级中小学教育科研管理与指导机制的构建与实践 [J]. 基础教育参考, 2020（8）：16-19.

[20] 胡乐乐, 肖川. 再论课程的定义与内涵：从词源考古到现代释义 [J]. 教育学报, 2009, 5（1）:49-50.

[21] 黄济, 王策三. 现代教育论 [M]. 北京：人民教育出版社, 2004.

[22] 黄甫全. 现代课程与教学论（第三版）[M]. 北京：人民教育出版社, 2015.

[23] 蒋碧艳, 梁红京. 学习评价研究基于新课程背景下的实践 [M]. 上海：华东师范大学出版社, 2006.

[24] 江家齐, 陈运森. 教学管理 [M]. 广州：广东教育出版社, 1993.

[25] 姜磊, 马玉梅. 管理学基础 [M]. 北京：北京理工大学出版社, 2018.

[26] 教育部. 教育部关于培育和践行社会主义核心价值观进一步加强中小学德育工作的意见 [EB/OL]. （教基〔2014〕4号）.

[27] 金国永. 学校科研管理机制创新例谈 [J]. 中国教师, 2007, 49（6）：59-60.

[28] 孔令钢. 教师专业发展的实施策略 [M]. 乌鲁木齐：新疆青少年出版社, 2009.

[29] 李秉德. 教学论 [M]. 北京：人民教育出版社, 2001.

[30] 李倡平. 教育科研的理论和实践 [M]. 上海：上海交通大学出版社, 2010.

[31] 李娜. 中小学教育科研管理的问题及对策研究 [D]. 长春：东北师范大学, 2011.

[32] 李鹏程. 当代文化哲学沉思 [M]. 北京：人民出版社, 1994.

[33] 李森, 赵鑫. 现代教学论 [M]. 北京：人民教育出版社, 2011.

[34] 李忠尚. 软科学大辞典 [M]. 沈阳：辽宁人民出版社, 1989.

[35] 林崇德. 中国中学教学百科全书·教育卷 [M]. 沈阳：沈阳出版社, 1990.

［36］刘大春，张航，叶剑，等. 机制创新推动区（县）教科研机构转型的实践探索［J］. 中小学教师培训，2018，381（4）：30－34.

［37］刘惠林. 中国的发展与教育［M］. 哈尔滨：黑龙江人民出版社，2000.

［38］刘克兰. 教学论［M］. 重庆：西南师范大学出版社，1988.

［39］刘永和. 实现区域教育科研管理的有效突破［J］. 人民教育，2007（18）：46－49.

［40］柳斌总，柳斌，周宏. 学校教育科研全书［M］. 北京：九洲图书出版社，1998.

［41］陆雄文. 管理学大辞典［M］. 上海：上海辞书出版社，2013.

［42］孟泰，刘建华. 中国名优校长治校方略［M］. 北京：科学普及出版社，2009.

［43］秦国龙. 教研论［M］. 沈阳：辽宁大学出版社，2005.

［44］深圳市坪山区教育科学研究院. 坪山区教育科学研究院章程［Z］. （2017－1）.

［45］深圳市坪山区教育科学研究院. 坪山区中小幼学科建设5年报告［R］. （2017－3）.

［46］申继亮. "关于基础教育课程改革的若干问题"［R/OL］. （2013－07－01）.

［47］申毅，王纬虹. 幼儿园教研管理研究［M］. 重庆：西南师范大学出版社，2000.

［48］宋厘国. 县级教科研机构提升服务能力的新探索［J］. 上海教育科研，2007，237（7）：56－57.

［49］宋乃庆，徐仲林，靳玉乐. 中国基础教育新课程的理念与创新［M］. 北京：中国人事出版社，2001.

［50］苏心怡，张素蓉. 中小学教研工作内容的理性研究：深圳教育蓝皮书（2016）［M］. 深圳：海天出版社，2017.

［51］孙鼎国. 西方文化百科［M］. 长春：吉林人民出版社，1991.

［52］孙培青，李国钧. 中国教育思想史（第3卷）［M］. 上海：华东师范大学出版社，1995.

［53］陶行知. 陶行知全集（第2卷）［M］. 成都：四川教育出版社，2005.

［54］王策三. 教学论稿［M］. 北京：人民教育出版社，1985.

［55］魏长江. 教育科研管理浅见［J］. 内蒙古教育，2007（5）：27.

［56］巫道祥，潘盛明，刘旭相. 教科研机构助力区域教育整体改革的策略

[J]. 教育科学论坛, 2016 (16): 12-14.

[57] 谢新观. 远距离开放教育词典 [M]. 北京: 中央广播电视大学出版社, 1999.

[58] 徐桐, 张晓军, 刘若智. 加强教育科研管理提高学校科研效益 [J]. 辽宁教育研究, 2003 (10): 47-48.

[59] 许玉清. 试析课程建设的意义和方法 [J]. 益阳师专学报, 1996 (4): 112-113.

[60] 杨翠娥. 走向生命关怀的教师专业发展 [M]. 北京: 知识产权出版社, 2015.

[61] 杨兆山. 教育学原理 [M]. 长春: 东北师范大学出版社, 2010.

[62] 袁博. 初中教研管理问题研究 [D]. 哈尔滨: 哈尔滨师范大学, 2019.

[63] 张广君. 教学本体论 [M]. 兰州: 甘肃教育出版社, 2002.

[64] 张焕庭. 教育辞典 [M]. 南京: 江苏教育出版社, 1989.

[65] 张丽娜, 张晓蕊, 张晓倩. 高等学校教育质量监控与评价 [M]. 北京: 煤炭工业出版社, 2010.

[66] 张茂宇. 教师校本教育研究能力的开发与培养 [J]. 龙岩师专学报, 2003 (1): 88-91.

[67] 张素蓉. 教育经济学原理 [M]. 四川: 天地出版社, 2005.

[68] 张学军. 地方教育科研导论 [M]. 北京: 教育科学出版社, 2008.

[69] 张哲华, 马艳玲. 英语师范生学习导论 [M]. 北京: 北京理工大学出版社, 2018.

[70] 赵小雅. 教研制度: 理直气壮的中国特色 [N]. 中国教育报, 2014-03-05.

[71] 中共中央办公厅. 中共中央国务院关于深化教育改革全面推进素质教育的决定 [EB/OL]. (1999-06-13).

[72] 中国社会科学院语言研究所. 现代汉语词典 [M]. 第5版. 北京: 商务印书馆, 2005.

[73] 钟海青, 卢辉炬. 教师专业发展的意义探寻 [J]. 广西师范学院学报, 2003 (4): 1-6.

[74] 中华人民共和国教师法 [EB/OL]. (2009-08-27).

[75] 中华人民共和国教育法 [EB/OL]. (2016-06-01).

[76] 周海银. 学校课程建设的内涵、取向与路径分析 [J]. 山东师范大学学报 (人文社会科学版), 2015, 60 (1): 123-129.

［77］周培植. 区域教科研体制改革的思考与实践［J］. 人民教育，2008（18）：45-47.

［78］周文群. 区域教科研机构的定位与职能［J］. 教育科学论坛，2017（35）：6-8.

［79］朱小琥. 教育科研管理研究综述［J］. 江苏教育研究，2011（34）：61-64.

［80］朱新苏. 充分发挥区级教育科研机构的功能［J］. 上海教育科研，2005（8）：44-45.

［81］朱贻庭. 应用伦理学辞典［M］. 上海：上海辞书出版社，2013.

［82］朱咏梅."以人为本"教研管理尝试［J］. 山东教育，2008（2）：6-8.

［83］D. E 奥洛斯基. 今日教育管理［M］. 张彦杰，杨秀文，等，译. 北京：春秋出版社，1989.

［84］DAY C. School reform and transitions in teacher professionalism and identity［J］. International Journal of Educational Research，2002（8）：10.

［85］HARGREAVES F M. Understanding Teacher Development［M］. New York：Teachers College Press，1992.

［86］ROBERT L L. NORMAN E G W.《教学中的测量与评价》［M］. 国家基础教育课程改革"促进教师发展与学生成长的评价研究"项目组，译. 北京：中国轻工业出版社，2003.

［87］泰勒. 科学管理原理［M］. 北京：中国社会科学出版社，1984.

附录

李显明：一位不忘初心孜孜不倦的教育追梦人

曾海伟

教育是唤醒灵魂、发展能力、挖掘潜能、促进发展的崇高事业。"为天地立心，为生民立命，为往圣继绝学，为万世开太平"——教育神圣！

他有着教育者的情怀与理想，他孜孜以求追寻着教育的梦想，他肩负着区域教育发展与课程改革的重任，他有志于把教育薄弱区改造成教育强区。他是一名学者型教育专家，身上散发出儒雅书香的味道，骨子里渗透了坚毅果敢的气质，工作中体现出舍我其谁的胆识。他，就是深圳市坪山区教育科学研究管理中心主任——李显明。

"教育是事业，事业的意义在于奉献；教育是科学，科学的价值在于求真；教育是艺术，艺术的生命在于创新。"李显明一直把这句话当作工作信条。在一般人看来，教科研工作平凡、枯燥，但对于李显明来说是一件乐事，他把她当作终生奋斗的崇高事业和不可分割的生命部分。

"做教师，当我的课受到学生的喜爱，我很满足；做教研员，当我的观点激活教师的思维，我很幸福；做教科研部门负责人，当我的思想得到校长的呼应，我很兴奋。"在坪山区政府二办的办公室，李显明满怀激情地说道。身为坪山区教育科学研究管理中心主任，李显明很忙，笔者预约多次才能见上一面。作为区域教育科研的领路人，他肩负着选择区域教育改革方向、设计区域教育改革路径、推动区域课程改革实践、引领区域校长教师成长的重任。因此，忙是常态，但他乐此不疲、乐不知返。

李显明身材修长、面容清瘦、精神矍铄、话语铿锵、观点明晰、思维敏捷。三句不离本行，说起他和坪山教育的过去，他如数家珍、娓娓道来；谈到坪山教科研中心和坪山教育的未来，他思路清晰、提纲挈领。作为有着30多年教龄的教育实践者和区域教科研的开拓者，李显明就是一个不忘初心、不畏艰难、奋力拼搏、积极向上、永不止步的教育追梦人。

刻苦求学　立志从教

李显明出生在湖南省嘉禾县广发乡新元坊村，那是位于湘南地区南岭山脉陶岭山脚下的一个百余户人家的山区小村,那里山清水秀、环境优美、宁静优雅、人杰地灵。李显明的家族世代农耕,生活清贫,父母目不识丁,日夜操劳。他从小立志发奋,靠读书改变命运,凭知识报答父母,用才智报效国家。他勤奋劳动与刻苦读书两不误:在求学路上,他和小伙伴们打着赤脚、挑着红薯和"坛子菜"翻山越岭、跋山涉水,行走20多里山路而丝毫不知疲倦,一路欢歌笑语;在陶岭山区,他上山砍柴、下田耕作、出门放牛、在家喂猪,农活样样精通,时时以苦为乐;在昏暗摇曳的煤油灯下,他读书背诵、作业练习、写字画画,蚊叮虫咬而毫不知觉,不为所动。1982年,李显明以优异成绩考上湖南师范大学地理系,成为嘉禾二中全校当年的高考第一名和唯一考上重点本科的毕业生。

从湖南嘉禾的乡村,来到历史文化名城、伟人毛泽东的求学圣地——长沙,李显明特别珍惜。4年大学,在美丽的岳麓山下,在"惟楚有才"的岳麓书院旁,在涛涛的湘江河畔、橘子洲头,在底蕴厚重、书香浓郁的湖南师范大学图书馆和地理大楼,处处留下他刻苦学习的身影。他如饥似渴地饱览群书,虚心虔诚地请教老师,不知疲倦地实践磨炼,唇枪舌剑地同侪切磋,在知识、能力、学养、人格上不断丰富完善自我。他先后获得校、系三好学生、优秀学生干部、教学技能比赛优胜等各类荣誉,各科平均成绩88.6分,以优异成绩毕业并获学士学位。如果说读书让他跳出了农门,改变了自己的命运,实现了进城的梦想,那么,这只是"小梦想",李显明还有个"大梦想",那就是成为一名光荣的人民教师,用知识改变更多像他一样的农村孩子的命运。1986年6月,李显明放弃了优秀毕业生可留大城市的机会,自告奋勇地回到了家乡,被誉为"民歌之乡、神农故里"的岭南名城嘉禾县做一名教师。

初为人师的李显明充满了热情和激情,满怀着期待和渴望。进入嘉禾县一中第一个学期,他就打上了"遭遇战",时任校长周占寒交给他一个"硬任务"——担任高三文科"补习班"的班主任兼地理教师。他既没有因为挑战巨大而退缩,又没有因为缺乏经验而怯场。挑战大,决心更大;经验少,干劲更足。白天,他把师傅黄学日老师的课全部听完,进行二次备课,并大胆进行课堂实践;晚上,他研读教材、教参。仅用两个月的时间,就把初、高中的地理全部教材和教学参考书系统地研读一遍,把学校仅有的几本《地理教育》杂志翻得起皱。他夜以继日、不知疲倦地备课、上课、改作业、辅导、命题、刻蜡板(当时还没有电脑、复印机)、带班管班……多方面锤炼自己的教育教学基本功。遭遇困难,他虚心向许友彰等老前辈请教;偶有心得,他即时用笔头记录下来;略有进步,他信心更足,劲头更大。

功夫不负有心人。通过一段时间的学习、摸索、总结，李显明初步形成了一套自有的教学方法，他把它命名为"民主教学法"：他的课堂始终以学生为中心，学生有问题可以随时提，有想法可以自由说；他讲课简洁明了、形象生动、深入浅出、不拘形式；他上课激情四射、活力无限，用现在的时髦词就是充满"正能量"，深深地感染着学生；他担任班主任，放手让学生管理，提高了学生的自主能力；他为人随和，对学生尊重平等，课余时把学生当朋友、弟妹，常常和学生一起打球、郊游、劳动、做社会服务，成为学生眼中的"知心大哥"。李显明以其生动风趣的教学、平和开朗的性格、真诚平等待人的风格，受到了学生的喜爱。所有学生包括成绩不好的学生都成了他的"忠实粉丝"，他那间位于教室隔壁的小小办公室兼卧室常常人头涌动、笑声连连。

"文补班"很快成为学校的"明星班"，地理成绩突飞猛进，其他学科成绩也快速提升，在学校的各项活动和评比中表现突出。学子们被李老师的人格所感染，他们的青春梦想被唤醒，青春活力被激发，内在潜能被激活，这种力量如雨后破土的春笋，势不可挡。

作为李显明带高三的"处女作"——"文补班"参加1987年高考，在郴州地区名列前茅，十多名学生考上重点大学。随后，他担任班主任的高（94）班更加辉煌，该班考上北京大学2人、清华大学1人、中山大学、武汉大学等重点大学20多人。原嘉禾一中分管教学的副校长贺文贤说："在那个千军万马过独木桥的年代，作为县一级的学校能取得如此辉煌的高考成绩，真可谓'空前绝后'。"

如今，李老师的学生遍及海内外。其中，有主政家乡造福父老的县长、局长，有广州嘉禾商会的儒商型会长，有知名的银行家、企业家和社会工作者，有名牌高校、学术机构的科学家和学者，有和他一样奋斗在基础教育战线上的校长、名师，还有更多的各行各业的祖国建设者和社会优秀公民。谈到这一点，李显明感到十分自豪和欣慰，他觉得自己的所有付出都值得。

厚积薄发　梯级突破

"学然后知不足，教然后知困"。尽管在教学中取得了不俗的成绩，但李显明感到越教越深入，也越教越困惑。认识到教育真是一门神奇的科学和艺术，自己的理论根基和知识能力远远不够，冥思苦想如何才能再突破。于是，在从教的第三年，他做出一个大胆的决定——挑战自我，报考研究生。

当时国家招收全日制研究生的数量极少，考研非常困难，但李老师透露，他拥有外人不知的"核动力"——爱情。虽然他其貌不扬、气质一般，甚至有点"土气",但他并不是书呆子,他不但工作出色,而且爱好广泛、特长众多,运动、书法、唱歌样样拿手,更重要的是有豁达的性格与积极向上的精神力量。就是这样一位出自寒门的热血青年,引起了同为嘉禾一中老师的一位优秀女同事的注意。

这位女同事就是李淑静,学校的英语教师。她不但样貌出众,教学业务也顶呱呱,被坊间称为"县花""校花"。在众多的追求者中,这位女老师慧眼识珠,和李显明确定了关系,后来成为她的终身伴侣。她不经意的一句话——"我想去外面的世界看看",成为有责任感和上进心的李显明不断前进的巨大动能。

高中的教学工作异常繁重,李显明吃住在学校,从早上6点到晚上11点,他对工作毫不含糊。每晚看晚修结束,去学生宿舍查完寝,回到小办公室兼卧室已差不多12点了,这时李显明才开始挑灯夜读,熬过了一个又一个不眠之夜。研究生的考试在2月份,湘南的冬夜十分寒冷,他困了打个盹,冷了原地蹦一蹦,饿了吃点女朋友做好盛在保温杯里的食物,然后继续战斗。有一次因疲劳过度睡着了,长时间工作发热的台灯"抗议"起火,幸亏女朋友及时发现,一场"灾难"才得以幸免。

在流动的生命中,有一种永恒的快乐,它能让心灵充满渴望和斗志——那就是天天向上的状态。天道酬勤,1989年,李显明以第一名的成绩考上了西南师范大学的研究生,师从我国自然地理专业(土壤地理方向)名师林致远教授。1992年,作为一名优秀的硕士研究生,他再次回到他热爱的教育战线,成为广东中山市教育系统的一员。他一步一个脚印,从华侨中学教师、地理教研组长、教科室主任,到中山市教研室教研员、教科室负责人,一干就是12年。中山市教科室在全市教育系统很出名,5名成员都是全日制硕士研究生,在全市校长、教师的大力支持下,担任组长的李显明和其他4位兄弟一起打拼,开创了中山市教育科研、课程改革和素质教育的新局面,"腾飞的翅膀"系列改革成果得到广东省教育厅的认可,广东省教育科研和课程改革经验交流现场会也因此得以在中山市召开。他在自己的学科领域也硕果累累,学生不但高考成绩亮眼,而且实践力和创造力也十分了得。他独立主持的广东省教育科研规划课题"中学生地理创造能力培养的研究"荣获广东省基础教育教学成果一等奖,这个奖项是广东省基础教育系统唯一的教育科研政府奖,两年一届,只设一、二等奖,含金量很高;他培养的学生参加国家、省科学论文与发明创造大赛获得3个一等奖,23个二、三等奖。

是金子总会闪光。就在中山召开的这次高端研讨会上,时任深圳市南山区教育局局长、湖南师大校友、被业界誉为"课程改革的一面旗帜"的旗手刘晓明也参加了会议。会上,晓明局长高度评价了中山市课程改革的丰硕成果,也知道了中山课程改革的领军团队里有一个叫李显明的师弟。晓明、显明"两明"相遇,惺惺相惜,显明久仰和折服于晓明师兄"理想主义、浪漫主义、现实主义"的教育理念,晓明认可年轻师弟"闯"的勇气和"干"的劲头。不久,在晓明局长的召唤下,2004年6月,李显明做出了新的抉择——放下中山的成功,只身来到"全国课程改革高地"、首批国家级课程改革实验区——深圳市南山区,开创新的事业。6年的南山课改实践淬炼,李显明的教育人生再一次得到升华。

遇见高人,何其幸运。来到南山区教科研部门,他又遇见另一位"明"人——全国著名课改专家、特级教师、政府特殊津贴专家、教育部"国培计划"导师、南山区教科研中心主任禹明。在禹主任的领导和指导下,李显明在自己负责的领域忘我工作,不分昼夜,出色地完成了本职工作。在此基础上,他还和同事们一起参与了南山区课程改革的一系列政策文件、项目课题、学术交流、成果提炼、宣传报道等重点工作,上至与教育部和高校的官员、专家,下至与各校的校长、教师密切合作,建立了良好的工作关系,南山区课程改革的成果也愈积愈厚。抢占"课程改革、教育信息化、教育国际化"3个制高点,南山素质教育"四节"、"南山少儿国际艺术周"、"南山少儿足球俱乐部"、科学、艺术、史社、综合实践活动课程建设、学生综合素养评价、"卓越课堂文化建设"等一系列改革研究与实践探索红红火火、硕果累累。南山课改享誉海内外,李显明也在激情燃烧的课改岁月中一场场硬仗、一道道难关的考验下不断成长。

"晓明、禹明、显明,'三明'相识相知,是一种缘分。对我来说,'二明'亦师亦友、领导加兄长,在学术、做人、做事方面,对我的影响特别大,他们的智慧和品格在我身上留下了深深的烙印。"提起人生的这一段历练,李显明动情地说道。

拓荒新区　创造辉煌

奋斗的生命最有意义。2009年,坪山新区成立。2010年,新区政府批准设立坪山新区教育科学研究管理中心,并面向全国公开招聘负责人,李显明毫不犹豫地报了名。谈到参与这次选聘的原动力,还是来自家庭。虽然在南山,个人和集体的事业都取得了成功,但他有一个遗憾一直未能消除——夫妻、女儿一家三口还处于深圳、中山两地分居状态,已过不惑之年的李显明决心用这次机遇彻底解决家庭团聚问题。据说报名者有 30 多人，李显明与从全国遴选出来的 8 位教育学术界精英同台竞技，最终以综合排名第一的成绩脱颖而出。写到这里，我们必须认识李显明口中的另两位贵人——著名的专家型领导、坪山新区党工委原书记杨绪松和坪山新区公共事业局原局长谈宜福，是他们的情怀、智慧、信任与赏识，让李显明真正实现了事业和家庭的双圆满。

在坪山新区，李显明第一次担任区域教育科研的"操盘手"，负责全区基础教育的研究、管理、指导、服务，统管学科教研、教育科研、教师培训、教育信息化、德育、心理、体卫艺、学前教育、职业教育、家庭教育、继续教育、教育督导等各项业务。当时的"大部制"，公共事业局涵盖教育、卫生、文化、体育、计生五大领域，其中教育仅设两个部门：教育科管所有行政，科长名叫夏雷，是一个德才兼备的优秀年轻干部；教科研中心管所有业务，由李显明领衔。李显明既感受到沉甸甸的责任使命，又焕发出更为强劲的创业创新动力。在时任区委书记杨绪松、分管教育副主任雷卫华和公共事业局局长谈宜福等领导的指导下，李显明理清思路、整合资源、高位谋划、大胆开拓，带领全区教育工作者，走出了一条教育相对薄弱区域教科研快速发展的成功路径。用李显明的话，就是区域教育改革发展的"三部曲"。

第一部曲，摸家底。2010 年 6 月，李显明一到任，在同事前期工作的基础上，在区、局领导的指示和指导下，教科研中心组织专家组对新区基础教育开展全面调研，形成了《坪山新区中小学教育发展现状调研报告》，梳理了区域教育存在的四大突出问题：一是教育基础薄弱，二是公民办教育严重失衡，三是教科研管理力量微弱，四是教育质量整体水平较低。针对问题，教科研中心配合专家组完成了《就坪山新区教育改革与发展的政策建议》，制定了《坪山新区推进中小学教育均衡优质发展行动纲领》《坪山新区"十二五"教育事业发展规划》。正是这 4 份报告，给新区教育摸清了底数，找准了短板，明确了方向。

第二部曲，绘蓝图。在中山、南山经历过完整的课程改革历练的李显明，深知教育规划和教育科研对推动区域教育跨越发展的巨大作用。2010 年 12 月，由李显明牵头制定《坪山新区教育科研促进区域教育发展行动方案》。接着，由他亲自设计和主持的"城市化进程中区域教科研管理的实践研究"成功被立项为广东省教育科学规划课题。俗话说，路线是纲，纲举目张。李显明和同事一道，谋篇布局，运筹帷幄，锚定了区域教科研的发展方向：战略定位——"新坪山，新教育"；战略目标——"四优工程"（优校、优师、优生、优制）；战略路径——"三步走"（规范均衡—内涵品质—特色品牌）；战略重点——"六大行动"（均衡发展、质量提升、教师专业发展、学生素养提升、教育科研、教育信息化行动）。围绕"六大行动"，确定每一阶段教育改革的目标任务、内容项目、具体要求、行动措施、责任部门、考评办法等。坪山教科研中心的战略规划纲举目张，展示了未来8～10年坪山新区由薄弱的农村教育向现代化、城市型、开放式的区域教育演变的"施工图"。

第三部曲，玩命干。幸福来源于奋斗。教科研中心刚成立时，只有8个事业编制。尽管有被称为"教育书记"的绪松书记等领导的高度重视和大力支持，但新区起步时家底毕竟十分薄弱，各方面的条件非常有限。不过，对于历经风雨、一往无前的李显明来说，没有什么不可克服的困难。他带领教科研中心和全区校长、教师，高举"新教育"大旗，瞄准"四优"目标，围绕"六大行动"，按照"三步走"节奏，从组织建设、制度建设、机制建设、重点项目等方面全面发力，一天天连续苦干，一项项工作力推，突破一个个重点，攻克一批批难关，实现了一次次突破，填补了一个个空白。下面略举几项新区时代（2010—2016年）坪山教科研方面的不完全统计成绩：

高考、中考：连续6年获深圳市普通高考超越奖，培养清华大学、北京大学、中国美术学院以及全球100强世界名校大学生30多名；重点本科由2009届的3人增加到2016届的324人；普通本科由2009届的29人增加到2016届的596人；中考文化课成绩由低于深圳市平均分20多分，到超过市平均分18分，中考体育成绩连续多年名列全市前茅。

学校发展：国家级——国家级示范性普通高中1所、校园足球示范校3所、校园文化建设先进校1所。省级——广东省德育示范校2所、现代教育技术实验校3所、教师发展基地校1所、绿色学校3所、校园足球示范校5所。市级——深圳市德育示范校11所、素质教育特色校6所、智慧教育试点校4所、综合素养试点校3所、教育科研基地校2所、教师发展基地校2所、书香校园5所、传统体育项目校13所、校园足球示范校13所、优质示范幼儿园3所、最具创新力学校1所。

教师发展：培养广东省特级教师2名、正高级教师1名、省校长工作室主持人1人、省名师工作室主持人2人、省名校长培养对象2名、省名师培养对象4人、深圳市地方级领军人才3名、市后备人才5名、市名师17人、新区"三线名师"100名。主持国家级课题5项、省级课题22项、市级课题52项；荣获广东省基础教育教学成果一等奖2项、二等奖4项，获深圳市教育科研成果一、二等奖12项、市教育科研品牌成果推广项目1项；荣获市级以上业务竞赛奖年均300多项。

学生发展：学生综合素养的培养成效显著，在各级展示活动中表现优异，各学段学业成绩优良率稳步提升，区内教学质量差距显著缩小。涌现中国少年科学院"小院士"6人、"广东省自强文明好少年"2名、"感动深圳十大人物"2人。学生荣获国家级专利55项，荣获市级以上学生探究性小课题奖励170多项，在国内外各项比赛中获奖8000多人次。

区域特色：区域课程建设在全省有影响力，荣获广东省特色课程建设先进区；体教结合现成效，体育教育成绩卓著，体育中考、"阳光体育"、体育竞赛、传统项目等成绩突出，校园足球全区普及；艺术（管乐、合唱、民乐等）实现学段衔接、区域联合，在国内外大赛中频频获奖；科技教育获国内外金奖300多人次；素质教育特色项目200多项；选修课程600多门；学生社团覆盖率100%。

短短几年时间，坪山教育实现了"蝶变"。一场场高品位的学术研讨、一项项高难度的改革项目、一个个优质的学校办学品牌、一次次师生的重大成功……都在不断地积攒、提升坪山教科研的美誉度、认可度和含金量。

"坪山教科研发展是一项系统工程，打的是团队战，也是持久战。我个人只是做了历史性的一点份内工作，所有成就都是在各级领导、专家的指导下，包括教科研中心全体同人，全区校长、教师等所有同道共同努力、长期奋斗的结果。"面对这些成绩，李显明主任十分谦虚地说道。

老骥犹奋　再谋新篇

从农村到县城，从县城到大城市，从大城市到经济特区。春去秋来，花开花落，李显明的头发已由乌黑变成斑白，身体由健硕变得单薄，年龄在变大，身体在退化，但他永远不变的是挑战自我、奋发向上的进取心，是敬畏教育、扎根教研的事业心，是高调干事、低调做人的平常心。

板凳要坐十年冷，文章不写一句空。"抓住每一个机遇，迎接每一次挑战，做好每一件事情"，这是李显明对自己最朴实的评价。"我们这一辈人没有太多的选择，干哪行爱哪行，既然选择了教育，就应该始终扎根岗位、安于平凡、甘于寂寞、勇于进取，为教育奉献一片赤诚，为人生写就一段传奇。"

李显明是这样说的，更是这样做的。他的大半生都献给了教育，坪山成为他事业的"总决战场"。他非常感恩坪山这块热土，感恩帮助和指导过他的所有"有缘人"。行政区的成立，虽然教育场景和生态在改变，但他对教育的情怀永不会变。如今，年过半百的他依然激情满满，和他的战友、亲人们（他的太太、孩子均为坪山优秀教师，献身坪山教育）一起，每天都在为坪山教育不断奋斗着。

"中山南山坪山、智水仁山,山山相连山山情;德育智育体育、素质教育,育育精彩育育强。"横批"缘"。这是2016年教师节大会上,李显明在教龄满30年金牌颁奖台上的获奖感言。"因坪山教育而结缘,为共同梦想而追索",这是在坪山实验学校办学一周年时,李显明送给和他同一年由全国选聘加入坪山教育战队的原坪山实验学校王君健校长的贺词。想当年刚到坪山时,用李显明太太的原话形容,就是"连一个霓虹灯都没有"。白天操劳一天,回家的路上人员稀少(多数人回到市区和龙岗居住了)。晚上,和王君健校长等少数几个"留守人员"在雨天的屋檐下喝两杯啤酒解乏。酒杯越喝越满,分不清是酒水还是雨水……李显明感慨地说,这句话既是送给坪山实验学校的,更是献给为坪山新区教育辛勤付出的所有同人的。如今,坪山行政区屹立于粤港澳大湾区重要节点,新的定位、新的事业、新的梦想,新征程已经开启,新一轮跨越的"集结号"轮船汽笛已拉响,各方船员已汇集。据悉,坪山新区教育科学研究管理中心即将改名为"坪山区教育科学研究院"。目前,李显明正在牵头紧锣密鼓地制定《坪山区教育科研品质发展行动纲要》和《坪山区加强和改进教研工作的意见》两份文件,为坪山教科研"十三五"、"十四五"乃至更远的将来描绘"新蓝图"。

有缘认识李显明主任,是我的幸运。数次深度对话,他的人格魅力和学识学养让我深深震撼。从他身上,我感受到了什么是乐观豁达,什么是积极向上,什么是无我精神,什么是无私奉献。他似乎永无烦恼,也不惧任何困难。在最后一次采访,我好奇地问了一个一直想问的问题:"您一路高歌猛进,一路风风火火,那有没有觉得遗憾之事呢?"他顿时陷入沉思,过了一阵,才缓慢而低沉地说:"俗话说,人生不如意者八九,我何尝不是如此?我遗憾远离故乡,陪伴父母亲人时间极少;我遗憾走南闯北,夫妻多次两地分居,家人聚少离多;我遗憾忙于事业,照顾亲人、享受生活太少;我遗憾只管埋头工作提要求,对同事关心关照不够……还有两件令我最遗憾的事:第一件,我的哥哥李享召,为了支持我顺利完成学业,长期带着严重的肝病,在参加生产队劳动之余帮人理发剃头,一次5分钱,攒点辛苦钱供我上学,他为此甚至终生未娶,没有后代。我本想有能力后好好报答他,可不幸的是,就在我大学即将毕业的最后一个寒假,我大哥在一次意外中永远离开了人世。现在想起来,我的心还在隐隐作痛。第二件,1997年,我以优异的成绩考取福建师范大学的资源与环境专业全日制博士研究生,去福州学习两个多月,因为工作、家事等原因,中止了博士学业。这对于求知若渴、永远向上的我来说,的确是一件终生痛苦而抱憾的事情，尤其觉得愧对恩师——著名地理学家、全国首批资源与环境专业博士生导师朱鹤健教授的殷切期望……"说到这里，他的眼眶湿润了。

"珍惜今天，把每一天都当作最美的一天；只要还有明天，今天就永远都是起点……"

"路的尽头仍然是路，只要你愿意继续往前走……"

"人生缘、教育缘、亲人缘、事业缘、朋友缘，永远是我前行的动力……"

"每当想到我出发的故乡的山水，想到父亲和哥哥临终前的嘱托，想到年逾九旬的老母亲的叮咛，想到所有亲人的期待，看到与我并肩战斗的战友们信任的目光，我就浑身充满了力量……"

站在办公室窗前，李显明的一席话让人动容。他那间位于坪山区政府二办407D的办公室，对面就是深厦高铁。此时，一列高速列车疾速飞过，李显明饱含深情地凝视远方……

注：此文由曾海伟先生于2017年完成，略有删改。曾海伟，资深媒体人、专栏作家，大型纪录片《深圳村庄三十年》的主要撰稿人，《华夏时报》《中国产经新闻报》特约评论员，先后任记者、编辑、若干媒体的主编及总编辑。

走出舒适区

李显明

这是一个风起云涌、充满激情的时代。我们脚下这块土地、深圳市新一轮改革开放的潮头——坪山新区，每天有动人的故事在演绎，时刻有美妙的奇迹在发生。教育是以心灵感召心灵、用灵魂铸就灵魂的事业，新区教育就像一张最新最美的图纸，等待着我们去描绘，呼唤着大家来创造。

新区教育首份学术期刊——《坪山教育新视野》，一片百家争鸣、繁花似锦的新园地，一个激情燃烧、干事创业的好平台，一方百舸争流、改革创新的大舞台，今天正式开篇。有幸担任刊物的主编，此刻，我的心有点激动，更有些惶恐。我扪心自问，作为新区教育大家庭的普通一员，应具有怎样心智模式与行为方式，向新区人民交出怎样的答卷？基于教育事业和教师职业的基本特点，结合20多年教育生涯的一些体会，谈谈个人对一名为师者应有的定位——超越自我，走出舒适区。

其一，能坚守目标。无数事实证明，凡事业成功者，其目标专一且坚定，为达目标不折不扣。教师作为普通人，自然有正常人的情感和需求。但教师又被誉为"园丁"，教书育人的天职决定了其职业注定是一份特殊而崇高的事业，因此必须有更远的目标与更高的追求。有人把教师比作"春蚕"，所谓"春蚕到死丝方尽，蜡炬成灰泪始干"。古人云："得其大者可以兼其小"，教育事业是一个复杂的系统工程，需要每一名教育工作者融"小我"于"大我"之中，并为之终生奋斗。那么，其强大的动力源于何方？我想，坚定、专一而崇高的目标应是其最重要而持久的动力来源。目标明确而坚定，既能乐业不疲，乐而忘忧，又可赠人玫瑰，手有余香。

其二，能忍受寂寞。韩非子说："天下熙熙，皆为利来；天下攘攘，皆为利往。"这是对浮躁世界的真实写照。教育的使命是育人，是高尚和爱的事业，需要为师者远离功名利禄，超越世俗喧嚣，以一颗真诚而高贵的心对待这份工作。有人认为，当代中国之所以不能产生伟大的思想家和教育家，其原因之一可能是多数人不能长期忍受寂寞。教育要承担起为国家、民族、社会培养一代代新人的重任，教育工作者须发扬"板凳要坐十年冷"的精神，亦如古人所说的"淡泊明志，宁静致远"，忠于事业，甘于寂寥，静水深流，方能达到"静下心来教书，潜下心来育人"的境界。

其三，能坚韧不拔。在人类历史长河中，一个优秀的民族往往会传承许多优异特质，一个卓有成就的人必定有其核心的优良品质。我想，无论是优秀的个体还是群体，坚韧不拔是其中最宝贵的品质之一。教育工作者担负着"为往圣继绝学，为万世开太平"的承前启后的使命，这是历史的必然，也是时代赋予我们的责任。教育是一项长期而艰巨的事业，既不可能一蹴而就，又不可能一帆风顺。坚韧不拔蕴含着对事业博大的胸怀和真诚的热爱，能够始终把目光聚焦于前行的"灯塔"，不被外物所惑，不让挫折所困，不为阻力所扰，修身修心，锤炼本领，虽衣带渐宽而百折不挠。

其四，能日新精进。教育是一门科学，有其基本规律与原则；教育是一项技术，有其合理方法与手段；教育是一种艺术，教者和学者都是活生生的人，教与学有很强的个性化和生成性。故而有"教学有法，但无定法，贵在得法"之说。问渠那得清如许，为有源头活水来。教师在具备高尚的品德、健康的身心、扎实的学识基础上，要乐于学习，勤于实践，善于反思，精于总结，不断提升教育能力，提炼教育经验，改进教育方法，提高教育质效，由"教书匠"向"专家型教师"迈进。苟日新，日日新，又日新。让每一名教育人都持续走在苏霍姆林斯基所倡导的教师专业发展的"幸福道路"上，每一位师生都成为幸福的人，此乐何极！

古今中外，多数坚定地"走出舒适区"者，不仅成就了一番番事业，而且树立起一座座丰碑。我们这批"新坪山教育人"，可谓恰逢其时，全新的时空、崭新的战场，让我们充满成功的渴望，迸发火热的激情，焕发强劲的动力。坚定目标，心怀正念，耐住寂寞，持之以恒，孜孜不怠，在新区教育这一平凡而又伟大的事业上，创造出不负祖国、不负时代、不负社会、不负自己的一番作为。如此，则我们的教育事业必能朝气勃勃、蒸蒸日上，我们的教育生涯定会富有意义、充满惊喜。

道阻且长，力行方至。让我们领悟"走出舒适区"的真谛，共同坚定地迈向未来。

以上是我的一点认识，共勉于诸位同道。

注：本文为坪山新区教科研中心创办的区域教育学术期刊——《坪山教育新视野》的创刊词，略有删改。

后 记

有一座灯塔照亮人生，他就是教师；有一条纽带传承文明，她就是教育。2010年6月15日，记得是端午节的前一天，我来到了教育职业生涯的新一站——深圳市坪山新区，和同事一起描绘区域教科研工作的新图景。

"假如你想使教师的工作有幸福感，那你就把他引上教育科研的幸福之路吧。"对于基层的教科研管理者，以研究推动工作是个好方法。针对区域教科研基础薄弱、教科研管理粗放、教师专业发展体系不完善、教育质量不平衡等现实问题，由本人设计和主持的"城市化进程中区域教科研管理的实践研究"被立项为广东省教育科学"十二五"规划重点课题。课题组以"文献分析—行动研究—总结提炼"为技术路线，在梳理关于教学、教研、课程、教师、科研管理等文献资料的基础上，开展了系统的教科研管理探索，积累了丰富的实践案例，深化了对区域教科研管理的认识。

《区域教科研管理》涉及6大领域：教科研机构建设、课程建设、教学管理、教研管理、科研管理、教师专业发展管理。围绕相关领域，文献分析理思路，全面调研摸家底，制定规划明方向，建立机制优管理，重点项目求突破，资源整合强保障，经验总结供借鉴，理性思考谋未来。

《区域教科研管理》根植于深圳教育的后发区域——坪山新区。时任新区党工委书记杨绪松高瞻远瞩，尽管新区百业待兴，工作千头万绪，但他把教育发展摆在重中之重、绝对优先的地位——"穷区富教育，小区大教育"。他既是这样说的，更是这样做的：他谋划"四优"区域教育发展战略；他邀请张彦玲、黄孔辰、禹明、张波等专家加盟"新区教育顾问委员会"，为教育把脉、定向；每年教师节前后，他率领新区班子和各部门负责人对教育进行系统调研，召开专门会议，作出重要部署。时任公共事业局局长谈宜福仁厚、专业、睿智、大气，他牵头制定了促进区域教育发展的一系列开创性政策，建立了一套科学的运行机制，协调解决了许多结构性问题。区教科院全体同事高举"新坪山新教育"大旗，瞄准"四优"目标，围绕"六大行动"，按照"三步走"节奏，从组织建设、制度建设、机制建设、重点项目等方面全力开拓。一天天连续苦干，一个个项目力推，区域教科研由小到大、由弱到强，把一个个"不能"变成了"能"。

《区域教科研管理》源自团队的力量。这本体现区域教科研阶段性工作的图书，凝结了赵大运、王旭信、钟焕斌、陈立国、杨进等教科院党政主要班子成员的心血，凝聚了教科院顾问石景章老师和全体同事的辛劳，汇聚了全区教育工作者的智慧。老领导禹明主任亲笔撰写序言予以鼓励；我的好同事王琦，从课题实施到书稿组织，真是用心劳力；张素蓉、张广君等教授给予了宝贵的学术指导；区教研员、校长、老师提供了大批优秀素材；区教科院年轻的高材生悉心校稿。还有许多帮助者未能一一列出，挂一漏万，在此一并表示衷心的感谢！由于笔者个人的视野和学力局限，许多优秀案例未能纳入，实有遗珠之憾。书中有关表述定有不当之处，诚望同行们谅解与指正。

　　"教而不研则浅，研而不教则空。"我十分认同挚友罗诚校长信奉的教研理念。做教师，当我的课受到学生喜爱，我很满足；做教研员，当我的观点激活教师思维，我很幸福；做教科研管理者，当我的想法得到同人呼应，我很兴奋。区域教科研管理是一项长期的系统工程，打的是团队战，更是持久战。作为一名坪山教育的老兵，担任区教科院党政负责人12年，不敢言呕心沥血，自认为尽心尽力。坪山教科研已融入了我的生命，虽近"耳顺"之年，但老骥犹奋，情怀不减。康德说："既然我已经踏上了这条道路，那么任何东西都不应妨碍我沿着这条路走下去。"

　　在全球共庆的"国际劳动节"，在女儿女婿的结婚纪念日，在外孙女"小月饼"满两周岁的美好日子，完成此书的编写工作，对于我来说，的确有特殊的意义。

　　"不要人夸好颜色，只留清气满乾坤。"新时代新征程，又是风好扬帆时。我和伙伴们将孜孜不息，慎终如始，朝着现代化、城市型、开放性的区域品质教研目标，再起航。

李显明
2022年5月5日